珍藏本
纪念版

汉译世界学术名著丛书

道德与立法原理导论

〔英〕边沁 著

时殷弘 译

SINCE 1897 商務印書館 The Commercial Press

2017年·北京

Jeremy Bentham
AN INTRODUCTION TO THE PRINCIPLES OF
MORALS AND LEGISLATION
Methuen & Co. Ltd. 1982
本书根据梅休因公司 1982 年版译出

汉译世界学术名著丛书
（120 年纪念版·珍藏本）
出 版 说 明

2017 年 2 月 11 日，商务印书馆迎来 120 岁的生日。120 年前，商务印书馆前贤怀揣文化救国的理想，抱持“昌明教育，开启民智”的使命，立足本土，放眼寰宇，以出版为津梁，沟通中西，为中国、为世界提供最富智慧的思想文化成果。无论世事白云苍狗，潮流左右激荡，甚至战火硝烟弥漫，始终践行学术报国之志，无改初心。

迻译世界各国学术名著，即其一端。早在 20 世纪初年便出版《原富》《天演论》等影响至今的代表性著作，1950 年代后更致力于外国哲学和社会科学经典的译介，及至 1980 年代，辑为“汉译世界学术名著丛书”，汇涓为流，蔚为大观。丛书自 1981 年开始出版，历时三十余年，迄今已推出七百种，是我国现代出版史上规模最大、最为重要的学术翻译工程。

丛书所选之书，立场观点不囿于一派，学科领域不限于一门，皆为文明开启以来，各时代、各国家、各民族的思想与文化精粹，代表着人类已经到达过的精神境界。丛书系统译介世界学术经典，引领时代思想，为本土原创学术的发展提供丰富的文化滋养，为推动中国现代学术和现代化进程做出了突出的贡献。

为纪念商务印书馆成立120周年，我们整体推出“汉译世界学术名著丛书”120年纪念版的珍藏本，寄望既利于文化积累，又便于研读查考，同时向长期支持丛书出版的译者、编者和读者致以敬意。

两甲子后的今天，商务印书馆又站在了一个新的历史时间节点上。我们不仅要铭记先辈的身影和足迹，更须让我们的步伐充满新的时代精神。这是商务人代代相传的事业，更是与国家和民族的命运始终紧密相连的事业。我们责无旁贷，必须做好我们这代人的传承与创造，让我们的努力和成果不仅凝聚成民族文化的记忆，还能成为后来人可以接续的事业。唯此，才能不负前贤，无愧来者。

商务印书馆编辑部

2017年10月

目　录

导　　言 xxxiii

一

《道德与立法原理导论》* 于1789年初次发表，它同边沁的许多著作一样，成书艰难，问世迟缓。最终出版时，它仍如边沁在那坦率直陈、言之有物的前言里所承认的那样，既非完整无缺，亦非尽善尽美。该书早在1780年即已付梓，但被边沁扣压了9年才出版，因为他在最后一章开始说明刑法与民法之间区别——或如他所称两者 1
之间“界限”——的地方，发现有预想不到的困难。他最终感到，要解决这些疑难，就必须另写一本书来详细阐释法律和立法制度的逻辑结构。这本书的篇幅并不比《原理》小多少，虽然到1783年已经实际完成，但始终未由边沁发表，而且在书稿于1946年得到辨识以前，一直不为世人所知。这一论著现在刊于《边沁文集》内，题为《论一般法律》(*Of Laws in General*)，但其不同凡响的内容以浓缩扼要的方式，体现在《原理》于1789年出版前夕边沁所加的长篇末注之中。

1780年印制的《原理》为小型本，1789年边沁挡不住朋友们的敦促而将其发表时，如他致友人信函所云，这版书的一半“已被耗

* 下面简称为《原理》，引证只注本版页码(即中译本边码——译者)。

子吞噬”。出版之际，他加上了一篇前言，解释本书的由来以及他的犹豫和疑难，并且简要地说明在这耽搁的9年里产生的事后想法。

《原理》初版引起的注意极为有限。1823年，边沁将其再版，只作了某些小的订正。1838年，第3版问世，载于《边沁全集》鲍林版第一卷内，其中插进了某些段落，系取自艾迪安·迪蒙编纂的边沁刑法和民法原理手稿的法文本。[1]然而，《原理》开头六章的要
xxxiv 意被迪蒙纳入他的《民法和刑法论》，以此方式并通过进一步的翻译，它们不仅被欧洲和拉丁美洲的许多人士知晓，而且在美英两国广为传播。1830年，迪蒙这本书的一个英文译本在美国出版，第二个英文译本则于1840和1864年先后在美国和英国出版，它们几乎肯定比它们所由来的边沁原著更加广泛地被人阅读。自边沁逝世以来，《原理》已有了若干版本，而且它仍旧是边沁最著名的论著，也仍旧是他得以被世人广泛地直接了解的很少几部论著之一。

尽管《原理》盛名经久不衰，但许多读者大概只注意它的头四章，这四章往往也见于各种关于功利主义的文献汇编。在这几章里，功利原理得到了简短的阐释和辩护，与之对立的理论遭到扼要的批评，行动的功利估算方法得到了说明。诚然，《原理》后面有几章事实上尽是列表和分类，一眼看去就不是为了吸引读者的兴趣。边沁本人也明白这一点，在前言中预料连篇累牍的细节阐释将使人感到“枯燥沉闷”，并提出一些建议来帮助读者“强打精神，啃完如此冗长透顶的一番分析”，例如占全书近三分之一篇幅的关于罪过人类的第十六章。如果没有指引，确实很容易在纷繁的细节中迷失方向，自然不胜厌烦昆顿先生所称的“边沁的分类癖”，[2]很难

一遍读来就由表及里，认识种种细节下面且由其证实了的许多一般论点的独创性，领悟到它们抓住了事物的本质，并且富有启发性。然而，专注于开头几章对功利主义原理的简要阐述和辩护，是大可遗憾的，因为这会促成一种印象，即本书主要是一部道德哲学论著。尽管从本书可以学到许多同道德哲学、同精神与行动及惩戒的哲学相关联的道理，但这种印象仍然误人非浅。它不仅遮没了本书范围所及的种种不同论题，而且也漠视了边沁所从事工作的特殊性质。

在前言以及大多数篇章末尾关于详细论述之“实际用处”的段落里，边沁努力表明他对自己所从事的工作的想法。依其初衷，
《原理》应当是一部将独卷发表的刑法典梗概的导论。尽管边沁为 xxxv
之劳作多年，但它始终没有发表，而且确实只写出了一些零散的片段。然而，《原理》中有多处表露了边沁的意图。它们要么是提到这部未完成的梗概的某些章节，要么是不断提醒读者：书中的详细讨论同刑法创造出的“罪过”的某个方面相关，或同其惩罚相关。通览全书，边沁恰如这样一个立法者：他制定一套基于功利原理的行为典章，并用依靠同样的原理来调节的制裁措施做其后盾。因此，边沁以说明法律如何同苦乐相关的这么一段话，来结束他那详尽无遗地将苦乐分门别类的第五章：

> 是否犯有罪过？罪过是那些必定损害某些人的某些快乐或者产生某些痛苦的倾向，它构成其恶，亦构成惩罚依据。享受此等快乐或规避此等痛苦的前景构成动机或诱因，而其获取则构成罪过的收益。犯罪过者是否将受到惩罚？只有靠产生同等的或更大的痛苦，才能施予惩罚。

（第 49 页）

在其他各章里，所讨论的问题同罪过及其惩罚这一中心议题之间，也确立了类似的联系。

但要注意，边沁设想的“刑法”典在规模上不像现代人听来的那般有限，因为他不仅将我们现在所说的罪行纳入“罪过”，还把民事方面的过错算在里面，例如违约、失信以及侵入或诽谤等民事侵权行为，并且将损害赔偿或者此类民事过错的其他形式的强制性补偿也包括在惩罚范围内。尽管如此，当出书前夕他重新审看 9 年前即已付梓的著作时，边沁发觉同书中冗长的论析相关的远不止是设计一部刑法典，不管这理解得有多么宽泛。事实上，在展开起初范围有限的项目研究过程中，边沁恰如其人地发现不能不考虑
xxxvi 有关人类行为之心理条件和物质条件的根本问题。因此，本书并非局限于设计一部刑法典，而是包含着边沁所确信的某些关于人性的基本真理，其研究被他认为是任何行为领域中立法的必备开端。对这些真理的陈述，构成了边沁在前言中所称的立法科学的一部分。在《原理》从写成到出版之间的 8 年里，他制订了以后撰写一大批著作来阐析立法的各个不同分支的计划，为之搜集资料，并发觉在所有这些著作中都必须利用《原理》一书所包含的关于原则和细节的这一或那一论述。因此，他将《原理》当作一项同这些未来著作紧密相连的研究，就像纯数学同自然哲学著作的关系一样（见第 5 页）。

二

自 18 世纪中叶以后，欧洲的开明舆论开始确信，时代的一大

要求是:改革(即使不是彻底更换)从往昔继承下来的暴虐的刑法制度。这些法律不仅内容野蛮落后,形式大多杂乱,而且效果很差,因为它们颇为虚妄地注重严刑重罚,忽视法律在形式上明晰精确和在运用中确凿无疑有多么重要。欧洲启蒙运动的社会哲学有一个重要组成部分,那就是认为应当把惩罚当作以最小的人类痛苦为代价来防止犯罪的一个手段,认为在这种惩罚观念和对人性的科学理解指导下的立法,可以成为社会进步的伟大工具,而边沁则是这一社会哲学在英国的首要倡导者。在达兰贝尔、贝卡里亚和爱尔维修这样一些边沁经常承认受其教益的思想家的著作中,突出地展示了一种思想,即表达合理、清晰明确、全面周到的法典可以用来推动社会前进。像法国启蒙思想家那样,边沁确信立法科学的宗旨在于使人能够“依靠理性和法律之手建造福乐大厦”(第 11 页)。不过,他主张用一种显然不同于前人的办法来追求这个目的。他自认为提出了关于何为详密精确的新的严格标准,可以同自然科学标准相媲美,自认为创立了新的探究方法,并展现了对于含糊不清、模棱两可和草率立论之危险性的新的批判意识。xxxvii
因此,拿边沁的力求详密来对比那种不愿舍虚求实或明确易懂的做法,是有启发的,后者可以在边沁大为赞佩并承认受其教益的一位著作家那里看到。在著名的论文《论犯罪与惩罚》中,贝卡里亚展示了这么一个笼统的观念:要合乎理性地制订法律,必须先审察形形色色的犯罪,并且将其分类。然而,他满足于仅仅用最笼统的方式来表示这一点,因为如他所言,这种分类工作将包含极为繁多枯燥的细节(“un dettaglio immenso e noioso”)。③可以拿边沁在第十六章关于同一论题的阐述,或者拿第六章关于影响敏感性的状况的讨论来与之作个对比。在那里，边沁认为自己是用新颖困难的研究方式撰写该章，这种研究方式他称之为“道德生理学”（第53页注），以此展开一个主题，即痛苦和快乐的量并非直接基于外部原因的性质，它还取决于个人的影响其敏感性的状况与特性。因此，他区分出32种状况，例如性别、年龄、体力、精神状态、道德情感、财务状况等。其中每一种都予以细致的说明，在容易混淆——例如体力与耐力混淆，道德情感与道德偏见混淆——的场合尤其如此。边沁为所有这些提供了一个分类系统，该系统展示了他所称的“分析性观点”。据此，状况被分成主要的或次要的，先天的或后天的，自身的或外在的，有关身体的或有关心灵的，涉及知性的或涉及感情的。边沁在本书前言最后一段说，道德科学和政治科学的真理“成长于荆棘之中”，要发现它们就需要有“像数学那般严格的探究”。他当时所想的，正是这种对井然有序地展现细节的关注。

麦考利将边沁同伽利略和洛克相提并论，称他为“使法学从莫名其妙之物变成科学的人”。④ 布鲁厄姆则对下院说：“在他之前，没有任何人可以说是把立法当科学对待，而如此对待便使之成了科学。这就是他的卓越之处。”⑤

重要的是理解如此赞誉边沁的人所说的“科学”是什么意思，理解边沁为何将《原理》当作一部政治与道德科学著作奉献于世。

xxxviii 尽管边沁将其中的艰辛同自然科学研究包含的艰辛相比，而且从其著作中可以看到在政治与道德科学同化学、植物学或医学之间找出了许多类似之处，但他并不认为自己所从事的科学提供了经观察和实验而揭示的一般性结论。相反，他认为自己的主要任务，在于约翰·斯图亚特·穆勒所说“用分割成各个部分的办法来对待整体,用分解为具体事物的办法来对待抽象,用辨识出各组成因素的办法来对待一般性结论”。⑥因此,立法科学的精髓,在于条理分明地组合事实,准确严密地分析事实,这些事实是已知的,但对它们的理解有缺陷,因为它们被那些用来描述已知事实的粗糙含糊的专门名词搞混淆了,而普通语言又全然缺乏所需的术语来明确显示对于立法者至关紧要的种种相似和相异之处。出于此等原因,边沁非常并且肯定是过分地关注用“双分(bi-partite)”或“两分(dichotomous division)”法⑦来进行分类和分割,以便详尽无遗地概括和分析一个既定的研究领域。这种分解方法如边沁所确信的,可以经过经院哲学家一直上溯到亚里士多德。它把一个范围极广的既定物类分割为两个亚类,它们彼此排斥,并且一起将该物类囊括无遗,然后一次次地进行类似的再分割,直到不剩下任何可作的重要区分为止。在这个过程的每个阶段上,分割的依据在于一个亚类的所有个体都有一项特征,那是另一个亚类中的任何个体都不具备的。前述边沁关于影响敏感性的状况所持的“分析性观点”,就是一个较为简单的例子,显示了他那备受赞赏的两分法。很显然,这一分割方法能否阐明事物和揭示事理,取决于在每个阶段上抓住怎样的特征来作为区分亚类所依凭的根本差异,而其选择又取决于当时当地的实际目的或理论目的。如果选择恰当,这种方法就会揭示出有助于该目的的相似和相异之处,它们不仅会提供有关一个论题的现有知识的大纲,而且能够提供一个基础,借以导出同实际政策相贴切的推论。

边沁赋予“两分”法的重要性肯定与其实效不相称,即使这一 xxxix

方法如他所称使他能够“开辟一条穿越法学荒野的新路径”（第215页注）。他在《原理》中说：“假如本书有任何新颖独创之处，那么我要为此感谢时常追求的详尽无遗的分析方法”（第196页注）。他说这话肯定是错了。然而，与边沁极为钟爱这种分析方法相伴随的，还有“科学”的第二个构成因素，那就是对严肃正经的研究中使用的术语持批判态度，决心用简洁清晰地标志重要异同之处的明确的术语，来取代模棱两可、游移不定或含糊不清的措辞。边沁把这项任务说成不仅是艰巨的，而且“至少依然、或许永远超出我们的能力”（第187页注）。所以有此需要，是因为在前人的著作里，“最不相似的事物被说成并被当作像是性质相同的，最为相似的事物则被说成并被当作几乎全无共同之处”（第187页注）。边沁有时发觉，结合普通用语便可得到令人满意的术语，但他越来越感到必须创造新术语，包括他所谓“根据希腊语编造的新名称”，例如从第十六章脚注中冒出来的“agatho-poieutic（行善）”、“epis-temo-threptic（助长民智）”或“demosio-tamieutic（公物管理）”（第262—263页），令人忍俊不禁。边沁即使不觉得这种做法滑稽可笑，也明白其危险，因而努力避免过分背离常用的名称，承认“分类排列必由命名支配，前者出于深思熟虑，后者却来自俗见随想”（第190页注）。不过，他又承认自己为“缺乏适用的工具”而苦恼（第215页注）。

对边沁而言，科学还意味着任何研究领域的探索者要敏于发现语言结构中某些固有的混淆之源，而他在识别这些混淆之源的过程中，预示了现代分析哲学的某些重要论题。通行的语言不仅未显示出对既定研究至关重要的诸现象之间的异同，而且致使叙述与评价之间界限不明，从而模糊了政治争执中的要害问题。语言以这一方式起作用，是因为它包含着许多词语（边沁在别处称之为“冒名顶替的术语”，“激发情感的名称”[8]），它们表面看来是中性的，同所叙述的事物之好坏是非无关，但事实上包含着隐蔽的贬义或褒义。这样的词语除叙述性内容外，具有后来的哲学家所称 xl
的情感含义。边沁认为，立法科学要取得进步，就必须舍弃这种“激发情感的名称”，使用中性的表述方式。因此，在论动机的那章里（第 101—102 页），他提请注意“语言的不完善”，指出这是改革者前进道路上的一个障碍。他认为，这一“不正当的观念联系”是阻碍他探究的主要困难之一，而他的任务是使人们的思想摆脱由此产生的混乱。因此，他坚决主张在讨论法律和政治时要使用一种精确的、在道德上中性的词汇，其更广泛的关注在于使人们——特别在面对法律时——更多地意识到在关于是怎样和应当怎样的断语之间有何区别，并且因此使他们警觉下述危险：将某事某行为乃既定的法律规定这一事实本身，当作它恒久不变、无可更改的充足原因。边沁的著作多处清楚地表现了这一关注，[9]包括本书第十六章开头一句。他在法律阐述者的任务和法律审查者或批判者的任务之间所作的区分，其实质就在于此（第 298 页注 a2），[10]使得他跻身于实证主义法学家之列的主要思想特色，或许也在于此。

有助于边沁著作具备“科学”特征的第三个思想成分，是对抽象术语的讲求实际的怀疑。正如穆勒所说，[11]边沁在其著作中始终受一种信念激励，那就是必须尽可能用具体的细节来取代抽象概念，后者充斥于未经改善的语汇、特别是法学家的论说之中。因此，可以从他的著作中组合出一套关于他所谓“逻辑虚构”的精致的理论，[12]该理论提出了一种还原分析方法，分析法律权利、责任、义务、信托、权限等等抽象术语。边沁的虚构论令人惊异地预示了150年后罗素勋爵关于逻辑构造、不完全符号和实用定义的学说。根据这个理论，语言含有在语法上无法同实体名称相区分、但在事实上并非此种名称的名词或名词性短语（边沁常用“义务”一词作为主要例子[13]）。它们确实同现实有联系，这说明了诸如下述事实："一个人有义务以某一确定方式行动”这一陈述是有意义的，而且往往可能是真实的。但是，此类措辞——它们是虚构体名称——和现
xli 实之间的联系，不同于实体名称和冠以这一名称的实在之间的联系。要阐明此种“虚构体名称”，就需要有特殊的定义方法或分析方法，而边沁确信由于这样的名称包含在语言中，其性质又未被人认识，就会不断造成神秘难解、含糊不清之弊，在法律科学中尤其如此。他认为，除非十分留心“权利”、“责任”和“义务”之类逻辑虚构的特性，否则人们就会成为迷信的受害者，例如自食其果地相信权利和责任是“外部存在，并非出自法律，而是法律的来源”。[14]在《原理》出版13年前，边沁就已经在解释法律责任时说明了逻辑虚构论的要义，[15]而在《原理》中，他几处援用这一早先的阐释，特别是提醒读者：要理解法律权利、责任、权限“以及整个一类这样的虚构体”（第206页注），就必须表明它们同立法者意愿的某一表现形式的关系。

三

《原理》表面看来论题杂乱，编排无章，但实际上却是一部条理分明的著作。全书开头阐述功利原理（边沁后来喜欢称之为“最大

幸福原理”)并为之辩护,把它当作评判个人行为和社会立法的唯一可接受的终极标准。所谓功利原理,“是按照看来势必增大或减小利益有关者之幸福的倾向来赞成或非难任何一项行动的原理”(第 12 页),是如他后来所说“一般道德领域、特别是政治领域中评判是非的标准”。[16]然后,论述进至一般地解释快乐和痛苦——保证这一标准得到遵守的有效手段(约束力)——的来源,随后是说明若要按照功利原理来指导行动,以便增大幸福,就必须对快乐和痛苦的各种不同形式和衡量尺度有怎样的理解。接着,在指出保证功利原理得到遵守的主要(即使并非唯一)手段是由惩罚违抗行动来支持的法律之后,边沁以此为出发点,审察和区分了人性的种种特征(它们加上外部原因,将决定其激烈程度或力度),并且分析 xlii
了立法者将试图引导的有意行动的性质和动机。接下来,他一项一项地讨论了人的行为可能造成的“损害”的形式,确定了决定惩罚分量及其性质的应有准则,其前提在于惩罚的最终目的是以最小的人类苦痛代价来保证法律得到遵守。最后,边沁参照受其侵犯和威胁的形形色色的利益,将按照功利原理应当被当作罪过对待的行动方式分门别类,并且讨论了虽然触犯功利原理、但最好留给他所称的“个人伦理”去抑制的行为方式。全书以概述有关刑法与民法之间区别的疑难点而告终,这些疑难点最终导致了《论一般法律》一书中详尽的讨论,其概貌显示在 1789 年添加的末注之内。

《原理》开头的“哲学”部分(第一至六章)在风格、明晰程度和表述的精确性方面,与它的其余部分大不相同。边沁搞哲学论辩,显然不像他对运用功利原理所需注意的具体细节作严密细致的分析和分类那般轻松自如。他就这一原理的地位所作的讨论,肯定仓促草率，有些地方的表述还是不够严谨的。他像是过于长久地确信这一原理正确无疑，过于急切地表明它如何能大有裨益地运用于实际的社会生活问题，以致不在形而上学的论辩上驻足良久。边沁所以颇少注意哲学基本问题，可能一部分要归因于这么一个事实：他认为自己采用功利原理不是什么创新，创新之处在于据此去研究细节。他充分承认自己得益于前人，例如普里斯特利、贝卡里亚和爱尔维修，特别是得益于休谟，而且确实倾向于低估自己在这方面的独创性。原因在于，他没有足够地显示早先的某些功利观念同他自己的功利观念之间的重大区别。休谟谈及功利，但未提到功利的最大限度增长，也未把它当作一个批判性尺度，而是为了表明束缚人类行动的惯例和习俗如何由于适合人类目的而产生并得以维持，因而具有一种其遵循者可能浑然不知的合理性。相
xliii 反，边沁这么一位“所有既成事物的伟大怀疑者”（穆勒如此称呼他[17]）援引功利原理作为一项批判原则，来支持一场广泛的改革运动，却极少注意惯例和传统体制的稳定效力——其功利导致人们普遍接受之，而休谟关于功利的论述正是着重于此。

边沁去世后，讨论功利主义的文献连篇累牍，汗牛充栋，他用以阐述和辩护功利原理的几乎每一个论点在其中都受到了批判性的考察。在许多问题上，对边沁观点的解释和边沁观点的可接受性，都有人表示怀疑。这篇导言因篇幅所限，只能讨论这样的问题中间某些比较根本性的，它们仍需予以进一步的探究。据此，我将撇开许多在文献中讨论已久的、尽管重要但是从属性的问题，例如第四章里叙述的、用以确定行动功利的“幸福演算”，又如他将所有快乐都归结为感觉这一做法，以及功利原理是打算应用于个别行

动（“行动功利主义”）还是应用于体现在规则中的诸类行动（规则功利主义）等问题。

在讨论边沁声称为功利原理提供的“证据”后，我将集中考察一些主要问题，它们涉及边沁就该原理作为“一般道德领域、特别是政治领域中”评判是非之标准起作用的方式与范围所持的观念。这里有两个引起疑问的主要因素。第一是边沁未能说明，既然功利原理可能要求个人利益服从于公共福利，那么它如何同他在本书第一段里看来宣告的欢乐主义相容。第二是最后一章里边沁对“个人伦理”的描述，他就其性质和功能说了一些自相矛盾的话，其中有些使人认为个人会用来当作指南的不是公共利益的最大增长，而是其私利的最大增长。

功利原理的证据

以非常类似于后来穆勒所用的方式，[18]边沁否认有可能为功利原理找到证据。它是用来证明其余一切的公理，因而本身不可能被证明（第 13 页）。然而像穆勒那样，他认为有一些考虑会使有理智的人接受这个原理，尽管不可能为之提供任何直接证据（第 xliv
15 页）。同样有如穆勒，边沁虽然作了这些否认，但仍遭到批评，被指责在其他种种用以辩护功利原理的理由中，提出了一个靠不住的证据，即使它不同于后来被认为是穆勒提出的证据。他的最杰出的批评者之一[19]宣称，他把“对”、“好”和“应当”等词认作叙述语，意指“有助于达到尽可能最大量的快乐”，然后提出了功利原理，作为这些用语所含意义的逻辑结果。当然，假如“对”、“应当”之类用语被如此定义，那么说一个人应当做出有助于增大公共幸福的行动，或者说做出这种行动是对的，便千真万确；然而如此解释，它们就不成为任何行为标准的概念表示，不会具有任何评价意义。它们将纯粹是无谓的同义反复，即断言作出有助于增大公共幸福的行动将增大公共幸福。这无益于确立功利原理，该原理用边沁的说法，是按照行动之增大幸福的倾向来“**赞许**”之（第 12 页）。

上述用语被援引来显示边沁在提供这样的证据，而他在《原理》一书中如此谈论这些用语的含义：

> 一个人对于一项符合功利原理的行动，总是可以说是应当做的，或者至少可以说不是不应当做的。也可以说，去做是对的，或者至少可以说去做是不错的：它是一项正确的行动，或至少不是一项错误的行动。**应当**、**对**和**错**以及其他同类用语作如此解释时，就是有意义的，否则没有意义。（第 13 页）

说过这些话，边沁便马上否认他是在提供证据。我认为，他显然根本无意提供所想象的证据，也决不会认为它有什么价值。重要的是，边沁在这段话里没有说这些用语**意指**“符合功利原理”，而只说它们被用来谈符合功利原理的行动时才有意义，否则便没有意义。如我说过的那样，边沁充分注意到语言的“颂扬”功能，即表示赞许的功能，即使有时这是隐秘含蓄的，而且他在别处明确说过“应当”一词被用来传达言者的赞许，[20] 因而无法相信，他竟然能认为
xlv “好”、“对”、“应当”等用语仅具有想象的证据所需有的叙述性含义。纵观全书，他始终不断地使用这些措辞来表达赞许，褒扬某些行动或立法，并且明确断言为何“应当”做出某些行动或为何做出

这些行动是"对"的，其原因在于功利考虑。[21]我认为，边沁所以说了上面引用的那段话（即这些用语只有在用来谈符合功利原理的行动时才有意义），是要传达一个对他的全部论证极为重要的思想，那就是它们在被如此使用时提出了一个依照理性可以解决的问题，因为只有在这样的情况下它们才援引一个外在标准，有理智的人会接受这个标准来确定是对是错。在不援引任何外在标准的体系内，这样的用语照旧只是表述个人的喜好厌恶，使之如边沁在第一章开头一段所说，成为"重虚轻实"、"任性昧理"的（第 11 页），或者如他在别处就"一项权利"一语所说，当它脱离确定应用标准的法律概念时，就变成了"纯粹的争辩语汇"。[22]

在第一和第二章关于功利原理及其对立面的讨论中，边沁提出了一些考虑，其用意在于显示得到恰当理解的功利原理是有理智的人会接受、或者的确能够接受的判断是非的唯一外在标准。他贬斥了一大批理论，这些理论提出的种种别的原理，充其量不过是种种避不诉诸一个外在的共同标准的不同办法。其中某些理论是按照某种道德感或"常识"来表述的，另一些则冠以"理性"、"真实理性"、"自然法"、"事物之合理性"等等名目，宣称人具有一种对客观是非的直接悟解或直觉。但在边沁看来，所有这些理论都或多或少是任性原理的精心伪装，据此每个人的未加调整的"同情"感或"厌恶"感统统被拿来当作自立自明的理由，无法确定不同的人的情感互相冲突时究竟谁对。在功利原理的对立面中，唯一被边沁认为提供了一个可供替代的外在标准的是"苦行原理"，其不同表现形式以各种各样的连贯性，把增加人的苦难而非幸福当作合适的行事目的。这一认为人应当自我折磨的最大苦难原理有着

某些半心半意的表现形式，它们到头来证明不过是功利原理的误用，例如边沁所讽刺的修道磨炼，其自寻现世苦难是为了保障来世
xlvi 幸福（第 19 页），又如摒绝所有快乐，其实仅指摒绝有害的纵欲（第 18 页）。不过，边沁论辩说，人从未采用、也无法采用一种要求人将自身及他人的苦难增至最大程度的彻底的苦行原理。

边沁为维护功利原理所作的正面论辩，要比他对其竞争者所作的讥诮更有内容。但即便如此，它们仍然远不足以证实边沁式的功利主义，而它们赖以这么做的具体方式是功利主义文献的读者们需要明了的。例如，边沁说“人类身心的天然素质，决定人们在一生的绝大多数场合，一般都信奉这个原理而无此意识”（第 13 页）。这就夸大了一个重要的真理，会把人引入歧途。人因此遵从和信奉的，是对于人的行动的某些具体约束，它们是人类生命欣欣向荣所需要的，是为保护个人和社会免遭种种祸害和混乱所需要的。这些约束，例如禁止暴力、欺骗、毁约和盗窃，以多少确定的和类似的形式，归并到社会惯例和习俗中去，成为大多数普通民众的根本道德观念。可以论辩说，它们所以如此，只是因为它们保证个人福利和公共福利，从而在这个意义上有助于“功利”。然而，这是休谟而非边沁谈论的功利，因为决不能把人们因此当作人类幸福必要条件来信奉的种种约束，同快乐或幸福之总和的最大增长混为一谈。

欢乐主义与功利原理

下述信条构成边沁详细论证的基础：人类的构造，决定了他们自己的快乐或幸福是他们为了自己的利益，希望获取或实际追求

的唯一东西。边沁显然认为,“人类身心的天然素质”是最重要的原因,决定人会发觉功利原理构成唯一可接受的是非评判标准,因为尽管在用它来确定要做什么或要制定何种强制性法律时,关于功利总和的估算可能表明必须牺牲某些个人的幸福来确保其他人的更大幸福,但它保证在作所有此类估算时,每一个人的快乐都会得到考虑,并且受到同等的重视。“人人价值平等,绝无尊长显 xlvii
贵。”[23]因此,功利原理作为一个终极的行为标准,将一切人当作平等的人来加以尊重,虽然它并不保障人人都得到自己想望的东西。然而,即使承认欢乐主义的真理性,边沁的观点,即功利原理是有理智的人能够觉得可以接受的唯一共同标准,仍然是错误的。对功利主义进行的有力的现代批判中,许多[24]是抨击它原则上认可牺牲个人,只要可以证明这最大程度地增加了总的公共福利,由此它将个人当作单纯的容器对待,其苦乐经验全无固有的价值。因为虽然在对什么将最大程度地增加福利总和所作的估算中,人确实会被当作平等的人来对待,亦即不管他们是谁,他们同等的快乐或痛苦会被赋予同等的分量,但此种估算的结果可能是很不平等的。由于这些原因,即使快乐是有理智的人为自己的目的所希望的唯一东西,他们仍然很可能宁愿要一个较为复杂的共同标准,据此公共福利的最大增长受到独特的分配原则制约,或者受到规定不得牺牲任何个人的根本利益这一禁律制约。在《原理》中,边沁没有谈到这一可能性。

欢乐主义不仅有助于证实某种形式的功利主义,而且使之面临一个著名的难题。假如每个人只希望获得他认为将促进他自身幸福的东西,那么在这同实现公共福利的需要相抵触时,他就无法遵从功利原理。既然如此,他怎么能把功利原理当作评判是非的终极标准接受下来?说在发生此种抵触的场合,他"应当"去做功利原理要求他做的事情又能是什么意思?有人用了不同方式试图解决这个困难。某些批评者说,边沁式的欢乐主义并非利己主义,其含义在于人尽管为快乐本身而企求快乐,但这快乐无须是他们自己的。[25]相反,有人宣称边沁确信存在着利益的天然和谐,它保证个人的真正长远利益永远不会同公共福利冲突。[26]我并不认为对边沁论著的这两种解释有道理,它们实际上抹杀了边沁所持的一种观念的独特性,即他关于功利原理作为个人道德领域内评判是非的终极标准以什么方式起作用所持的观念。我认为,他的观点是有理智的人能够把功利原理当作具备控制行为之社会功能的准则接受下来,即使在某些情况下他们不可能自愿遵从,因为在这些情况下这么做不符合他们的利益。在这样的场合,个人的长远利益同公共福利有冲突,需要有强制性的约束在这两者间造出人为的和谐。这样,可以依靠制裁的威胁使一个人去做功利原理所要求的事情,即使他不可能自愿地主动去做。尽管如此,一个有理智的人会认识到,别人自愿遵从或由于制裁威胁而被迫遵从功利原理非常符合他的利益。然而他也会认识到,若不包含对他自己的同一强制性约束,这一行为控制体系的巨大裨益就不可能实现。[27]按照这个道理,说一个人在有违其私利的场合应当作出功利原理所要求的行动,实际上就是说可以适当地强求他作出这样的行动。

xlviii

由于功利原理如此显示它同欢乐主义的一致性,边沁关于该原理是"一般道德领域、特别是政治领域中"评判是非的标准这一说法，就必须认为是指该原理并非指导个人行为的道德标准，而只是对它作批判性评价的道德标准，确定可以恰当地通过行动来要求个人做什么，以及何时可以运用道义制裁来做到这一点。这同边沁所言一致，例如他说“人们一般都信奉这个原理……即使不是为了规范他们自己的行动，也是为了评判他们自己的以及别人的行动”(第 13 页)。不仅如此，这一解释还符合边沁就“私人伦理”的性质和功能看来所持的观念，那是我在下面要讨论的。毋庸置疑，这种把功利原理当作道德评价或批判标准、而非个人行为指南的观念，可能看上去令人感到奇怪，甚至令人讨厌，然而应当把它放在边沁对人类动机的总体说明的背景下来看待。诚然，他认为人主要是自私的，一般倾向于损人利己。诚然，他还认为在私利同公共利益冲突时，人不可能自愿地服从公共利益，只有依靠制裁的 xlix
威胁才能使他们这么做。尽管如此，边沁仍然在其总的学说中为两种社会动机找到了立足之地，它们促使人为他人利益并以符合功利原理的方式行动。其中最重要的是仁慈这一纯社会动机，按照边沁的说法，功利命令是其“最广泛、最明智的”形式(第 117 页)。这会导致一个对它敏感的人去追求别人的幸福，仅仅是因为他自己从中得到快乐(同情之乐)，即使这对他没有什么别的好处。除此之外，还有名誉与和睦这两个半社会动机，它们会导致一个人在利他行为将给自己带来特殊好处的时候，去为别人的利益而行动，即使他未从别人的幸福本身中得到快乐。

私人伦理、功利和普遍性

一般认为，边沁提出功利原理是把它作为(用他自己后来的话说)“无论道德领域或政治领域中评价人类行为是非对错的真正标准”,[28]因而立法虽然是《原理》的主题,但要求最大程度增加公共福利的功利原理既决定立法者应当制定什么样的规范他人行为的法律,也决定个人在自己的生活中应当怎样行事。我认为这一流行于世的解释是正确的,但恰如西奇威克早就注意到的那样,[29]特别在《原理》以及他后来的某些论述中,边沁就私人伦理所作的讨论包含某些段落,它们似乎教人认为私人的是非标准不是公共幸福的最大增长,而是他的私利的最大增长。近来,莱昂斯教授在关于边沁功利主义的一部别出心裁、推陈出新的论著里,[30]认为他相当坚定地信奉这个信条,为个人和立法者提出了各自独立的标准,并且宣称两者都出自边沁所赞成的一个根本性的“区别对待原则”。这个原则规定,其幸福有待增至最大程度的人总是那些由作用者控制或“受治于他”的人;“被治者”就立法者而论,是他那个共同体的成员,就私人而论,则是他自己。照此“双重标准理论”,这两个标准可能彼此冲突。对此,莱昂斯争辩说边沁确信长远利益天然和谐,并且拒不赞成对边沁的一种常规解释,即认为需要有惩
1 罚性制裁来人为地调和彼此天然冲突的利益,断定这是错误的。根据莱昂斯的解释,制裁的作用在于教人认识什么是他们真正的长远利益,并且由于使追求这些利益也能给他们带来眼前好处而提供诱导他们这么做的动机。

假如拒不接受这一双重标准理论——它确有许多大漏洞[31]——那就必须替莱昂斯教授依据的主要论述找到某种说明。此即边沁在总结“私人伦理”同立法艺术的差别时所说的:“私人伦理教导的是每个人如何可以使自己倾向于按照最有利于自身幸福

的方式行事”(第293页)。边沁关于私人伦理的论述复杂而又概括，有些地方还晦涩不明，可能像西奇威克所说，他对自己的观点犹豫不决。然而我认为，最好的解释有如下述。边沁并不把私人伦理看作是确定了一个适用于私人的是非标准；这个标准已经由功利原理确立了。私人伦理是一种自律自导的、由个人学用的艺术或技能。它的目的，是以人的天性构造及其所处环境为既定条件，尽可能保证他们的行为符合功利原理这个唯一的、要求最大程度增长公共利益的行为标准。立法艺术——它同私人伦理一起构成边沁所称的“一般伦理”——同样不是行为标准，而是一种用来指导别人的实用艺术或技能，其目的同样在于保证尽可能最大程度地符合功利原理。立法艺术直接依靠制定法律、规定对不服从行为的惩罚来达到这个目的，而私人伦理依靠探寻公共福利在个人发现并追求其自身长远利益的情况下得以最大程度增长的各种不同途径来达到同一个目的。这些途径包括：每个人细心关照自己的私利，只要它们非但不同别人的私利相冲突，反而会增加公共福利的总和，例如个人健康便是如此；充分认可社会性的和半社会性的动机，这些动机会激励一个人去促进他人的利益；仔细注意任何现存的道义约束或法律制裁，它们会使得在促进公益无利于己 li
的相反情况下去促进公益符合其个人利益。然而，由于不存在利益的天然和谐，私人伦理的影响有时会失败。在这种场合，像边沁认识到的那样，规劝毫无用处。

对私人伦理的上述解释并非无懈可击，虽然我认为它很可能代表了边沁的最终见解，但即使在《原理》中也有一些段落无法与之相符。在这样的段落里，边沁似乎把私人伦理当作一种要求最大程度增加公共福利的道德标准来对待，仿佛它仅仅是功利原理应用于个人行为，依靠私下的道义压力——“道德的窃窃私语”（第287页），而非依靠强制性的制裁——法律的“震耳雷霆”，而其主要功能，是在由于种种不同原因而“不适于惩罚”的场合进行引导，保证遵从功利原理。因此，边沁说是否服从不良法规是个“纯属私人伦理”的问题，并且在此明确地把功利原理而非个人利益追求当作“引导一个人越过这些难关”的指南。[32]此外还有许多地方谈及私人伦理，它关系到在不宜进行法律惩罚的场合“阻止”和谴责邪恶行为（第287页），构成要求不采取损人行动的君子“规则”，而且其“命令”据说延及此类行动（第289页）。这样一些段落有力地显示出边沁在对私人伦理的两种不同描述之间犹豫不决。他起先似乎持有在对他著作的通常解释中将其归于他的那种私人伦理概念，即私人伦理不过是可运用于个人行为的、仅仅依靠道义约束的功利原理，但他最后放弃了这个概念。[33]

一种针对边沁功利原理的通常解释所提出的进一步异议，仍有待考虑。他屡屡将功利命令说成是最广泛也最开明的仁慈（第117,130页），称最博大的慈爱是对全人类幸福的关怀（第32页注，第65页），并且讨论了虐待动物问题（第282页注），仿佛要将它们同所有人类一起纳入功利原理的保护范围。尽管如此，通观《原理》全书，边沁阐述功利原理的最常见方式，仍是把它当作一项
lii 要求扩大立法者治理下社会共同体的幸福的原则。莱昂斯教授认为，[34]这表明功利原理提供的是非标准并非“普遍”标准，即要求考虑所有其利益受到影响的对象，而是“局部”标准，它的基本原则在于被要求予以考虑的只有那些处于某人治理或控制之下的对象的

幸福。我本人的观点是，在《原理》和边沁后来的论著中（特别是他着手论述国际法的场合），提到广泛的人类利益的地方太多了，以致莱昂斯教授的诠释难以为人接受。相反，我认为对《原理》中所用的术语有两种看来更有道理的诠释，它们似乎将功利原理的范围限于“社会共同体”的利益。其一，《原理》主要涉及拥有主权的立法者作为内部立法事宜来制定的法律。在一部这样的著作中，边沁只不过是假定一般来说最好按照同立法者的主要任务最相称的方式来阐明功利原理。在某些后来的论述中，边沁说自己脱开国内问题，作为世界公民来讲话，这就使人想到作这样的诠释。[35]或者，边沁可能认为，一位立法者能为增长普遍幸福作出的最好贡献，在于集中关注他能够最有效地加以影响的那些人的幸福，任何将其利益从属于更广泛的长期得益的企图，都将由于破坏他自己的地位、从而使他无法在自己权力范围内行善而归于失败。[36]

四

边沁分章论述了快乐和痛苦、影响敏感性的状况、动机以及人的性情。互相间密切关联的这几章汇集了一大批细致的心理现象，并且将其分门别类。它们并非实验室工作或统计研究的产物，而是出自边沁对人类经验特质的思考和解析，这些特质被挑选出来是因为它们同本书的主旨有关。边沁承认所需的实例比他能够提供的多得多，而他所说的一句话——“需要详尽地检索历史和传记”（第 53 页注）——透露了他准备援用的资料来源的一般性质。

边沁列出了各种范畴、表式及其细目，其繁复众多确实令人生

畏。但是，由于他富有机智过人的洞察力，并且逼真地意识到人类
liii 具体行动所由来的不同主观因素的复杂性及其微妙的互相作用，这些便往往变得生动活跃了。他就实际或假想的例子进行的讨论，鲜明地衬托出实际生活中的人性。边沁在此领域的论著对现代心理学的发展严格说几乎没有什么直接影响，他的某些表格和范畴，例如论述各自同一种对应的快乐或痛苦相连的动机那一章，现在看来可能是武断的和不完全的，并且缺乏理论结构。尽管如此，他仍然接触到了那些在现代心理学中已具有核心意义的论题。因此，无论第四章里提出的用以衡量快乐之"份额"的度量单位看来多么荒唐，无论他赋予功利"计算"的算术形式看来多么可笑，它们还是预示了一种坚持不懈的现代努力：探求主观现象的量化尺度，因而也就是其"科学"尺度。在边沁的许多非常具有现代意味的论述当中，有他关于互相冲突的动机和关于自然或人为的"监护"动机的讨论，后一种动机抑制了由"引诱"动机激励的反社会行为。

虽然边沁关于心理问题的论述往往具有比较广泛的含义，但他主要关心展示有关人的幸福、特性和行动之构成要素的事实，描述可能由之造成的"有害行为"的形式，它们是立法者若要构设一个符合功利原理的刑法与惩罚体系就必须知道的。为此目的，对事实的描述不仅一定要准确清晰，而且一定要不偏不倚。必须避免用未经证明的假定（"颂扬的"或"责骂的"）来进行描述，因为它们往往反映对美德、邪恶或功过的评价，那同功利毫无关系，并且是基于一种完全错误的观点，即动机、意图和性格状况生来有好坏之分。因此边沁再三坚持，把人的动机本身说成不论其后果如何有好有坏，因而可以是加重或减轻惩罚的依据，是一种混淆不清

的、由我们的语言形式促成的错觉(第 102、114—115 页)。常用语言不是用中性名称来表述赚钱或性欲之类动机,它们在不同环境下可能导致好坏不同的行为,而是包含着大量诸如“色欲”、“贪婪”之类动机名称,充满谴责性的道德评判意味。边沁则认可将动机区分为“纯社会的”、“半社会的”和“反社会的”,而且自己也这么做,所根据的是它们导致符合功利要求的行动或与之背道而驰的 liv
行动的一般趋势;但他告诫我们,即使仁慈这一纯社会动机,在特定环境下也会引发恶行,而恶毒的反社会动机则可能引发善行。

对于自己所考虑的心理事实同道德和法理判断之间的关联,边沁始终不渝地坚持一种功利主义的、看重后果的观念。这在一些不同场合,造成了令人惊异的、与俗见大相径庭的结果。因此,若要领会边沁理论的全部锋芒,就需要显著调整对这些问题的通常考察角度。故而在边沁看来,这么一个事实,即被判犯罪的人有“一种堕落倾向”导致他反复作恶,具有两重意义。第一,这样一个人所犯的罪过比一个通常品行良好的人犯下的罪过更令人惊恐,因而造成更大的“次要伤害”;第二,一个有堕落倾向的人很可能不那么在乎惩罚(第 141 页)。第一个考虑表明,由于伤害较大,若为预防所必需就**可以**施行更严厉的惩罚,而第二个考虑表明,在事实上很可能有此需要。同样令人惊异的(即使从通常观点看并非骇人听闻的),是边沁对所有文明的法律体系所共有的一个信条——具有犯法意图一般是应受惩罚的一项必要条件——所作的解释。边沁没有把这个要求同功过、邪恶或惩罚之公正等概念联系起来,而是认为这所以必要,首先是因为如他所论辩的那样,对无意中犯法的人施加的惩罚必定无效(第 161 页),[37] 其次是因为蓄意的犯法行为体现的伤害意图不仅引起主害，即该犯法行为会造成的有形伤害，而且可能引起次害，即惊恐和危险（第 152—154 页）。

边沁对哲学和法学的某些最具启示性的贡献，可见于他论述一般人类行动与其精神要素（他称之为意图）以及知觉的那几章。这一论述中确有不足之处和若干显著的空白，但它们主要归因于如下事实：边沁在自己的全部分析中，始终从一个功利主义立法者的观点出发，主要关心辨识和区分人类行为的某些性质，这些性质
lv 或是决定它依以减少普遍功利的方式，或是使之顺从或排斥法律和惩罚的控制，或应决定惩罚的强度。然而，尽管这一功利主义的、立法的观点在某些场合限制了边沁所作分析的一般可运用性，但仍可从独立于这一立法观点的各章学到许多有价值的东西。它们包含许多关键性的论述，大有助于领会人的行动的复杂性，领会信念和愿望（或如边沁有时所称理解和意愿）两者介入其结构的方式。它们包含首次足够细致的尝试，力图把握关于人行动的叙述取决于当时当地环境、背景和目的的微妙方式。边沁就这些问题所作的论述并非全可接受，但追踪他在此等难题上探求真理的执著努力，对于评价当代心理哲学中提出的许多论题，或现代法学家关于刑事责任之组成因素之一 mens rea（犯罪意图）的阐释中提出的许多论题，仍然极有价值。

边沁一开始用简短的话语，将行动区分为积极的或消极的、简单的或复杂的、内在的或外在的、外及的或不外及的。虽然这几章像书中其他各章那样，似乎有时过于烦琐，但它们表明边沁有一种罕见的能力，那就是避开过分简单化的笼统的理论，同时又始终敏锐地意识到谈论心理和行动的常规方式在哪些地方可能把我们引

入歧途，或促使我们提出由于混淆不清而无法回答的问题。因此，在说明积极行动与消极行动（即犯法行动和懈怠）之间的区别时（第 75 页），边沁正确地坚持不能简单地认为这一区别取决于我们是用肯定形式还是用否定形式来叙述行为。他看到，同一个行动往往既能用否定的、也能用肯定的词语来叙述，因而在适当的来龙去脉中，予以否定叙述的行动可以被列为积极行动（例如，士兵被命令立正但未这么做），反之予以肯定叙述的行动可以被列为懈怠（士兵被命令出发但立正不动）。边沁自己依照缺乏动作之意对懈怠作的解释，没有充分强调它同事情来龙去脉的相互依存关系，而他在论述设宴招待、法院开庭或荷枪实弹等“复杂行动”时，却表明自己很了解这种关系的重要性，认为它们的统一性来源于一些作为组成部分的简单行动与共同目的之间互相关联的方式（第 79 页）。他把握了行动叙述的这项特征，这在他因为语言模糊性而摒 lvi
弃某些关于行动个性的“解决不了的疑问”时，表现得十分显著：

> 常常碰到这样的问题：在前后两项行动首尾交叠的场合，构成**一项**行动的究竟是什么？已发生的究竟是一项还是几项行动？现在很清楚，这些问题往往可以给予相反的、但同样合适的回答；而且，倘若有任何仅能予以一种回答的场合，回答将取决于该场合的具体性质以及提问题的目的。（第 79 页）

边沁本人的分析集中在他所称的“积极的外在行动”上面。他首先从一项可能像是没有前途的观念出发，即外在行动是“肉体行动”（第 76 页），由人体的动作构成（第 75 页）。它所以看来没有前途，是因为这个提法使人联想到一种事实上不时困扰哲学和法学两者的、关于人类行动的简单泛论，据此严格说来我们唯一能被认为采取的行动，仅仅是我们自己的身体动作，而通常的行动叙述中包含的其余一切，皆指这种动作的后果和环境。因此，边沁的法学门徒约翰·奥斯丁写道："此等肉体动作是可以用'行动'这一术语来十分精当地加以概括的唯一对象……绝大多数看来是行动名称的名称，无非是同某些后果相结合的行动的称呼。"[38]

值得赞扬的是，边沁避开了这一泛论，把肉体动作仅仅当作通常行动的"初始阶段"（第 77 页），例如触碰别人，把他推倒或者把水泼到他脸上，捡起一块石头或者开枪射击等等（第 75、77、84、85 页），所有这些都会被奥斯丁当作"同后果相结合的行动"。尽管如此，在边沁对行动及其后果的说明中，仍有某些令人困惑的含糊之处。有时，他似乎仅仅把那些对功利主义立法者的目的而言是实质性的、因而由快乐或痛苦构成的后果，认作行动后果。因此，他把触碰一个人看作一项行动，而把伤害他看作行动与后果的结合（第 84 页）。[39]他往往像在行动与后果之间划了一条不变的界限，似乎发生此类快乐或痛苦总是后果，从来不是行动的一部分。另
lvii 一方面，他告诉我们一项行动有无数后果（第 74 页），并且在他关于行动之终止的简短论述中笼统地提到它们，说当它们把一个动作传到一个身体（"作用于其上的影响被认为是有形的"）之时，即告终止（第 76—77 页）。可是，他未以笼统的或明确的方式，说明在不同的来龙去脉中怎样划出行动和后果之间的界限。这样，边沁就没有解释他所称的"我们通常说话"的一个重要性质，特别是不同的行动叙述的可得性，它们包含着或多或少的人体动作后果。因此，当一个人开枪射死一只小鸟同时又惊散其他小鸟时，他所做

的可以被叙述成移动手指，或扣动扳机，或开枪，或射死小鸟，或惊散其他几只小鸟。在这些行动叙述中，第一种之后的每一种都可以用它前面任何一种与其某些后果相结合的方式加以重述。要澄清这个重要性质，我们就需要说明边沁所称的“简单行动”（第 78 页），这种行动被他正确地区分在复杂行动和作为行动者最初身体动作的“行动初始阶段”之外。

遗憾的是边沁没有给我们提供这一说明，不过仍有可能构设一种看来完全符合他的理论精神的说明，办法是借鉴他在两个论题上的阐述。第一是他对用来叙述一项行动环境的微妙灵活的方法所作的解释，用这些方法，环境在一种叙述形式下可以被明确地说成是同行动截然有别（例如宣誓诚实的同时说谎，或用毒药杀人），在另一种叙述形式下则可以包括在行动之内（伪证，下毒）。[40] 第二个论题是边沁对行动之终止所作的简短得令人惊叹的叙述，即行动终止之际在于传递被认为有“实质性”影响的动作之时。边沁对这两个论题的处理显示，他会接受下述通论：一项简单的外在行动可以定义为由行动者的身体动作导致一个具体结果（扳机移动，或小鸟死亡），该结果由一个给定的行动叙述（“扣动扳机”，“射杀小鸟”）来识别，而该行动叙述又因果式地同它所引发的进一步事态相关联。在任一背景下究竟使用哪个可得到的行动叙述，取决于各个因素，它们使一个结果具有从某种观点出发所看到的意义，这种观点毋需仅仅是功利主义立法者的。有时并非总是如此：使结果具有意义的因素会是行动者的意图（“他如此摆动手臂是在干什么？”——“在打信号”），而有时它会是一套规则对于行动者的 lviii
适用性，这些规则提供了现成的、使具体结果（例如达到一个目的，杀死一个人)变得重要的行动叙述形式。

在绝大多数场合,简单行动可以是蓄意的,也可以是无意的,可能造成有意追求的结局,也可能带来始料未及的后果。边沁对意图所作的细致全面的论述遍及第七至第九章,表现了对于认识与意志因素依以介入蓄意行动整体构造的复杂方式的卓越理解。这一论述独到新颖,才华横溢,主要集中于说明人的意图的这样一些方面:它们在刑法中对于确定是否犯有罪过具有头等的重要性,因而构成了边沁所称的"定罪环境"。

然而,边沁没有给不同的行动叙述提供一个明确的论述,说明简单行动以及行动与后果间区别的相对性,这不免使他对意图的说明有所失色。他告诉我们,意图是一种"内在"行动(第 76 页),一种意愿行为,并且一般将意图和意愿等量齐观。一项行动要成为蓄意的,意图就必须"注意它",一项行动的诸种后果要成为蓄意的,意图就必须"注意"它们(第 84 页)。行动的后果可以是蓄意追求的,也可以是无意造成的,但在边沁看来,它们只有在行动的初始阶段(即行动者身体的最初动作)是蓄意的情况下,才能够是蓄意的(第 85 页)。然而,除了前面说过的关于行动之终止的极少暗示外,边沁没有说明诸如触碰别人这样一项蓄意行动怎样成为蓄意的。要澄清这一点,就必须提及那些包括在无论哪个适合于当时环境或场合的行动叙述中的人体动作的后果。可是,边沁关于后果的论述局限于行动的后果,完全未谈包括在行动叙述中的后果的意图性。

但对边沁而言,意图只在某种程度上是个意愿问题;它还部分地是个理解或信念问题,这个问题他称作对伴随行动的环境之存在的“知觉”（第九章）。如果一项行动的后果要成为蓄意的，行动者就必须知道或相信存在着该行动会造成哪些后果的环境。因此，举例来说，假如开枪射击的后果是杀死一只小鸟，而这一后果又要成为蓄意的，开枪的人就必须知道或相信枪是装了子弹的。他可能由于这个或那个原因缺乏此种知觉，在此情况下他的行动就是“鲁莽的”。他可能确信枪里未装子弹（“误料”），或者可能未 lix
考虑枪里是否装了子弹。这些区别有助人们明了错误、不经意和疏忽这几个概念，它们对于确定法律责任来说是重要的。但另一方面，环境知觉不仅如边沁看来认为的那样同行动后果的意图性有关，而且在行动叙述包括提及具体环境的场合，还可能同行动的意图性有关。

在边沁关于意图的论述中，最著名也最引起争议的，或许是他把下面一种情况当作意图的“间接”或“隐晦”形式（第 86 页）包括进来：一个人预见到自己的行动肯定或很可能会造成某一后果，但与他持有直接的意图时相反，他既不把这一后果当作目的本身，也不把它当作达到一个目的的手段来追求或期望。因此，在有隐晦意图的场合，据边沁称产生后果的前景并不构成决定此人做此行动的“因果链上的一环”（第 86 页）。

英国的律师们遵循边沁关于存在两种意图形式的学说，用不同的术语区分“期望”后果和“预见”后果；而且，除了在定义一项罪过的语言要求有直接意图这一特殊情况下，英国法律并不把它们当作犯罪行为的构成部分或其严重程度的衡量尺度予以区别。[41]功利主义是一种注重后果的道德学说，根据这一学说，行动在道德上的裨益或祸害完全由它们的后果决定，因而不能认为对损害作区别——区别作为达到目的的一个手段而来的损害和作为行动之预见到附带结果或次要影响而来的同一损害——有何道德重要性。因此，边沁想必会赞同这个问题上的英国法律。当然，这种功利主义观点并非无懈可击，它已受到天主教道德神学的一大特色即双重结果论的极显著的挑战。根据这一理论，作为预见到的行动后果对别人造成损害有时是允许的，而作为手段或目的造成这一损害却是邪恶的。双重结果论当然引起了激烈的争论，看来要明白其意显然
lx 必须摒弃牢固地包含在边沁功利主义中的一个观念，那就是在行为的道德评判中，要紧的仅仅是行为的**结果**。必须采纳一种与之不同的看法：假如一项邪恶的目的（例如杀害无辜者）是为实现一项善良的目标所必需的，那么一个行动者允许自己照此邪恶目的来行事这一事实，应被认为自动构成其行动之内的一种邪恶，具有大不以结果之裨益或祸害为转移的意义。显然，这种看法不能见容于边沁的观点。

五

边沁在《原理》中阐发的惩罚理论不仅激励出许多具有人道倾向的改革，而且仍在提出各种始终难以确定并且依旧引发争论的问题。一个多世纪以来，英美两国主要的刑法著作家一直着意应用、推敲和在某些场合扩展边沁的惩罚概念，把它当作本质上是一种旨在保护社会的、积极前瞻的分析工具，而非保证犯法者罪有应得的、消极后顾的理论方法。然而，边沁的学说尽管一直占上风，但从不乏批评者。在过去十年里，这些人发动了一场某种意义上的反攻。某些批评家虽然赞成边沁关于刑法和惩罚制度总的功利

主义目的的观念，但拒不同意他将潜在的犯法者说成会计算违法的利弊得失，认为这一准经济图景是很不现实的。另一些批评家更激进地反对单纯依照普遍功利来证明刑罚体制正当合理的思想，争辩说这不仅忽视了报应论的各种言之成理的表述形式，而且不给个人应当享有正义的要求留有足够的位置，那是在道义上过得去的任何惩罚理论中都必须有的。

边沁开始叙述指导惩罚之运用的原则时，便毫不含糊地申明："所有惩罚本身都是邪恶的"（第 158 页）。他论辩说，这一邪恶只有在它作为法律加诸犯法行为的一种人为后果，多半会以最小的人类苦痛代价去防止由犯法行为引起更大的邪恶或损害时，才是正当的。首要的预防媒介是法律的惩罚威胁，用来影响那些想犯法的人的意愿。它由实际犯法者遭受惩罚的先例而得到加强，对他们施加这类惩罚是要凭着影响其意愿、使之不重犯旧罪来奏效，或者通过在或长或短的时期里使之无法这么做来奏效。因此，边 lxi
沁将惩罚描述为主要通过作为普遍威慑和个人威慑两者的恐惧来发挥作用，不过他特别强调前者的头等重要性和先例的威力，虽然他还认为，公开和令人难忘地使一犯法行为蒙耻受辱这样一种惩罚，其作用方式有时具有"道德教诲"（第 171 页）性质，促使公众厌憎邪念恶习，加强和培养善心德行。

边沁直率地表示，关于惩罚"目的"，他说不出什么别人没有说过的话（第 158 页注）。的确，在那些有助于欧洲形成刑法改革压力的较早的著作家那里，可以发现边沁学说的所有主要特色。特别是在贝卡里亚的著作里，有着同样的惩罚概念，即惩罚更多的是为了防止未来的违法之恶，而不是对过去的已犯之恶实施报应。

他还同样强调刑法需要明确清晰，告诫过分的严厉既苛酷又危险。最重要的是，他同样坚持认为不能凭着对犯人的同情感或厌恶感来确定惩罚的适当程度和方式，而是主张予以合理的、明达的考虑。边沁对这些问题的阐析，其新颖之处在于作出不懈的努力，仔细辨别和讨论有待掂量的许多不同因素，由此揭示这些问题的含义，从而表明对这种开明的理性主义立场的认真执著真正意味着什么。有时，边沁试图使人们关于惩罚的思想改变方向，办法是从惩罚只应包含最小的人类苦痛“代价”这么一个含糊笼统的观念当中，阐发出一套精确的准则，它们用经济学家的术语来表述，伴有生动的应用实例。如此，惩罚被说成是“一项开支”或“投资”，需要“节约”，即避免不必要的苦痛；其表面“价值”（由一个潜在的犯法者所估计的痛苦程度）必须大得足以抵消他会指望靠犯法得到的“收益”。假如由于惩罚引起的痛苦大于它防止的痛苦，从而使它无效或无益，或者假如一项犯法行为的危害可以靠非惩罚性措施、并因而以“低价”来抑制，从而使它成为不必要的，那就完全不得使
lxii 用惩罚。比起许久以后关于法律和政治的经济学理论，这些经济比拟超前甚远，它们贯穿在边沁对“不适于惩罚的情况”所作的初步辨识（第八章）之中，也贯穿在他按照成本效益解释罪罚相称之必要性（第十四章）所用的精确细则之中。这一必要性他发觉前人曾强烈地提倡过，但如他所说，他们只是泛泛而谈，“玄奥有余，教益不足”。[42]

边沁对惩罚的均衡性作了复杂的功利主义解释，包括细致地规定了较轻的惩罚，以便促使人们宁犯轻罪而不犯重罪，其总的倾向显然是很人道的，主张惩罚远不要像他所处时代绝大多数法律

制度那么严厉。尽管如此，他的论辩在某些点上导致的结论，即使在赞成他的改革目标的人士中间也没有什么人会乐于接受，这些人像他一样，反对仅仅按照对一项罪过所包含的道德邪恶的估计或直觉来确定惩罚之严厉程度。因此，由于存在促使犯法的强烈诱惑意味着它预期会给犯法者带来大“收益”，这在边沁看来就需要实施比诱惑轻微时有理由实施的更严厉的惩罚，以便抵消“收益”（第 142，166—168 页）。于是按照这个观点，一位偷了一块面包的饿汉所受的惩罚，在其他情况相同时，会比一位偷了某个他不在乎的东西的富人所受的惩罚更严厉。边沁承认这个结论“看来有苛刻之嫌”，但又颇具特征地把反对意见归咎于未能从恰当的角度考察复杂问题。对他来说，一个强烈的诱惑指示了两个相反的情况。一方面，它显示罪行表现了较小的邪恶意向，小于为某种微不足道的得益而犯下的同样罪行，因而要纠正它所需做的也较少。由于这个原因，惩罚原则上可以减轻。但是，它无论何时不得被减轻到不足以抵消表面收益的程度；如果被减轻到这种程度，罪犯遭受惩罚就没有意义，他所受的惩罚就会统统成为无用的残酷，对于将被照旧置于危险之中的公众和势必依然未予教化的罪犯来说，都是如此。

在其他论题上，边沁的惩罚理论并未被他讲成需要摒弃普遍接受的观念，而是为刑法和刑罚之普遍认可的性质提供了合乎理性的新基点，以此取代经常对这些性质所作的混淆含糊的解释。
他宣称自己是新瓶装陈酒，这方面最突出也最引起争论的例子，是 lxiii
他对现在可以称为犯罪责任之精神条件的论述以及 mens rea（犯罪意图）理论。他同意常规的看法，那就是一个人的外向行动及其后果符合罪过定义，但假如他不了解相关的环境或自身行为的后果，因而属无意而为，或者假如他是在胁迫之下行事，或当时由于精神错乱或醉酒而缺乏正常能力，那么他就不应当受到惩罚。对边沁来说，所有这样的情况都无疑“不适于惩罚”，因为它们属于“惩罚必定无效”这类情况（第161—162页），施加惩罚将造成无谓的痛苦。他为这个结论提出的基本理由是，在上述情况下，法律的惩罚威胁不可能产生任何效果，因而免于惩罚只不过是由法律制度的总的功利主义宗旨所规定。他不同意根据其他理由来解释此类宽宥条件，例如说在这样的场合犯法者没有“恶意”（布莱克斯通语），或者说犯法者的意愿不与其行为一致，或者说他身不由己（第161页注）。边沁认为，这样的解释使得问题模糊不清，其种种说法要么是谬误的，要么除表示在此类场合法律的威胁必定无效外便毫无意义。

边沁关于犯罪责任的论述提出了两个重要问题。第一个问题在于，他的论辩即使从他自己纯粹功利主义的角度来说是否有说服力。事实上，它既需要扩充，也需要修正，因为边沁从法律之惩罚威胁对于宽宥条件下所犯罪行必定无效这个事实出发，随意断言对犯罪者实施惩罚纯属徒劳。这一论辩不仅在形式上站不住脚，而且一看就令人信服的是，法律由于宽宥在此条件下犯法的人免受惩罚，便提供了一个在那些极难证明的问题上欺骗法庭的机会，这会显著地减小法律的威慑作用。在关于犯法行为的现代法律制度的外围，存在着所谓“严格责任”或部分严格责任，即为确定责任并不要求有关于意图或疏忽的证据，这就在某种程度上肯定了这个观点。边沁为了证实他给这些豁免提出的纯粹功利主义的理由，就需要证明一个将其排除在外的严格责任制度只会导致犯罪仅有微不足道的减少，同一个普遍的严格责任制度将引起的不安全和恐惧相比微乎其微。

边沁以惩罚在上述场合起不到威慑作用为由，解释了宽宥制度。对此可以提出第二个反驳，那就是它不仅谬误，而且离题。宽宥的功能，在于保证只有在犯法之际有正常能力控制自己行为的 lxiv
人才应当受到惩罚，理由是惩罚那些缺乏此种能力的人便是对他们不公正，即使这会增强法律的一般威慑力。对严格责任的批评就是如此表述的，而且像关于宽宥理由的现代论述表明的那样，即便惩罚制度的总的目的是防止犯法，也仍然存在着许多不同原因，决定为什么应当强制追求这一目的。[43]虽然布莱克斯通根据缺乏"恶意"所作的解释可能意味着相信关于惩罚的报应论，但认为宽宥制度只有依照这样一种理论才讲得通却是错误的。

如果这些是边沁惩罚理论的核心论题，那么问题就在于人们究竟要为什么具体行为而受到惩罚。边沁的回答是他论述罪过之分类的、篇幅宏大的第十六章，其中参照受影响的利益和受影响的人或人群，将其分门别类。边沁料定读者需要帮助，以便强打精神"啃完"这一庞大的分类纲要，因而建议从最后几页读起，其中概述了它的大意，并且展示了它所依据的"自然"安排有何长处。确实应当遵从这个建议。然而在阅读不同凡响的该章时，重要的是还要记住下面几点。首先，那里提出的不是一部刑法梗概，而是一组指导立法者使用其强制权力的准则，表现为一套关于某些行为方式的有序排列，那些行为方式由于其对人的利益的有害影响应被认作罪过，有必要施以强制性制裁。对边沁来说，一项"罪过"是指未遵守由法律产生的一项义务或责任，而将罪过分类则如他所说便是将法律分类。再者，把握如下一个事实也很重要，这个事实由于边沁特别喜好使用“刑事”、“犯罪”、“民事”这几个词语而被搞得模糊不清，那就是该章分门别类并加以分析的罪过不仅包括犯罪，也包括现在所称的民事犯法行为或民事过失，例如违背契约，背弃信托，诽谤或非法侵入等民事侵权行为。对边沁来说，“刑事”和“惩罚”包括了法律使得犯法必尝苦果的所有情况。“犯罪”对于他却是个较为狭窄的概念，他发觉这个概念颇难定义，但仍把它当作
lxv 表示一种特别可憎的次级罪过，对它的惩治严厉无情，并不限于强制支付赔偿金。[44]边沁关于民法与刑法之间区别的复杂解释，在《原理》第十七章和添加的末注里显露了轮廓，最终在《论一般法律》中得到了详细的阐述。根据这一解释，并非像通常假定的以及法学论著形式表现的那样，有两部截然有别的法律，即一部刑法，一部民法，而是每一部法律无不“民”“刑”兼备。刑法部分是纯命令式的，强行施加制裁；民法部分则是对“情势理由”的阐述，它具体地规定了刑法部分须遵从的种种条件、保留和例外，它们构成了在法学论著和民法典中可见其形式和分配的种种权利、权力和资格。

边沁在第十六章勾画的“普遍罪过图景”，其考察眼界之广阔无与伦比，论述问题之缜密首屈一指。正是在这些问题上，法律应当依据功利原理来施展本身的强制力，迫使人遵从其标准。这是一项坚持不懈的努力，力图识透律师们技术性的和人为的分门别类，辨识出合乎理性的法律制度应当保护的、也是所有制度确实在某种程度上应当保护的人的利益。法律究竟是通过在私人诉讼中

强制索赔来做到这一点，还是通过在起诉后判处罚金或监禁来做到这一点，则是第二位的问题，尽管它非同小可。要求得到保护的利益是立法者应当考虑的头号根本问题，也是埋头于技术细节的律师应当记住的头号根本问题。边沁希望，这一合乎自然的、非技术性的罪过概观所具有的长处一旦被理解，它就会被用作改革现行法律制度的样板，而在此等制度试图靠含糊不清或定义不当的条款来保护同一利益的场合，它会有助于解释这些并提供一个经过改进的名称。边沁的概观至少对他那个时代的改革潮流有吸引力，这可见于约翰·斯图亚特·穆勒的自传：

> 我看到在关于快乐和痛苦两种后果的伦理原则指导下，科学分类被应用到可予惩罚的行动这一庞大复杂的主题上来，并且以详细论证的方法将其贯彻到底。这时，我觉得自己被提到了一个很高的境界，从那里能够俯瞰十分辽阔的智识领域，远眺无可估量的智识成果。进一步看下去，我在理智的明晰之外，似乎又看到了改良人类事务的最为激励人心的远景。[45]

边沁那表述明确的庞大概观可谓后无来者，但从他开始到类 lxvi
似的现代努力，即力图辨识值得法律保护的利益，仍然可以找到一条承袭相传的线索。罗斯科·庞兹将个人社会利益和公共利益分门别类的利益理论[46]及其解决利益间冲突的社会工程学的功利主义概念，归功于耶林的启示，而耶林对边沁学说的了解和兴趣，则激励了一种特殊的“利益法学”在德国发展成长。[47]然而，对政治理论家来说，该章在后世引起的最重要的回响，是穆勒在《论自由》中对边沁所称“内向罪过”所作的讨论，在“内向罪过”情况下，犯罪者的行为引起的主要伤害是针对犯罪者本人的。边沁恰如其人地认为，任何这样的行为是否应被当作可予惩罚的罪过，取决于按照“有效”和“有利”这两个标准来看，是否值得进行法律干预。他认为这个问题太容易引起争议，不应当在该章的框架内解决，并且把自杀、酗酒和“过度性交”这样一些可能被认为构成罪过的例子下放到脚注中去。不过，他相当明白地表示，他认为在大多数这样的场合不存在需要防止的真正损害，或者假如确有这种损害，以法律惩罚来进行干预将是无用或无益的。他作出这一结论的理由，有两个同穆勒一致。他认为，正常情况下人对自己的利益以及什么有害于自己的幸福，比立法者了解得更清楚；他还认为，一般来说法律制度过分倾向于在这样的场合进行干预，原因是受到“导致限制臣民自由的许许多多狭隘情感与偏见”的影响（第291页）。然而，边沁与穆勒两人的思想虽然有这些相似之处，但前者完全没有后者那种自由激情：穆勒关心的是捍卫个性和“人生尝试”免遭法律或习俗道德的束缚，边沁却只关心对内向罪过的惩罚是否会有助于增大快乐或幸福。因此，尽管他总的来说有保留，但他准备承认将此类行为当作罪过对待可能偶尔能加强和端正道义约束，因为这使得此类行为蒙上“一点儿人为的坏名声”（第290页）。

lxvii

六

在这篇导言的前面几节里，我所做的是提请读者留心一些要点，在这些要点上《原理》提出了现代争论不休的问题，同时也使读者注意到一些论述，关于这些论述现在看来有理由重新考虑对本书的长期被认可的解释。我选取这些话题来讨论，但这不应当使人漠视本书还有其他许多重要的、令人感兴趣的地方，正如本版所附详密的分析性索引意欲表明的那样。其中包括边沁在本书中偶尔略有所涉、但在别的论著中广泛阐发的许多论题，例如对法律权利、责任和权力、财产（他认为这是个权利和权力的体系）、主权、虚构实体等等的分析，它们所要求的特殊的定义方法或分析方法，以及关于命令或"意志推理"的形式的独特逻辑（他当之无愧地自称是这一逻辑的发现者）。对于许多这些偶尔谈及的论题，边沁的涉猎散见于他那庞大的脚注中，它们像边沁著作里常见的那样，包含着他的某些最佳论笔和极富想象力的见识。

既然本书论述范围广泛，且其宗旨在于法律改革，读者可能会见怪其中竟没有关于宪法的讨论，甚至没有提示英国议会制度有改革的必要，正是这个制度不给成千上万的成年公民以选举权，也正是它成了边沁以后被最激烈地予以针砭的对象。确实，本书不包含政治理论，唯一的例外（第 308—311 页）是以简要浓缩的方式，重复了他对一种企图所进行的责难，那就是通过宣告享有不可剥夺的权利来限制立法机构的职责范围。这项责难他首次于 1776 年发表，用来抨击美国的《独立宣言》。[48]因此，边沁在《原理》中没有像他后来那样，试图从功利主义原理引出主张民主的论据，它们不依赖于那种在他看来包含着无政府危险的、混淆不清的自然法教义。事实上，边沁编纂原理时尽管满怀改革激情，但如他后来所承认的那样，在政治上多少是个天真的保守派："（然而）我是个十足的改革主义者，从不怀疑掌权人士反对改革。我设想他们仅仅想了解什么是好的，以便着手改革。"[49]因此，在 1782 年他如此称颂未经改革的宪法，使用的措辞当为布莱克斯通所赞成：

> lxviii 英国法律的宪法部分，就其主要原则而论，与所曾见于世者相比大概首屈一指，或许离十全十美相去不远。[50]

剩下来要考虑的是本书造成的影响有多大。毫无疑问，1827年起确立的减轻刑法严酷性的法规大改革，其要旨完全符合《原理》宣告的惩罚原则和惩罚目的。无论是他的同时代人，还是亲历改革时期的后世著作家，都无保留地认为边沁具有一种压倒性的影响。1828年，在讨论刑法改革时，布鲁厄姆告诉下院："改革时代就是边沁时代"；[51]梅因于1875年写道："我不知道自边沁那时以来实施的法律改革有哪一项不能归功于他的影响"。[52]当然，在边沁论刑法和刑罚的大量著述中间，很难追寻出单单一部著作的影响，况且他的一般影响得以发挥的渠道多种多样，既包括出版正式论著来散布，也包括通过私下谈话和公开讨论来传播，因而更增大了这一困难。[53]不仅如此，有如我在前面第二节说过的那样，边沁著书以前，刑法改革的必要性已在英国和欧洲其余部分被认识到了，他的主要贡献是使得正在被广泛认可的抱负得到具体的、精确的表述。由此，评价边沁在造就最终来临的变革方面究竟发挥了多大影响，就成了一个有争议的问题。的确，某些怀疑者宣称，19世纪某些伟大的行政改革虽然符合边沁的思想，但不能被拿来证明边沁论著的影响，它们仅仅是对那些逐渐变得使人感到不能容忍的问题和社会邪恶的"自然的"回答。[54]不管有关行政改革的这一怀疑论有何根据，反正刑法以及证据法方面吻合程度如此之大，以致否认边沁的影响是无法令人信服的，而且有时还可以找出最为具体的联系。无论如何，同辨识边沁著作与随后法律变革之间的具体因果联系相比，更重要的是认识到边沁的思想渗透弥漫在社会的普遍气氛之中，这在许多通过有组织的讨论和写作散布边沁影响的人看来一目了然。因此，罗巴克在1849年写道：

> 在对待所有政治和道德论题的方式方面，边沁的著作引起了一场静悄悄的革命。思想习惯焕然一新，整个政论界大都不知激励来自何处，却充满了新精神。[55] lxix

H. L. A. 哈特

1982年1月于牛津

注释和参考书目

① 《民法和刑法论》(*Traités de législation civile et pénale*),巴黎1802年版。

② 《功利主义伦理学》(*Utilitarian Ethics*),伦敦1973年版,第32页。

③ 《论犯罪与惩罚》(*Dei delitti e delle pene*),文图里编,都灵1965年版,第24页。

④ 《麦考利全集》(*Works*),特里维廉编,伦敦1860年版,第5卷,第613页。

⑤ 《布鲁厄姆演讲集》(*Speeches*),伦敦1832年版,第2卷,第291页。

⑥ "边沁",载于《约翰·斯图亚特·穆勒文集》(*The Collected Works of John Stuart Mill*),伦敦和多伦多1969年版,第10卷,第83页。

⑦ 见他对此作的历史叙述,《边沁全集》,鲍林版,第8卷,第110页以下和第252页以下。

⑧ 《边沁全集》,鲍林版,第2卷,第438页。

⑨ 参见《论评注》(*Comment on the Commentaries*),载于《边沁文集》,第54—55,205,314页;《政府片论》(*Fragment on Government*),第2版前言第17段,载于《边沁文集》,第397—399页。

⑩ 参见《政府片论》,第2版前言第17段,载于《边沁文集》,第397—399页。

⑪ "边沁",前引书,第83页。

⑫ 特别见《边沁全集》,鲍林版,第8卷,第119页以下,第197页以下,第243页以下;第3卷,第160页;又见《政府片论》,第5章第6段,载于《边沁文集》,第494页以下。

⑬ 《边沁全集》,鲍林版,第3卷,第180页;第8卷,第247—248页。

⑭ 《边沁全集》,鲍林版,第3卷,第160页。

⑮ 《政府片论》,第5章第6—7段,载于《边沁文集》,第494页。

⑯ 《政府片论》,第2版前言,载于《边沁文集》,第509页。

⑰ "边沁",前引书,第78页。

⑱ 《功利主义》,载于《约翰·斯图亚特·穆勒文集》,伦敦和多伦多1969年版,第10卷。

⑲ 普拉曼纳兹:《人与社会》(*Man and Society*),伦敦1965年版,第2卷,第1—3页,第6页以下。

⑳ 例如见《边沁全集》,鲍林版,第3卷,第218页;第2卷,第495页。

㉑ 本书第32—33,158页;《边沁全集》,鲍林版,第2卷,第495页。

㉒ 《边沁全集》,鲍林版,第8卷,第557页。

㉓ 《边沁全集》,鲍林版,第3卷,第495页。

㉔ 见罗尔斯:《正义论》(*A Theory of Justice*),马萨诸塞州坎布里奇和牛津1972

年版，第 22—24，27，181，183，187 页；又见诺齐克：《无政府状态国家与乌托邦》(*Anarchy, State and Utopia*)，康涅狄格州纽黑文和牛津 1974 年版，第 30 页以下。

㉕ 见莱昂斯：《为了被统治者的利益》(*In the Interest of the Governed*)，牛津 1973 年版，第 70—71 页。

㉖ 同上，第 42，51 页；昆顿前引书，第 54 页。

㉗ 见普拉曼纳兹前引书，第 2 卷，第 9—10 页。

㉘ 《边沁全集》，鲍林版，第 10 卷，第 79 页。

㉙ 《伦理学方法》，第 7 版，伦敦 1963 年，第 88 页注。

㉚ 莱昂斯前引书，第 2 和第 3 章。

㉛ 见关于莱昂斯著作的书评，载于《加拿大哲学季刊》，第 5 卷(1975 年)，第 583 页；《哲学评论》，第 74 卷(1975 年)，第 445 页；《哲学季刊》，第 5 卷(1975 年)，第 583 页。对边沁"私人伦理"的最全面、最有启发性的评论，可见 J. R. 丁威迪："边沁论私人伦理与功利原理"，《哲学国际评论》，1982 年。我在此处大体依照该文的观点。

㉜ 本书第 292 页注，指《政府片论》第 4 章第 20 段，载于《边沁文集》第 483 页。

㉝ 关于边沁后来的著作中显示"私人伦理"关乎个人利益最大增长处，见丁威迪 lxx
前引文。詹姆斯·穆勒(他的制订法典建议直接效法边沁)简单地把"行政官有责任强制实施的义务"同"应当留给自我利益来决定"的义务区别开来(《英属印度史》(*History of British India*)，伦敦 1818 年版，第 1 卷，第 133 页)，这一事实提示上述观点是边沁的最后观点。

㉞ 莱昂斯前引书，第 23—28 页，第 48 页以下，第 103 页以下。

㉟ 见丁威迪前引文。

㊱ 丁威迪博士使我注意到 1816 年的一份论"政治道义学"的未刊手稿，它似乎肯定了这个解释。边沁在其中讨论了确立一个比特定共同体的幸福更广泛的标准是否合适，并且提出不那么广泛的标准很可能更有利于"整个种群的利益总和"(边沁文件，第 15 盒第 14 张)。

㊲ 对这一论辩的批评，见本导言，第 lxiii—lxiv 页。

㊳ 《法学讲义》(*Lectures on Jurisprudence*)，第 5 版，伦敦 1885 年，第 415 页。

㊴ 边沁把这种结合称作"行动整体"。

㊵ 《论一般法律》(*Of Laws in General*)，第 7 章，载于《边沁文集》，第 41 页以下。

㊶ 因此，一个为了使得犯人获得自由而炸倒监狱围墙的人，犯有杀害被炸身亡的旁观者之罪，理由是他预见到很可能会引起这样的后果，即使他既不将其当作手段，也不将其当作后果来期望(R. 诉德斯蒙德、巴雷特等人案，见 1868 年 4 月 28 日《泰晤士报》)。对于依照英国法律确立刑事责任需要有何种犯罪动机这一问题以及双重结果论，有一项一般性结论，见"意图与惩罚"，载于 H. L. A. 哈特：《惩罚与责任》(*Punishment and Responsibility*)，牛津 1966 年版，第 116—125 页。

㊷ 《边沁全集》，鲍林版，第 1 卷，第 399 页。

㊸ 见哈特前引书，前13—14，17—23，38—39，240页。

㊹ 本书第299页；《论一般法律》，载于《边沁文集》，第210页以下。参见《边沁全集》，鲍林版，第3卷，第157页。

㊺ 《自传》(*Autobiography*)，牛津1969年版，第55页。

㊻ 《法学》(*Jurisprudence*)，圣保罗1959年版，第3卷，第14和15章。

㊼ 科英："边沁对利益法学和一般法学发展的影响"，《爱尔兰法学家》(*Irish Jurist*)，N.S.，第2卷，1967年，第336页。

㊽ 见约翰·林德：《驳美国大陆会议宣言》(*An Answer to the Declaration of the American Congress*)，伦敦1776年版，第120—132页。关于边沁参与成就此书的叙述，见哈特："边沁与美利坚合众国"，《法学与经济学季刊》(*Journal of Law and Economics*)，第19卷，1976年，第547页。

㊾ 《边沁全集》，鲍林版，第10卷，第66页。

㊿ 《边沁全集》，鲍林版，第1卷，第185页。

51 《布鲁厄姆演讲集》，伦敦1838年版，第2卷，第287页。

52 《宪法早期史讲义》(*Lectures on the Early History of Constitutions*)，伦敦1875年版，第397页。

53 见S. E. 芬纳："边沁思想的传播：1826—1850年"，载于萨瑟兰编：《19世纪政府成长之研究》(*Studies in the Growth of Nineteenth-Century Government*)，伦敦1972年版。

54 关于对这些怀疑者的一项叙述和批评，见J. M. 哈特："19世纪的社会改革——对历史的一种保守主义解释"，载于《今昔》(*Past and Present*)，1965年，第39页。

55 《约翰·阿瑟·罗巴克生平及书简》(*The Life and Letters of John Arthur Roebuck*)，伦敦1897年版，第217页。

前　　言 1

随后的书页如扉页所示，早在 1780 年即付梓。[①] 其写作所贯彻的构思并不像现在的书名昭示的那般宏大。它们当时的目的不过是充当一篇导论，引出将包含在同一卷内作为终极目标的刑法典梗概。

当本书的主要部分已按照当时的眼界臻于完成时，笔者发觉自己在探究所觉察到的某些瑕疵的过程中，竟始料未及地陷入了玄学迷津的困境。[②] 于是势必中途辍笔——起初觉得这只不过是暂时的。但中途辍笔导致失去热情，而失去热情加上其他原因，到头来变成了厌恶。

遍及全篇的种种缺陷已经由严肃而明察的朋友们诚挚地指出；良知证明了他们的非难的确合理。某几章过分冗长，其他几章显然无用，通篇措辞干涩玄奥，使人担心这部著作若以其目前的形式发表，就将在十分不利的条件下去争夺被人诵读、因而有用的任何机会，而这种机会由于其他原因本来是它可能拥有的。

然而，尽管完成本书的想法因此而不知不觉地搁置起来，但导

---

① 这当然是指 1789 年初版的扉页。在 1823 年，提及 1780 年之处移到了扉页的对面。边沁的书简表明，印刷工作在 4 月开始，延续到 1780 年 11 月。

② 参见《论一般法律》的导言（《边沁文集》，第 xxxi 页以下）。

致笔者从事此作的考虑却完全不是这样。笔者仍然孜孜以求，寻找有希望使自己见到依然期盼的柳暗花明之境的路口。随着机会的到来，同笔者最初着手之处相关联的若干所在，接二连三地得到了探究，以致在所求索的这个或那个方面，研究差不多囊括了整个立法领域。

由于目前若干原因的共同作用，一部冠以这一新书名的著作得以问世，这部著作在其最初的标题下，业已不知不觉但似乎不可
2 逆转地注定要湮没无闻。在8年时间里，与立法主题各不同分支相应的各种著作所需的素材被制作出来，有些几乎已概括定型。而且，在其中每一种著作里，目前这本书所展示的诸项原理都被认为是绝不可少的，以致使人感到难免要么零敲碎打地把它们录写下来，要么在它们可被一并涉及的某处予以展示。前一种办法将造成太多的重复，不可采用，否则就必须实施一项难免是卷册繁多的写作计划。因此，后一种办法无可争辩是较好的。

唯一的选择便是以业经刊印的形式将素材发表，或者把它们加工整理成一部新书。后者一直是笔者所希望的，而且倘若时间充裕，运笔快捷，本来肯定能实现。然而，诸种无法摒弃的考虑共同作用，加上此项工作令人厌烦，使其实现在目前看来遥遥无期。

还有一项考虑，那就是即使假定笔者曾全心全意希望将本书束之高阁，不予发表，那也不再是笔者完全力所能及的了。在如此长久的间隔期间，各种事情使得印件落到许多不同的人手里，而由于死亡和其他变故，它们又从其中某些人转到了作者素昧平生的另一些人那里。一些虽然零碎但篇幅颇大的摘录甚至已被发表出来，虽然这么做没有任何不光彩的目的（因为作者姓名被十分诚实

地附署其上），但未经笔者默许，并且是刊印在笔者未闻其事的出版物上。①

为了凑全托辞，辩解向公众提供一部满是缺点（它们甚至未躲过笔者自我偏袒的眼光）的著作，或许还有必要加上一句：那么合理地惠赠于形式的指责并不延及内容。

在将本书连同其所有显著缺点如此公之于世的时候，笔者认为，听取关于主要特点的简短提示，对于可期待的极少读者，可能有所帮助。在这些主要特点上，本书未能符合笔者的更加成熟的观点。由此将看到，在某些方面它如何未契合原有书名所昭示的 3
构劝，虽然在其他方面它与目前书名所昭示的构思一致。

一部将任何一门科学的总体作为论题的著作，其导论应当包括，而且只应当包括同属于这门科学的每一特殊分支的所有内容，至少是它的一个以上分支的所有内容。与现在的书名对照，本书在两方面都未能遵守这条法则。

作为道德原理的导论，在所包含的对于由快乐、痛苦、动机和意向这些术语表示的广泛概念所作的分析之外，本书还应当提供另一种类似的分析，它针对附着于情感、激情、欲望、美德、罪恶以及包括各特定美德与罪恶之名在内的某些其他术语之上的概念，

① 业经查出的唯一这类事情发生在1786年，当时边沁的朋友弗朗索瓦-格扎维埃·施韦迪尔发表了他的四卷本《哲学辞典：现代哲学家关于形而上学、道德及政治问题的观点》(*Philosophical Dictionary; or, the Opinions of Modern Philosophers on Metaphysical, Moral, and Political Subjects*)。这一汇编包括了本书的10个小片断，大都摘自开头几章，加上取自《政府片论》的6个片断。不过，此项发表是否未得到边沁的"默许"，看来是有疑问的。施韦迪尔确曾告诉他：他的名字将在《辞典》中"极为体面地提到"。（施韦迪尔致边沁，1784年11月12日，将作为第519号函刊于《边沁文集》第3卷《书简》部分内；参见该函注释5，摘自边沁著作的片断将在其中予以注明。）

这些概念尽管远不那么确定，但并非有欠广泛。然而，由于为阐发后一套术语所需的可靠的、假如笔者的想法准确的话还是唯一可靠的基础，已经由解释前一套术语奠定了，因而完成这么一部辞典——姑且如此称呼——就将几乎不过是一种呆板的操作。

另外，作为一般立法原理的导论，本书宁愿应包含完全属于民法的内容，而不是较具体地适用于刑法的内容：后者不过是达到前者所定目的的一个手段。因此，优先于（或至少在排到次序上优先于）同惩罚有关的那几章，它应当展示一套命题，这套命题此后在笔者看来提供了政府在创设和分配财产所有权以及其他公民权方面进行操作的标准。这里指的是某些或可称为精神病理学的公理，它们表述了当事者的感觉同若干类别事件之间的联系，这种联系或者要求上述性质的操作，或者由其产生。[a]

4 此外，对于罪过分类以及属于罪过的其他每个事项的考虑，应当先于对惩罚的考虑，因为惩罚概念预先假定了罪过概念，惩罚本身只是作为罪过的报应才予以施加。

最后，按照作者目前的观点，同罪过分类有关的分析性论述将移入一篇独立的论著，在那里立法制度只是在其形式方面、亦即在其方法和术语方面予以考虑。

在这些方面，文章未能做得符合作者自己的构想，亦即关于在一部标着现在所起的书名——《道德与立法原理导论》的著作中应当展示哪些的构想。不过，他不知道还有其他什么会是比较合适的；

[a] 例如：损失比纯粹一无所获更糟；损失分摊则感觉较轻；人因满足仇恨心而受到的伤害，大于同一原因带来的满足。这些以及笔者将有机会在另一部出版物篇首展示的其他几个命题，同样有权称为公理，就像数学家们在公理名下提出的那些命题一

特别是倘若采用符合它依以撰写的较小构思——即设想作为刑法典导论的书名，就不会给出关于其实际内容的如此适当的提示。

然而还不止于此。此书包含的很大一部分论述枯燥沉闷，这无可避免地肯定会被大多数读者感觉到，但笔者不知道如何后悔写出这些文字，甚至不明白如何懊恼将它们公之于世。在每个项目之下，都指出该项目包含的论述看来适用的实际惯例。笔者相信，没有哪一个命题是他在撰写细节规定的这个或那个条目时，未曾找到机会加以扩展的，而无论是权威的还是不权威的法律体系都必须由这些细节规定构成。有鉴于此，笔者将大胆地专门确定以这样一些词汇简称的几章：敏感性、行动、意图、知觉、动机、性情、后果。论述罪过分类的一章篇幅极长，虽然计划的若干部分已经不得不以文内所述的方式进行压缩，它仍占了至少104个印刷密集的四开页。①但是，即使在这一章里，最后10页仍被用来陈述那些从它展示的分类办法中可以获得的实际好处。《为高利贷辩护》足够荣幸地得其青睐的人士，②可以把发现在那篇短论中展开的原理当作此等好处的一个实例。在一本早在1776 5
年发表的匿名小册子ⓑ的前言里，笔者就已暗示了对罪过作自然分类的有用性，其性质是进行检验，把真实的罪过同虚假的罪过区别开来。高利贷问题是表明这一观察正确的若干例子之一。本书第16章第35段末尾的一个注释③可能有助于显示，在那本小册子里阐扬的观点是如

样，因为它们依靠普遍经验作为自己的直接基础，不能论证，为被承认为无可争辩的只需加以展开和举例说明。

ⓑ 《政府片论》，1822年重印。④

① 1789年版。

② 边沁1787年春在俄国撰写《为高利贷辩护》，于是年年底发表，博得好评。

③ 下面第231页注13。

④ 边沁是指《政府片论》前言第58段以下（《边沁全集》，鲍林版，第1卷，第237—238页）。

何因为有了一种困难才得以萌发，这困难是在试图把想象的罪过妥帖地纳入笔者学说体系时感到的。对于某些读者，笔者几乎想建议从那最后 10 页读起，以便帮助他们强打精神，啃完如此冗长透顶的一番分析。

从本书至少可以得到一个好处，那就是在目前越是冒犯读者的耐心，以后就越不需要这么做。本书因而对于以后的论著，可以起到纯数学书对于混合数学和自然哲学书所起的那种作用。可能注定只有很少人才会阅读本书，但读者圈越窄，可能发觉作者随后的劳动果实可以理解的人数或许会越不那么有限。因此在这方面，笔者可能发觉自己像那些古代哲学家，他们据称持有两套学说，一套下里巴人，一套阳春白雪。不过，有这个区别：笔者希望自己的阳春白雪和下里巴人将被发觉是一致的，而就那些古代哲学家来说，两者却彼此对立；而且，在笔者的著作中，凡玄奥难解之处都纯粹出于令人遗憾的必要，绝非故作高深。

在这标榜本书的过程中，已有如此频繁的机会来提及由更加广泛和成熟的观点所启示的不同安排，随后听取一下关于其性质的简略介绍，或许会有助于满足读者，何况倘无这样的说明，通篇提及未刊著作之处会引起困惑和误解。下面是一些论著的标题，笔者目前的计划将由其发表而得以完成。它们按照看来最适于理
6 解的、假如准备全套一次出齐就将依次配置的顺序来展示；不过，它们最终亮相的顺序，很有可能在某种程度上受到次要考虑和临时想法的影响。

第一部分。**民法**（更为独特地被称为**私人分配法**或简称**分配法**）方面的立法原理。

第二部分。刑法方面的立法原理。

第三部分。程序方面的立法原理:综览刑事和民事两个分支,它们之间只能作很不明确的、时时容易变动的区分。

第四部分。酬赏方面的立法原理。

第五部分。公共分配法(更简明也更为人熟悉地被称为宪法)方面的立法原理。

第六部分。政治策略方面的立法原理:政治策略指的是在议会议事过程中维持秩序、以便引导它们实现其体制宗旨的技艺,亦即依据一套规则,这些规则对于宪法的意义在某些方面恰如程序法对于民法和刑法的意义。

第七部分。国与国之间关系法(用一个新颖而非平淡无奇的名称来说即国际法)方面的立法原理。

第八部分。财政方面的立法原理。

第九部分。政治经济学方面的立法原理。

第十部分。一套从形式(亦即方法和术语)方面考虑在其所有分支领域完整无缺的法律体系梗概,包括考察由术语简表表述的诸项概念的来源和联系,其阐述囊括了所有可以恰当地说属于普遍法学这一总题的内容。[©]

在上述若干标题之下确定的原理,其用处在于为最终展示的法律本体铺平道路;随后必须评估这将臻于完整的、有关任何政治国家的法律,以求得某一个别政治国家的子午圈,并且据其环境加

© 例如义务、权利、权力、占有、资格、免除、豁免、选举权、特权、无效、有效等等。

以调整。

7 笔者倘若法力无边，能任意利用时间和其他每一种必要条件，就会希望把每一部分的发表延宕到整个计划大功告成。特别是，那 10 个展示了在笔者看来乃是功利在每一方面的绝对要求的部分，其用途仅在于为法律本体所包含的若干相应规定提供理由，这些理由的确切真相在这些规定本身（它们注定要应用于此）被确定、并且是被最终确定以前，绝对无法精确地查明。然而，由于人性的懦弱使得一切计划实行起来便难以保全，构思越宏大就越是如此，也由于笔者在理论的若干分支领域已有长足进展，而未在实际应用方面取得相应进步，因而笔者认为，最终的发表顺序几乎肯定不会完全符合那种假如同样实际可行便将显得最为适宜的顺序。这一参差不免会造成许多缺陷，而如果终极的法律体系的实行与原理的展开保持同步，因而互相调节，互相匡正，这些缺陷就可能得以避免。尽管如此，笔者所为仍将较多地取决于教导公众的需要，而较少受到一种烦扰的影响，而据笔者猜测，那种烦扰便是自己的个人虚荣心更为关心的有多少。因为不管对原理的细节提出何种修改，只要同原理有关的规定在字面上固定下来，这种修改便可以轻而易举地在随后发表的一个改正版上做出。

在随后的章节中，正如已经提示的那样，将会发现一些地方提到刑法典梗概，本书的目的正是充作其导论，还有一些地方提到上述梗概的其他分支，所用的项目标题同它们在这里得以被述及的那些项目标题有所不同。为使读者免受困惑，去搜寻尚无踪影之物，笔者有能力做的无非是给予这一告诫。对计划的更改进行追述，就会以类似的方式表明若干相像的、不值得个别指出的不协调。①

在这篇推销文告的开头，提到了一些未予详述的困难，例如本书起初中途辍笔的原因及其面目的不完整。笔者耻于失败，又无 8
法掩饰失败，不知道怎么能拒绝这般辩解的好处，亦即对那些困难的性质作一番简述所能带来的好处。

所以能发现它们，是由于试图解决那些将在本书结尾找到的问题，这些问题是：一个法律的特性和完整性寓于何处？刑法与民法有何区别以及它们之间的界限何在？刑法与其他法律分支有何区别以及它们之间的界限何在？

十分明显，要完整和正确地回答这些问题，就必须理解和确定立法制度的每个组成部分同其他各个组成部分的联结和互相依赖关系。然而，只有通过了解这些组成部分本身，才能做到这一点。因此，这样一种考察要达到精确无误，一个必要条件是有待考察的结构完整无缺。任何地方都还见不到实现此项条件的例子。在英国自称为普通法、在无论何处或可更恰当地称为审判法的这么一个虚构的作品，没有确定的作者，没有成文的内容，但在无论何处都构成了立法结构的主体，正如被想象出来的以太，没有可感知的形体，却充满了整个宇宙。真法律的残絮断片被黏着在那个想象的底坯上，构成了每一部国法的内容。结果怎么样？结果是笔者虽然为了刚才所说的目的或其他目的而希望有一个完整的法律体系作为参照例，却必须从创造一个着手。

存在着（或宁可说应该存在）意愿逻辑学，犹如理解逻辑学。前

① 本段所述参见处大都采用这样的形式："见册一，不可补肉伤项"，即《刑法典梗概》第一册，"不可弥补的肉体损伤"项。见前，导言，第 xxxviii—xxxix 页。

一功能的运作与后一功能的运作相比，既非较难予以规律化的描述，亦非不太值得这么做。在玄奥之学的这两个分支当中，亚里士多德只看到后一个，而步其伟大先师后尘的后世逻辑学家们，同样见此不见彼。但是，只要这两个如此紧密联系的分支之间能够作出区别，那么不管区别是怎样的，就重要性而论它有利于意愿逻辑学。因为，理解功能的运作只是依靠其指导意愿功能的能力才有意义可言。

就其**形式**而论的**法律**科学，是这一意愿逻辑学的首要分支和
9 最重要的应用。它对于立法艺术的意义，恰如解剖学对于医术的意义；区别在于，它的对象是艺术家必须**与之一起**工作的，而不是他必须**在其上**操作的。对一门科学缺乏了解而使政治实体遭到的危险，不亚于对另一门科学的无知而使自然躯体遭到的危险。在结束本书的那篇注文中，可以看到一个实例——能援引来证明这一断言的成千个实例之一。

面对的困难就是如此，事情的开端就是如此：要完成一项没有先例的工作，然后创立一门新学问，即为最深奥的学科之一增添一个新的分支。

然而不止于此：一套被规划的法律，无论怎样完整，不免是相对无用和无教益的，除非它在每一项细节上都通过不断与之伴随的、无休止的关于**理由**[d]的评论得到说明和辩解。这些理由——凡互相抵触的，其轻重可以估量，凡并行不悖的，其合力可以感知——必须加以整理，并被隶属于广泛和主导的、被称为**原理**的理

ⓓ 一个共同的名称——理性缘由（the rationale）自此被用来称呼其总体。[1]

① 1823 年版增注。

由之下。因此，决不能只有一个体系，而是必须有两个平行的、相联的体系在一起运行，一个是立法规定，另一个是政治理由，它们互相匡正，互相支持。

笔者不知道像这样的事业能否完成，只知道它已经着手，正在进行，并且在所有各方面取得了一些进展。还要冒昧地添一句：即使能够完成，至少也决不会由这样的一个人来完成：在这个人看来，阅读那些占据随后各页的枯燥的文章，其劳心费神要么显得徒劳无益，要么觉得无法忍受。笔者要冒昧地重申（因为以前已经有人说过）：只有通过像数学那般严格、而且无法比拟地更为复杂和广泛的探究，才会发现那构成政治和道德科学之基础的真理。所用的术语人所熟知，由此似可推断事情轻而易举，但这是个极端虚妄的推断。一般的真理已被称作是棘手的东西，适才所说的真理依其本身也是如此。它们不能被牵强附会地归纳为独立的、包罗万象的命题，没有各种解释和例外情况的累赘。它们不会自动浓缩为精辟的警句。它们躲避论辩家的舌簧和笔杆。它们不与情感 10
共生共荣。它们成长于荆棘之中，不会像雏菊那般被跑跑颠颠的幼儿扯去。劳动是人类不可规避的命运，在任何进程中都没有比在这里更是不可规避的。若要一位亚历山大证明有一条满足帝王虚荣心的捷径，或要一位托勒密证明有一条满足帝王懒惰心的坦途，都将纯属徒劳。不存在通往立法科学的*国王之路*和*执政之门*，正如不存在通往数学的国王之路和执政之门一样。

11

第一章　功利原理

人类由快乐和痛苦主宰

1. 自然把人类置于两位主公——**快乐**和**痛苦**——的主宰之下。只有它们才指示我们应当干什么，决定我们将要干什么。是非标准，因果联系，俱由其定夺。凡我们所行、所言、所思，无不由其支配：我们所能做的力图挣脱被支配地位的每项努力，都只会昭示和肯定这一点。一个人在口头上可以声称绝不再受其主宰，但实际上他将照旧每时每刻对其俯首称臣。**功利原理**[ⓐ]承认这一被支配地位，把它当作旨在依靠理性和法律之手建造福乐大厦的制度的基础。凡试图怀疑这个原理的制度，都是重虚轻实，任性昧理，从暗弃明。

但譬喻和雄辩之辞用得够多了：伦理科学并非靠此类手段可以改进。

什么是功利原理

2. 功利原理是本书的基石。因此在一开头清晰明确地讲述

ⓐ 作者 1822 年 7 月加注。

该名称后来已由“**最大幸福或最大福乐原理**”来补充或取代。这是为了简洁的缘故，而不详说该原理声明所有利益有关的人的最大幸福，是人类行动的正确适当的目的，而且是唯一正确适当并普遍期望的目的，是所有情况下人类行动、特别是行使政府权力的官员施政执法的唯一正确适当的目的。**功利**一词不像**幸福**和**福乐**那么清晰地表示**快乐**和**痛苦**概念，它也不引导我们考虑受影响的利益的**数目**；这一数目作为环境，对形成这里所谈论的标准起最大的作用；而此**是非标准**，则是每一种情况下人的行为是否合适可依此得到适当检验的唯一尺度。在**幸福**和**快乐**概念与**功利**概念之间，缺乏足够显著的联系：这一点我每每发觉如同障碍，非常严重地妨碍了这一在相反情况下会被接受的原理得到认可。

它意指什么，将是恰当的。功利原理ⓑ是指这样的原理：它按照看来势必增大或减小利益有关者之幸福的倾向，12
亦即促进或妨碍此种幸福的倾向，来赞成或非难任何一项行动。我说的是无论什么行动，因而不仅是私人的每项行动，而且是政府的每项措施。

什么是功利

3. 功利是指任何客体的这么一种性质：由此，它倾向于给利益有关者带来实惠、好处、快乐、利益或幸福（所有这些在此含义相同），或者倾向于防止利益有关者遭受损害、痛苦、祸患或不幸（这些也含义相同）；如果利益有关者是一般的共同体，那就是共同体的幸福，如果是一个具体的个人，那就是这个人的幸福。

什么是共同体的利益

4. 共同体的利益是道德术语中所能有的最笼统的用语之一，因而它往往失去意义。在它确有意义时，它有如下述：共同体是个虚构体，由那些被认为可以说构成其成员的个人组成。那么，共同体的利益是什么呢？是组成共同体的若干成员的利益总和。

5. 不理解什么是个人利益，谈论共同体的利益便毫无意义。ⓒ当一个事物倾向于增大一个人的快乐总和时，或同义地说倾向于减小其痛苦总和时，它就被说成促进了这个人的利益，或为了这个人的利益。

什么是原理

ⓑ （原理）原理一词来源于拉丁词 principium，它看来是由 primus 和 cipium 合成的。primus 意即首要，cipium 则是个似乎来源于 capio（取、拿之意）的词尾，例如在 mancipium 和 municipium 这两个词里，auceps 和 forceps 等等词汇与之相似。它是个意思非常含糊和宽泛的术语，用来指被设想作为任何运作系列之基础或开端而起作用的任何事物，这一运作在某些场合是物质的和有形的，在眼下则是精神的。

这里谈论的原理可以用来指一种心理行为，一种情感，即赞许的情感。当以此对待一项行动时，赞成其功利，把这功利当作该行动的这么一个性质：它应当被用来决定对该行动赞成或非难的程度。

ⓒ （利益）利益是不属于任何更广泛的逻辑种类的词汇之一，无法以通常的方式来定义。

什么是符合功利原理的行动

6.（就整个共同体而言）当一项行动增大共同体幸福的倾向大于它减小这一幸福的倾向时，它就可以说是符合功利原理，或简
13 言之，符合功利。

什么是符合功利原理的政府措施

7. 同样地，当一项政府措施（这只是一种特殊的行动，由特殊的人去做）之增大共同体幸福的倾向大于它减小这一幸福的倾向时，它就可以说是符合或服从功利原理。

什么是功利法规或功利命令

8. 当一项行动，或特别是一项政府措施，被一个人设想为符合功利原理，那么为论述方便起见，可以想象有一类法规或命令，被称为功利的法规或命令，并且如此谈论有关行动，把它当作符合这样的法规或命令。

什么人是功利原理的信徒

9. 如果一个人对任何行动或措施的赞许或非难，是由他认为它增大或减小共同体幸福的倾向来决定并与之相称的，或者换句话说，由它是否符合功利的法规或命令来决定并与之相称的，这个人就可以说是功利原理的信徒。

如何理解应当和不应当、对和错等等

10. 一个人对于一项符合功利原理的行动，总是可以说它是应当做的，或者至少可以说它不是不应当做的。也可以说，去做是对的，或者至少可以说去做是不错的：它是一项正确的行动，或者至少不是一项错误的行动。**应当**、**对**和**错**以及其他同类用语作如此解释时，就是有意义的，否则没有意义。

无必要亦无可能证明该原理正确

11. 这个原理的正确性有没有遭到过正式的非议？应当认为它曾遭到那些不知自己所云为何的人非议。它是否能由任何直接的证据来证明？应当认为不能，因为被用来证明其他每个事物的，其本身无法被证明：证据之链必定有其始端。给予这样的证据既无可能亦无必要。

但难得有人始终如一地遵从该原理

12. 活生生的人，不管多么愚蠢或堕落，并非或未曾在一生的许多、或许绝大多数场合不遵从这个原理。人类身心的天然素质，决定人们在一生的绝大多数场合一般都信奉这个原理而无此意识。这即使不是为了规范他们自己的行动，也是为了评判他们自己的以及别人的行动。与此同时，倾向于全心全意地、无保留地信奉它的人却不多，或许甚至在最有智慧的人中间也不多。至于未曾在这个或那个场合与之争辩的人就更少了，原因在于他们并不总是懂得如 14
何应用它，或在于他们怀有自己害怕加以检验的或不敢放弃的偏见。无论在原则上还是在实践中，无论思想行为方式是对是错，最罕见的人类品质是首尾一贯，始终如一。人的天性就是如此。

绝对无法首尾一贯地反驳该原理

13. 当一个人试图反驳功利原理时，他所用的理由实际上是从这个原理本身抽引出来的，虽然他对此浑然无知。[d]他的论辩假

[d] 我曾听人说："功利原理是个危险的原理，在某些场合考虑它有危险。"这等于是说，考虑功利是不符合功利的；简言之，考虑它亦即不考虑。

作者 1822 年 7 月补注。

功利原理是在《政府片论》中，作为一项无所不包和至高无上的原理首次公之于世的，而该书于 1776 年出版后不久，亚历山大·韦德伯恩（时为检察总长或副检察长，后来任高等民事法庭首席法官，再后任英国大法官，先后享有拉夫巴勒勋爵和罗斯林伯爵爵号）[①]就说了上面那样的话。它并非我亲耳所闻，而是别人所闻，差不多随即便转告我。这话远非自相矛盾，而是机智精明、千真万确的。这位卓越的官员完完全全理解政府的状况，在下当时却不像设想的那般了解个中奥妙。鄙人的研究当时尚未以一种全面的观点方式，应用于考察宪法领域，因而也未应用于考察英国政府的这样一些特性：

① 亚历山大·韦德伯恩（1733—1805）：拉夫巴勒男爵（1780），罗斯林伯爵（1801），副检察长（1771—1778），检察总长（1778—1780），高等民事法庭首席法官（1780—1793），大法官（1793—1801）。1777 年 2 月，边沁在友人约翰·林德的宅邸见到了韦德伯恩（见《书简》，《边沁文集》第 2 卷，第 18 页），几乎肯定是林德把韦德伯恩的议论告诉了边沁。又见边沁在《政府片论》"关于史事的前言"（1828）第 5 段里对此事的叙述（《边沁全集》，鲍林版，第 1 卷，第 245—246 页）。

如证明了什么的话，那就不是证明这个原理错，而是证明按照他所设想的应用，它被误用了。一个人有无可能移动地球？有的，但他首先必须找到另一个地球供他站立。

为克服对该原理所持的偏见而需采取的途径

14. 要依靠论辩来否定这个原理正当适宜是不可能的；但由于已经讲过的原因，或者由于对它持有某种混乱或片面的看法，一个人可能恰巧倾向于不喜欢它。在此情况下，如果他认为值得费神去澄清在这样一个问题上的观点，那么他可以按照下面几个步骤去考虑，或许最终会变得接受这个原理。

(1)让他自己搞清楚，他是否希望完全摒弃这个原理？倘若如此，就让他去考虑他自己的所有推理(尤其在政治问题上)能够是什么样子的？

(2)假如他希望完全摒弃这个原理，那么让他自己确定，他是否将在没有任何原理指导的情况下去判断和行动？或者，是否有他将据以判断和行动的任何其他原理？

依据这些特性，某一统治者的最大幸福，连同或不连同极少数受宠者的最大幸福，现在如此明了地被认识到是它在任何时候追求的唯一目的。功利原理是个当时由我，亦已由别人所用的名称，用来表示如上所述可以更明确、更有教益地称为最大幸福原理的概念。韦德伯恩说，“这是个危险的原理。”他这么说，在某种程度上是千真万确的：一个将最大多数人的最大幸福规定为政府之唯一正确和正当目的的原理，怎么能被否认是个危险的原理？对于将某一人的最大幸福，加上或不加上数目相当小的其他人的最大幸福(这些人是否一个个被恩准作为形形色色的小伙伴分得一杯羹，取决于他的喜乐或笼络考虑)，当作自己的实际目的或目标的政府，这个原理毫无疑问是危险的。对于包括他本人在内所有那些为了从开销中抽取利润而以司法等方面的程序方式最大程度地从事拖延、制造烦恼和增加开支的官员的利益——邪恶的利益——而言，它确实是危险的。在一个注重最大多数人的最大幸福、以此为本身目的的政府中，亚历山大·韦德伯恩仍可能担任检察总长，然后任大法官，但他不会是年俸 15,000 英镑的检察总长，也不会是享有贵族爵位、手执所有司法否决权、领取 25,000 英镑年俸以及在教会圣职等等名下有 500 个领干薪的挂名闲职可供支配的大法官。

(3) 假如有，那就让他自己去彻底查清楚，他认为自己发现的原理是不是独立的、可理解的原理？或者，是不是并非一项纯粹文字游戏式的原理——一种空话，说到底恰恰只是道出了他自己那毫无根据的情绪，也就是那种倘若发生在别人身上他就可能会说成是**任性**的东西？①

(4) 假如他倾向于认为，他关于一项行动的看法中所包含的、完全不理会其后果的赞许或非难，足以构成他进行判断和采取行动的依据，那就让他扪心自问：是否他的情绪要成为评判其他每个
人的是非标准？或者，是否每个人的情绪有同样的特权成为它自 16
身的评判标准？

(5)在前一情况下，让他扪心自问：他的原理是否专横独断，是否对所有其余人类有敌意？

(6) 在后一情况下，是否并非无政府(anarchical)状态？② 是否各个不同的是非标准照此不会多得如同芸芸众生难以计数一般？是否甚至对同一个人来说，今天对的事情明天(性质丝毫未改)不会变成错的？而且，在每一情况下，是否整个论辩无休无止？是否当两人说"我喜欢这个"和"我不喜欢它"时，他们(按照这样一个原理)能有更多的话说？

(7) 假如他竟对自己说——否，因为他主张当作标准的那种情绪必定依据思考，那就让他说说这一思考取决于哪些特质？假

① **任性**一词的着重号，是边沁在一则未刊手记中建议加上的，该手记见于本书1789年版的边沁个人藏本(现藏大英博物馆)(见上文，导言，第xl页)。1823年版未遵循这个建议。

② 1789年版如是；1823年版作 anarchial。见上文，导言，第xl页注2。

如取决于那些同行动的功利有关的特质，那就让他说这是否并非抛弃他自己的原理，求助于他用此来与之对立的那个原理？或者，假如不是取决于这些特质，那么是取决于哪些别的特质？

(8) 假如他竟赞成调和，部分采用他自己的原理，同时部分采用功利原理，那就让他说说他将在多大程度上采用之？

(9) 一旦他自己确定了采用程度，就让他扪心自问，他如何向自己证明应当在此程度上采用？为什么他不在更大的程度上采用？

(10) 就算承认功利原理之外的任何其他原理正确无误，即一个人遵从这一原理正确无误；就算承认正确一词可以具有与功利无关的含义（事实并非如此），仍然要他说说是否有动机之类事情（一个人可以怀抱这一动机而遵从其命令）？假如有，那就让他说明这一动机是什么？如何把它同那些贯彻功利命令的因素区别开来？假如没有，那就最后让他说说这别的原理能够有利于什么？

第二章 与功利原理相反的原理 17

功利原理以外的所有其他原理一概错误

1. 如果功利原理是一个在所有场合都起主宰作用的原理，那么从刚才作过的考察可以得出一个结论：在任何场合与之不同的无论何种原理都必定错误。因此，要证明任何其他原理是错的，只需展示其貌，即展示它所作的规定在这一或那一点上与功利原理的规定有所不同：陈述之便是驳倒之。

一项原理可以什么方式成为错误的

2. 一项原理可以两种方式同功利原理有别：(1)始终一贯地与之对立，可称为禁欲主义的原理便是如此。[a](2)如同可以发生的那样，有时与之对立，有时则不对立，可称为同情与厌恶原理的原理便是如此。

什么是禁欲主义原理

3. 禁欲主义原理是指这样的原理：它像功利原理那样，根据

禁欲主义一词的来源

僧侣的原理

[a] (禁欲主义)禁欲是个有时用来谈论僧侣的术语。它出自一个希腊词汇，意为磨炼。僧侣们试图赖以把自己同其他人等区别开来的做法被称为磨炼。这些磨炼是他们通过许许多多故意折磨自己的怪僻举动来进行的，其目的在于取悦于神。他们说：神是无限仁慈的，既然最俗相的仁慈者乐于看到别人使他们自己尽可能地快乐，那么使我们自己尽可能地不快乐便是取悦于神的办法。假如有人问他们：做这一切他们能发觉是出于什么动机？他们会说：哦！你切勿想象我们在毫无目的地惩罚自己，我们很清楚自己要干什么。你要明白，我们现在所受的每一分痛苦不久后将会得到百倍的快乐报偿。事实是神喜欢看到我们现在折磨自己；的确，他实际上已经把这告诉我们。然而，这么做只是要考验我们，只是为了看我们自己会如何表现——不考验的话他显然不会知道。请注意，看到我们在现世能使我们自己尽量地不快乐，将使神得到满足，而这种满足给我们提供了确证，表明他将乐于看到我们在来世欢享他给我们带来的极乐。

任何行动看来势必增大或减小利益有关者的幸福的倾向，来赞许或非难该行动；不过，这是以一种逆向方式来赞许或非难，即行动
18 趋于减小其幸福便予以赞许，行动趋于增大其幸福便予以非难。

什么人是禁欲主义原理的信徒

4．显然，凡谴责任何起码的、无论从何而来的快乐本身的人，就此而言是禁欲主义的信徒。只是按照这个原理，而非从功利原理出发，罪大恶极者从自己罪行中所曾获得的最令人憎恶的快乐——如果仅限于此——才会遭到谴责。事实上，它绝不仅限于此，而是必然会有如此多的痛苦（或者实际上同义地说，一定量的痛苦可能性）相伴随，以致相比之下这快乐如同乌有。这便是使之成为惩罚根据的真正和唯一的、但完全充足的理由。

该原理在某些人那里出于哲学缘由，在另一些人那里出于宗教缘由

5．看来信奉禁欲主义原理的有两类大不相同的人，一类是道德家，一类是宗教狂。驱使这两类不同的人被它吸引的动机因而有所不同。希望，即快乐的前景，似乎激发了前一类人：希望是助长哲学骄傲的养料，导致渴望受尊崇受赞誉。恐惧，即痛苦的前景，则激发了后一类人：恐惧是迷信狂想的源泉，导致害怕遭受动辄震怒、喜好报复的神的未来惩罚。我在这个场合说恐惧，因为就不可见的未来而言，恐惧比希望更有力。这些情况表现了禁欲主义原理信徒中间这两类不同的人的特征；他们类别不同，动机不同，但信奉的原理并无二致。

宗教狂奉行该原理的程度甚于道德家

6．然而，宗教狂奉行该原理的程度看来甚于道德家，他们举动更为一贯，但有欠明智。道德家只是摒弃快乐，难得走得更远，宗教狂却经常趋于极端，以致把这当作德行，认为有责任来企求痛苦。道德家几乎始终不过以无所谓的态度对待痛苦。他们说痛苦并非邪恶，但未说痛苦便是美善。他们并未走到不分青红皂白地

一概谴责快乐的地步。他们只是摒弃他们称为肉欲的快乐，亦即人体器官的快乐，或者其来源可以很容易地追溯到人体器官的快乐。对那些精致文雅的快乐，他们甚至予以珍视，并力求增大之。不过，这并不冠以快乐之名：它要洁身自好，清除出身不纯的玷污，
就必须改名换姓，称作名誉、光荣、声望、合宜、正直、体面等等，一 19
句话，除快乐以外的任何名称。

该原理的哲学表现在文人雅士中间影响最大，其宗教表现则最吸引俗人粗汉

7．从这两个来源产生了种种教义，而由于这些教义，大多数人的情感一直带有禁欲主义原理的色彩。有些人受其哲学表现影响，有些则被其宗教表现吸引，还有些人两者相兼。文人雅士更经常的是受其哲学表现影响，因为这比较适合于提升他们的情感；俗人粗汉则更经常地被其迷信形式所吸引，因为这同他们的狭隘智力和凄惨处境较为相称——前者缺乏知识的启蒙，后者使他们不断遭受恐惧袭击。然而，禁欲主义原理的色彩出自两个来源，只要一个人并非总是了解他受哪个来源的影响最大，这些色彩就自然是掺和混杂的，并且往往会互相印证，互相映照。正是这种兼容性，使得非如此便面目全非的两类人结成了一种同盟，促使他们在各种不同场合携手并肩，反对共同敌人，即反对他们一起用伊壁鸠鲁派这一恶名来称呼的功利原理信徒。

禁欲主义原理从未被上述任何一类人坚定地应用于政府事务

8．但是，不管禁欲主义原理可能何等热烈地被其信徒当作私人行为的准则来信奉，它看来并没有被实质性地应用于政府事务。在寥寥几个场合，道德家对之略有应用，斯巴达的体制便是见证。但即便这个例子，或许也可以被认为是个安全措施，因而是功利原理的应用，尽管是一项鲁莽和反常的应用。宗教狂实质性地应用的例子则几乎根本没有，因为各修士会以及教友会、杜莫普勒会

(Dumplers)[①]、摩拉维亚兄弟会等等教派组织是自由团体，没有人不经自愿而受其制度束缚。不管一个人可能认为使得自己受难会成就何种德行，他们中间任何人看来都从未产生过使得别人受难可以是一种德行的想法，更未想到这是一种责任，尽管假如一定
20 量的苦难如此令人想望，它是每个人自取的还是一个人加诸他人的就似应无关紧要。的确，从在宗教狂中间产生了对禁欲主义原理之崇奉的同一个源泉内，派生出其他教义和做法，它们借别人之手使得一个人饱受苦难，圣战和宗教迫害便是明证。但在这些场合，制造苦难的那种激情是根据某种特殊理由来兴风作浪的，它限于针对某些特别种类的人，这些人不是被当作人，而是被当作异端和邪教徒遭受折磨。将同样的苦难加诸于自己的教友和会友，即使在这些宗教狂看来也该当谴责，正如功利原理的信徒会认为的那样。因为一个人鞭挞自己十下百下确实值得称赞，但鞭挞别人十下百下而未经其同意却是罪恶。我们读过圣人的事迹，他们为了修炼灵魂和磨难肉体而自愿让恶人蹂躏，但尽管许多这样的人屈从于帝国的淫威，我们却从未读到过有什么人为了使国家蔓生路匪、盗贼和纵火犯而费神出力、刻意立法的。如果任何时候他们确曾使国家遭受一大群闲领年金者和尸位素餐者的戕害，那是出于疏忽和愚蠢，而不是出于任何旨在压迫劫掠人民的既定

① 《古英语词典》未将该名称单列出来称兄弟会，亦即洗礼会(Dunkers)，一个如同边沁将其与之相提并论的教友会和摩拉维亚兄弟会那样定居于宾夕法尼亚的德国浸礼会派。芝加哥版《美式英语词典》为 Dumplers 一词引用了 1790 年才出版的一种 1778 年旅游杂志和 1789 年出版的一种地理著作，而 1789 年正是边沁《原理》一书首次出版的年份。《古英语词典》在 Dunker 词条下引用了这些文句中的第二段，内有 Dumpler 一词，但依照一个较后的版本将时间写为 1796 年。

图谋。[ⓑ]如果任何时候他们确曾因为阻碍商业和驱使居民外移而逐渐削弱了国富之源,那是由于别的考虑和为了追求别的目的。要是他们宣称反对追求快乐和享用财富,那么这通常只是唱唱高调:他们没有像利库尔戈斯[①]一般明令禁止使用贵金属。[②]要是他们将游手好闲奉为法则,那并非因为游手好闲——邪恶和苦难之母——本身是一种美德,而是因为游手好闲(他们说)是成圣之道。他们若依据斋戒概念,参与规划限制其臣民的吃喝,只准进行一种被某些人认为最滋补、最丰饶的特殊饮食,那么这并不是为了使他们成为将要提供此种饮食的国家的附庸,而是为了显示他们自己 21
的权力,并且训练人民俯首听命。他们若规定了对违反独身的惩罚措施,或者容忍规定这样的措施,则不过是依从了上当受骗的严格主义者们的呼吁,严格主义受其统治者的野心和诡计的愚弄,率先发誓履行这一毫无根据的义务。

禁欲主义原理恰恰来源于误用功利原理

9. 禁欲主义原理最初像是某些轻率鲁莽的玄思者的幻觉,他们领悟或想象到在某些环境中获得的某些快乐从长远来看伴有比它们更大的痛苦,于是借此挑剔在快乐名下出现的每一件事情。走得如此之远并将自己的出发点忘得一干二净之后,他们执迷不悟,错上加错,竟至于认为热衷痛苦便是美德。我们看到,即使如此,说到底也只是功利原理的误用。

ⓑ 1780 和 1789 年时作如是观;1814 年时并非如此。[③]

① 利库尔戈斯(Lycurgus),当指传说中古代斯巴达的立法者。——译者

② 这如同关于利库尔戈斯的绝大多数叙述,是相当带传奇性的。

③ 这则手记系边沁插入其 1789 年版的个人藏本(现藏大英博物馆)的(见上文,导言,第 xl 页)。它在 1823 年被忽略了,但《边沁全集》鲍林版将其添入(第 1 卷,第 5 页注)。

禁欲主义原理绝对无法贯彻到底

10. 功利原理能够自始至终贯彻到底；说它实行得越一贯，对人类就越有利，不过是同义反复。禁欲主义原理却从未、也永远无法由任何生灵自始至终贯彻到底。只要有十分之一的地球居民坚持实行之，一天之内他们就会使地球变成地狱。

什么是同情和厌恶原理

11. 在同功利原理相反的、目前看来在政府事务方面极有影响的原理当中，有一种可以称为同情和厌恶原理。[©]我说同情和厌恶原理，是指所以赞许和非难某些行动，并非由于它们趋于增大利

© 下面的脚注系于1789年1月首次发表。

它应当含义更广泛地改称为任性原理。每当它应用到选择以责戒或禁止、酬赏或惩罚为特征的行动(简言之，即作为对象被加诸义务的行动)，它的确可以像在正文中那样，被合适地称作同情和厌恶原理。但是，在从事选择那些将作为权利的资格来源起作用的事件时，这个名称却不那么合适了。每当行动禁止和允准业已确定的义务和权利时，唯一的问题便是：在什么环境下一个人要被授予权利或被加诸义务？从什么事情当中将产生授予或拒绝授予一个人权利，或者责成他承担义务的理由？在这后一个场合，它可以更恰当地用幻想原理这一名称来描述。同情和厌恶是感性官能的情

22 感，而根据与功利无关的理由作关于权利、特别是所有权资格的选择，却在许多场合并非依靠情感，而是依靠想象。

英国普通法中有一条，规定某些情况下叔父继承优先于父亲继承。科克勋爵在证明这一条有理可据时，大发议论，展示他从权利中发现的玄机——它使权利不能直线式地自下而上继承。[①]并非科克勋爵特别爱伯父或恨父亲，而是因为这个不高明的类比出自他的想象而非理性，因为对于不遵从功利标准或不了解其应用技艺的评判者来说，在撇开情感的场合，想象便是唯一的指南。

我不知道是哪位高明的语法学家发明了“代表不得委派代表”(Delegatus non potest delegare)这一命题，以此作为一条法律规则，因而不能肯定他对次级代表抱有反感，也不能肯定他对一位游子可能由于缺少一位管家料理家务而倾家荡产会幸灾乐祸，这位游子被一桩始料未及的偶然事件剥夺了选择的对象：将同一条法律用于像主动者和被动者这样截然相反的对象，可谓不相称，这一不相称无法调和，而-atus这一词

① 《科克论利特尔顿》，第11节第1段；第一章“论并非特定身份者才能继承的土地”之一部分，第3节第16段：“继承实际上可以是自下而上而非自上而下的，这是法律包含的一条准则……假如儿子购买了并非特定身份者才能继承的土地，并于其父健在时无嗣而亡，则其叔父，而非其父应当作为继承人拥有该土地，尽管其父在血缘上更近……”

益有关者的幸福，亦非由于趋于减小其幸福，而只是因为一个人自 25
己感到倾向于赞许之或非难之。也就是说，他举出这一赞许或非难作为其本身的充足原因，否定有寻求任何外在理由的必要。在

尾与-are 则既相反，又相一致。

为治理孟加拉，从英国引进了上面那条无情的格言（如同其发明时间与发明者无法查明一般，其应用范围无法确定），而且整个司法结构被追溯法（ex post facto justice）这一雷霆击得粉碎。其时，尚不肯定毫无罪过的当地行政官身陷囹圄的前景，会使那些未遭冒犯而加罪于行政官的人们感到开心；但是，这条极具想象力的格言的悦耳之音肯定已淹没了人性的呼声和由常识发出的命令。* 另一条格言说，“愿正义降临，愿天倒塌”（Fiat Justitia，ruat coelum），既极端放肆，又无比和谐：毁灭上天堂，正义便弘扬——同天堂的毁灭相比，人间王国的毁灭算得了什么？

还有，那位普鲁士宰相凭着依我看并非罗马贤哲般的智慧，为了教诲德意志人而

*　作者 1822 年 7 月加注。

还有，伊斯兰法制和其他当地法制不好，在一切场合都须推倒，以便为英国法官制订的、不适用而且更有害的法制扫清道路；而且，借其同伙黑斯廷斯之手，在滥发的 8,000 英镑合法年俸连同惯常的大量油水之外，违法的每年 8,000 英镑津贴要装进英比——这一颠覆工具的引进者——的腰包。见穆勒《英属印度史》关于此项交易的叙述。①

经东印度公司董事和股东表决，正在建造一座这位总督的铸像，上面应当刻写：**把钱装进我等腰包，便无任何暴政恶到我等不可膜拜。**

在这头号恶棍的铸像旁边，还应当添上那身着长袍的帮凶的铸像：一个行贿，另一个收贿。上亿惨遭劫掠和压迫的印度教徒和穆斯林为一座铸像出资，英国议会的捐款则可为另一座铸像付款。

被授权否定正义和败坏正义的人对印度及其上亿居民做的，正是他们对爱尔兰及其 7,000 万居民做的。这毫不足怪。奇怪的是，在这样的制度下，居然会看到有这样的人（尽管非常少）：他们不得不按照英国法官制订的法律犯下不义之罪，不得不如此造成巨大苦难，到头来竟为此而**被剥夺健康和安逸**。我面前有一封英属印度某法官 1819 年 9 月 1 日来信，便是见证。我不会将此公姓名刊印出来，不会如此冷酷地报答他的诚实。诚然，已发表的下院文书使得这没有什么必要了。

①　沃伦·黑斯廷斯（1732—1818），1772 至 1774 年任孟加拉省督，1774 至 1785 年据《管制法》任英印总督，1788 年被召回受弹劾，1795 年被部分免罪。伊莱贾·英比（1732—1809），爵士，1773 年出任加尔各答最高法院首席法官，至 1783 年被召回，以面对下院议员指控，罪名为擅自扩大该法院管辖范围，因而违反其任职权限规定。参见詹姆斯·穆勒：《英属印度史》（1818 年版），第 2 卷，第 585 页以下。

一般道德领域是如此，而在政治这一特殊领域，则依据非难的程度来估出惩罚的分量(以及确定惩罚的理由)。

用地道的拉丁语宣布“臣民的义务不能转嫁”(Servitus servitutis non datur)(《腓特烈大
23 帝法典》，第2卷，第2册，五十四之二，第2节第6段，第308页)。[①] 其时，他并非对那位在领有期内居然希望用赠让道路或水源权利来满足邻人的终生领主抱有反感，亦非厌恶那位竟想接受这份特惠的邻人，而是因为在一位法学家听来，词尾-tus和-tutis的悦耳程度比词尾-atus和-are略微差些。这句格言的音调是不是这条法规的真正原因，不容争辩，因为它以连接词quia打头——“quia servitus servitutis non datur”，而quia是专门预报原因的。

无论在这个还是在上面那个例子中，相反的规定既不会产生同样的曲调，也的确不能要求有相似的曲调。只有在它们同一般法规相反，而不是由于同一般法规相符而被纳入其中时，更具体的规定才能独立存在。“Delegatus potest delegare”和“Servitus servitutis datur”这两个已经被纳入契约的一般采用的规定，就理解和记忆的需要而言无关紧要，正如它们与其有力的否定式相比，听来枯燥乏味。

要是努力探究，就会发现和谐女神对司法女神忒弥斯施加的影响，不管如何隐而难见，都大于她的最勤勉的史官甚或最热情的颂扬者看来所了解的。众所周知，是她依靠俄耳甫斯[②]的帮助，头一个将人类聚合到统治权力的管辖之下，但人们看来还需要在持续不断的经验中，领会他以何种富有成效的勤奋来努力指导统治权力的行使。众所周知，韵文乃法律在幼年使用的语言，但似乎没有人注意到它们以何种专横的权势
24 支配她往后的年华。特别在英国的法制中，法律同音乐的联系虽然不如在斯巴达法制中那般为人所知，但无论怎样隐秘，它在真实和紧密的程度上或许并不逊色。政府机构里的音乐虽然同剧场里的音乐并非一回事，但前者在音乐性质上不亚于后者：一个使人心肠变硬，一个使人心肠变软，其时值一样悠长，其声音一样响亮，也一样由明确的规则支配，尽管这些规则尚未大白于天下。探究一下起诉、申诉、大法官法庭诉讼程序、权利转让，就会明白不管会发现什么触犯真理或有违常情之处，也找不到任何对和谐法则的背离。英国圣礼仪式非常推崇和谐，但它的和谐程度并未超过通常在一项英国议会立法中可以发现的。尊严、简洁、准确、明智以及让人记住或理解的可能性等等，无不

① 边沁显然是指1749和1751年在哈雷出版的两卷本著作，由法学家萨穆埃尔·冯·科克采伊(1679—1755)编纂。该著作提供了一大部分基础，使腓特烈大帝的宰相约翰·冯·卡默(1781年起任该职)得以制定法典，即最终在腓特烈大帝死后制定的《普鲁士全国通用法典》(Allgemeines Preussisches Landrecht)。对此，边沁的文章中有若干提及之处，反映了他对这部法律编纂巨作的兴趣。本书在后面还有一处提到该作，见第306页。

② 希腊神话中的歌手，善弹竖琴，传说他的歌声和奏乐可感动鸟兽木石。——译者

这与其说是实在的原理，不如说是对一切原理的否定

12．显然，这是个有名无实的原理，本身并非实在，而只是作为一个术语，用来表明否定一切原理。人所期望于一个原理的，是它能指示出某种外在考虑，以此为手段来证实和指引内在情感——赞许和非难，而一个无非是举出这些情感作为其本身理由和衡量标准的命题，远未达到这一期望。

厌恶原理的信徒有何种情感

13．该原理的信徒说：在审视人的各种行动时，为确定其中哪

服从和谐。为这位永不满足的女神所作的牺牲可谓罄竹难书。在英国立法中为她效劳的虚语，并不少于在希腊诗歌中为她效劳的虚语，尽管在外表和数量上有所不同：在希腊诗歌中是单音节词，* 在英国立法中是整行文句。* *

现在回过来谈同情和厌恶原理。这个术语起初由于不偏不倚，比任性原理更为可取。我所以选用一个在上述几方面过于狭隘的名称，是因为我当时未将自己的考察扩展到包括民法在内，只看到它不可分地同刑法相关联。然而，当我们进至民法领域时，就会看到幻想原理大露头角，至少不亚于同情和厌恶原理在刑法领域引人注目的程度。

在科克勋爵那个时代，功利的光辉简直不能说已经照亮了普通法的面容。固然，在这位大法学家当作这尽善尽美的法律体系的并列要旨来展示的约 20 个论题总汇中，可以见到有称作“烦扰论据”(argumentum ab inconvenienti)的一线光明，但即便如此，把它容纳进来也是境况使然，恰恰证明了疏忽，正如布鲁图和卡修斯的法规将其排除在外是由于对之有明确意识。它不在前，不在后，也不在任何尊荣显赫的位置上，而是草草挤向中间，全然看不出受到任何青睐(《科克论利特尔顿》，第 11 节第 1 段)。[①] 这拉丁语的“烦扰”同英语的“烦扰”绝不是一回事。它同故意伤害有别，而且由于俗人粗汉用它来指某种不那么坏的事情，文人雅士便赋予它更坏的含义。一句被赞赏的格言说，“法律之青睐故意伤害甚于烦扰”，而它由于言之无物的缘故越是受到赞赏，假设被理解的也就越多。

功利规定与普通法的运作之间，不存在任何公然的抵触，更谈不上有恒久不变的对立，这样的恒久性我们已经看到甚至超出禁欲狂热之所能(见上面第 10 节)。本能不时会不可避免地将其导入理性之路：无论本能受到怎样的束缚，它绝无可能被教育扼杀。靠“正反类比相争相克”聚拢起来的材料织成的网络，绝无可能不再受到理性原则那悄然无声的吸引力的规范，尽管它会像钢针被磁石吸引一般身不由己。

*　Μεν，τοι，γε，νυν，等等。

* *　“兹由上述权威进一步规定……倘若……特此进一步规定并宣告……”，等等，等等。

① 参见本书第 22 页注 1。在《科克论利特尔顿》的这一段里，所引 20 组辩据中的第 10 组是“依据烦扰的”辩据。

些要打上非难的烙印，所需依据的只是你个人的感觉——你觉得欲予谴责的无论何种行动必错无疑，因为你觉得欲予谴责；由于同一个原因，它还当受惩罚，至于它在多大程度上损害了功利，或者究竟有没有损害功利，则无足轻重。它还当在同一个程度上受惩罚——你深恶则重罚之，浅恶则轻罚之，有多大的厌恶便给予多重的惩罚；如果全无厌恶，那就全无惩罚——心灵的精美情感不至于遭受严酷无情的政治功利规定的压制和专横摆布。

就是非标准而形成的各种理论体系皆可归结为该原理

14．就是非标准形成的各种不同理论体系，皆可归结为同情和厌恶原理。说明一项便能澄清这一切。它们全都饰以众多牵强附会之辞，为的是规避诉诸任何客观标准的责任，并诱使读者把作
26 者的情感或观点当作它本身的、而且是充足的原因[①]接受下来。用语不同，但原理是同一个。[d]

作为众多乔装真理的理论体系之特征的各种用语

1. 道德意识

ⓓ 见识一下某些人在这方面想出的各种发明和拿出的各种用语，是蛮有趣味的。他们这么做的目的，在于蒙蔽世人，可能的话还蒙蔽自己，使之茫然不知这一非常普遍、因而大可原谅的因果同一论。[②]

1．有人（沙夫茨伯里勋爵、哈奇森、休谟等人）[③]说自己具备一样东西，把它构想出

① “而且是充足的原因”数词系增补，见于1783年首次印制并附于1789年版本的一张单子，但1823年版本没有添上这几个词。《边沁全集》鲍林版合宜地将其添入（见第1卷，第8页）。

② 注d之第1、2、3、5、8段内提到的哲学家名字，系边沁以手记形式添入他的1789年版个人藏本（现藏大英博物馆）。它们写于1819年，首次刊印于《边沁全集》鲍林版（1838年）。哈奇森、克拉克、沃拉斯顿这三个名字中的拼写错误出自边沁本人。（边沁将哈奇森之名Hutcheson误写为Hutchinson，克拉克之名Clarke误写为Clark，沃拉斯顿之名Wollaston误写为Woolaston。——译者）

③ 第三代沙夫茨伯里伯爵安东尼·阿什利·库珀（1671—1713），在其《美德研究》（1699）中使用了“道德意识”一语。弗朗西斯·哈奇森（1694—1746），沙夫茨伯里的门徒，在《论美好与美德观念的由来》（1720）中阐释了沙氏提出的原理，另著有《论感情的性质和作用方式》（1728）及遗稿《道德哲学体系》（1755）。大卫·休谟（1711—1776），主要在《道德原理研究》一书（1751）内阐述了自己的伦理学理论。

来是为了自知孰是孰非，此物名为道德意识。于是，他们便随意说三道四：这是对的，那是错的——为什么？“因为我的道德意识告诉我什么对什么错。”

2. 另有人（贝蒂博士）[①]前来改字换词，即用寻常来代替道德。然后他告诉你，他的寻常意识教他孰是孰非，就像前面诸公的道德意识所教的一样确定无疑。寻常意识是指某种据他说全人类共有的意识，而别的什么人的与他不同的意识，则被当作毫无价值的东西弃之不谈。这比上面的发明好些：道德意识是个新东西，一个人可以朦朦胧胧地感到自己身边有善存在，同时却无法把它找出来，但寻常意识自创世便有之，没有哪个人会认为自己的寻常意识亚于别人而不感到羞耻。它还有一大长处：由于看来能力无大小之分，它便减少了妒忌，因为在一个人为了诅咒异己者而据此装扮时，他不说“我愿意这样，就这样吩咐（sic volo sic jubeo）”，而说“请您随意吩咐（velitis jubeatis）”。 2. 寻常意识

3. 还有人（普赖斯博士）[②]跳出来说，他实在无法发觉自己有什么道德意识，但他具备一种东西——理解，那同样管用。他说，理解即是非标准，它教他如此这般。所有贤良明哲之士都像他一样去理解，但假如别人的理解有什么不同于他的地方，他们就太糟糕了，因为这是个确定无疑的迹象，表明他们不是有缺陷，就是堕落腐败。 3. 理解

4. 还有人说，存在着永久不变的正义法则，这个法则规定必须这样那样。然后，他开始向你显示他对最先碰到的任何事情的个人好恶，而这些好恶（你必须想当然地认为它们绝对正确）不过是永恒的正义法则的众多表现。 4. 正义法则

27

5. 另有一人（克拉克博士）[③]——或许是此人（究竟是或不是没有关系）——说某些做法符合适当的分寸，另一些做法则与之抵触。然后，他在有空的时候告诉你，什么做法合宜，什么做法不合宜，而这些无非是因为他当时碰巧喜欢或不喜欢某个做法。 5. 合宜性

6. 许许多多人不停地谈论自然法。接着，他们告诉你他们对于孰是孰非持有怎样的个人情感，而你必须明白，这些情感是自然法的众多大大小小的表现。 6. 自然法

7. 有时候，你听到的不是自然法一语，而是理性法、真正理性、天然正义、天然公平、正常秩序。其中任何一个都将同样管用，并且极经常地用于政治。后三个术语比其他几个可容忍得多，因为它们并不非常明确地故作玄虚。它们只是有气无力地坚持要被当作关于它们本身的实在标准看待，而且似乎满足于有时被认作表示有关问题符合适当标准，不管该标准可以是什么。不过，在大多数场合说功利更好：功利一语更为清晰，因为它更明确地指痛苦和快乐。 7. 理性法，真正理性，天然正义，天然公平，正常秩序

8. 有一位哲学家（沃拉斯顿）[④]说，世间祸害，唯有虚妄。例如，倘若尔欲杀父，那 8. 真实

① 詹姆斯·贝蒂（1735—1803），在其《论真理的性质和不变性》（1770）之中抨击了休谟，还在1790至1793年发表了《道德科学原理》一书。

② 理查德·普赖斯（1723—1791），于1758年发表《评主要的道德问题》一书，并由此成名。

③ 塞缪尔·克拉克（1675—1729），所著《论上帝之存在及其属性》最为有名。

④ 即威廉·沃拉斯顿（1660—1724），其主要著作《自然宗教概述》于1722年私下刊印，1724年出版。

么这只是一种表示他并非尔父的特殊说法。自然,当这位哲学家看到任何他不喜欢的事情时,他会说那是虚妄的一种特殊方式。这就是说,当事实上不应做某件事情时,该事情便是应做或可以做的。

9. 上帝选民论

9. 所有这些人当中最公正也最坦率的,是下面一类人。这类人大胆地宣称:我是上帝的选民,现在上帝亲自特意昭示选民何者为是,让他们卓有成效地去努力追求,他们就必定明义知理,而且必定身体力行;所以,一个人要想知道孰是孰非,只需要请教我。

10. 违背自然

按照厌恶原理这样那样的行动往往受到非难,理由是它们反自然,例如希腊人和罗马人中间流行的遗弃婴儿,便是一种反自然的做法。反自然的唯一含义在于反常,而反常确实不无意义,尽管同我们眼下的目的无关。不过,在这里它不含此意,因为此种行动之常见或许就是抱怨的根本缘由。因此,它毫无意义——我指的是行动本身毫无意义。它所能表达的无非是其谈论者的意向,即驱使他厌之恨之的那种意向。它是否值得他厌恨?很可能值得,但这是个只有根据功利原理才能正确地回答的问题。

反自然这一用语,实际上同道德意识或寻常意识几乎一样,作为理论体系的依据
28 也与它们如出一辙。某种行动所以反自然亦即违背自然,是因为我不喜欢去做,而且因此不去做。所以,它违背了其他每个人的应有天性。

它们的危害

所有这些思想方法和论辩方法(它们事实上如我们已经看到的那样,只是用不同词语来表达同一个方法),其共同危害在于掩饰、伪装和助长专制,即使不是实际的专制,也是意向的专制,而意向的专制一旦有了借口和权力,极易表现为实际的专制。结果,一个人出于十分常见的最纯洁的意图,竟然使自己或自己的同类生灵饱受痛苦。假如性情忧郁(普赖斯博士),[①]他便寂自哀伤,悲叹其无知和堕落;假如脾气暴躁(贝蒂博士)[①]他便怒不可遏地痛骂所有异见者——煽动狂热盲信之烈火,加诸腐败虚伪之罪名,用来对待每个想法与他有别或声称有别的人。

假如这样的一个学者碰巧颇具文采,那么他的大作在被明了毫无价值以前,可能造成很大危害。

这些原理(若能如此称呼)应用于政治,不如应用于道德那么常见,但其影响及于两者。在政治领域如同在道德领域,一个人至少同样乐于有借口来用最使自己开心的方式解决问题而免探究之劳。倘若一个人能永无谬误地裁判私人行动孰是孰非,那么他为什么不能同样地裁判政府官员在指导此种行动[②]时奉行的措施?据此(且不提其他怪论),我已不止一次地领教了立法辩论中提出的所谓自然法,它同各种从功利原理推导出来的论据相反。

功利实际上是不是我们所曾给予的一切赞许的唯一理由,则另当别论

“然而,我们从未从功利以外的任何其他考虑中推导出我们的是非观念吗?”我不知道,也不在意。道德情感是否能起始于功利观以外的任何其他源泉是一个问题,而

① 这些插注的由来和第 26 页注 2 所述相同。

② 1780 年时印作“此等个人的此种行动”。1789 年版本所附勘误表注明删去前 5 个字,但 1823 年版本误作“此等行动”,《边沁全集》鲍林版(第 1 卷第 9 页注)亦然。

15. 显然，同情和厌恶原理往往会和功利原理不谋而合。很可能更经常的是相符而非相抵触，因而刑法事务在这一差强人意的基础上进行，目前常见的情况便是如此。因为，除了根据其有害性憎恨一种行为，还能有什么更自然或更普遍的理由呢？凡一切人可能因其受苦的，一切人皆欲恨之。然而，这还远非是一个颠扑不破的理由，因为当人遭受痛苦时，他并非总是明白苦因。例如，一个人可能由于缴纳一项新税而沦入惨境，却无法寻根究底，了解到自己的苦因在于某个邻人干下了逃避某项旧税的不义行为。

29 该原理往往会和功利原理相符

16. 同情和厌恶原理最容易失之严苛而非宽纵。它在许多够不上惩罚的场合施用惩罚，而在许多应予惩罚的场合惩罚过当。没有什么可想象的事故——即使微不足道，即使远非有害——是该

该原理最易失之严苛

它就事实来说能否经过审察和反思，由一个自省者实际坚持下来，并根据任何别的理由来辩解，则是另一个问题，至于它就权利来说能否由一个面对社会陈言的人根据任何其他理由恰当地予以辩解，则是第三个问题。头两个问题是思辨性的，怎样被解答相对而言无关紧要。最后一个问题则是实践性的，其解答具有头等的重要性。

(你说)“我自觉意欲在道德上赞成某一项行动，但这不是因为我认为它有益于社会。我并不假装知道它是否有益，也许它可能是有害的。”(我说)“它是否有害，需要审察。倘若你能意识到它是有害的，而且责任——道德责任——算数的话，那么你的**责任**至少是避不为之；不仅如此，倘若力所能及，而且不造成太大的牺牲，你还应当努**力阻止**之，你并非内心怀有此念并称之为美德，就会使你情有可原。”

(你又说)“我自觉意欲在道德上憎恶某一项行动，但这不是因为我认为它有害于社会。我并不假装知道它是否有害，它可能并非如此，也许它可能是有益的。”(我说)“它会不会果真有益？不过你得知道，除非责任和是非随你说了算，否则假如那真不是一项有害行动，而且有人有意为之，自愿去阻止他就非但不是你的责任，相反，那将是非常错误的；你内心要怎样憎恶就怎样憎恶，那可以是你自己避不为之的一个很好的理由(除非它也有益)，但假如你设法以言行去妨碍他，或使他因此吃苦，那么做了错事的就是你而不是他。并非自告奋勇去谴责其行为或称之为邪恶就会使他有罪，或使你无过。所以，倘若你能甘愿存异，让他对此有他的看法，你对此有你的看法，如此这般，那就没有问题；但若你非得要求他和你并无二致，否则便于心不甘，那么我就要告诉你必须干什么：你必须克制住厌恶之心，他可没有义务来迎奉你。”

原理不会从中挖出点惩罚理由来的。在这个或那个问题上，任何情趣差异，任何意见分歧，都可以被当作惩罚的根据。不管什么歧义，哪怕如同鸡毛蒜皮，只要坚执不让，争执不休，都会变得很严
30 重。人人视对方为仇敌，若法律允许，便视之为罪犯。[ⓒ]人类有别
31 于禽兽之处，此为其一(实际上对人类没有多大好处)。

然而在某些场合失之宽纵

17. 然而，绝不是说这个原理毫无失之宽纵的可能。近在眼前、分明可见的损害招致厌恶，而远在天边、目不可见的损害虽然并非有欠真实，却不会引起憎恨。证明这一点的例子将在本书内几

ⓒ 英王詹姆斯一世极其厌恶阿里乌教派，曾用火刑烧死了该派的两名信徒。[*][①]他没有多大困难就如愿以偿，因为当时的流行观念有利于此。他写了一本充满怒气的书，猛烈谴责据称是所谓阿米尼乌斯教徒的弗尔斯特，因为弗尔斯特远在异乡。[②]他还写了一本言辞激愤的《禁烟论》，强烈反对吸用沃尔特·雷利爵士不久前引进的这种使人成瘾的毒品。[③]假如当时的流行观念与他合拍，他会用同一把火烧死再浸礼教徒和吸烟者。不过，此后他仍如愿以偿地处死了雷利，尽管是因为另一项罪名。

关于法国音乐和意大利音乐孰优孰劣的问题，在巴黎引起了激烈的争吵。其中一派人(据达兰贝尔先生说[**])[④]甚至会不惜把政府也卷进来。寻觅借口者有之，鼓惑生事者有之。在这以前很久，一场类似的、至少同样激烈的争吵在伦敦引发，主题是就两位伦敦作曲家争高下；在今天，那里一场新剧的赞誉者和贬抑者之间打斗闹事也并非罕见。寓言[⑤]里大人国和小人国之间争吵的缘由纯属鸡毛蒜皮，但并不比种种使得一

* 见休谟史书第6卷。

** 《音乐自由论集》。

① 参见大卫·休谟：《英国史》，1773年版，第5卷，第163页："斯托称，这些阿里乌信徒在火刑柱上被许以赦免，条件是他们公开放弃信仰。"火刑发生在1612年。

② 康拉德·弗尔斯特(1569—1622)，1610年发表《关于上帝的神学解释》，随后被指控为阿米尼乌斯派信徒。詹姆斯一世下令在英国焚毁此书，并于1612年发表《关于尼德兰联省议会诉讼康拉德·弗尔斯特博士案之宣言》。

③ 詹姆斯一世所著《禁烟论》发表于1604年。

④ 参见《达兰贝尔文史哲论著全集》，1805年版，第3卷，第337—409页。

⑤ 即斯威夫特的《格利佛游记》。

处提到。[f]现在列举这些例子会打断行文次序。

什么是神学原理？它不是一项独立的原理

18. 人们或许会感到奇怪，在整个这番议论中，竟没有说到神学原理，即声称诉诸上帝意愿来确定是非标准的原理。但事实是，这实际上并非一项独立的原理。它在任何情况下，都无非是上述三项原理中这项或那项原理的不同表现方式。这里所指的上帝意愿，不可能是圣经里包含的、业经启示的上帝意愿，因为在现今没有任何人想要诉诸于这个体系来决定政治管理的细节；而且，甚至在它能被应用到决定私人行为细节以前，所有各教派最著名的神学家都普遍承认需要作相当充分的解释，否则此等神学家的著作有什么用？此外还承认，这些解释要有章可循，就必须假定某项其他标准。于是，这里所说的意愿便可称为假定的意愿，也就是说鉴

些帝国沦为荒野的祸因更不屑一提。据说，在俄国一度有成千上万人在一场有政府参与的争斗中丧命，所争的不过是究竟用几个手指来表示十字架。此乃往昔旧事，现在叶卡捷琳娜二世*的廷臣们遵奉较好的御旨，[1]除出面阻止有关各派互相伤害外，不参与此类争执。

ⓕ 见第16章(罪过分类)，第42、44段。

* 御旨第474、475、476条。

① 即叶卡捷琳娜女皇的《为编新法典致钦差大臣之御旨》(1767年颁发，英译本1768年问世)。边沁早就对这一御旨感兴趣，参见《书简》，载于《边沁文集》，第2卷，第99页及注4。他在这里提到的条文如下：

"第474条。某罗马行省总督致函皇帝，称某法官有一宣判违反皇帝法令，准备以重大叛逆罪起诉之；皇帝答曰，在朕治下，间接重大叛逆罪法院将不受理。

"第475条。罗马人有一法律，规定凡向皇帝画像掷物者，即使无意而为之，亦当以重大叛逆罪惩治。

"第476条。英格兰有一法律，宣布凡预告国王驾崩者，皆犯重大叛逆罪。是以国王病危之际，无一医生胆敢告之病危。彼等或以同样态度行医下药，则可想而知。"

参见W. F. 雷德韦：《叶卡捷琳娜女皇文书》(1931年版)，第286页。

于其规定符合某项其他原理的规定而假定是上帝的意愿。那么这其他原理可能是什么呢？它必定是上述三项原理中的这项或那项，因为像我们已经看到的那样，不可能有任何别的原理。因此很明显，撇开神启不谈，在何为上帝意愿这一问题上所能说的任何东西都不可能说明是非标准。诚然，我们可以完全肯定，凡是正确的一概符合上帝意愿，但这同达到显示何为正确这一目的仍相离太远，因为必须首先知道一件事是否正确，然后才能由此知道它是否符合上帝意愿。[g]

32 厌恶本身绝不是行动的恰当理由，即使由它而来的行动很正当

19. 有两样事情很容易混淆，但把它们仔细区别开来很重要。一是通过对个人心灵的作用[①]而引发任何行动的动机，或曰原因，二是使得一位立法者或其他旁观者有根据用赞许眼光来看待此项行动的理由，或曰情理。当在有关的特定事例中，行动恰巧引发我们赞成的效果时，尤其是在我们恰巧看到其他一些事例中，同一动
80 机往往引发类似的效果时，我们便很容易会转而赞许这动机本身，并且将行动由以出自这动机的环境，当作我们所以赞许该行动的恰当理由。正是以这一方式，厌恶感经常被认为是行动的一项恰

神学原理如何归结为其他三项原理中的某一项

ⓖ 神学原理把每件事情同上帝的意愿联系起来。但是，何为上帝的意愿？上帝对我们既不言传，也不笔教（毫无疑问他现在不）。那么，我们怎能知道他的意愿如何？通过了解我们自己的意愿，然后把这称作他的意愿。因此，所谓上帝的意愿，无非是，也必定正是（撇开神启不谈）那个在讲他相信或装作相信是上帝意愿的人（不论他是谁）的意愿。你怎么知道避而不做这种或那种行为是上帝的意愿？你为何这样假定？功利原理的信徒会说："因为我设想，做此行为总的来说有害于人类幸福。"禁欲主义原理的信徒会说："因为做此行为与满足、至少是卑微暂时地满足俗情肉欲相伴随。"厌恶原理的信徒会说："因为我厌恶去想它，而且既不能、也不应当要求我说明为何如此。"自称将上帝意愿当作标准的人，必定（撇开神启不谈）用这几句话中的一句来回答。

① 此处 1789 年版本作"在一个人心灵内的作用"。

当理由。例如,在这样那样的事例中,厌恶是做出一项效果良好的行动的原因,但正如在任何其他场合一样,这并未使之成为该事例中行动的恰当理由。进一步假设,不仅效果良好,而且当事人预料会如此。这可能使行动成为确实完全正当的,然而它并未使厌恶成为行动的一项恰当理由,因为假如默然依从同一厌恶感,那么它可能、并且往往引发很坏的效果。因此,厌恶绝不能是行动的恰当理由。也因此,怨艾同样不能是行动的恰当理由,它像后面将更具体地看到的那样,不过是厌恶的变体。行动的唯一恰当的、在逻辑上有效的理由,终究是功利考虑——如果它在无论哪个事例中是行动和赞许的正当准则,那么它在其他每一个别的事例中也都是如此。其他形形色色的原理,亦即其他多种动机,可以是为何做了这项或那项行动的缘由,亦即所以为之的缘由或原因。然而,唯有 33
功利才能是为何可以为之、或者应当为之的理由。厌恶或怨艾总是需要加以管束,以防止它引发有害行为。用什么来加以管束?总是用功利原理。功利原理不需要、也不承认它自己以外的任何其他管束者。

34

第三章　快乐和痛苦的四种约束力或四种来源

本章同前一章的联系

1. 已经表明，组成共同体的个人的幸福，或曰其快乐和安全，是立法者应当记住的目的，而且是唯一的目的。它是唯一的标准，依此应当在立法者确定的程度上，使得每个人都将自己的行为规范得符合该标准。然而，不管要干何事，除痛苦或快乐外，没有什么能够最终使得一个人去干。在笼统地考察了作为终极原因的这两大目的（即快乐以及无非与之同义的免却痛苦）之后，必须来考
82 察作为有效原因或手段的快乐和痛苦本身。

快乐和痛苦的四种约束力或四种来源

2. 快乐和痛苦通常出自四种可辨认的来源，它们分别可称为自然的、政治的、道德的和宗教的；只要属于其中每一种来源的快乐和痛苦能够产生束缚任何法律或行为规则的力量，它们就全都可称为约束力。[a]

---

[a] 约束力（sanction），拉丁文作 sanctio，用来表示束缚，而经过惯常的语法转换，又表示足以束缚一个人的任何事情，即遵守这样那样的行为范式。根据一位拉丁语语法学家*的看法，这个词的含义是从血（sanguis）引申出来的，引申得颇为牵强附会（从

* 塞尔维乌斯。见安斯沃思所编词典 Sanctio 条。[1]

[1] 罗伯特·安斯沃思（1660—1743），1714 至 1736 年间出版其拉丁文词典，以后又经多次重版。sancio（使神圣化）的词源被示为："à sanguis，quod fuso sanguine hostiae aliquid sanciretur（血液，以牺牲流的血使某物神圣化）——塞尔维乌斯。"边沁提到的是名词 sanctio，或许此系动词形态的笔误或刊误。

3. 假如快乐或痛苦发生在或预料发生在现世，并且来自寻常的自然过程，既未受任何人的意志干预，也未被任何超然玄虚的最高存在的非凡介入有目的地修改，那么它便可被说成是来自或属于自然约束力。 35 1. 自然约束力

4. 假如它由共同体内一个或一群特殊的人掌握，这样的人以相当于法官的头衔，被选出来专门按照国家主权即最高统治权的意志职司其分配，那么它便可被说成是来自政治约束力。 2. 政治[①]约束力

5. 假如它由共同体内偶然的人掌握，这样的人作为当事者可能在自己的生活中碰巧与之有关，而且所依据的是每个人的自发意向，而非任何业已确立或共同商定的规则，那么它便可被说成是来自道德的或俗众的约束力。[ⓑ] 3. 道德或俗众约束力

感性概念抽引出理性概念一般都如此，在很大程度上确实必然如此)，因为在罗马人中间，为了深入人心地灌输一种信仰，即这样那样的行为范式将由于我所称的宗教约束力而成为一个人必须奉行的(也就是说，如果他未遵守有关的行为范式，那么某种最高存在将以其非凡的介入使他大吃苦头)，僧侣们便搞出某种仪式，在其中使用牺牲者的鲜血来祭祀。

因而，约束力是强制性的力量或动机的一个来源，亦即痛苦和快乐的一个来源；由于同这样那样的行为范式相关联，痛苦和快乐作为动机来起作用，而且确实是唯一能够如此起作用的因素。见第10章(动机)。

ⓑ (道德约束力)。[②]称作俗众约束力更好，因为俗众一词更直接地显示了它的构成原因，也更直接地显示了它同公众舆论这一更常用的术语的关系。公众舆论法文作opinion publique，在法国用来指那种被谈论得如此之多、影响如此之大的监护性势力。不过，公众舆论这一名称不适当，也缺乏表现力，因为舆论若是实实在在的，那只是由于它通过情感和意愿中介，对行动施加了影响。

① 政治的(political)，1823年版本作“politic”。

② 此注于1789年1月添加。在它插入1823年版本(第1卷，第43页注)时，加括号的“道德约束力”一语(按照边沁的习惯，表示此注的主题)被删掉了，这大概是因为第5段末尾的文字(以及相应的边题)业经修改，即在“道德的”之后插入“或俗众的”几个字。

4. 宗教约束力

6. 假如它直接来自一个超然玄虚的最高存在,无论是在现世还是在来世,那么它便可被说成是来自宗教约束力。

属于宗教约束力的快乐和痛苦可以是现世的,也可以是来世的

7. 所有可望出自自然约束力、政治约束力或道德约束力的快乐或痛苦,如果体验的话,都必定被期望在现世体验,而那些可望出自宗教约束力的快乐或痛苦,则可望或在现世或在来世体验。

8. 能在现世体验的快乐和痛苦,当然只可能是在现世生活中
36 能影响人性的:从其中每个来源,都可以产生所有在现世生活中能影响人性的快乐或痛苦。关于这些(我们现在关心的只是这些)可以说的是,属于每一种约束力的快乐或痛苦,同属于其他三种约束力当中任何一种的快乐或痛苦,在性质上说到底没有差异。它们之间唯一的差异,在于与其产生相伴的环境。自然和自发地降临到一个人头上的苦难,应被称为灾祸等等。如果假设那是由于他有所不慎而降临到他头上的,便可称为出自自然约束力的惩罚;如果这同一项苦难是法律施加的,那就是通常所谓的惩罚;如果蒙难者的不端行为、或被设想为不端的行为使他得不到任何友好的帮助,从而蒙受苦难,那便是出自道德约束力的惩罚;如果苦难通过某一天意的干预而降临,那便是出自宗教约束力的惩罚。

关于现世的快乐和痛苦,不管来源于何处,只是在其产生的环境方面不同

举例

9. 假设一个人的财产或身体被火吞噬。如果他遭此厄运是由于所谓事故,那就是灾祸;如果是由于他自己不慎(例如忘了熄灭蜡烛),便可称为自然约束力的惩罚;如果是政治官员的判决使他如此,那就是属于政治约束力的惩罚,即通常所谓的惩罚;如果是由于他的邻人对他的道德品格有所不悦而不给任何帮助,那么他蒙受火难便是道德约束力的惩罚;如果是由于他犯下某种罪孽,或因惧怕天谴而心烦意乱,以致招来由直接责罚表现的神怒,那便

是宗教约束力的惩罚。[c]

10. 至于宗教约束力范围内那些关于来世的快乐和痛苦，我们无法知道可能是什么样的。这些并非人所能见。在现世生活中，它们只是预料之事：不管这一预料是从自然宗教当中还是从天启宗教当中引申出来的，我们都无法知道这个特殊种类的快乐或痛苦是否有别于人所能见的一切。我们关于此类苦乐所能形成的最好观念，就素质而言都是全然未经清理的。在哪些其他方面我们关于它们的观念可以加以清理？这将在别处考虑。[d] 37

关于来世的快乐和痛苦不知其详

11. 我们可以看到，在所有四种约束力当中，自然约束力总的来说是政治约束力和道德约束力的基础，而在有关现世的范围内，它也是宗教约束力的基础。它包含在其他三种约束力的每一种之内。它在任何场合都可以起作用（即任何属于它的痛苦或快乐都可以起作用），而不取决于它们，它们却全都只能够通过它来起作用。简言之，自然力量可以独自起作用，而政治官员或公众除非通过自然力量便不能起作用，上帝在这里所说的情况下非如此则不被设想为起作用。

自然约束力包含在其他三种约束力之内

12. 替性质很大程度上相同的这几个对象找一个共同的名称，看来是有益的。首先，这似乎便于某些快乐和痛苦的命名，否则就难找到一个同样能表现其特征的名称；其次，是为了突出某些道义力量的有效性，它们的影响容易被掉以轻心。政治约束力是

本章的用处

ⓒ 一项苦难，若被认为像上面那样是由上帝的直接行动而降临到一个人头上，则往往为简洁起见称作报应，而不说成是因为神的某一特定审判和由此作出的判决而加诸于他的苦难。

ⓓ 见第十三章（不适于惩罚的情况）第2段附注。

否对人类行为有影响？道德和宗教约束力对人类行为是有影响的。在其政治生涯的每个时刻，政治官员的操作都可能得益于或受阻于这两种外在力量：其中任何一种或所有这两种力量必定要么是他的对手，要么是他的盟友。他是否恰巧未把它们估算进来？如果是，那么他几乎肯定会发觉自己到头来失算了。我们将在本书的续篇中，看到关于整个这一问题的大量证据。因此，他必须始终不断地注意这些力量，并且是借助于这样的一个名称：它展示了这些力量同他本人的目的和谋划的关系。

第四章　如何估算快乐和痛苦的值 38

本章的用处

1. 据前所述，追求快乐和避免痛苦是立法者考虑的目的，这就要求他必须了解它们的值。快乐和痛苦是他必须运用的工具，因而他不能不了解它们的效能，而这从另一个角度看①也就是它们的值。

估计一项快乐或痛苦的值时要考虑的情况——就单独一人及该项苦乐本身而论

2. 对一个人自己来说，一项快乐或痛苦本身的值多大多小，将依据下列四种情况来定[a]：

ⓐ 这些情况往后被命名为一项快乐或痛苦的值的要素或方面。

第一版出版后不久，为要更好地记住这几点（它们可被认为是整个道德和立法大厦的基石），鄙人编了几句口诀：

强烈经久确定，迅速丰裕纯粹——
无论大苦大乐，总有此番特征。
倘若图谋私利，便应追求此乐；
倘若旨在公益，泽广即是美德。
凡被视为苦者，避之竭尽全力；
要是苦必降临，须防殃及众人。[2]

① 在 1783 年印制并附于 1789 年版本的勘误增补表中，“从另一个角度看”几字取代了原先的“换句话说”，但 1823 年版本（第 1 卷，第 49 页）忽略了这一点。《边沁全集》鲍林版（第 1 卷，第 16 页）作了改正。

② 1823 年版添注。这几句口诀题为“表述苦乐之值诸要素或诸方面的口诀”，是边沁在他 1789 年版本之个人藏本（现藏大英博物馆）的末端写下的（见上文，导言，第 xl 页）。那里注明“1780 年”，因而边沁在本注中说编于“第一版出版后不久”很可能有误，误在将“刊印”写为“出版”。

(1)其强度；

(2)其持续时间；

(3)其确定性或不确定性；

(4)其邻近或偏远。

——就同其他苦乐相关联而论

3. 这是在估计每一项快乐或痛苦本身时所要考虑的情况。然而，在为了估计任何行动的造苦造乐倾向而考虑这一苦乐之值
39 时，还需要考虑其他两种情况，它们是：

(5)其丰度，指随同种感觉而来的可能性，即乐有乐随之，苦有苦随之。

(6)其纯度，指相反感觉不随之而来的可能性，即苦不随乐至，乐不随苦生。

不过，这最后两种情况严格说来，几乎毋需被认为是一项快乐或痛苦本身的属性。因此严格地说，在估算该项快乐或痛苦的值时毋需把它们考虑进来。严格地说，它们需被认作仅是产生了此种快乐或痛苦的行动或其他事件的属性，因而仅需在估量此种行动或事件时予以考虑。

——就一群人而论

4. 对一群人来说，联系其中每个人来考虑一项快乐或痛苦的值，那么它的大小将依七种情况来定，也就是前面那六种——

(1) 其强度；

(2) 其持续时间；

(3) 其确定性或不确定性；

(4) 其邻近或偏远；

(5) 其丰度；

(6) 其纯度；

以及另外一种：

（7）其广度，即其波及的人数，或者（用另一句话）说，哪些人受其影响。

如何估量任一行动或事件的造苦造乐倾向

5. 于是，可以照下面的程序，确切地估量任何影响共同体利益的行动的总倾向。首先从其利益看来最直接地受该行动影响的人当中，挑出任何一人来考察、估算：

（1）看来由该行动最初造成的每项可辨认的快乐的值；

（2）看来由它最初造成的每项痛苦的值；

（3）看来由它随后造成的每项快乐的值，这构成最初快乐的丰度以及最初痛苦的不纯度；

（4）看来由它随后造成的每项痛苦的值，这构成最初痛苦的 40
丰度以及最初快乐的不纯度；

（5）把所有的快乐之值加在一起，同时把所有的痛苦之值加在一起。如果快乐的总值较大，则差额表示行动之有关个人利益的、好的总倾向；如果痛苦的总值较大，则差额表示其坏的总倾向；

（6）确定利益有关者的人数，对每个人都按照上述程序估算一遍。于是可以看到有两种人：一种是就他而言行动的倾向总的来说是好的，另一种是就他而言其倾向总的来说是坏的。把表示行动之有关每个前一种人的、具有多大程度好倾向的所有数值加在一起，同时把表示行动之有关每个后一种人的、具有多大程度坏倾向的所有数值加在一起。如果快乐的总值较大，则差额表示有关当事人全体或他们组成的共同体的、行动的总的良善倾向；如果痛苦的总值较大，则差额表示有关同一共同体的、行动的总的邪恶倾向。

上述程序的用处

6. 不要指望在每个道德判断之前，或者在每项立法或司法操作之前，上述程序都会严格地得到遵守。但是，可以始终考虑到它；而且，在这些场合实际遵从的程序与之越接近，就将越准确。

同一个程序可应用于估算善和恶、收益和危害以及快乐和痛苦的所有其他表现

7. 同一个程序可以应用于估算无论何种快乐和痛苦，不管它们的外表如何，也不管它们靠什么名称被人识别。可以用来估算快乐，无论其名曰善（严格说来这是快乐的原因或手段）、收益（这是远乐，或远乐的原因或手段）、便利、有利、实惠、报酬、幸福或其他等等；可以用来估算痛苦，无论其名曰恶（与善对应）、危害、不便、不利、损失、不幸或其他等等。

人的实践与该理论相符

8. 这一理论既非徒然无用，亦非标新立异和缺乏证据。它整个来说，无非是一种与明了自身利益的人的实践相符合的理论。为什么一项财产（例如一块地产）有价值？因为它使一个人产生种种快乐以及——实际上是同一个意思——使他避免种种痛苦。然而，这样一项财产的价值被普遍认识到是按照下列因素增减起落

41 的：它由一个人经营的时间长短、归其所有的确定性或不确定性、开始归其所有的时间远近。至于一个人可以从中得到的快乐的强度，则从不被考虑，因为这取决于每个具体的人如何来享用它，而这在考察他可能从中得到的具体快乐或者他可能据此规避的具体痛苦以前，无法估计。由于同样的原因，他也不考虑这些快乐的丰度或纯度。

快乐和痛苦、幸福和不幸笼统地说就是如此。下面，我们要来考虑快乐和痛苦的若干具体类型。

第五章　快乐和痛苦的类型 42

快乐和痛苦有简单和复杂之分

1. 在陈述了所有各种快乐和痛苦的共性之后，我们现在要来一个一个地展示它们的若干类型。痛苦和快乐可以有一个总称：兴趣知觉。兴趣知觉有简单和复杂之分。简单的就是不可再分的，复杂的则可分解为若干项简单的。一个复杂的兴趣知觉可以因此按照下列方式组成：(1) 只包含种种快乐；(2) 只包含种种痛苦；(3) 既包含一种或多种快乐，又包含一种或多种痛苦。决定例如一组快乐被当作一项复杂快乐，而不是若干简单快乐的，是其诱因的性质。由出于同一个原因的行动一并诱发的种种快乐，不管内容如何，都适于被看作共同构成仅仅一项快乐。

简单快乐细目表

2. 人性可感觉的若干种简单快乐似有如下述：(1) 感官之乐；(2) 财富之乐；(3) 技能之乐；(4) 和睦之乐；(5) 名誉之乐；(6) 权势之乐；(7) 虔诚之乐；(8) 仁慈之乐；(9) 作恶之乐；(10) 回忆之乐；(11) 想象之乐；(12) 期望之乐；(13) 基于联系之乐；(14) 解脱之乐。

简单痛苦细目表

3. 若干简单痛苦似有如下述：(1)匮乏之苦；(2)感官之苦；(3)棘手之苦；(4)敌意之苦；(5)恶名之苦；(6)虔诚之苦；(7)仁慈之苦；(8)作恶之苦；(9)回忆之苦；(10)想象之苦；(11)期望之苦；

(12) 基于联系之苦。[a][1]

列举感官之乐

43 4. (1) 感官之乐似有如下述:1. 味觉之乐,即口福,包括任何因饥渴得到满足而体验的快乐;2. 醉酒之乐;[2] 3. 嗅觉之乐;4. 触觉之乐;5. 简单听觉之乐,与联系无关;6. 简单视觉之乐,亦与联系无关;7. 性[3]感之乐;8. 健康之乐,即伴随强健有力而来的体内快感或所谓精神焕发,特别是在有节制地发挥体力的时候;9. 新奇之乐,即感官接触到新鲜事物,从而使求新好奇之心得到满足而来的快乐。[b]

财富之乐,它要么是获取之乐,要么是拥有之乐

5. (2) 财富之乐可以指一个人易于从拥有物品的意识中引出的快乐,该物品是获得享受或安全的手段之一;在他适才获取之际尤其如此,其时此乐可称作得益之乐或获取之乐,而在别的时候可称作拥有之乐。

3. 技能之乐

(3) 技能之乐施于特殊对象之上,随恰当运用特殊享乐手段而来,此等享乐手段要恰当运用必有或大或小的困难,须作种种程

为什么不展示任何分析

ⓐ 这里出示的一览表,像是人性可感觉的若干简单苦乐的一份完整的清单。也就是说,如果一个人在无论何种情况下感到快乐或痛苦,那么这快乐或痛苦或者可归诸其中的某一类,或者可分解为若干类。或许能使读者满意的,是对论题进行分析,搞出一份详尽无遗的大纲,以便使这个一览表显得名副其实地完整。事实上,该表确实出自这样的一番分析,但我认为眼下最好撇开这番分析,因为它过于玄奥,而且并非完全处于这一构思范围内。见第十三章(不适于惩罚的情况),第2段注。

ⓑ 另外还有新奇想法所引起的新奇之乐,它们属于想象之乐,见下面第13节。[4]

① 最后一项系1823年版增添。

② 此项据1783年勘误和增补表,于1823年插入。以下各项的数序因此而改动。

③ 此处及以后,凡1823年版本中“性”一词,1789年版本皆作“性交”,唯有一处例外。

④ 1783年加注。

度的努力。[c]

4. 和睦之乐

6.（4）和睦之乐，或自荐之乐，是可以随一种信念而来的快乐，那就是得到或拥有某个或某些特定的人的好感，或者如字面所示与之友好相处，其好处是得益于后者自然而然的、以善报善的服 44
务。

5. 名誉之乐

7.（5）名誉之乐是由于相信得到或拥有周围世界的好感，即他可能与之有关的社会成员的好感而来的快乐。其方式，是他们的热爱或尊敬，或两者兼备；其好处，是他得益于他们自然而然的、以善报善的服务。此乐亦可称为名望之乐、荣誉之乐或道德约束力之乐。[d]

6. 权势之乐

8.（6）权势之乐是由于相信处于这样的状况而来的快乐：在其中，他以人们的希望或惧怕为手段来施行支配，使人们为他效力；也就是说，由于人们希望得益，或惧怕受损，他便可以借此左右他们。

7. 虔诚之乐

9.（7）虔诚之乐是由于相信获得或拥有上帝的好感或恩惠而来的快乐。其好处，在于欢享今生或来世幸得上帝恩顾的欢乐。此乐亦可称为宗教之乐、宗教意向之乐或宗教约束力之乐。[e]

8. 仁慈或善意之乐

10.（8）仁慈之乐是鉴于快乐而产生的快乐，是因为看到据想由下述生灵享有的快乐而欣然生乐：此等生灵可以是施仁行善的对象，而且是我们所认识的，一般包括上帝、人以及其他动物。

---

[c] 例如，靠唱歌或奏乐得到悦耳之乐。由此而来的快乐超过听别人用同样方式表演而享受的快乐，并且可以完完全全地与之区分开来。

[d] 见第三章（快乐和痛苦的约束力）。

[e] 见第三章（快乐和痛苦的约束力）。

此乐亦可称为善意之乐、同情之乐、慈爱或社会爱心之乐。

9. 作恶或恶意之乐

11. (9) 作恶之乐是鉴于痛苦而产生的快乐，是因为看到据想由下述生灵遭受的痛苦而欣然生乐：此等生灵可以成为施恶作孽的对象，亦即人和其他动物。此乐亦可称为恶意之乐、恨欲之乐、厌恶之乐、邪恶或社会敌意之乐。

10. 回忆之乐

45 12. (10) 回忆之乐是一个人在欢享了某种快乐，或者在某些情况下甚而遭受了某种痛苦之后，确切地依照实际尝受苦乐的经过和环境忆苦思甜而不时会产生的快乐。这些派生的快乐当然可以分类，其种数和它们可据此复制的最初知觉的种数一样多。此乐亦可称为单纯回顾之乐。

11. 想象之乐

13. (11) 想象之乐是可以从冥想产生的快乐，它们有如那些能恰巧由回忆引发的快乐，然而是依照不同的经过，伴有不同种类的环境。可以因此将它们归属于现在、过去或未来这三大时间标记中的任何一个。显而易见，它们可以包含的类别和回忆之乐一样繁多。

12. 期望之乐

14. (12) 期望之乐是由于冥想任何一种未来快乐而产生的快乐，伴有相信这一情感。它们同样可以包含众多类别。[f]

13. 基于联系之乐

15. (13) 基于联系之乐是某些对象或事件可能恰巧提供的快乐，这快乐并非出自它们自身，而是仅仅由于在心里它们同某些本身是可悦的对象或事件结成了某种联系。例如，当棋赛之类事件提供了技能之乐的时候，情况便是如此。其可悦性一部分来自

---

[f] 与之相反，所有别的快乐都可以命名为享受之乐。[1]

① 1783 年加的注。

同技能之乐的联系，这技能是在制造本身可悦的事件中运用的；还有一部分来自同权势之乐的联系。当投骰子游戏等等听凭偶然机会来单纯取乐的事件提供了幸运之乐的时候，情况也是如此。其可悦性来自同财富之乐的一种形态即获取之乐的联系。

16.（14）接下去我们将看到基于快乐的痛苦，与此相似我们现在来看一下基于痛苦的快乐。快乐一览表上可以因此添加一项：解脱之乐，即一个人在经受了一段时间的痛苦后，由于痛苦终止或减轻而体验到的快乐。它们当然可以像痛苦那样分成同样多的类别，并且可以引起多种多样的回忆之乐、想象之乐和期望之乐。 14. 解脱之乐 46

17.（1）匮乏之苦是由于想到目前不拥有任何一类快乐而可能产生的痛苦。因此，匮乏之苦可以分解为若干类，其数目恰如它们对应的种种快乐，正是缺乏这种种快乐它们才得以产生。 1. 匮乏之苦

18. 有三种痛苦，它们仅是若干种匮乏之苦中的三种变形。假如恰巧格外渴望享受任何特定的快乐，却远非料定会如愿以偿，那么由此产生的匮乏之苦便有一个专门名称，叫做渴求之苦，亦即未获之苦。 它们包括：(1) 渴求之苦

19. 假如希望得到这一享受并预料颇有把握如愿，但突然间料想化作泡影，则此痛苦称为失望之苦。 (2) 失望之苦

20. 在两种情况下，匮乏之苦称作遗憾之苦：(1) 它依据对曾经享有、但看来不会再有的某一快乐的回忆；(2) 它依据对从未实际享有、或许从未期望享有的某一快乐的想法——(据设想)要是发生了实际上未发生的这种那种情况，本来是可以享有这一快乐的。 (3) 遗憾之苦

21.（2）感官之苦似有如下述：(1) 饥渴之苦，即缺乏那需要 2. 感官之苦

不时供给消化道的适当物质而产生的不快；(2) 味觉之苦，即舌腭等味觉器官接触种种物质而产生的不快；(3) 嗅觉之苦，即嗅觉器官接触各种放出臭气的物质而产生的不快；(4) 触觉之苦，即种种物质接触皮肤而产生的不快；(5) 简单听觉之苦，即种种声音引起如前所述与联系无关的听觉器官不快；(6) 简单视觉之苦，即可见形象所能引起的、与联系原则无关的视觉器官不快，如果确有此种

47 不快的话；(7) ⓖ由于过冷或过热产生的痛苦，与触觉有关者除外；(8) 疾病之苦，即人体易有的若干病恙所造成的强烈不适感；(9) 劳累之苦，不管是肉体的还是精神的，亦即容易随任何身心紧张而来的不适感。

3. 棘手之苦

22. (3) ⓗ棘手之苦是有时由于未能成功地运用特定的享乐手段或安全手段来达到目的而产生的痛苦，或是由于一个人运用这些手段时感到困难而产生的痛苦。①

不存在与性感对应的实在的痛苦

ⓖ 似乎不存在与性感之乐对应的实在的痛苦，有的只是一种匮乏之苦，即一种精神上的未获之苦。如果由于性欲无法得到满足而造成任何实在的肉体痛苦，那么这痛苦属于疾病之苦。

不存在与新奇之乐对应的实在的痛苦，也不存在与财富之乐对应的实在的痛苦

ⓗ 不存在与新奇之乐对应的实在的痛苦。当一个人不知道自己该干什么的时候所体验到的痛苦——在法语中用“无聊”(ennui)这一单词来表述——是匮乏之苦，即由于不仅缺乏一切新奇之乐，而且缺乏所有各种快乐而造成的痛苦。

也不存在与财富之乐对应的实在的痛苦，与其相对的唯一痛苦是匮乏之苦。如果由于缺乏财富而造成了任何实在的痛苦，那么它们可归属于某类别的痛苦，主要是感官之苦。例如，缺乏食物造成饥饿之苦，缺乏衣物造成寒冷之苦等等。

它究竟是一种独特的实在痛苦，还是仅仅构成一种匮乏之苦

① 或许会有疑问：它究竟本身构成一种实在的痛苦，还是仅仅构成一种自知缺乏技能而产生的匮乏之苦？不过，这只是个措辞问题，如何回答无关紧要。

23.（4）敌意之苦是可能因为相信遭到某一可辨认的个人或人群的厌恶而来的痛苦，或者如字面所示是因为相信和他或他们的关系不好而来的痛苦：关系不好使得一个人易受这种那种痛苦，其原因可能在于他自己。 4. 敌意之苦

24.（5）恶名之苦是由于相信遭到，或某种程度上遭到周围世界的厌恶而来的痛苦。此苦亦可称为口碑不佳之苦、耻辱之苦或道德约束力之苦。ⓘ 5. 恶名之苦 48

25.（6）ⓚ虔诚之苦是由于相信自己会招惹上帝不悦、并因此会在今生或来世遭受某些特定的天罚而产生的痛苦。此苦亦可称为宗教之苦、宗教意向之苦或宗教约束力之苦。在此种信念被认为很有根据时，此等痛苦通常被称作宗教恐惧，而在它被认为缺乏根据时，通常被称作迷信恐惧。ⓛ 6. 虔诚之苦

26.（7）仁慈之苦是鉴于其他生灵据想经受苦难而产生的痛苦。此苦亦可称作善意之苦、同情之苦、慈爱或社会爱心之苦。 7. 仁慈之苦

27.（8）作恶之苦是鉴于任何恰巧遭人厌恨的生灵据想享有 8. 作恶之苦

ⓘ 只要设想众人由于什么原因而在看待一个人时毫无敬意或善意，或者其敬意或善意小于相反情况下本会有的，只要他们不给他任何帮助，或者给他的帮助小于相反情况下本会给的，那么考虑到此种状态而产生的痛苦可算作一种匮乏之苦。如果设想众人强烈地厌恶他或鄙薄他，以致意欲加以损害，那么在此范围内它可算作一种实在的痛苦。在此情况下，匮乏之苦和实在痛苦难以分辨地交织在一起。 与名誉之乐相对，实在的恶名之苦和匮乏之苦彼此交织

ⓚ 似乎不存在与权势之乐对应的实在的痛苦。一个人可能由于缺乏或丧失权势而感到的痛苦，在权势与所有其他快乐来源有别的限度内，似乎不过是匮乏之苦。 不存在与权势之乐对应的实在的痛苦

ⓛ 与虔诚之乐相对，虔诚之苦和匮乏之苦彼此交织，恰如（与和睦之乐和名誉之乐相对）敌意或恶名之实在痛苦和匮乏之苦彼此交织一样。如果所畏惧于上帝的仅是不获快乐，那么痛苦就属于否定性的，如果所畏惧的是实际的苦难，那么它就属于实在的痛苦。 与虔诚之乐相对，虔诚之实在痛苦和匮乏之苦彼此交织

快乐而产生的痛苦。此苦亦可称为恶意之苦、厌恶之苦、邪恶或社会敌意之苦。

9. 回忆之苦

28.（9）回忆之苦可以依据上述每一类痛苦而产生，也可以依据实在的匮乏之苦而产生。它们与各种回忆之乐严格对应。

10. 想象之苦

29.（10）想象之苦同样可以依据上述每一类痛苦以及实在的匮乏之苦而产生。在其他方面，它们与各种想象之乐严格对应。

49

11. 期望之苦

30.（11）期望之苦可以依据上述每一类痛苦以及实在的匮乏之苦而产生。此苦亦可称为忧虑之苦。ⓜ

12. 基于联系之苦

31.（12）基于联系之苦同基于联系之乐严格对应。

快乐和痛苦要么是自我关系，要么是外在关系

32. 在上面的概览中，某些苦乐是以存在其他某人的苦乐为前提的，当事者的苦乐与之休戚相关。这样的苦乐可称为**外在关系**。其他苦乐没有此类前提，它们可称为**自我关系**。ⓝ属于外在关系一类的苦乐唯有仁慈之苦乐和作恶之苦乐，其余皆属自我关系。ⓞ

法律以什么方式同上述苦乐相关

33. 在所有这些苦乐类型之中，几乎没有哪个类型不能根据若干原因置于法律考虑范围之内。是否犯有罪过？罪过是那些必定损害某些人的某些快乐或者产生某些痛苦的倾向，它构成其恶，亦构成惩罚依据。享受此等快乐或规避此等痛苦的前景构成动机

ⓜ 与此相反，所有其他痛苦可称为忍受之苦。[1]

ⓝ 见第十章（动机）。

和睦与敌意之苦乐不同于仁慈与作恶之苦乐

ⓞ 用这个办法，可以更清楚地把和睦之苦乐同仁慈之苦乐区别开来，把敌意之苦乐同作恶之苦乐区别开来。和睦与敌意之苦乐是自我关系性质的，仁慈与作恶之苦乐则是外在关系性质的。

① 1783 年加的注。

或诱因，而其实现则构成罪过的收益。犯罪过者是否将受到惩罚？只有靠产生同等的或更大的痛苦，才能施予惩罚。[p]

为何将复杂苦乐略而不论范例：田园风光之乐

[p] 不仅为新奇，也为实用，有必要展示若干复杂苦乐的一览表，同时将它们分解为各自依以组成的简单苦乐。然而，这样一番研究将占用过多篇幅，无法在这里进行。尽管如此，一项旨在图示的简例仍然几乎不可省略。

耳目之乐一般来说甚为复杂。例如，田园风光之乐通常至少包括下列快乐：

一、感官之乐

1. 简单视觉之乐，来自眼见悦目的色彩和形象——翠绿葱茏的农田，随风摇曳的树叶，浮光掠影的水流等等。

2. 简单听觉之乐，来自耳听燕嘤雀鸣，流水淙淙，草木瑟瑟。 50

3. 嗅觉之乐，来自鼻嗅野花的香味，适才割刈的干草气息和果蔬稼木初熟时节的芬芳。

4. 心旷神怡之乐，来自血液畅流，肺腑舒爽，呼吸田园空气，其纯净清新常非城镇可比。

二、由联系产生的想象之乐

1. 丰裕之想象，来自拥有眼前实物以及由此产生的幸福感。

2. 天真无邪之想象，即想象小鸟、牛羊、家犬等等温良的动物或家畜的天真无邪与快乐。

3. 健壮之想象，即设想所有这些生灵始终享有健康，假定的旁观者很容易因为自己一时安康无恙而作如是想。

4. 感恩之想象，来自冥思无所不能、大慈大悲的上帝，想象上帝是这些福祉的赐予者。

上述后四项全都是同情之乐，至少在某种程度上是如此。

监禁所易产生的苦痛之一，在于使人无法享有这组快乐——不管监禁是出于非法的暴力，还是出于法律规定的惩罚。

51

第六章　影响敏感性的状况

痛苦和快乐并非与其原因完全相称

1. 痛苦和快乐是在某些原因的作用下，产生于人心之内。然而，快乐和痛苦的量并非同原因完全相称，或者说，并非同原因所发挥的效力完全相称。这一看法所以正确，不是由于**原因**、**量**、**效力**这几个术语被赋予的意义有何玄妙；不管用什么方式衡量这种效力，它仍将同样正确。

什么是敏感的程度或分量

2. 我们把一个人在一项具有既定效力的原因作用下必然感觉到某一定量苦乐的倾向，称为敏感的程度或**分量**。这既可以是
100
总体的，涉及一定时期里作用于他的原因总和，也可以是**特殊的**，涉及任何一个或任何一类特殊原因。

什么是敏感的偏向或素质

3. 但在同一个心灵中，这样那样的苦乐原因会比其他种种苦乐原因产生更多的苦乐；而且，在不同的心灵中这比例会有所不同。任何一个人必然以某一比例受两项这样的原因影响，它不同于同样这两个原因影响另一个人的比例：这一倾向可称作敏感的素质或**偏向**。例如，某人最贪恋口福，另一人最耽迷声乐。如果他们分别从同一个原因体验到的两项痛苦或快乐，其性质或比例有所不同，则亦如此。不过这种情况不如前者那么常见。例如，从同一项伤害中，某人感觉到的悲愤总量可能和另一人感觉到的悲愤总量相等，但其中一人悲大于愤，另一人却愤大于悲。

动因——令人愉快的和令人悲哀的

4．作为快乐或痛苦的原因来起作用的任何事件，可称作动因。如果是快乐的动因，那就是令人愉快的原因，如果是痛苦的动因，那就是痛楚的、伤害性的或令人悲哀的原因。[a]

52 什么是影响敏感性的状况

5．一个人在一项动因作用下可能体验到的苦乐分量，既然并非全都取决于该动因，那就在某种程度上取决于某个或某些别的状况。这些状况无论是什么，都可以被称为**影响敏感性的状况**。[b]

影响敏感性的状况——细目表

6．这些状况会以不同方式作用于不同的动因，以致某一状况完全不会作用于某一动因，但会对另一动因发生很大影响。不过，眼下暂且不探究这些区别，先来总述可被发觉影响**任何**动因之效能的所有状况，可能是有益的。就像在先前的一个场合那样，首先以尽可能简明的方式来总述这一切，然后分别用几句话解释每个细目。它们似有如下述：[1]（1）健康；（2）体力；（3）耐力；（4）身体缺陷；（5）知识质量；（6）智力；（7）坚毅；（8）稳定；（9）取向；（10）道德情感；（11）道德偏向；（12）宗教情感；（13）宗教偏向；（14）同情心；（15）同情偏向；（16）厌恶心；（17）厌恶偏向；（18）精神

ⓐ　动因、由动因产生的苦乐以及这些苦乐引起的、表现为动机的意图，是一些互相联系得非常紧密的对象，以致我担心在以下的论述中无法处处使之泾渭分明。我认为必须预先如此告诫读者，此后若发现任何这样的错误，希望它们不会导致大的混淆。

ⓑ　同理，就物体而言，一个在推力作用下开始滚动的球的动量，会受到引力状况的影响：在某些方向上因引力而增大，在另一些方向上因引力而减小。又如一艘靠风力行进的船只，其动量和方向不仅会受到引力的影响，也会受到水的运动和阻力以及若干其他状况的影响。

①　据其1789年版本的个人藏本（现藏大英博物馆），边沁在该细目表的边缘处作了如下手记："厌恶在同情之前？癖好在精神错乱之前？"但无论是1823年版，还是《边沁全集》鲍林版，都没有采纳这一未确定的设想来改变第14、15、16和17、18和19以及21和22项的排列次序。

错乱；(19) 癖好；(20)财务状况；(21)同情性联系；(22)厌恶性联系；(23)身体原质；(24)精神原质；(25)性别；(26)年龄；(27)地位；(28)教育；(29)气候；(30)血缘；(31)政府状况；(32)宗教信仰。[c]

53 7. (1) 健康就是没有病，也因此没有作为病征之一的所有各

1. 健康 种病痛。一个人如果不觉得有任何不适感(其主要部位可设想为他身体的任何部位)，那就可说是处于健康状态。[d]就一般的敏感性而言，一个苦于任何身体不适的人，或用惯常的说法一个有病缠身的人，同他好的时候相比，对任何令人愉快的原因的影响不那么敏感，对任何令人痛苦的原因的影响则更是如此。

该论题的范围和复杂性

[c] 在本章末尾将对所有这些状况作一番分析。有必要参见该处，因为在先行解释其中某些状况以前，它不可能得到很好的理解。

探寻那些可能影响敏感之程度或偏向的多种多样动因或制约原因，划清它们各自的界限，把它们从纠缠于其内的牵连中解脱出来，并将每个细目的作用展示在读者眼前——这在道德生理学的范围内，或许即使不是绝对最困难的任务，至少也是最困难的任务之一。若不举例，这个论题之下的研究就绝不可能完全令人满意。但要提供一堆足够的实例，须花费很大功夫，并且细致入微。需要详尽地检索历史和传记，查阅卷册浩瀚的大量著述。经过这番搜寻，本书无疑会变得更加有趣，但篇幅将大得足以使这一章扩展为一大卷。若举杜撰的例子，虽然有时会有助于总的问题变得尚可理解，但绝不可能足以使之引人入胜。因此在这里，像在许多其他地方一样，我只得局限于枯燥笼统的论述，而不举例说明，尽管意识到舍此便无法显示其一半功效。然而，这个课题是如此困难，又是如此新颖，我可以自认并非劳而无功，只要我在不假装彻底的同时，能够表明主要观点，并且用一种可以便利更幸运的研究者进行探索的方法来对待这个课题。

难就难在术语的性质。它们不像快乐和痛苦那样是同质的真实体的名称，而是形形色色虚构体的名称，这些虚构体无法被归于同一种类，也因此绝无可能不经一大系列极为繁复的调查就可纳入任何详尽无遗的排列表，而是必须随机觅取，出现一个便列举一个。

[d] 可以认为，这种否定性的说法几乎不适于表述某一程度的健康——这一程度的健康往往意味整个体内弥漫着一种感觉：一种如此舒适的感觉，或所谓精神焕发，以致可以将其归入实在的快乐。不过，假如一个人不觉得有任何这样的快感，也不觉得有什么痛感，那就足有理由说他健康。

2. 体力

8. (2) 体力状况虽然就因果联系而言,同健康状况密切相关,但仍可全然与之区别开来。一般来说,同一个人在健康情况下比在有病情况下更有力。然而,一个人即使在有病情况下,也可能比另一个人在健康情况下更有力。虚弱通常与疾病相伴,但一个人由于其身体特质,可能一辈子虚弱,却始终不生病。如前所述,健康主要是一种否定性的状况,而体力却是实在的。一个人的体 54
力大小能够得到尚为准确的衡量。ⓔ

3. 耐力

9. (3) 耐力是一种虽然与体力密切相关但仍可与之区别的状况。耐力即无应激性。应激性既同物理原因引起的痛苦有关,也同纯粹生理原因引起的疾病有关。在前一种意义上,应激性是指经受较大或较小的、由应用物理作用而来的痛苦的倾向,大多数应用物理作用而施加的单纯折磨人的体罚(例如鞭笞、殴打等等)便是如此。在后一种意义上,它是指比较容易或不容易患病的倾向,这些疾病系由任何媒介按照生理性质作用于人体而来,例如瘴气的作用导致热病或伤风或其他炎症;它还可以指体感不适的倾向,例如气温过高或过低导致慵怠无力或寒战不禁。

耐力和体力的区别

耐力即使在抗御物理作用的意义上,仍可与体力相区别。体力的表征是肌肉发达结实,耐力在此意义上的表征却是肌肉坚韧、

体力的衡量尺度——一个人能够举起的重量

ⓔ 一个人的体力所能有的最准确的衡量办法,看来是让他以一定的姿势手举重物,看他能举起多少磅和多少盎司。的确,这仅仅同他的手臂直接相关,但手臂是最常用的体力器官,手臂的力量最确切地符合人体的一般体力状况,依此最容易衡量体力的大小。因此,体力可以区分为一般的和特殊的。

什么是虚弱

虚弱是个负面用语,意指缺乏体力。此外,它还是个相对的用语,因而指缺乏一定量的体力。倘若一个人如此虚弱,以至做那些日常生活所必需的举动(例如起床、走路、穿衣等等)都感到痛苦,那么他的健康状况就成问题,他就因此处于所谓疾病缠身的状态。

胼手胝足。体力尤系天生，耐力却更有赖于培养。受过绅士训练
55 的人与受过普通水手训练的人相比，前者可能更有体力，但后者更有耐力。

4. 身体缺陷

10.（4）身体缺陷可以理解为一个人的这么一种状态：他或者由于显著的畸形而与众不同，或者缺少同样性别、同样年龄的普通人生有的任何器官或官能。例如，他唇裂，耳聋，或断臂。这种状况像有病缠身那样，一般倾向于或多或少地减小任何令人愉快的状况的影响，增大任何令人痛苦的状况的影响。不过，它的效力可以是多种多样的，因为一个人苦于自己外貌、身体器官和官能的具体形式多种多样。所有这些差别都将予以恰如其分的注意。[f]

5. 知识的量和质

11.（5）谈了那么多体态状况，现在我们要来谈心态状况，以后将会明白讲述这些有什么用处。首先可以考虑的是当事者恰巧拥有的知识的量和质，亦即他实际藏在头脑中、可不时想起的观念，这些观念以这种或那种方式具有利害性，也就是说以这种或那种方式影响他的或其他人的幸福。假如这些观念为数众多，并且重要，他就被称为博识者，假如它们寥寥无几，或无足轻重，他就被称为**无知者**。

6. 智力

12.（6）智力可以理解为一个人在想起种种观念时体验的方便程度，这些观念既包括他已经积累在自己的知识储存中的，也包括他在任何可能发生的场合会希望添入其中的。看来**才华**和**才能**

[f] 见册一，“不可弥补的肉体损伤”项。[1]

[1] 关于此处以及以后同样提及边沁《刑法典梗概》各处，见上文，导言，第 xxxviii 至 xxxix 页。

这两个词正是通用于某些这样的场合。悟性聪慧敏锐，记忆准确牢固，想象生动迅捷：这些特质都可以归入智力名下。总的智力似乎相当严格地同总的体力对应，正如上述任何特质对应于特定的体力。

13.（7）与坚毅相应的是应激性，它们关系到两项效能程度 56
7. 坚毅
之间的比例，一项是动因作用于人的、主要以大小计值的效能程度，另一项是主要以远近计值的效能程度。[g]如果眼前或邻近的小苦小乐影响一个人的量值比例，不大于不定或遥远的大苦大乐影响他的量值比例，那么这个人就可被认为是坚毅的，[h]否则就是易激的和脆弱的。

8. 稳定
14.（8）稳定关系到时间：在此时间内，一个业已定值的既有动因以差不多始终不变的方式和程度持续影响一个人，没有任何可识别的外部事态或环境变化插进来改变其效力。[i]

9. 取向
15.（9）一个人的取向可以理解为他预料从某些、而不是其他对象中得到快乐或痛苦的心理倾向。在下列情况下，可以说一个人倾向有偏：在若干种给所有人都带来某种程度快乐的对象中间，他倾向于指望从一种具体对象得到较大的快乐——大于他指望于另一种具体对象的，或者他指望从任何既定的具体对象得到的快乐，大于另一个人会指望从中得到的；在若干种只给一个人带

ⓖ 见第四章（快乐和痛苦的值）。

ⓗ 例如，他因为预料到某种麻烦而决心隐瞒事实。在此情况下，尽管必将受刑，但他面对刑具决心不改，甚至受刑后仍旧守口如瓶。

ⓘ 儿童很容易玩腻自己的玩具，把它们抛在一边，这是个不稳定的例子。商人经营不懈，作家著书不倦，他们的坚执便是个相反的例子。很难断定这些实例中包含的苦乐数量，除非根据它产生的表现为动机的效果。但即使如此，仍很难说出行为的改变究竟是因为先前的苦乐消失了，还是因为新的苦乐降临了。

来快乐的对象中间，他倾向于指望或不指望从这种或那种对象中得到快乐。关于痛苦，事理亦然。这一状况虽然同敏感偏向密切相关，但并非不可与之区别。一个人在任何既定场合能从任何一种对象的作用中尝到的快乐或痛苦，其量可受到他惯常如何预料
57 个中苦乐的很大影响，但并非绝对由此决定，因为苦乐可能由于他通常预想不到的原因降临到他身上。

10. 道德情感

16.（10）细察之下，道德情感、宗教情感、同情心、厌恶心这几种状况会显得多少是属于取向。然而，考虑到它们的特殊重要性，可能值得另当别论。在下述情况下，可以说一个人有强烈的道德情感：来自道德约束力的苦乐[①]在他看来显得比其他苦乐更突出（也因此发挥更有力的影响），显得比别人所见的更重大。换言之，在他超常地受荣誉感影响的情况下，其道德感便可称强，相反情况下则可称弱。

11. 道德偏见

17.（11）道德情感似涉及道德约束力造成的快乐和痛苦的平均效果或平均影响——在它可以起作用或恰巧起作用的所有各种场合。它同心灵在一定期间从该来源接受刺激的平均力或平均量有关。道德偏见则涉及道德约束力量在许许多多具体场合被认为附着于其上的具体行动。它同这些刺激的量或方向有关。因此，道德约束力据想可以发出多少指令，道德偏见就可以有多少不同形态。一个人可以被说成持有某种道德偏见，或持有某种偏爱某类行动的道德偏见——如果他把这看作是由道德约束力规定予以实行的那些形态的具体品种。

---

① 见第五章（快乐和痛苦的类型）。

18. (12) 关于道德情感已说的，只需作必要的改动便可套用于宗教情感。 12. 宗教情感

19. (13) 关于道德偏见已说的，只需作必要的改动亦可套用于宗教偏见。 13. 宗教偏见

20. (14) 同情心应被理解为一个人的这么一种心理倾向：他由于其他有情感的生灵欢享幸福而感到快乐，由于他(它)们遭受不幸而感到痛苦。同情心越强烈，他因为他(它)们而感到的快乐或痛苦同(据他看来)他(它)们自己感到的快乐或痛苦之间的比例也就越大。 14. 同情心

21. (15)同情偏向涉及的是叙述一个人的同情对象，叙述他(它)们的或属于他(它)们的那些引起同情的行动或其他状况。这些对象可以是：1. 某些个别的人；2. 任何一类处于从属地位的人；3. 全民族；4. 全人类；5. 整个有情感的生灵世界。这些同情 58
对象为数越多，同情者的偏爱也就可以说越广泛。 15. 同情偏向

22. (16,17)厌恶心和厌恶偏向恰好是同情心和同情偏向的反面。厌恶心应被理解为一个人的这么一种心理倾向：由于其他有情感的生灵欢享幸福而感到痛苦，由于他(它)们遭受不幸而感到快乐。 16. 17. 厌恶心和厌恶偏向

23. (18)精神错乱与身体缺陷相对应。不过，它包含的不同形态少得多，因为灵魂(我们完全无法想象)是一种不可分的东西，不像躯体那般可以分辨为各个组成部分。精神可能会有的较小程度的不健全，似乎可包括在无知、软弱、易激或不稳定这几个业已叙述的项目内，或者纳入可归结到这些项目的其他方面。眼下考察的是种类和程度不同寻常的精神不健全，它们无论发生在何处，都像腿瘸眼瞎那般明确无疑。它们的作用原因，似乎应认为一部分在于导致了非常严重的上述种种不健全，一部分在于心理偏向 18. 精神错乱

达到了十分反常乖戾的地步。

19. 癖好 24. (19)凡癖好,在这里和在谋求收益的场合,应理解为一个人为眼前快乐而嗜好某事。收益考虑本身属于财务状况名下。显然,倘若一项惩罚或任何其他动因不管以什么方式使得此人无法继续从事这样的爱好,它就必然因此变得更令人痛苦。尽管就因果联系而言,癖好同取向密切相关,但不应被看成与之完全一致。一项娱乐或生财之道,可以是一个人倾向的对象,但始终不是他的癖好所在,因为他虽然心向往之,但力所不及而从未得之。这一状况可以大大改变任何使他恰巧与之无缘的事件的影响。

20. 财务状况 25. (20)我用财务状况这一名目,是要展示一个人的手段与其需求的比例关系,即其每一种手段的总和与其每一种需求的总和的比例关系。一个人的手段取决于三种状况:其财产、劳动收益和门路。他的需求则似乎取决于四种状况:其花费习惯、负担、即时的偶然需求和期望大小。一个人的财产应理解为他存有的、不以其劳动为转移的任何财物。他的劳动收益应理解为正在增长的收益。至于劳动,可以主要是体力的,也可以主要是脑力的,还可以是两者兼而不分的;也不管它是以什么方式、以什么为对象来进行,只要产生收益就行。一个人的门路,应理解为他以某种方式从任何人那里得到的金钱或任何别种援助,他有理由期望这些人(例如他的父母、恩主或亲戚)会出于无论何种原因、以无论何等份额来无偿地帮助他维持。似乎很明显,一个人除了这些,不可能有其他手段。他所用的,必定是他自己的或来自别人的;如果来自别人,那就要么是无偿的,要么是有偿的。至于花费习惯,众所周知,一个人的欲望很大程度上由其习惯支配。许多情况下,除非先予满足,欲望(也因此与之

59

相连的匮乏之苦[k])甚至根本不会消减。一个人的负担,应理解为他有理由认为自己必须花费的、用以支持别人的开支,这些人(例如孩童、穷亲戚、年老体弱的家仆以及任何别的依附者)依据法律或习俗,有权利指望他提供援助。至于即时的偶然需求,显然有这样的时候:对一个人来说,一笔既定的金额会比同样的金额在另一个时候有大得不可估量的意义,例如他在紧急情况下需要特别的医疗帮助,或需要有钱打一场决定自己命运的官司,或已在遥远的异国他乡谋到现成的生计,需要有钱支付旅费。在诸如此类情况下,金钱方面的任何一点好运或厄运,其影响可能和在任何别种情况下大不一样。关于期望大小,可说的是当一个人期望获取或保持另一个人
不期望的东西时,不拥有此物这一点对前者的影响显然大不同于它 60
对后者的影响;的确,后者通常根本不会受其影响。

21. 同情性联系

26. (21)在同情性联系名下,我要显示这样一些人的特性和品貌:他们的福利是某人非常关心的,以至他为其乐而乐,为其苦而苦,例如他的妻儿、父母、近亲和挚友。这一类人显然大都包括两种影响到他的财务状况的人,一种是他可能期望由其财力得到资助的人,另一种是对他有需求、使他因此承受负担的人。但很明显,除了这些,还大可包括别种同他没有此类金钱联系的人,而且即使就这些人而言,显然金钱依附和感情交融仍是两种完全可以区分开来的状况。因此,这里谈论的联系,同它们可能对一个人的财务状况的影响无关,而是影响到动因的效能,不管是什么动因。它们趋于加强一个人总的情感,即一方面加强所有快乐原因产生

[k] 见第五章(快乐和痛苦的类型)。

的快乐，另一方面加强所有痛苦原因产生的痛苦。当一个人碰到任何令人愉快的事情时，他自然首先想到此事会立刻给他自己带来的快乐，但随即（除了在几种这里不值得探究的情况下）他开始考虑他的朋友得知此事时将感到的快乐，这次要的快乐通常并非那首要快乐的普通添加物。先来的是自顾自的快乐，然后同情之乐的想象油然而生，那是你设想自己的快乐会在朋友的心中引起的，而这一想象又会在你的心中引起新的、基于他的快乐而来的同情之乐。第一项快乐出自你本人心中，有如出自一个辐射点，照亮了你的朋友的心怀，然后又从那里反射出来，以增大了的欢悦回到它的最初出发点。关于痛苦，情势亦然。①

61 这一作用不完全依靠感情。在近亲中间，虽然可能并无情谊，但来源于道德约束力的快乐和痛苦会由于一类特殊的同情而迅速蔓延开来。也就是说，任何荣辱都不可能降临到一个人头上而不扩散到家族内部的一定范围。父荣子亦荣，父耻子亦耻。这种独特的、看来不合情理的状况究竟出于什么**原因**（亦即它同人类其余心理现象究竟有什么类似之处），眼下无关宏旨，只要其作用无可争辩就足够了。

22. 厌恶性联系

27.（22）关于厌恶性联系，并无任何非常特别的地方需要考察。人性中幸好没有像同情本原那种亘古的厌恶本原。并不存在经久不变的一类人，他们生来就天然是一个令人厌恶的对象，就如确有天然是相反情感的对象那样。不过，厌恶的来源太多，在人生

① 立法者一般比较喜欢同已婚的而非单身的、有子女的而非无子女的人打交道，原因之一就在这里。显然，一个人的同情性联系越强越多，法律对他的影响也就越有力。妻儿是一个人抵押给世界的信物，以保证他循规蹈矩。

旅途的各个不同时候很容易冒出来，而只要冒出来，就可能对各种动因的效果产生很大影响。正如一项惩罚，由于例如把一个人同与之有同情性联系的人强行隔开而变得更令人痛苦，它还由于强迫他同与之有厌恶性联系的人朝夕相处而产生同样的效果。要注意的是，同情本身增多了厌恶的来源。同情你的朋友，即使得你同情他所同情的对象，也使得你厌恶他所厌恶的对象。以同样的方式，厌恶增多了同情的来源，尽管其增多的效率或许要小些。厌恶你的对手，容易使得你厌恶他所同情的对象，也容易使得你同情他所厌恶的对象。

23. 身体原质

28. (23)至此讨论了在任何既定期间作用于任何既定场合时可能影响动因效果的种种状况。但除了这些伴发事态外，还有另一些同一个人有关的状况可能发生影响，它们是他生来就有的。首先，似乎举世公认在每一人体的天生特质或构造中，有某种与所有后天介入状况无关的东西，使他易受种种肉体苦乐原因的影响， 62 其方式不同于另一个人会受同样原因影响的方式。因此，我们可以把一个人天生的身体特质、特征、构造或气质，添进影响其敏感性的状况项目表内。

24. 精神原质

29. (24)其次，似乎一般公认，在每个人天生的精神特质或精神构造中，同样有某种与所有外在的和后天介入的状况无关、甚至与其身体原质无关的东西，使他容易以不同于别人的方式受到同一些动因的影响。因此，我们还可以把一个人天生的精神特质、特征、构造或气质，添进影响其敏感性的状况项目表内。[11]

什么是个人特质

[11] 使得一个人在任何给定期间的身心素质与他人相区别的种种特有状况，已经由玄学家和生理学家纳入个人特质(idosyncrasy)名下，它来源于两个希腊词——ιδιος(特殊)和 συνκρασις(构成)。

与身体特质有别

30. 看来始终相当明确，一个人对苦乐（即使是精神苦乐）原因的敏感性，可以在颇大程度上取决于他先天和后天的身体特质。然而，我们没有理由认为它完全取决于这一特质，因为一方面我们看到有些人的身体特质相像到任何能想象的程度，其精神特质却大为不同，而另一方面有些人的精神特质相像到任何能想象的程度，其身体特质却截然有别。[n]

与所有其他状况有别

31. 同样似乎无可争辩的是，虽然一个人在一生中可能遭遇的种种不同外在事件，会使他在任何既定期间的事后心理特征发生很大变化，但仍然不应把这些变化仅仅归因于此类事件。将一
63 切归因于自然或归因于教育的看法（如果有人坚持这样的看法），似乎同样远离真理。因此，这两类状况仍将是不同的：它们彼此有别，并且有别于所有其他状况。

但其结果无法单独分辨出来

32. 然而，尽管它们自有特性，但显然在人生的任何能动阶段里，它们都不可能自主地表现出来。它们的作用，无非是构成其他伴发状况必须依靠的潜在基础。初始状况可能发挥的任何影响，都被其他状况改变、修订和掩盖了，以致绝对无法单独分辨出来。一种影响的作用不可识别地同另一种影响的作用相混合。

身体特质表明精神特质，但并非一定如此

33. 外部表情合乎情理地被当作心理素质的可能的表征。然

灵魂究竟是物质的还是非物质的无关紧要

[n] 那些主张精神和肉体本质上相同的人会有异议，他们设想精神特质和身体特质的区别仅仅是名义上的，因而认为不存在什么与身体特质有别的精神特质。不过，即使为了论辩的目的而假定前提正确，结论仍可辩驳。因为，就算精神只是肉体的一部分，它也无论如何具有一种同肉体的其他部分大不相同的性质。

一个人身体特质的任何部分，都不可能在没有可感现象予以即时显示的情况下，经历任何重要变化。一个人的精神特质却可以有很大变化，与此同时其身体特质在各方面看来都依然如故，即可感现象（意指其他人可感的现象）予以相反显示的任何情况都依然如故。

而，这远不是确凿无疑的。例如，一个人可以显出悲伤的模样，但实际上毫不悲伤，或至少远不如他表面看去的那般悲伤。奥利弗·克伦威尔多泪善泣，[o]但其行为表明的是一副铁石心肠。许多人能摆出富有情感的表象，实际上却少有真情。[p]女性通常比男性更精于此道，因而有关于女人眼泪的谚语。古代的雄辩家特别擅长 64
此类做作，当今的戏子仍然如此。

影响敏感性的次要状况

34. 参照已经叙述的那些，其余状况可称为影响敏感性的次要状况。它们对敏感的分量或偏向固然有影响，但只是通过主要状况才起作用。这两类状况的作用方式是：主要状况造就实际影响，而次要状况专供耳闻目见。因此，次要状况是最常听说的，故须注意，但其影响只有通过主要状况才能得到说明，而主要状况的

ⓞ　见休谟《英国史》。[1]

ⓟ　所谓悲伤这一种痛苦，其大小确实很难根据任何表征来估量。例如，它既不能用流泪多少、也不能用哭泣次数来计算。或许，脉搏的跳动可以提供不那么可疑的征象。一个人无法像控制自己脸部肌肉的运动那样来支配自己心脏的运动。不过，这些征象的特殊意义仍然是很不确定的。它们能够表明的无非是这个人有所感动；它们不能表明以什么方式或由于什么原因而感动。他可以矫饰一项事实上由这个或那个原因引起的情感，把它归于别的什么原因。他还可以故意扭曲一项事实上针对这个或那个人的情感，使它表现得像是针对别的什么人。他可以把愤怒之泪归因于悔悟。他还可以把想到自己行将受罚而产生的忧虑，归因于对其罪行所造成的损害而产生的同情心。

不过，通常只要具有洞察力，把一个人显示的所有表象综合在一起，同时以此对照其行动，就可以作出相当不错的判断。

意志力胜过情感表象的一个引人注目的例子，可见于塔西佗关于一位罗马军士的叙述，这位军士伪称有个兄弟因将领酷虐无道而命归黄泉，在军营中掀起了一场兵变。事实上，他根本就没有兄弟。[2]

①　在记述了克伦威尔对1653年7月4日残留议会开场的反应后，休谟写道："我想他当时哭了。因为他极易流泪，任何时候都能泪流满面。"（《英国史》，1773年版，第2卷，第228页注）

②　《编年史》，第一册，第22至23节。军士是维布伦努，将领是布莱索，兵变发生在潘诺尼亚。

影响即使完全不提次要状况也足够清楚。

25. 性别 35.（25）在可能像是影响敏感分量或其偏向的肉体构造之基本差异中，最为显著的是构成**性别**的那些差异。就量而言，女性的情感一般显得比男性丰富。女性的身体状况比男性脆弱；在体力和耐力、知识的量与质、智力水平以及心理稳定程度等方面，她通常都比较差；她的道德感、宗教感、同情心和厌恶心通常超过男性。她的知识素质和性情取向，通常在许多方面与男性不同。她的道德偏向也在某些方面大不一样：例如对女人来说，贞洁、谦和与娇柔比勇气更可贵，而对男人来说，勇气却比上述任何品质更可贵。两性的宗教偏向不易有显著差别，只是女性比男性更容易迷信，即执著于那些不符合功利原理的教规——这项差别可以根据某些前已叙述的状况得到相当好的说明。她的同情偏向在许多方面与男性有别。对自己的子女（在其一生中）以及对一般别人的子女（在
65 其年少时），她通常比男人更有感情。她的爱心一般不那么广泛，很少延展到关心整个祖国的福利，更难得爱及全人类或所有生灵。她很少对任何大的阶层或群体怀抱感情，即使是在本国同胞中间，除非因为同情某些属于这种阶层或群体的具体的个人。总的来说，她的厌恶偏向和同情偏向一般不如男人那么容易同功利原理相符，这主要归因于知识、洞察力和理解力方面的某些不足。她的娱乐嗜好也倾向于在许多方面不同于男性。至于她的同情性联系，则不可能与男性有别。就财务状况而言，按照或许是所有各国的惯例，她一般较少独立性。

26. 年龄 36.（26）年龄当然分为若干不同阶段，这些阶段的数目和界限如何确定，完全不统一。为了眼下的目的可以将其区分为：

1. 幼年；2. 少年；3. 青年；4. 壮年；5. 衰年；6. 老朽。在这里详细研究每个阶段，考察它所显示的上述若干主要状况的征象，太费时间。就健康、体力、耐力等等来说，幼年和老朽通常不如其他年龄阶段。在幼年阶段，女性的缺陷得到加强，而男性发生的缺陷在性质上极类似于、但在量上大于女性少年、青年和壮年阶段的缺陷。在老朽阶段，两性都重新萌发许多幼年期的缺陷。作具体考察时，这些笼统的看法可以很容易地得到修正。

37. (27)地位或身份，是一种在文明人中间通常会经历许多 27. 地位
不同形态的状况。Cœteris paribus，显贵者的敏感分量看来大于卑贱者。这一次要状况倾向于引起或表明关于下述主要状况的差别，它们主要是：1. 知识质量；2. 智力；3. 取向；4. 道德情感；
5. 道德偏向；6. 宗教情感；7. 宗教偏向；8. 同情心；9. 同情偏向； 66
10. 厌恶心；11. 厌恶偏向；12. 癖好；13. 个人谋生手段的性质与生产力；14. 因亲属关系而获得的收益；15. 花费习惯；16. 因亲属关系而增加的负担。一个有地位的人，除了要扶养那些出自家族关系的依附者外，往往还要接济许多别的依附者。至于健康、体力和耐力状况，即使地位对它们有什么影响，也是很间接的，主要出于它可能对癖好的影响。

38. (28)教育的影响更为广泛。教育的作用依据与年龄、性 28. 教育
别和地位状况的作用依据有所不同。年龄、性别、地位这几个词分别表示的几种状况虽然主要(即使不是完全)以某些前述的主要状况为媒介来发挥影响，但在这里全都是独立存在的。教育一词却不是这样，其含义莫过于展示其中某一或某些主要状况。教育可以分为肉体的和精神的，即身体教育和心智教育，而心智教育又可

分为智育和德育，即理解力的培养和情感的培养。一个人受到的教育，一部分得自别人，一部分得自他自己。因此，教育一词所能表述的，莫过于一个人所处的这么一种状态：它关系到那些一部分出自别人（主要是在他早年支配他的人）的安排筹划、一部分出自他自己的安排筹划的主要状况。属于他的身体教育的，有健康、体力、耐力状况，有时因为事故还包括身体缺陷，例如放纵或疏忽使他受到不可治愈的伤害。属于智育的，有知识质量状况，或许某种程度上还有坚毅和稳定。属于德育的，有他的取向以及道德情感、宗教情感、同情心和厌恶心的质与量。他的癖好、财产、谋生手段、在收益和负担方面的亲属关系以及花费习惯，则不加区分地包括在所有三种教育内，但受外在事件的支配。的确，与所有这些有关，教育的影响以比较明显或不够明显的方式被外在事件改变；并以几乎完全不明显的方式，完全不能估算地被天生的身心特征和构造改变。

67 29. 气候 39.（29）在改变教育影响的外部状况中，首推那些总称为**气候**的环境。这一状况所以突出，需要有一个单独的名称，不仅因为它影响很大，也因为它是每个人都能明确地感觉到的，而且不加区别地同时作用于许许多多人。这一状况的**本质**取决于地球有关部分的状态同整个地球绕日旋转轨道之间的关系，但它的**影响**取决于散布在地球该部分表面的人的生存条件，主要是取决于不同时期里可感的热量以及周围空气的密度、纯度和湿度。经常谈到的种种主要状况，其形成几乎无不受这一次要状况的影响：部分影响出自它对人体的昭然可见的效应，部分影响则出自它对人心的不那么明显的效应。在炎热气候中，人的健康状况一般会比在寒冷气候中脆弱，体力和耐力一般较差，精力旺盛程度、坚毅程度和心理稳定性较小，其知识量也间接地因此而较少。不仅如此，在炎热气候中，人的取向有所不同，最明显的是他们更倾向于贪恋男女之乐，而且萌发性欲的年龄更早；他们的所有各类情感一般都更为强烈；其癖好懒散有余，活动不足；其身体原质不那么强壮，大概也不那么坚韧；其精神原质不够振作，不够坚毅，也不够稳定。

40．(30)次要状况目录表中的另一项，是种族或血缘状况，即 30. 血缘
一个人所由来的族类或民族血缘。在气候之外，这一状况通常会对人的身心原质造成某种独立的影响。一个出生于法国或英国的黑种人，在许多方面同法兰西族或英格兰族人截然有别。一个出生于墨西哥或秘鲁的西班牙族人，出生时便在许多方面是一种同墨西哥或秘鲁土著人不同的生灵。这一状况在同气候、地位、教育以及其他两种适才讲过的状况有别的范围内，主要通过道德情感、宗教情感、同情心和厌恶心为媒介来起作用。

41．(31)倒数第二种是政府状况，指一个人在所谈论的时刻生 31. 政府
活于其下的、或宁可说他最习惯生活于其下的政府。这一状况主要通过教育媒介起作用：行政官有如导师，靠引导国家全体成员的希 68
望和恐惧来管理他们。确实，在一个认真讲究的政府之下，一般的教师，甚至家长本身，就像仅仅是行政官的代表。其支配性影响在这方面有别于普通教师的，是它左右人一辈子。行政官特殊权力的效能，被认为尤其存在于它对道德情感、宗教情感、同情心和厌恶心之大小和偏向所施加的影响之中。在体制良好的政府之下，甚或在体制不佳但执政有方的政府之下，人们的道德情感通常较强，道德偏向较符合功利要求，他们的宗教情感则往往较弱，但其宗教偏向较少违背功利要求。在这样的政府之下，人们的同情心更广泛，而

且更多地是对着行政官和整个社会，而非小党派和个人；而他们的厌恶心不那么激烈，因为更顺从于良好的道德偏向的影响，不那么容易受激于不良的宗教偏向。至于他们的厌恶偏向，则较为符合良好的道德偏向，并且（成正比地）更倾向于建立在广泛的和同情性的、而非狭隘的和自顾自的爱心基础上，因而总的来说更符合功利要求。

32. 宗教信仰

42.（32）最后一种状况是宗教信仰，即一个人信奉的宗教，他所属的教会教派。这一状况主要通过宗教情感和宗教偏向起作用。不过，它是作为一种多少确定地显示若干其他状况的征象起作用的。作为其中某些状况的征象，它只以适才讲过的两种状况为媒介，关于道德情感、同情心和厌恶心之大小和偏向的情况便是如此，某些关于知识质量、智力和取向的情况或许也是如此。作为另一些状况的征象，它本身可以直接起作用，这看来适用于癖好、财务状况以及同情性联系和厌恶性联系。一个内心极少尊崇那种他
69 觉得必须自称信奉的宗教的要求的人，会感到难以避不参加该宗教的仪式，避不承受该宗教强加的一份金钱负担。[⑨]他甚至可能在习惯和榜样力量驱使下，偏爱本教派的信徒，并且相应地厌恶对立教派的信徒。特别是对异教徒的厌恶，是人们最根深蒂固的宗教情感之一。最后，显然一个人的宗教信仰不能不大大影响其教育。然而，考虑到教育一词的含义，这只不过是用另一种说法复述前言。

⑨ 宗教可能减少一个人的财产或加剧他的匮乏，其方式是多种多样的。有时它会使他无法用钱牟利，有时则会使他不能动手劳作。有时它会迫使他购买昂贵而非价廉的食物，或买下毫不实用的劳务，有时则会要求他为人游手好闲而支付报酬，或购置仅靠想象才有价值的琐碎饰物。有时它会责成他用金钱来换取免罚，有时则要求他买得来世欢享极乐的资格。

上述论点的用处

43. 在任何场合，要说明无论何种原因引起的、分量无论多大的痛苦或快乐，就需要注意所有这些或其中许多状况。一个人是否经受住了某项损害？在估量罪行的危害时需要考虑之。要不要使他得到赔偿？在调整赔偿量时需要注意之。要不要惩罚损害者？在估量任何特定惩罚会对他造成的心理影响力时，需要留意之。

有关状况在多大程度上可予以考虑

44. 应当看到，虽然它们似乎出于这样那样的原因，全都有理由在状况细目表上占有一席之地，但它们的实际用处并非全都相同。不同的状况适用于不同的动因。在那些可能影响同一动因之效果的状况中间，有些是不加区别地应用于完整的一类一类人的，适用于全体而没有程度上的显著差别。这些可以由立法者直接地、相当充分地予以规定。例如，主要状况身体缺陷和精神错乱便是如此，次要状况性别、地位、气候、血缘、宗教信仰，或许还有年龄，也是如此。然而其他状况不管如何能应用于完整的一类一类人，在它们应用于不同的个人时，其程度可能有无数差别。它们不可能由立法者予以充分规定。但是，由于在每一种场合，它们的存在能确认出来，它们发生的程度能得到估量，有关它们的规定就可 70
以由法官或其他执政官作出，而具体的当事人可以被这些官员认识。这一点 1. 适用于健康状况，2. 某种程度上适用于体力状况，3. 难得适用于耐力状况，更难得适用于知识质量、智力、坚毅或稳定，除非一个人的与这些状况有关的身份可以由性别、年龄或地位这些次要状况显示出来。它几乎不适用于取向，除非这一潜伏的状况由较明显的癖好状况显示出来，也几乎不适用于一个人的道德情感或道德倾向，除非可以由他的性别、年龄和受教育状况来表明。还有，若不是能以一个人的宗教信仰为征象，它就完全不适用于他的宗教情感和宗教倾向，若不是可从他的性别、年龄、地位、教育、血缘或宗教信仰中推导出来，它便完全不适用于他的同情心或厌恶心的分量或性质。不过，它仍适用于癖好、财务状况以及同情性联系。至于其他，则同样或是其存在无法确定，或是其程度无法估量。这些因而是立法者或行政官无法予以考虑的。因此，若不是靠着它们依以显示的、没有它们便无法很好理解其影响的那些次要状况，它们本不应引起人们的注意。它们究竟是哪些状况，前面已经讲过。

它们最常应用于哪些动因

45. 如前所述，状况细目表中的不同项目，应用于不同动因。例如，体力状况本身，对一个可能增加或减少某人财产数量的偶然事件的作用，几乎不会有什么影响（不论它可能有什么间接的和偶然的影响）。仍需考虑立法者必须处理的动因有哪些。由于这个或那个偶然事件，它们可以是任何动因，但立法者主要须处理的是那些痛苦的或令人痛苦的动因。除非偶有必要，他几乎不须留心令人快乐的动因，其缘由足易领悟，而现在要来说明则太占篇幅。他主要须处理的动因，一方面有种种有害行动——阻止这些行动是他的职责，另一方面有种种惩罚——他努力凭借对惩罚的恐惧来阻止有害行动。这两类动因当中，只有后一类是他造成的：一部
71 分出自他本人的具体指定，一部分出自法官的具体指定，但符合他的一般指定。因此，像法官那样，立法者必须注意到所有这些状况（假如他们在指定惩罚时懂得自己所作所为的意义的话）。立法者这么做（意即规定对所有会自陷于某种特定处境的人施加一定量的惩罚），是要避免不自觉地将大大超出或远不及立法者本意的惩罚加诸于其中某些人，而法官这么做，则是要避免在将某特定程度

的惩罚施予某个具体的人时，量刑会大大超出或远不及本意——或许是法官的本意，无论如何还有立法者的本意。因此，他们每个人都应当既了解有哪些可能影响敏感性的状况，又知道有哪些他们打算使用的惩罚类型及其程度。然后，通过比较这两者，详尽地估计出每一种有关状况对于每一类型、每一程度的惩罚具有的影响。

为了形成这一估计，可以遵循两种安排规则或次序。一种是首先列出状况名称，然后在该名称之下展示它对若干惩罚方式之效能发挥的不同影响，另一种是首先列出惩罚名称，然后在该名称之下展示上述若干状况对该惩罚发挥的不同影响。在这两类对象当中，惩罚是立法者起初意欲施加的惩罚。这出自他自己的头脑，是他认为恰当的惩罚，起影响作用的状况则在他之外独立存在，不以他的意愿为转移。他有机会做的，是确定某一类型和某一程度的惩罚，而且只是参照这一惩罚，他才能对有关状况作任何研究。因此，上述两种规划中，后一种看来最有用，也最方便。不过，这里不可能根据这种或那种规划来展示任何此类估计。[r]

ⓡ 这远非一项空想的、无法付诸实行的建议。我这么说乃是依凭经验，是在实际构思过此类估计之后——尽管依据这两种规划中最不方便的那种，并且是在将若干有关状况归结为这里列举的那些数目和顺序之前。它构成预定由另一部著作论述的问题的一部分。见第十三章（不适于惩罚的情况）第 2 段注。在这些状况中，有些赋予有关人等专门名称：例如根据身体缺陷状况，有人被称为聋子、哑巴、盲人等等；根据精神错乱状况，有白痴、疯子之类名称；根据年龄状况，则有婴儿等等。法典当中对所有各类人都有专门规定。见册一，“豁免”项。被如此区分的各类人将构成“个人特权细目表”中的众多条目。见附录，“构成”项。[1]

① 指设想将成为《刑法典梗概》的附录中某一节的那部分，该附录拟一般论述法典的文字，而非其实质。

72 分解影响敏感性的状况

46. 对状况细目表中的若干项进行某种分解，可能是有益的。如果删去任何应当插入的，它就能更容易被看出，并且可以明了被插入者的异同。

首先，它们可以区分为主要的和次要的：本身直接起作用的可称为主要状况，只能以主要状况为媒介来起作用的可称为次要状况。属于后一名目的有性别、年龄、地位、教育、气候、血缘、政府和宗教信仰，其余则是主要状况。主要状况又可分成先天的和后天的：先天状况有身体原质和精神原质，后天状况则要么是个人的，要么是外界的。个人的后天状况分为关于一个人的倾向和关于他的行动的。有关他的倾向的，则要么涉及其肉体，要么涉及其精神。涉及其肉体的，有健康、体力、耐力和身体缺陷，涉及其精神的，则要么涉及其领悟，要么涉及其感情。属于前一名目的有知识质量、理解力和精神错乱，属于后一名目的则有坚毅、稳定、取向、道德情感、道德倾向、宗教情感、宗教倾向、同情心、同情倾向、厌恶心、厌恶倾向。有关他的行动的，是癖好。在他身心之外的后天状况，不是涉及与他有关的事，就是涉及与他有关的人。在前一名目之下有其财务状况，ⓢ 在后一名目之下则有其同情性和厌恶性联系。

分解一个人的财务状况包含的诸因素

ⓢ 决定一个人的财务状况的原因，并非全都属于同一类。其财产的绝对量确实与其总的财务状况同类，依靠供其谋生的职业所得的收益也是如此。然而，职业本身涉及的是他本人，就如花费习惯那样与其癖好同类，而他在收益和负担方面的关系却与其在同情方面的关系同类。至于他对金钱的眼前需要和期望大小，则属于那些有关
73 他个人并且涉及其感情的状况。

第七章　一般人类行动 74

惩罚要求部分地取决于行动的倾向

1. 政府的业务在于通过赏罚来促进社会幸福。由罚构成的那部分政府业务尤其是刑法的主题。一项行动越趋于破坏社会幸福，越具有有害倾向，它产生的惩罚要求就越大。何谓幸福？我们已经知道幸福即是享有欢乐，免受痛苦。

行动的倾向由其后果决定

2. 一项行动的总倾向在多大程度上有害，取决于后果的总和，即取决于所有良好后果与所有有害后果之间的差额。

要考虑的只是实质性后果

3. 应当注意，这里以及此后所说的后果，概指实质性后果。
任何行动的后果必定无限多样，但其中只有那些实质性的才值得 123
考虑。无论一项行动可以有怎样的后果，其中能被说成是实质性的，[a]只是那些在以立法者的眼光看来由苦乐构成、或者对苦乐的产生有影响的后果。[b]

ⓐ 或重要的。

ⓑ 在一定情况下，一项行动的后果可以作为显示其他某个有形事实之存在的证据，因而成为有形的，而该事实甚至先于产生这些后果的行动。然而即使如此，它们所以是有形的，也仅仅是因为凭着这种证据性质，它们在以后的一段时间里影响苦乐的产生，例如作为定罪的依据，并且由此作为惩罚的依据。见“简单谬误”项“verbo（有形的）”条。[1]

① 这大概是指《刑法典梗概》的有关部分，下面注 c 亦如此。但后面第十六章第20段以下也讨论了这个问题。

它们部分取决于意图

4. 还应当注意，关于行动的后果，不仅要考虑到可能随即而来的后果而不论意图如何，还须考虑到那些取决于该直接后果与
75 意图之间联系的后果。如后所述，[c]意图与某些后果之间的联系是产生其他后果的一个手段。有理性的和无理性的行动者，其差别就在这里。

意图既取决于意愿，也取决于理解力

5. 与一项行动的后果有关的意图取决于两个因素：1. 采取该行动本身的意愿或意图；2. 对相伴或貌似相伴的环境的理解力，或觉察力。对这些环境的觉察力可以有三种情况：知觉、不觉、错觉。行动者确认存在真实存在的环境，而非任何别的环境，是谓知觉；未觉察到存在某些确实存在的环境，是谓不觉；相信或想象存在某些实际上不存在的环境，是谓错觉。

在一项行动中需予以考虑的有：1. 行动；2. 环境；3. 意图；4. 知觉

6. 因此，在每一件为惩罚而被审议的具体事务中，有四个需予以考虑的因素：1. 所采取的**行动**本身；2. 采取行动时所处的**环境**；3. 可能与之相伴的**意图**；4. 可能与之相伴的**知觉**、不觉或错觉。

有关行动与环境的论述将是本章的内容，关于意图与知觉则在随后两章讨论。

5. 动机；6. 意向

7. 行动的总倾向还依赖其他两个因素，它所产生的惩罚要求也依赖它们以及其他缘由。这两个因素是：1. 引起该行动的一项或多项**动机**；2. 它所表明的一般**意向**。这两个因素将是另外两章论述的对象。

积极行动和消极行动

8. 种种行动可根据采用若干不同方式、为了若干不同目的来

---

[c] 见册一，“豁免”与“减罪”项。

加以区分。

首先,它们可分为积极的和消极的。积极的指动作或发力,消极的指坚持不动,即在这样那样的状况中克制自己,避不动作或发力。因而,打击是积极行动,而不打击在某一确定的场合是消极行动。积极行动亦称为犯法行动,消极行动亦称为懈怠行动或自制行动。ⓓ 76

消极行动可以是相对消极的或绝对消极的

9. 而且,消极行动还可以是绝对消极的或相对消极的。当它们意味着不存在任何积极动作时,它们是绝对消极的,例如完全不作任何打击;当它们意味着不存在一个这样或那样的具体动作时,它们是相对消极的,例如不打击某人或某物,或者不在某个方向上打击。

消极行动可以积极地表述,反之亦然

10. 应当注意,行动的性质,不管是积极的还是消极的,不能直接按照用以表述它的论说方式确定。一项性质积极的行动可以用消极方式来表述,因而说不要静止就等于说应当移动。同理,一项性质消极的行动也可以用积极方式来表述,例如避不给、或忘记给一定状况中的某人提供食物,同使挨饿这个积极的词是一个意思。

懈怠也是行动

ⓓ 积极行动与消极行动之间的区别贯穿于整个罪过分类体系,有时还造成有关其后果的实质性差异。为了使我们更好地接受这里赋予行动一词的广泛含义及其在某些情况下看来具有的矛盾意味,可以考虑下面两点。第一,在许多未做出外在行动(显形行动)的场合,据称发生所想象的行动时的心理状态,确实直接出自意愿,就如任何外在行动那样,不管它们如何明白可鉴。例如,隐匿阴谋之举,可以同参与阴谋一样完全是蓄意的行动。第二,即使一个人心里从未仔细考虑过有关事件(以致未隐约期望它不发生),在这个事件假使系他所愿就本当发生的情况下,他的心理状况也往往会造成相反情况下那样的实质性后果——不仅与之相似,而且同样适于要求有他人的干预。因此,在规定征收一桩赋税的情况下,你不缴纳此税便构成一项无论如何必须用某种方式加以惩罚的行动,不管你是否恰好想到要缴纳。

外在行动和内在行动

11. 其次，行动可分为外在的和内在的。外在行动指肉体行动，即身体行动，内在行动则指精神行动，即心理行动。据此，打击是一种外在的或外表的[e]行动，意欲打击则是一种内在的或内心的行动。

什么是表述性行动

12. 表述性行动是上述两者的某种混合。除了用以表述内在行动之存在外，它包括的外在行动完全不是有形的，完全不附带任何后果。用言谈、用书简和用象征动作唆使另一个人去进行打击，都是表述性行动。

外在行动可以是外及的或不外及的

77

13. 第三，[1]外在行动可分为外及的和不外及的。当动作是由行动者传到某个异体、即作用于其上的影响被认为是有形的那个异体上时，行动可称为外及的，例如一个人撞到你或把水泼到你脸上，就是这种情况。当动作不是传到异体(作用于其上的影响是有形的)，而是传到行动者自己的某个部位时，行动就可称为不外及的，例如一个人奔跑或洗脸时便如此。[f]

外及行动的开端、终端及过渡过程

14. 一项外及行动，当动作尚局限于行动者，还未传到任何作用于其上的影响能够是有形的异体时，可说处于它的开端，或其进

ⓔ (外表的。)外表行动也被法学家们称作显形行动。

语法学家认识到的外及行动与不外及行动之区别

ⓕ 这一区分是现今的语法学家们熟知的，而且正是由于他们才被人认识，尽管他们将其应用于事物的名称而非事物本身。语法学家们用及物动词这一名称来称呼这里所述的表示外及行动的动词，又用不及物动词来称呼表示不外及行动的动词。后者更经常地被称为中性词(neuter)，意思是既非积极亦非消极(neither)。这个称法似乎不恰当，因为它们实为两者相兼，而不是两者俱非。属于这里称为不外及行动的，有构成罪过分类体系中第三大类的种种行动。见分类一章[2]以及册一，“内向罪过”项。

① 据1823年版。该版在此处及以后多处，将1789年版本中“第三”(Thirdly)以及其下序数刊作“Third”等等。

② 即本书第十六章，第8,15,64段。

程的初始阶段。一迄动作或刺激传到了某个这样的异体，它便可说是处于它的终端，或其进程的最后阶段。当动作已从行动者发出，但尚未传到任何这样的异体时，它便可说是处于其进程的中间或过渡阶段。故而，一个人刚举起手要打你时，他做出的打人行动处于开端；他的手一碰到你，该行动即处于终端。如果行动是某物体的动作，而该物体在碰到目标之前同行动者有间隔，那么在此间隔期间该行动可说成处于过渡进程中，[g]用拉丁文说是 in gradu mediativo，例如在一个人对你扔石头或开枪的场合就是如此。

不外及行动的开端和终端

15. 一项不外及行动，当动作或刺激尚局限于它由以出发的部位或器官，还未传到与之有别的任何其他部位或器官时，可说处于它的开端。一迄传到了同一个人的任何其他部分，它便可说处于其终端。故而，在一个人服毒的场合，当他拿起毒药往嘴里放 78
时，该行动处于开端；一迄毒药接触到口舌，该行动即处于终端。[h]

瞬时行动和持续行动

16. 第三，行动还可以区分为瞬时的和持续的。因而，打击是一项瞬时行动，屈身倚靠则是一项持续行动；购买是瞬时行动，保持财产则是持续行动。

持续行动和重复行动之间的区别

17. 严格说来，持续行动与重复行动有别。由不同性质的行动在中间隔开的是重复行动，没有这种间隔的是持续行动。据此，屈身倚靠是持续行动，而接连打击是重复行动。

重复行动和惯癖的区别

18. 重复行动还与惯癖或习惯有别。倘若所谈论的行动彼此间隔都很短暂，而且它们加起来只占很少时间，那就可以用重复行动这一术语。惯癖这一术语，却只有在所谈论的行动据认为彼此

---

[g] 或可说处于移动之中，即拉丁文之 in transitu。

[h] 这些区别将在下一章（第八章：意图）论及，并且应用于册一“减罪”部分。

间隔漫长，而且加起来占很长时间的情况下，才能使用。例如，饮酒多次，或在同一期间一次暴饮，都不会构成酗酒癖；要构成这一惯癖，这样的期间就必须经常重复。每个癖性都是重复行动，或更严格地说，每当一个人经常在很长的间隔期后重复这样那样的行动，他就被说成有瘾或成癖，然而每次重复行动并非惯癖。①

不可分行动和可分行动——关于物质的和关于运动的

19. 第四，行动还区别为**不可分的**和**可分的**。不可分行动仅仅是想象的，它们可以被轻易地设想出来，但绝不能被认为确有例证。可分行动却能够如此，无论是关于物质还是关于运动。关于物质的不可分行动，是单个物质微粒的动或静。关于运动的不可分行动，则是任何实体的运动，从某一单个空间微粒移至下一个同样的空间微粒。

第五，行动还可分为**简单的**和**复杂的**。像打击、屈身倚靠、饮
79 酒等前面列举的行动，是简单行动。复杂行动则无不由许许多多简单行动构成，这些简单行动虽然量多类杂，但由于同某一共同设想或共同目的的关系而结为一体，例如设宴招待、抚养孩童、炫耀胜利、荷枪实弹、开庭审判等等复杂行动便是如此。①

应注意语言的模糊性

20. 常常碰到这样的问题：在前后两项行动首尾交叠时，构成**一项**行动的究竟是什么？已发生的究竟是一项还是多项行动？①现在很清楚，这些问题往往可以给予相反的、但同样合适的回答。而

---

① （惯癖。）看来，惯癖严格而论几乎无法说成是行动的聚合。行动是一种真正原型的存在，而惯癖是一种虚构的存在，或想象的东西，据想由行动构成，或者像是出自行动。

① 在程序进程中，类似的区分往往可疑。

① 此段于1783年增添，插入1823年版本，正像在其他地方所作的那样，该版用"Fifth(第五)"取代了早先版本中的"Fifthly"。

且，若有任何仅能予以一种回答的场合，那么回答将取决于该场合的具体性质以及提问题的目的。一击之下，某人两指受伤，问这是一项还是几项伤害？某人在 12 点钟时挨打，12 点过 8 分后再次挨打，问这是一项还是几项殴打？你打了某人，同一瞬间又打了另一人，问这是一项还是几项殴打？在其中任一场合，就某些目的而言或可回答是一项，而就另一些目的而言或可回答是几项。这些例子说明，人们应当懂得语言的模糊性，不要用解决不了的疑问来自寻烦恼，也不要用辩不出结果的争论来彼此折磨。

需考虑环境

21. 关于行动本身谈了这么多，现在我们来谈可能与行动相伴的环境。在有关后果的任何事情能被确定之前，必须考虑到它们。否则，绝对无法在总体上鉴识一项行动可能产生什么后果，绝对无法知道该行动是有益的、中性的，还是有害的。在某些环境中，甚至杀死一个人也可能是一项有益的行动，而在别种环境中，向他提供食物反倒可能有害。

什么是环境

22. 那么，什么是行动的环境？它们可以是任何客体。ⓚ拿行动来说，无论是什么行动，按照事理必不排除任何可想象的客体为其环境。任何特定的客体都可以是别的什么客体的环境。①

ⓚ 或存在。见册二，“证据”项，“事实”一节。

环境一词的原型

① 环境（circumstance）一词的词源极好表现了它的特征。它源自 circum stantia 一语，意为周围的事物——围绕一个特定客体的那些客体。我不记得是哪位数学家把上帝说成一个圆，圆心无所不在，圆周却无所在。① 与之相似，属于任何行动的环境范围可以被说成一个圆，圆周无所在，圆心却是所谈论的那项行动。于是，为论述起见，既然任何行动都可被看作一个圆心，那么任何其他行动或客体就可被看作是围绕它的那些行动或客体中的一个。

① 此项观念源出何处，尚无确凿的证据，《牛津语录辞典》称其源于恩培多克勒。

80 有形环境和无形环境

23. 我们已有机会一度谈过行动的后果，把它们分为有形的和无形的。行动的环境亦可作类似的区分。有形性是个相对的术语，应用于行动的后果时涉及痛苦与快乐，应用于环境时涉及后果。一项环境在同后果有可见的因果联系时，可称为有形的，在缺乏此类可见的联系时，则可称为无形的。

一项环境可按照四种方式同一个事件有因果联系：(1) 产生方式；(2) 衍生方式；(3) 间接联系方式；(4)并发性影响方式

24. 行动的后果便是事件。[m]一项环境可按照下述四种方式中的任何一种，同一个事件有因果联系：(1) 导致或产生；(2) 衍生；(3) 间接联系；(4) 并发性影响。如果它是合力造成该事件的因素之一，便可说它以导致方式与之相关；如果它是若干事件之一，而这里谈论的那个结局对它们的产生起了作用，便可说它以衍生方式与之相关；如果这里谈论的那项环境和那个事件都未对彼此的产生起作用，而是各自同某一共同客体相关联，该客体涉及它们两者的产生，便可说它以间接联系方式与之相关；如果它们两者一起对某个共同后果的产生起了作用，不管是否以任何其他方式彼此关联，便可说它以并发性影响的方式与之相关。

实例——刺杀白金汉公爵

25. 举个例子可能有用。白金汉公爵维利尔斯是英王查理一世的宠臣，于 1628 年受伤身亡。索命者是个叫费尔顿的人，因为对这位大臣的遭人谴责的劣政极为愤怒，便从伦敦跑到白金汉恰巧所在的朴次茅斯，闯进他的接待室，发现他正忙着同周围一些人谈话。
81 于是，费尔顿靠近去，拔出匕首刺中了他。用力之中，行刺者的帽子掉到地上，很快就被发现，而那把带血的匕首也在追捕过程中找到了。在帽顶上，发现藏着几片纸，写有一些话，表述了他想行刺的目

[m] 见册二，“证据”项，“事实”一节。

的。[1]现在，假设所谈论的事件是白金汉被刺，那么以导致或产生方式与这一事件关联的种种环境有：费尔顿拔出匕首、他闯进接待室、他跑到朴次茅斯、他认为白金汉在政务上劣迹昭著因而大感愤怒、该政务本身、查理一世任命这么一位大臣等等，越来越远，无有止境。匕首带血是以衍生方式与同一事件关联的环境。发现掉在地上的帽子、发现帽子里的字句以及写这些字句，是以间接联系方式与之关联的环境。白金汉周围人的情况和谈话，则是以并发性影响的方式同费尔顿进接待室、跑到朴次茅斯等等环境相关联的环境，因为它们使得白金汉未能在闯入者刚出现时即予以防范。[n]

并非每个事件都具备以所有四种方式与之关联的环境

26. 这几种关系并非全都同样确定地附着于同一个事件。首先，每个事件的确显然都带有某种环境，而且事实上带有多得无法计量的、以产生方式与之关联的环境。它带有的间接联系方式的相关环境当然更多。但看来不一定每个事件都会有衍生方式的相 82
关环境，因而也不一定都会有并发性影响方式的相关环境。不过，在实际确实附着于一个事件的所有各种环境中，依靠人的本领所能发现的充其量只是很少数，至于实际上确曾引起我们注意的就

[n] 这一区别可以用更简单的特例——动物繁殖来进一步说明和证实。亲本相当于产生，裔派相当于衍生，旁系血亲相当于间接联系，结婚和交媾相当于并发性联系。

必要的话，还可以用一种链条的物象来加以说明，它有如古人巧妙的神话中所说系在主神朱庇特宝座上的链条。于是，这根链条上的一段应当以谱系图表的方式，由一个范例来展示。因而这样一个范例是我本来应当展示的，但我没有这么做，是因为担心它虽然会使百分之一的读者对论题稍微更明白些，但会像我们有时看到为类似的目的使用的数学公式汇编那样，使其余百分之九十九的读者更难明了。

[1] 乔治·维利尔斯（1592—1628），第一代白金汉公爵，1628年8月23日被他拒绝提升的陆军中尉约翰·费尔顿（1595？—1628）刺杀。同年11月28日，费尔顿在泰伯恩死于绞刑。

更少。届时一个人会发现得较多或较少,其数量部分地与他的智力强弱相称,部分地与他的意向大小相称。[o]因此,属于一项行动的、可能显得重要的环境,其数量和种类看来将取决于两个因素:(1)事物本身的性质;(2)碰巧考虑它们的那些人的本领大小。

本章的用处

27. 因此,在考虑本书定将论述的行动的具体种类及其具体环境以前,作出关于行动及其环境的一般假设,看来大有必要。每个罪过的概念必然包括这一或那一种类的一项行动。在同一个罪过的概念下,与该项行动一起的,还有某些环境,它们成为罪过实质的一部分,通过并发性影响帮助产生其后果,并且与该项行动相联,以其与众不同的名称被人认识。这些,我们此后会有机会用定
83 罪环境这一术语来专门表示。[p]其他环境同样加入进来,与行动和前一项环境结为一体,产生进一步的后果。这些附加后果如果是有益的,便依据其裨益,使得它们得以产生的环境被称为开脱罪责

[o] 这种联系越远,当然就越模糊。往往会有这样的情况:所想到的一项联系乍一看来似乎荒诞无稽,但只要注意到几个中间环境透露的征兆,它就会变得非常可能,乃至确实无可置疑。

基督教时代之前 390 年,罗马有只鹅嗷嗷大叫;两千年后一位法国国王遇刺身亡。仅仅考虑这两个事件,有什么能比认为前者对后者的产生有影响显得更荒诞的呢?但是,考虑到几个中间环境,补足所缺的环境,就没有什么能显得更难免的了。高卢人突袭罗马神殿之际,正是一群鹅的嗷嗷叫唤拯救了罗马共和国。要不是这个共和国此后取得对绝大多数欧洲国家、包括法国在内的优势,基督教无论如何也不可能像实际上那样在法国盛行。然后,姑且承认必定会有亨利四世这样的人,那也本不会有任何人怀抱拉瓦亚克那样的动机,在一项关于此种宗教的绝对要求的有害观念误导下,执意刺死了亨利四世。[1]

[p] 见册一,“定罪环境”项。

[1] 亨利(那瓦拉的)(1553—1610),1589 年起为法王亨利四世,1610 年正当准备对西班牙和神圣罗马帝国开战时,被一位狂热的天主教徒弗朗索瓦·拉瓦亚克(1578—1610)刺杀。

的环境[q]或减罪环境；[r]如果是有害的，则使之被称为加罪环境。[s]在所有这些不同种类的环境当中，定罪环境是以产生方式同原始罪过的后果关联，以并发性影响方式同行动关联并且互相关联，原始罪过的后果则是以衍生方式分别同它们和行动关联。经变动的罪过的后果，同样是以衍生方式分别同定罪的、开脱罪责的和减罪的环境关联，这些不同种类的环境，则是以产生方式同经变动的行动或罪过关联，并且以并发性影响方式互相关联（就经变动的行动或罪过的后果而言）。最后，无论何种环境，只要可被认为同罪过的后果关联，不管是直接地按照衍生方式，还是隐约地按照间接联系方式（即由于它们按照衍生方式同某些环境——它们以同样方式与之连结的环境——关联），作为同罪过有实质性关系的证据，它们就可以因此被称作证据环境，就可以通过被当作有罪的证明、征象或证据而成为有用的。[t][u]

[q] 见册一，“辩护理由”项。

[r] 见册一，“减罪”项。

[s] 见册一，“加罪”项。

[t] 见册一，“附属性罪过”项；册二，“证据”项。

[u] 显然，这一分析既适用于有关道德载体的事件，也同样适用于纯物质事件。因此，假如它在这里是得当的和有用的，那么可能会发现，为它在自然哲学领域找到某种用处或许并非无稽之谈。

84

第八章　意　图

概述

1. 刚才谈了决定一项行为的有害倾向的头两个因素，即行动本身和可能与之相伴的环境总合。现在我们来考虑其中可能以什么方式涉及意图这一特殊环境。

意图可以关系到行动或者后果

2. 首先，意图或意愿可能关系到两类客体：行动本身，或其后果。在这些客体当中，凡意图所关的可被称为有意的。如果关系到行动，该行动便可说成是有意的，[ⓐ]如果关系到后果，则该后果亦可如此称呼。如果它关系到行动与后果两者，那么整个行为便可说成
134
是有意的。这些因素中，凡不是意图的载体的，当然可说成是无意的。

它可以关系到行动，同时与后果无关

3. 行动可以很容易地是有意的而不造成后果，而且事实上经常如此。例如，你可能有意去触碰一个人而并不想伤害他；然而，

自愿和非自愿这两个词的模糊性

ⓐ 在这种场合通常用两个词：自愿的和非自愿的。但是，我有目的地避不使用这两个词，因为它们的含义极为模糊。有时，自愿行动指任何这样的行动：对其进行，意愿有所牵挂。在这个意义上，它和有意行动同义。有时，它仅仅指在其产生过程中，意愿由并非痛苦性质的动机决定，就此而言它和非勉强行动或非强制行动同义。还有一些时候，它仅仅指在其产生过程中，意愿由下述动机决定：这些动机无论是快乐性的还是痛苦性的，都出自一个人自己，而无任何他人提示。就此而言，它和自发行动同义。非自愿一词的含义并不完全同自愿对应。它被用来表示有意和非勉强的反意，但不表示自发的反意。把自愿和非自愿这两个词的含义限定于某个单一的、非常狭窄的情况，可能是有益的，这一情况将在下一个注释中谈到。

如后果证明的那样，你可能碰巧伤害了他。

或可以关系到后果，同时并非在每个阶段上都与行动有关

4．一项行动的后果也可能是有意的，而行动本身并非始终有意，即并非在它的每个阶段上都有意。然而，这不像前一种情况那般常见。设想你意欲伤害某人，办法是冲撞他，把他撞倒，于是你 85
朝他冲过去，不料另有一人突然来到你和前一个人中间，在你能够刹住脚步之前你撞着了他，并通过他撞倒了前一个人。

但并非同初始阶段无关

5．但是，如果一项行动本身不是至少在初始阶段是有意的，它的后果就不可能是有意的。如果该行动在初始阶段并非有意，它就不是你的行动，因而你那里就不存在产生这些后果，亦即个人后果的意图。你那里所能有的，无非是一种隐约的意图，亦即以你的某种行动在未来产生出同样性质的其他后果；或者，你没有任何意图，只有一种期盼此类事情发生的纯粹的**希望**。设想上面说过的后一个人自己撞到前一个人身上，把他撞倒了。你有意图要做同样性质的事，即你自己来冲撞他，把他撞倒，但你并没有做什么
86
来贯彻这些意图。因此，行动的个人后果，即后一个人在撞倒前一个人时所产生的后果，不能说成出自你的意图。ⓑ

后果在有意时，可以是直接有意，也可以是间接有意

6．第二，一项后果在它是有意的时候，可以是**直接**有意，也可以仅仅是**间接**有意。当产生它的前景构成那导致人采取行动的因

在其初始阶段无意的行动可以在有关三个方面是无意的：(1) 运动物的量；(2) 运动方向；(3) 运动速度

ⓑ 要使得这里就意图的可能心理状态所作的分析绝对完整，就必须力求详尽无遗，以致达到在某些人看来会显得琐碎无聊的地步。为此，似乎可取的是把下面的文字从书中砍掉，移到任何认为合适的人可予以浏览的地方去。

积极的物体行动是运动，而在运动中总是有三个要考虑的因素：(1) 运动物的量；(2) 运动方向；(3) 运动速度。与这三个因素对应的，是有关一项行动的、被认为只存在于行动初始阶段的三个意图类型。要完全无意，就必须在这三项当中的每一项上面都是无意的。那些被恰当地称作**非自愿**的行动便是如此，此类行动例如心脏和动脉的收缩，意愿在其进行中不起任何作用。

果链上的一环时，它便可以说是直接有意。当后果虽在意中并似乎很可能随行动而来，但产生它的前景不构成上述链条的一环时，它便可说是间接有意。

若直接有意则可以是最终有意，也可以是中间有意

7. 第三，一项直接有意的后果，可以是**最终**有意的，也可以是**中间**有意的。在下面的情况下它可说成是最终有意的：它是上述动机链上最后一个外在结局，以致产生此种后果的前景能有把握发生，便足以决定意愿而不需有产生任何其他后果的前景。在别一种情况下，它可说成只是中间有意的，那就是存在某一别的后果，其产生的前景构成同一链条上的下一环，以致产生前者的前景不会作为动机起作用，而只像是具有产生后者的倾向。

若直接有意还可以是全部有意或者不全部有意

8. 第四，一项直接有意的后果，可以是**全部**如此，也可以是**不全部**如此。当仅有这一个后果才符合目的、以致没有任何其他后果参与决定有关行动的意愿时，它可以说是全部有意的。当存在某一别的后果，其前景亦同时影响意愿时，它可说是不全部[ⓒ]有意的。

依据这个原理，在其初始阶段无意的行动可分为完全无意的和不完全无意的，而后者又可再分为仅就质量而言无意、仅就方向而言无意、仅就速度而言无意以及就其中任何两者结合而言无意这几种类型。

任何认为值得这么做的人，都可以把进一步列举的例子轻而易举地延展到分析的这个部分。

甚至这些可能显得微不足道的探究，似乎也并非全无加以实用的机会。例如就杀人和其他肉体伤害来说，便可以有这里规定的所有区分，在审判过程中为了这个那个目的可能需要考虑这些区分，使之成为议题。也许有助于使得对它们的叙述情有可原的，是它们可能在自然哲学方面对人有用。在一个内行老练的玄学家那里，这些连同论人类行动的前一章，再加上程序分册[①]证据部分中论一般证据的那一节，或许可以起到某种作用，帮助形成关于各种各样可能的机械发明的详尽分析。

ⓒ 或同时。

① 即《刑法典梗概》第二册。

若不全部有意，则其性质可以是并合的、分别的或者无区别的

9. 第五，一项不全部有意的后果，其性质可以是并合的，也可以是分别的，还可以是无区别的。当意在既产生此一后果，也产生另一后果时，就后者而言它可说是并合有意的。当意在产生其中随便哪一项而非所有这两项后果时，则是分别有意的。当意在产生其中任一项或所有这两项后果，随实际发生的可能怎样而不加区别时，则可说是无区别的。

87

若分别有意，则可以有所优先，也可以无所优先

10. 第六，在两项后果是分别有意的情况下，对它们可以有所优先，也可以无所优先。如果意图是更希望发生它们当中的某一项而非另一项，是谓有所优先。如果不管发生它们当中哪一项，意图都同样得到满足，则谓无所优先。[d]

例子

11. 举个例子会使这全都一清二楚。英王威廉二世外出狩鹿，被瓦尔特·蒂里尔爵士致伤身亡。[e]让我们以此为例，相应于适才作出的区分提出各种假设。

(1) 首先，设想蒂里尔甚至没有想到国王之死；或者，即使他想到了，也认为并不真有这种危险。在这两种情况下，他杀死国王

后果无意同有所偏择时后果分别有意这两者之间的区别

ⓓ 下述两种情况是有区别的：(1) 一项后果全然无意；(2) 一项后果有关另一项后果而言分别有意，而且这意图偏重于后果。在前一种情况下，竟然发生所谈论的后果这一点并非行动者的意图；在后一种情况下，意图倒是另一项后果能够发生，假如不能，则宁可发生所谈论的后果，而不愿两者无论如何全都落空。

所有这些都是使用虚词“或者”时带有的区别，这个虚词的内涵甚为模糊，在立法中非常重要。见附录，“构成”项。[1]

ⓔ 休谟《英国史》。[2]

① 见上文，第 72 页注 1。

② 参见休谟：《英国史》，1773 年版，第 1 卷，第 306—307 页：“法国绅士瓦尔特·蒂里尔以善射著称，陪他（威廉二世）在新森林行此狩猎乐事……朝一牡鹿飞射一箭……此箭掠过一树，正中国王胸部，当即使之殒命。”

这一后果都是全然无意的。

(2) 设想他看到一只牡鹿奔跑,同时又看到国王驰骋在同一方位上。他瞄射的是牡鹿,并不想射杀国王。与此同时他认识到,如果箭矢离弦,那就既可能射杀牡鹿,也可能射杀国王。但即使如此,他依然出箭,结果射杀了国王。在这一情况下,后果——他杀死国王——系出于有意,然而是间接有意。

(3) 他射杀国王是由于他恨国王,除想要毁灭国王外别无原因。倘若如此,后果即国王之死就不仅是直接有意,也是最终有意的。

(4) 他完全有意要杀死国王,但不是出于仇恨,而是为了在国王殒命之际掠其财物。倘若如此,国王之死的后果系直接但非最终有意:它是中间有意的。

88 (5) 设想他无非是要杀死国王。他不怀其他目的或希望。倘若如此,后果便既是直接有意,也是全部有意的:全部即相关于其他每一种实质性后果而言。

(6) 假设瓦尔特爵士射中了国王的右腿,当时国王正在用左手把一根刺从那里拔出来。他的意图是通过箭穿其手而射入其腿,使得国王手腿两肢同时报废。在这一情况下,国王右腿被射中这一后果是有意的,而这与另一项未发生的后果——国王左手被射中——并合。

(7) 蒂里尔的意图是要射中国王的手或腿,而不是手腿俱中;并且,他希望射中手,甚于希望射中腿。倘若如此,射中手[①]这一意图就其与其他后果的关系而言,是分别并行的和有所优先的。

① 1789 年版本误作"腿",该版勘误表中作了订正。

(8)他的意图是要射中国王的腿或手，无论可能实际射中哪个，但并非手腿俱中。倘若如此，这意图就是不全部的，然而是分别不全部。不过，它无所优先。

(9) 设想他的意图是要射中国王的腿或手，或者手腿俱中，随便实际发生的可能怎样。在此情况下，就这种后果而言，意图是无区别地并行的。

在不同的行动阶段上，行动意图的重要性如何

12. 应当看到，一项行动可以在其任何一个或几个阶段中是无意的，尽管在此之前有意；另一方面，它可以在任何一个或几个阶段中是无意的，但随后有意。[f]然而，无论它在任何先前的阶段中有意或无意，就后果而言都无关紧要，因而它最终是无意的。它唯有在一点上重要，那就是证据。行动中无意的阶段越多，最终无意这一点通常就会越明显。假如某人想打你的面颊，结果却打了你的眼睛，把眼珠打出来，就大概很难证明打你的眼睛并非本意。假如他确实无意打你，甚或根本无意动手打人，那么要证明这一点可能会容易些。

意图好坏不予考虑

13. 经常听到人们谈论好意还是恶意，意图的好坏一般是人们非常强调的一个事项。在恰当理解的情况下，意图好坏确实非同小可，但其含义极为含糊不清。严格说来，没有什么能说成好的 89
或坏的，除非它本质上是好的或坏的——这只是就痛苦或快乐而言；或者，因其效果故而好坏——这只是就引起苦乐或防止苦乐而言。然而，用一种借喻的、不那么恰当的方式来说，一件事就原因而论也可以说成好的或坏的。做出这一或那一行动的意图，其效

ⓕ 见第七章(行动)，第 14 段。

果同我们用后果这一名称来说的是一回事，而其原因被称为动机。于是，一个人的意图在任何场合，或就行动的后果而论，或就其动机而论，可以说成好的或坏的。如果它在任何意义上被认为是好的或坏的，就必定是由于它被认为产生了好的或坏的后果，或者是由于被认为出自好的或坏的动机。不过，后果的好坏取决于环境，环境却不以意图为转移。一个人意欲行动，并因为有意而采取了行动，但说到环境，它们就不是他意欲有的。它们是行动的环境，并非他所创造。如果偶尔有几项环境，他对其产生起了作用，那也是靠先前的意图导致先前的行动，产生了这些环境作为后果，而眼下他是把它们照原样接受下来。行动及其后果既是意愿的对象，也是理解的对象，而环境本身只是理解的对象。他就此所能做的，无非知或不知，换句话说便是知觉或不觉。在知觉标题之下，将讨论出自行动后果的意图好坏问题，而在动机标题之下，将讨论出自动机的意图。

第九章　知　觉 90

1．至此讲了任何后果的产生中可能以什么方式涉及意愿或意图，现在我们来考虑同这样的后果相关，理解或洞察能力可能起什么作用。

本章同前一章的联系

2．假设做出了某项行动，而且是有意做出的；该行动伴有某些环境，它的后果中有某些就取决于这些环境，其余统统是纯自然性质的。接着，拿这些环境中的任何一项环境来说，一个人在采取势将产生此类后果的行动时，对这项环境或者有知觉，或者无知觉。换句话说，他要么明白这项环境，要么就不明白，要么心里有数，要么浑然无知。在前一种情况下，行动可说成是就这项环境而言**经过考虑的**行动，在后一种情况下，则可说成是**未经考虑的**行动。

经过考虑的和未经考虑的行动——什么是知觉

3．一项行动可以在下述两方面是经过考虑的或未经考虑的：(1) 环境本身的**存在**；(2) 其**重要性**。[ⓐ]

未经考虑的可以是环境之存在，或是其重要性

4．很明显，根据行动的时间，这样的环境可以是**目前的**，也可以是**过去的**或**未来的**。

环境可以是目前的、过去的或未来的

5．一项未经考虑的行动要么是**掉以轻心的**，要么并非如此。一个还算慎重[ⓑ]的人，要是出于一般程度的仁慈，本来很可能会对

未经考虑的行动可以是掉以轻心的，也可以并非如此

ⓐ　见第七章(行动)，第 3 段。

ⓑ　见第六章(敏感性)，第 12 段。

有形的环境予以注意和考虑，其方式和程度足以促使他去防止发生有害的后果。如果情况被认为是这样，该行动就被称为掉以轻心。如果情况被认为并非如上所述，它就被称为并非掉以轻心的。©

什么是考虑错误的行动——误料

6. 还有，不管一个人是否料想到一项特定环境的存在或有形性，他可能确实料想到某一环境的存在和重要性，这一环境或者并
91 不存在，或者虽然存在但不是有形的。在这样的情况下，就此想象的环境而言，行动可说成是考虑错误的，也就是说在此情况下存在错误的料想，即误料。

所料想的环境可能在预防方面或在弥补方面重要

7. 一项被如此误料为存在的环境，可以在预防方面或者在弥补方面是重要的。倘若它当真存在，其作用或趋势本会防止可恶的后果，那就可以说它就预防而言是重要的；倘若这作用或趋势本会产生其他后果，其裨益将超过别的后果的害处，那就可以说它就弥补而言是重要的。

142

它可被设想为目前的、过去的或未来的

8. 显然，根据行动的时间，此种想象的环境在这任一个场合可以被设想为目前的、过去的，也可以被设想为未来的。

续前一章之例

9. 再次考察前一章举的例子。

(10) 设想蒂里尔的射箭方向是有意的，但他不知道国王骑马朝此奔驰得那么近。在此情况下，他所采取的射箭行动，就这一环境——国王朝此奔驰得那么近——的存在而言，是未经考虑的。

(11) 设想他知道国王正在如此奔驰而去，但由于其间距离，他不知道箭很可能射中国王。在此情况下，射箭行动就这一环境的重要性而言是未经考虑的。

© 见册一，"减罪"项。

(12) 有人在箭镞上蘸了毒，而蒂里尔对此全然不知。倘若如此，射箭行动就一项**过去**环境的存在而言，是未经考虑的。

(13) 蒂里尔弯弓欲射之际，由于某些灌木树叶遮挡视线，看不见国王正策马狂奔，就像要径直飞驰过去挨上一箭似的。这一环境也是蒂里尔无法知道的。倘若如此，射箭行动就一项**目前**环境的存在而言，是未经考虑的。

(14) 国王远离宫廷，非等到第二天就不可能有人来敷裹伤口，而蒂里尔对此一无所知。倘若如此，射箭行动就一项**未来**环境而言，是未经考虑的。

(15)蒂里尔知道国王正奔驰过去，知道他离得那么近等等，但把灌木树叶错看成一道斜坡，横在射箭地点同国王向之奔驰过去的那个所在之间。在此情况下，射箭行动是考虑错误的，是由于误 92
料存在着一项**预防性**环境。

(16)蒂里尔知道上面这一切，而且并未错误地设想任何预防性环境。但他确信国王是个篡位者，料想他正前去袭击一个人，蒂里尔相信此人理应据有王位，而且正在蒂里尔近旁策马而行。倘若如此，射箭行动同样是考虑错误的，但这是由于误料存在着一项**弥补性**环境。

在何种情况下知觉使意图从行动延展到后果

10. 让我们来观察意图和知觉之间存在的联系。如果行动本身是有意的，它就所有各项环境的存在而言，就这些环境对一个既定后果的重要性而言，都是**经过考虑的**，而且并未误料有任何预防性环境，那么该后果必定也是有意的。换句话说，就环境而言经过考虑这一点，如果不带有关于存在任何预防性环境的误料，就会使意图从行动延展到后果，这些后果可以直接有意，也可以仅仅间接有意,但无论如何不可能不是有意的。

续前例

11．还是拿前面的例子来说。假如蒂里尔意欲朝国王奔驰的方位放箭,而且知道国王正迎箭而来,知道很可能他被射中那个事实上中箭的部位,或者以同样的力度被射中另一个也是致命的部位等等,又假如他并未误料存在一项本会防止发生射箭行动的环境,或任何其他类似的预防性环境——倘若如此,那就很明显:他不可能不想要国王丧命。或许,他并未积极地希望国王丧命,但尽管如此,在一定意义上说他还是想要这样。

考虑错误的行动可以是冒失莽撞的,也可以并非如此

12．掉以轻心之于未经考虑的行动,有如冒失莽撞之于考虑错误的行动。因而,考虑错误的行动可以是冒失莽撞的,也可以并非如此。一个还算慎重的人,要是出于一般程度的仁慈,本来会对想象中的环境予以足够的注意和考虑,以致明白这一环境纯属虚构,不大可能或无足轻重,因而促使他去防止发生有害的后果。
144
如果情况被认为是这样,该行动就可以被称为冒失莽撞的。

意图本身可以或好或坏,与动机及最终后果无关

13．在普通话语中,如果一个人做了一项后果证明有害的行动,通常都说他是出于好意或恶意而做的,都说他的用意是好的或坏的。好和坏这两个形容词在用来说意图的时候,无非是说这个。
93
然而,它们的运用最通常地遵从一种有关动机性质的假定。一项行动被假定出自据认为是好的动机时,尽管它最终证明是有害的,却仍被说成好心干坏事,而当它被假定出自据认为是坏的动机时,便被说成蓄意作恶。但所图后果的性质与造成意图的动机的性质,是虽然密切相联但全然可区分的东西。因此,无论动机如何,意图可以完全适当地被称作是好的。在不仅动机的后果**证明**有害、而且造成它的动机**确曾**是所谓坏动机的情况下,它仍可以被称

作是好的。要有理由说动机良好，只需行动的后果——如果它们表明确是行动者看来大概会有的样子——本会是有益的就足够了。同理，在不仅行动的后果证明有益、而且造成它们的动机确曾良好无邪的情况下，意图可以是坏的。

要谈论意图是好是坏时，最好不用动机一词

14. 当一个人有心谈论你的意图据后果而言是好是坏的时候，他必须用意图一词才能谈论，因为舍此没有其他表述方法。然而，假如要谈论你的意图由以产生的动机是好是坏，他肯定不是非用意图这个词不可，因为动机一词至少同样适用。根据假定，他要谈论的是动机，而且很可能他不会打算谈论意图。因为动机如何往往不等于意图如何。意图不善的时候动机可能良好，动机不善的时候意图可能良好。像我们此后将看到的那样，它们是都好都坏，还是一好一坏，就后果而言有极本质的区别。[d]因此，谈论动机的时候始终不用意图一词要好得多。

举例

15. 举例会使这一点更清楚。一个人出于怨恶，起诉你有罪，此罪他相信你犯了，但事实上你完全无辜。在这里，他的行为的后果是有害的：无论如何对你有害，使你在诉讼未决期间蒙受羞辱，焦虑不安；此外，倘若你被定罪，你还得饱尝惩罚之苦。因此，对你 94
来说它们是有害的，而且无益于任何人。那个人的动机也是所谓坏动机，因为每个人都会认为怨恶是一种坏动机。然而，他的行为的后果本会是好的，如果它们表明确是他相信大概会有的样子，因为其中将包括惩罚罪犯，有益于所有可能遭受类似的罪行伤害的人们。因此在这场合，意图虽然不是通常所说的动机，但仍可以被

ⓓ 见第十二章（后果）。

称作是好的。不过，关于动机下一章还要作更专门的讨论。

在什么情况下意图可能是清白的

16. 同理，不管意图是否确实良好，只要它不坏，就可以称作清白的。据此，假设后果证明有害，并且假设动机随便怎样，则在下面两种情况下意图可称为清白的：(1) 对决定后果之有害性的任何环境未作考虑；(2) 对倘若确如其貌本将有助于防止或抵消损害的任何环境考虑错误。

意图和知觉在罗马法中如何表述

17. 还有几句话，以便将上面所说的应用于罗马法。无意和意图清白似乎都被包括在不幸(infortunium)这一情况内，其中既无dolus，亦无culpa。未经考虑与掉以轻心配对，考虑错误与冒失莽撞成双，它们相当于culpa sine dolo。直接有意相当于dolus。间接有意则看来简直未同直接有意区别开来；要是出现间接有意的情况，那很可能被认为同样相当于dolus(狡猾)。没有什么确定的概念能够同culpa(过错)、lata(广泛的)、levis(轻微的)和levissima(最轻的)的划分相对应。这一划分表达了什么？表达的不是案情本身的区别，而是与之相关的、任何人(例如一名法官)可能觉得自己倾向于有的那些情感的区别——假设它已经通过其他方法区分为三种次级情况。

dolus这个词看来发明得足够蹩脚，而culpa一词质量平平。dolus在任何其他场合，会被理解为含有欺骗、隐瞒[e]、秘密[f]之意，

---

[e] 见册一，“偷窃”项“verbo”(可验证的)。

[f] 谁在敌人身上寻找奸计还是勇敢？(Dolus，an virtus quis in hoste requirit?)维吉尔。[1]

——欺骗和公开地(δολω ηε και αμφαδογ.)荷马。[2]

[1] 《埃涅阿斯纪》，第2卷，第390段。最后一个词应写作requirat。

[2] 《奥德赛》，第4卷，第435段。

在这里却被引申为公开的强力。culpa 在任何其他场合会被理解为囊括每一种罪过，因而也包括 dolus。[g]

18. 上述定义和区分远不是单纯思辨性质的。它们能够极广泛、极经常地应用于立法实践以及道德论说。一项行动的后果，无论好坏，尤其是那些坏的后果，很大程度上取决于一个人意图的程度和偏向，取决于是否知觉和是否误料，而且惩罚的要求也在很大程度上依据这些以及其他缘由来决定。[h]有意要造成这样那样的行动后果，并知觉这样那样的行动环境，便将构成同等数量的犯罪情节，[i]即这一或那一罪行当中本质性的组成部分。若应用于其他环境，有知觉这一点将构成可附加于同类罪行的加罪依据。[j]在差不多所有案例中，无意造成某些后果，并对某些环境缺乏知觉或有误料，便将构成同等数量的减罪理由。[k] 95

本章及前一章的用处

[g] 我在这里不是要装作给一套词汇任何确定无疑的解释，这套词汇很不幸的是其含义混杂不定。我只是近似地谈论。即使试图确定用过这些词的作者中间百分之一的作者究竟赋予它们什么含义，也将是件没完没了的工作。有没有人要用拉丁语来明白可懂地谈论这个问题？让他完全抛弃 dolus，留下 culpa，目的是表达对一个用其他方法叙述的案例所持的情感，而不是表述案例本身。让他大胆地造一个词——intentionalitas，用它来表示意图（intentionality），并且用 non-intentionalitas 来表示无意（unintentionality）。关于未经考虑，他已经有了一个词——inscitia，尽管 imprudentia 和 inobservantia 这两个词要不是因为还在别的意义上被使用，本来会更合适。要表示未经考虑但非掉以轻心，可以说 inscitia culpabilis；要表示同冒失莽撞并连的考虑错误，可以说 error culpabilis、error temerarius 或者 error cum temeritate；要表示考虑错误但非冒失莽撞，则可以说 error inculpabilis、error non-temerarius 或者 error sine temeritate。

同样，malo animo 这一用语并非难得碰见。如果说可能有什么比上面任何用语更加含糊不定，那就是它了。它似乎指意图、知觉、动机、意向四者当中任何一个，或指其中任何两个或两个以上的结合。没有人能够说出到底指哪个。在此以前，这些看来从未被适当地区分和界定过。

[h] 见第十三章（不适于惩罚的情况）。

[i] 见册一，“有影响的情节”项。

[j] 见册一，“加罪”项。

[k] 见册一，“减罪”项。

第十章　动　机

第一节　动机一词的不同含义[a]

为什么要考虑动机

1. 每一种行动，因而每一种犯法行动，都可以根据产生它的动机的性质而具备不同的特性，带有不同的效果：这是一项公认的事实。因此，需要考察人类行为易受其影响的若干动机。

纯思辨的动机与这里的讨论无关

148 2. 动机一词，在它就一个有思想的存在物而被使用的最广泛的意义上，是指任何能有助于产生、甚或有助于防止任何一种行为的事情。一个有思想的存在物，其行为或者是身体行动，或者只是心灵行为，而心灵行为要么是智力的，要么是意愿的。智力行为有时会仅仅停留在理解上，而不在任何意愿行为的产生方面发挥任何影响。不影响除此之外任何其他行为的动机，可称为纯粹的思辨动机，亦即止于思索的动机。然而，这些行为对外在的行动，对其后果，并因此对此种后果可能包含的任何快乐或痛苦，都没有什

ⓐ 作者 1822 年 7 月注：

同相应的快乐和痛苦、利益和欲望并连的、关于各种动机名称的综览表，见笔者所著《行为原因表及其他，附有注释及评论》，伦敦，圣保罗教堂广场，亨特出版公司 1817 年版，第 8 卷，第 32 页。[①]

以后会出现诱因一词，其意义比动机一词更全面，在某些场合还更恰当。

① 参见《边沁全集》，鲍林版，第 1 卷，第 195—219 页，尤其是第 215—219 页。

么影响。任何行为能够是实质性的，只是因为有产生快乐或痛苦的倾向。因此，那种仅止于理解的行为全非我们这里所关心的，因而任何不能影响除此之外其他行为的、具有动机性质的东西——如果有的话——也是如此。

作用于意愿的动机

3. 我们关心的仅仅是作用于意愿的动机。因而在这一词义 97
上，动机应被理解为任何这样的东西：据设想，它通过影响一个有意识的存在物的意愿，起了促使后者在任何场合去行动或自愿避不行动[ⓑ]的作用。这类动机与前一类相反，可称为实践动机，亦即施于实践的动机。

这个词的象征性与非象征性意思

4. 由于语言的贫乏和不确定，动机一词被不加区别地用来指两类东西，而要更好地理解问题，就必须把它们区分开来。在有些场合，它被用来指任何真正存在的、所谈论的行动据想由以产生的实事。它与这些场合有关的含义可被称为它的确实意思，或非象征意思。在其他场合，它被用来指某种虚构体——激情、感性、理想物，此种虚构体在任何此类实事发生时被认为作用于心灵之上，促使心灵采取在此类实事的影响驱使下势将采取的意念方式。这一类动机便是贪婪、懒惰、仁慈等等，正如我们接下去会更具体地看到的那样。这后一种含义可被称为动机的象征性意思。

内在动机和外在动机

5. 同样冠以动机之名的那些实事，亦有大不相同的两类。它

ⓑ 当一项动机的影响或倾向是要使得一个人避不行动时，使用动机这一术语可能像是不适当的，因为恰当地说，动机指促使对象去动作的意念。然而，我们必须使用这个不恰当的术语，否则就得用一个尽管足够合适但很少用的词——决定因素（determinative）。作为这方面流行用法仍属正当的理由，或至少是辩解，可以注意到即使避不行动，或者不动作（即身体不动作），也仍然意味着采取了一项行动，如果这样的克制是自愿的话。也就是说，它意味着一项意愿行动，同有思想的存在物所做的任何其他行动一样是积极的行动，也一样是动作。

们可以是关于任何单独一份快乐或痛苦的内在观念,对这份苦乐的预期被认为经盘算决定你用这样那样的方式去行动,例如得到某一笔钱的快乐,或在某一情况下出力的痛苦,等等。它们也可以是任何外在事件,其发生被认为具有一种引起此类苦乐观念的倾
98 向,例如偶尔拿到一张彩票,使得你一下子交上了财运,或者你所在的屋子突然起火,你就不能不跑出此屋。前一类动机可称为内在的,后一类动机可称为外在的。

预期的动机和存在的动机

6. 还需要区分动机这一术语的另外两个意思。动机必然涉及行为。激发行为的是快乐、痛苦或其他事件。因此,就其一种词义而言,动机必先于这样的事件。然而,一个人要由任何动机来支配,就必须在每个场合不止是考虑导致其行为的那个事件,还必须考虑它的后果;只有这样,关于快乐、痛苦或任何其他事件的意念才能引起其行为。因此,他在每个场合都必须考虑到在所拟行动之后发生的某个事件,这个事件尚未存在,仅是预料中的。这样,一方面是被预期的、以后可能有的事物,另一方面是一个人在预料别的事物时所发生的、现存的事物或事件,它们联系得如此紧密,在所有场合都难以区别开来,并且在大多数场合不必做这种区分,因而两者俱在同一个名称——动机——之下被谈论。要把它们区分开来,前者可以称为预期的动机,后者则可称为存在的(in esse)动机。在这两个名称中,每个名称将既包括内在动机,也包括外在动机。邻屋突然起火,你害怕火势蔓延到你自己的屋子,担心如果留在屋里会被烧伤,因而跑到屋外。这就是行动,其他都是它的动机。邻屋突然起火这一事件是个外在动机,亦是存在的动机;关于火势可能蔓延到你自己的屋子和你若留在屋里可能被烧伤的想法

和信念，以及你想到这样的灾难时感到的痛苦，统统是内在事件，但仍然是存在的。火势实际上蔓延到你自己的屋子以及你实际上被火烧伤，是预期的外在动机；当你看到自己的屋子被烧毁时会感到的痛苦，以及你自己被烧伤时会感到的痛苦，则是预期的内在动机；这些事态按照事情的结果，可能变成存在的，当然一旦如此，它们将不再作为动机起作用。

直接动机和间接动机

7. 在所有这些动机中间，离它们全都参与促成的那个行动最近的，是存在的内在动机，它寓于关于预期的内在动机的预料之中，[①]那就是你在想到被火烧灼时感到的痛苦或不适。ⓒ所有其他 99
动机都在或大或小的程度上是间接的：预期的动机预料发生的期间离采取行动的期间越远，因而在时间上越靠后，就越是间接的；存在的动机离采取行动的期间越远，因而在时间上越靠前，也就越是间接。ⓓ

涉及理解的动机怎样可能影响意愿

8. 已经说过，其影响全然终止于理解的那些动机，不是我们

ⓒ 那究竟是关于被火烧灼的预料，还是直接内在动机所指的伴随这一预料的痛苦，可能难以确定。或许甚至还可以问，它们究竟是不是性质截然不同的东西。然而，这两个问题似乎都是纯粹的言词问题，如何回答完全无关紧要。甚至其他类型的动机，尽管为某些目的需要分别单独考虑，也联结得如此密切，以致往往很难避免将它们混淆起来。而且，这么做并不总是有意义的，因为它们迄今一直被混为一谈。

ⓓ 在存在这一术语之下，还必须包括过去的存在，它们就某一特定期间而言是现存的。与尚属未来的事相比，[②]它们同样是实在的。语言实有欠缺，使我们无法精确地区分存在（existence）和虚构（unreality），现存的存在和过去的存在。英语中存在一词和法学家们从拉丁语借来的存在（esse）一词，俱有不便之处，即像是把有关的存在局限于某一单个被认为是现在的期间之内。

① 此处依 1789 年版本，取代 1823 年及以后各版中无意义的异文——“在所有这些动机中间，离那个行动最近的……”云云。

② in comparison with。其中 with 一词 1789 年版作 of。

这里要研究的。因此，如果在作为涉及理解的动机来加以谈论的对象中间，有什么是我们这里关心的，那么这仅仅是就它们可能以理解为媒介对意愿有所影响而言。以这一方式，而且只是以这一方式，那些可能具有任何影响信任感的倾向的对象，会在一种实际的意义上作为动机来起作用。任何对象，凡趋于使人相信事实上或很可能有实际动机，亦即很可能有预期的动机或者确有存在的动机，就可能对意愿有所影响，并且与归于实际动机名下的其他动机同属一类。我们在说提出原因时，常指的就是识别出这样的动机。有如前例所述，你的邻屋起火了。我告诉你，这邻屋的下层有些木制构件同你的屋子连在一起，它们已遭火燃，等等。我对你说这些话，是为了使你同我一样相信，你若在自己屋内待得过久，就会身陷火中。我这么做，是向你的理解启示动机，这些动机具有引
100 起或加强痛苦的倾向，这痛苦又作为一种存在的内在动机作用于你。由此，这些动机合在一起，作为影响意愿的动机起作用。

第二节　不存在绝对好或绝对坏的动机

本身能作为动机起作用的，唯有关于快乐或痛苦的意念

9. 在整个这一动机之链中，主要的或根本的一环，似乎是最后那个预期的内在动机，所有其他预期动机靠它才有实质意义。我们看到，这个预期动机总是某种快乐或某种痛苦：所谈论的行动预期作为手段来维持或产生的某种快乐，所谈论的行动预期作为手段来制止或预防的某种痛苦。就实质而言，一个动机无非是以某一方式发生作用的快乐或痛苦。

没有任何一种动机，其本身是坏的

10. 快乐本身便是善，撇开免却痛苦不谈，甚至是唯一的善。

痛苦本身便是恶,而且确实毫无例外,是唯一的恶。否则,善恶好坏这几个词就毫无意义。每一种痛苦和每一种快乐,都是如此。因此,接下来顺理成章和无可争辩的是,**不存在任何一种本身是坏的动机**。[e]

用好或坏表述动机并非准确

11. 然而,通常把行动说成出自**好的**或**坏的**动机——指内在动机。这一说法远不是准确的。由于在考虑差不多每一种罪过时都容易发生这个情况,因而需要确定其精确的含义,并考察它在多大程度上符合真实。

任何一种动机都可以导致任何一种行动

12. 就好坏而言,动机同其他每一种本身既非痛苦亦非快乐的事情一样。如果它们是好的或坏的,那只是因为它们的效果:好是因为趋于产生快乐或避开痛苦,坏是因为趋于产生痛苦或避开快乐。于是,从一个同样的动机以及从每一种动机当中,可以产生好的行动,也可以产生坏的行动,还可以产生不好不坏的行动。我 101

们将就所有各类不同的动机来表明这一点,这些动机是由各式各样的快乐和痛苦决定的。

此种分析面临的困难

13. 这么一种分析尽管有用,但会被发觉有不小的困难,这在很大程度上归因于在所有语言中多多少少流行的某种结构反常。要谈论动机,就像要谈论任何事情那样,必须称以其名。但不幸的是,我们极少遇到纯粹的动机,其名称表达的恰好不过是它本身。通常,动机这一名称同时还蕴含着将某种品性归因于它的假设,这

ⓔ 即使一个人的动机不良,甚至称之为恶意、妒忌、残忍,它仍然是一种快乐:他想到他目睹或预料目睹其对手经受的痛苦时所有的那种快乐。现在,甚至这种可鄙的快乐,就其本身而言仍是好的。它可能微弱无力,可能短暂易逝,并且无论如何是不纯净的,但只要它持续下去,在产生任何坏的后果以前,它就同任何其他并非更强烈的快乐一样好。见第四章(快乐和痛苦的值)。

种品性在许多场合会像是包含了好或坏，那是我们眼下正在研究的——研究它恰当地说能否归因于动机。用通常说法，大多数情况下动机这一名称是个要么只在褒义、要么只在贬义上使用的词汇。当一个词在褒义上使用时，它必有的含义全在于：同关于它所示对象的观念并连，它传达了一种赞许之意，亦即在考虑这样的对象时使用该词的那个人感到的一种快乐或满足。与此相似，当一个词在贬义上使用时，它必有的含义全在于，同关于它所示对象的观念并连，它传达了一种非难之意，亦即在考虑这样的对象时使用该词的那个人感到的不快。于是，这样的赞许所依据的环境将与任何别的环境一样，理所当然地是关于对象好的评价，如同上面所解释的。按照功利原理，它必定至少是如此。另一方面，任何这样的非难所依据的环境也将与任何别的环境一样，理所当然地是关于对象坏的评价。只要采用功利原理作标准，它就必定至少是这样。

除非在几种特殊情况下，某些动机若不是用只在褒义上使用的词来表述，就几乎没有任何别的名称。例如，虔诚和荣誉这两个动机就是如此。结果，假如一个人在谈论此种动机时，竟用贬义词来表述他提到的、倾向于由此引起的任何行为，他就必定像是用词自相矛盾。然而，除了只在贬义上使用的词而外几乎无其他名词可表述的动机，其名称要多得多。[f]例如淫欲和贪婪这两个动机便是如此。因而，假如一个人在谈论任何这样的动机时，竟用褒义词或中性词表述他提到的、倾向于由此引起的任何行为，那么他同样必定像是犯了类似的自相矛盾过失。[g]

ⓕ 其原因见第十一章(性情)第 17 段注。

ⓖ 针对某些机智的道德学家不时掀起的激烈指责，很大程度上要归因于、并且

显然，观念的这一反常联系不能不给我们现在要做的研究带来很大困难。局限于常用语言，一个人就很难避免在表面上陷入无休止的矛盾。他的命题一方面会显得有违真实，另一方面会像是背离功利。它们作为似是而非的东西，将招致鄙视，而作为有害的似是而非的东西，将激起愤怒。他努力传达的真理不管多么重要，多么有益，读者也从中得不到任何好处，他自己则因此变得更糟。要完全规避这一麻烦，他只有一个令人不快的办法，那就是抛弃旧的用语，发明新的表达方式。假如此人所用的语言有足够的可塑性允许他这么干，那就很幸运。要是这种规避办法实际上行不通，他就别无良策，唯有进行冗长的讨论，详述整个问题，承认为有利于达到目的而违背了既定的语言规则，然后听凭读者发落。[h]

仅仅归因于这种语言的缺陷。这些道德学家离开业已走惯了的思辨之路，发觉多少难以摆脱普通语言的桎梏，例如罗什富科[1]、曼德维尔[2]和爱尔维修[3]便是如此。问题虽然大都出于作者在语言方面技巧不足，或者出于评论者缺乏眼力，可能有时还缺乏正直，却往往被归咎于这些道德学家看法荒谬，甚至更不公正地被归咎于他们心灵堕落。

① 第六代罗什富科·弗朗索瓦公爵（1613—1680）。边沁大概是指他的《格言》，即《道德警句与格言之思考》（1664 年出版）。

② 伯纳德·曼德维尔（1670—1733），著《蜜蜂寓言——私恶与公德》（1714 年出版）。

③ 克洛德·阿德里安·爱尔维修（1715—1771），其《精神论》是早期影响边沁本人论著的最重要的典籍之一。

ⓗ 幸好语言并非总是如此难以对付，通过运用两个而非一个词，可以避免生造新词的麻烦。据此，不用淫欲（lust）这个词，而是把两个常用的词连在一起，就可以构成中性用语性欲（sexual desire）；不用贪婪（avarice）一词，而是把同样常用的另外两个词结合起来，就可以构成中性用语钱财兴趣（pecuniary interest）。这因而是我采用的方法。确实，在这些例子当中，甚至两个词的结合也不是什么新招，唯一新颖之处是执著于一个中性表达方式，全然摒弃那些被外来的、不恰当的观念沾染了内涵的术语。

103 第三节 与种种苦乐对应的动机目录

与一般的快感对应的身体欲望

14. 从大致快乐的感觉中产生的动机,中性地说可称为身体欲望,贬义地说称为肉欲。它没有褒义的名称。关于此类动机,在根据它对应的若干种快乐分别予以考虑以前,没有什么是能够确定的。

与口福对应的动机

15. 具体地说,与味觉之乐对应的是这么一种动机:它没有一个在所有场合都能用来表达的中性名称,只能用迂回的说法,称为口福之欲。在一些特殊情况下它被称为饥饿,在另一些特殊情况下则被称为口渴。[①]喜爱佳宴表现了这一动机,但似乎还不止于此,因为它含有同他人共享快乐的意思,包含着一种同情。贬义地说,它在某些场合被称作贪婪、暴食、饕餮,而在另一些主要是说孩童的场合被称作贪吃。[①]在某些情况下,还可以用食不厌精这个词来表述。它没有褒义的名称。(1)一个男孩,并非为了果腹,从一家糕点铺偷了一块蛋糕,把它吃掉。在这个场合,他的动机会普遍被认为是坏的,如果要问究竟是什么动机,或许可答贪吃。[①](2)一

在与若干种苦乐相应的动机目录中,我写进了我所想到的。我不能声称保证详尽无遗。要确保做到这一点,唯一的办法是把词典从头翻到尾,这从追求完美的角度看,是为达到比这更多的目的所必需的。见册一,"诽谤"项;附录,"构成"项。[②]

① 饥渴从动机的角度考虑,更多地是指消除一种实在的痛苦的欲望,而非追求某一特殊种类快乐的欲望。它们并不扩展到那种取决于挑选食品饮料的快乐欲。

① 贪吃(lickerishness),1789 年版作"liquorishness"。

② 见前,第 72 页注 1。

个男孩从一家糕点铺买了一块蛋糕，把它吃掉。在这个场合，他的动机很难被认为是好的或坏的，除非他的监护人对他有气，因而或许会像前面那样把这称作贪吃。①然而，在这两个场合，他的动机 104
都是一样的，无非是与口福对应的动机。ⓙ

与性感之乐对应的性欲

16. 与性感之乐对应的动机，在中性意义上可称为性欲。按照贬义，它则以淫荡以及各种各样的贬称被人谈论。它全无褒称。ⓚ

(1) 一个男人强奸了一名处女。在此情况下，动机被毫无保留地称为淫欲、淫荡等等，而且被普遍认为是坏的。(2) 同一个男人，在另一个时候同他妻子行使婚姻权利。在此情况下，动机或许算是好的，或至少不好不坏。在这两种情况下，动机可以恰恰相同，即无非是性欲。

与新奇之乐对应的好奇等等

17. 与新奇之乐对应的动机，以好奇这一名称为人所知。或者，它可以称为爱新颖或爱尝试，在特别的场合是爱竞技运动或游戏。

(1) 为了消遣，一个男孩读一本有益的书，其动机或许算是好的，无论如何不坏。(2) 他玩陀螺，其动机据信无论如何不坏。(3) 他放一条狂暴的公牛闯入人群，其动机眼下或许被称作可恶

ⓙ 不值得在每个场合都举出一个行为中性的例子。如果亦好亦坏的行为可以出自同一个动机，那就很容易想象这动机也可以是中性的。②

ⓚ 的确，爱情有时包括了褒义，但根本无法说出将它单独展示的理由，因为除此之外至少有三种动机可被囊括其中：与视觉之乐对应的爱美之心，以及同和睦之乐与仁慈之乐对应的动机。我们说爱孩子，爱父母，爱上帝。这些纯洁虔诚的用法保护了这一名称，使之不被那饱受耻辱的亵渎性近义词玷污。甚至肉体之爱也不是理由，因为这当中包括了爱美之心。

① 见上页注1。——译者

② 最后的从句依照1789年版本原样（即“that so also may indifferent”——译者），以取代1823年版本中的校勘错误，即“that also may be indifferent”。

的。然而，在所有这三个场合，动机可以一模一样，即无非是好奇。

其他感官之乐没有对应的动机名称

18. 至于其他感官之乐，由于无足轻重，未赋予与之相应的种种动机任何独特的名称。

105 与财富之乐对应的钱财兴趣

19. 与财富之乐对应的动机，在中性意义上可称为钱财兴趣。贬义地说，它在某些场合被称作贪婪、财迷、贪心或赚钱牟利，在另一些场合被称作吝啬小气。褒义地说，但只是在特殊场合，它等同于节约和俭朴，有些情况下可以用勤劳一词。在接近中性、但多少包含贬义而非褒义的意味上，它被称为——虽然仅在特殊场合——过度俭省。

（1）你为钱，把某人的对手置于死地，以此来满足这个人的仇恨心。（2）你为钱，替他耕地。在前一个场合，你的动机称作赚钱牟利，并被当作堕落的和可憎的；在后一个场合，由于缺乏恰当的名称，它称作勤劳，而且即使不被认为是美德，也至少被看作清白的。然而，这动机在这两个场合恰恰一样，即无非是钱财兴趣。

没有与技能之乐对应的动机名称

20. 技能之乐既非足够独特，又非足够重要，因而与之对应的动机没有任何名称。

与和睦之乐对应的讨人欢心欲

21. 与和睦之乐对应的动机，在中性意义上可称为讨人欢心欲。贬义地说，它在某些情况下被叫做奴性。它没有专门的褒义名称，在得到赞许性看待的场合，它难得与同情或仁慈性质的动机区别开来，而是通常与之相联。

（1）婚前为取悦一个女人，婚后为保持她的欢心，你做讨她喜欢的、与其他责任相符的一切。在此情况下，你的动机被看作是值得称赞的，虽然它没有恰当的名称。（2）为了同一个目的，你毒杀一个与她作对的女人。在此情况下，你的动机被看作是可憎的，尽管它仍然没有恰当的名称。(3) 为取得或保持一个比你更加有钱有势的人的宠惠,你对他唯命是从。即使他的意愿合理合法,如果人们把你的行为归因于这一动机,那么除了奴性外,他们找不到任何别的名称来称呼。然而,在所有这三种情况下,动机是一样的,即无非是要使你自己讨人欢心。

与名誉之乐对应的喜爱名望

22. 与道德约束力之乐(或者如可以有的另一种称法,即名誉之乐)对应的动机,简直尚未有任何适当的中性名称。它或可称为喜爱名望。它与前一种动机非常相似,即无非是自我迎合欲,或者 106
像在这个场合我们宁愿说的那样,是对世自荐欲。褒义地说,它被称作荣誉或荣誉感。或者宁可说,荣誉一词是不知怎样随手拿来的,因为严格说来这个词实际上意味着一种想象物,是一个人据说在所谈论的快乐中得到可观一份时所拥有的。特殊情况下,它叫做爱荣耀。贬义地说,在某些场合它叫做爱虚名,在另一些场合叫做骄傲,在还有一些场合叫做虚荣。在一种并非绝对坏但确实不好的意义上,它被称作野心。无关褒贬地说,它在某些情况下称作名望欲,在另一些情况下称作羞耻感。正如属于道德约束力的快乐难以分辨地与出自同一个来源的痛苦相交织,[①]它在某些情况下还可以叫做怕丢脸、怕难堪、怕恶名、怕蒙垢或怕羞耻。

(1) 假设你被某人当众侮辱。按照举国流行的习俗,一方面为了使你自己免却被认为含垢忍辱的羞耻,[ⓜ]另一方面为了博得

---

① 见第六章(似为第五章之误——译者)(快乐和痛苦),第 24 段注。

ⓜ 一个人含垢忍辱,亦即不采取所谓雪耻的办法,据认为是指下面两种情况中的任一种:他对道德约束力之苦乐缺乏敏感性,而这是一个人为使自己成为可尊敬的社会成员所应具备的;或者,他缺乏舍命报怨雪恨的足够勇气,那被认为是只要对上述苦乐的价值有恰当意识就不会不由此而激起的。的确,还有其他形形色色的动机,其

敢作敢为的美名，你向他挑战，用致命的武器来决一雌雄。在这种情况下，你的动机会被某些人当作值得称赞的，并被称为荣誉；但另一些人会把这看作是可予谴责的。即使他们把这称为荣誉，也会赋予贬义，称之为虚荣。(2) 为了取得一个显贵的职位，并因此
107 使公众更加尊敬你，你便贿赂负责授予这一职位的选举人，或负责审理任职资格诉讼的法官。在此情况下，你的动机通常被当作腐败的和可憎的，或许被一些人称为不诚实或追求堕落等等，因为它并非仅有一个名称。(3) 为了取悦于公众，你捐出一大笔钱用于私人慈善或公共事业项目。在此情况下，人们很容易对你的动机有不同看法。你的对手会丑化它，称之为出风头；而你的朋友为了使你摆脱这指责，会宁愿把你的行为归因于某种别的动机，而不是这一动机，例如慈善(在此场合用来称个人同情心的名称)或公益精神。(4) 一位国王，为了取得同征服者之名相连的赞颂(我们假设这里全不涉及权势和怨恨)，将他的王国投入一场残酷的战争。

中任何一种都同样可能产生相同的行为，那就是与宗教约束力对应的各种动机以及在仁慈名下的各种动机。若虔敬上帝，这里谈论的做法就普遍被看作违背宗教约束力的命令；同情你的对手，他的生命会和你自己的生命同时被置于危境；同情他的亲属朋友等等，这些人依靠他抚养资助，或与他有同情性联系；同情你自己的亲属朋友；甚至同情公众，如果他的生存看来关系到公众的实质性利益。然而，和恋生倾向相比，众所周知宗教约束力的影响一般弱而无力，特别是在这里谈论的几类人中间。这一习俗的流行便是确证。在这一习俗强固得占优势的地方，其罕见得或许足以使一个人名载史册，而且无论如何足以使他升华为殉道者。不仅如此，私人仁慈或公共精神压倒恋生倾向的事例自然也少见，而且由于一般的贬损倾向，它们被认为如此的场合更稀罕得多。于是，倘若三种或三种以上各自都能产生既定行为模式的动机同时起作用，那么看来最为有力的，是当然会被认为实际上作用最大的那种。而且，由于人类大多数在所有场合倾向于依照表面估计仓促地作出断定，它一般会被看作是起了全部作用。

结果，当有一定地位的人含垢忍辱，不图报复，他的行为便会被大多数人归因于恋生，而在恋生甚于恋名时，由于一种并非无益的观念联系，恋生被冠以怕死的恶名。

他的动机被大众认为是值得称赞的（他们对千百万生命的同情很容易被一种乐趣压倒，那是他们在目瞪口呆地凝视他们从单独一人的行为中所见的任何新奇之处时的虚幻感受）。具有感情和思想的人们把这看作是可憎的，不赞成这一动机在此场合所起的支配作用，但并非总是认识到这同一种动机在别的场合得到他们的赞许；而且，由于大众——语言的制造者——未给他们提供一个简单名称来称呼这种动机，他们会用例如喜爱虚荣或怀抱妄想等等复合名称来称呼之。然而，在所有这四种情况下，动机是一样的， 108
即无非是喜爱名望。

与权势之乐对应的是喜爱权势

23. 与权势之乐对应的动机，在中性意义上可称为喜爱权势。对它感到厌恶的人有时称之为贪逐权势。它几乎没有一个褒义的称呼。在某些场合，这种动机和喜爱名望一样，在同一个名称——野心——之下被混为一谈。考虑到许多情况下这两种动机之间的紧密联系，这就没有什么奇怪了，因为通常某项提供一种快乐的事情，同时提供另一种快乐；例如官职既意味着荣誉，又意味着信赖；而且无论如何名望是取得权势的途径。

(1) 假设你为了取得某个行政职位而毒杀在位者。(2) 又假设你为了同一个目的，提出一项促进公共福利的有益计划。你的动机在这两个场合是一样的。然而，在第一个场合，动机被当作犯罪性的和可憎的，而在第二个场合，它被当作可以容许的，甚至是值得称赞的。

属于宗教约束力的动机

24. 与宗教约束力之苦乐对应的动机，严格地说没有可适用于所有场合的、完全中性的名称，除非允许宗教一词具有这一含义。宗教一词严格说来，似乎与其说是指动机本身，不如说是指一种虚构的人格，动机据想由此创造出来，或者是指据想由这一人格指使的行动的一种集合。它也不像被完全归结为一个中性的意思。某些情况下，它还按照同样的意义被称为宗教热情，而在另一些情况下则被叫做畏惧上帝。热爱上帝虽然通常被当作与畏惧上帝相反，但并非严格地属此名下。它同一种具有不同名称的动机相吻合，那就是以神祇为对象的同情或善意。其褒称，曰信仰、虔诚或敬神热忱；其贬称，在某些情况下曰迷信或迷信热，在另一些情况下曰盲信或宗教狂热。还有一种并非断然贬损的名称，因为它并不是用来指这一动机的，那就是热心或热情。

(1) 为了取悦于上帝，某人暗杀了本国合法君主。在这个场
109 合的动机现在被普遍视为可憎的，并被称为宗教狂热，而过去许多人把它当作值得称赞的，称其为敬神热忱。(2) 为了同样的目的，某人鞭笞自己。在这个场合的动机，有的教派认为是值得称赞的，称其为敬神热忱；别的教派却认为是可鄙的，称其为迷信。(3) 为了同样的目的，某人以某种仪式吃下一片面包(或至少外表看来是一片面包)。在此，他的动机被有的教派视为值得称赞，被叫做虔诚或信仰，别的教派却认为可憎，像上面那样称其为迷信，或许甚而荒谬地称其为不虔诚。(4) 为同一目的，某人于垂死之际手执牛尾。这个场合的动机，在泰晤士河畔会被认为是可鄙的，被称为迷信，而在恒河两岸却被认为大可赞美，被称为虔诚。(5) 为同一目的，某人捐出一大笔钱用于私人慈善或公共事业项目。这里的动机，至少被那些把有关项目看成有益有德的人称为值得称赞的，并且至少会被这些人说成虔敬。然而，在所有这些场合，动机恰恰一样，即无非是属于宗教约束力的动机。[n]

与同情之乐对应的善意等等

25. 与同情之乐对应的动机，在中性意义上称为善意。同情一词也可以用在这一场合，尽管它的意思似乎更广泛些。褒义地说，它被叫做仁慈，在某些场合叫做慈善，或用比喻的说法称为兄弟之情。另外，它还在不同的场合被叫做人性、博爱、怜悯、哀怜、宽恕、感恩、温柔、爱国主义、公益精神等。爱也在这个意义上被使用，就像它在其他许多意义上被使用那样。它没有在所有情况下都适用的贬称，只是在特殊情况下被叫做偏心。**热情**一词，同某些前置形容词连在一起，有时也可以用在这一场合，尽管意思更广泛些，有时既用来表示善意，也用来表示恶意。故而，我们说**党派**热情、**民族**热情、**公共**热情。**情结**一词与类似的形容词相连，也在被用之列，例如我们也说**家族情结**。在英语中，看来简直没有任何同法语**团结精神**(esprit de corps)相应的用语，它在某些场合或许可 110
以(尽管颇不适切)用团体精神、团体情结或团体热情来表示。①

(1) 一个纵火焚烧村镇的人被拘禁并被判罪，而你出于关心或怜悯，帮他越狱。在这种情况下，一般人很可能搞不清究竟应当谴责还是赞扬你的动机。那些谴责你的行为的人，会倾向于宁愿

(n) 我知道，或至少我希望，当一般人观察如此陈述的事态时，会乐于承认这些场合的动机不坏，不管它产生的行动倾向是什么。然而，这并不会使下面的情况变得不那么真实：迄今为止，在流行的议论中，人们通常都把他们不能不承认是源于这一缘由的行动，说成是由坏的动机引起的。这一点将适用于许多其他场合。

① 在1789年版本内，本段末尾写作："……用职业精神、职业情结和职业热情来表示。"1823年版本所作修改系据边沁的下述手注(注于大英博物馆藏1789年版本之个人藏本)："职业改为团体，其意较为广泛"。**热情**、**党派**、**民族**、**公共**、**情结**和**家族情结**等词加着重号，系据边沁的另一项手注，但未被1823年版本或《边沁全集》鲍林版采纳。

将其归咎于某个别的动机。如果他们把这叫做仁慈或怜悯，他们会在前面加上一个形容词，称之为不适当的仁慈，或不适当的怜悯。[◎]（2）还是那个人，他被送上法庭审判，而你为了救他，作了有利于他的伪誓。那些在前一场合不会说你动机不善的人，现在或许会这么说了。（3）某人就一块地产同你打官司，他对该地产没有任何权利。法官虽然知道这一点，却由于尊敬你的对手或与之有交情，把地产判给了他。在此场合，每个人都认为这动机是可憎的，将其称为不公正或偏心。（4）你发觉一位政治家受贿。出于对公共利益的关心，你将此公之于世，对他提出起诉。在这一情况下，你的动机会被所有认识到你的行为是出于这种动机的人视为值得称赞的，并称其为公益精神。然而，他的朋友和追随者不会愿意用任何此类方式来说明你的行为，他们会宁愿把这归因于宗派敌意。（5）你发觉某人快饿死了。你给他东西吃，救了他的命。在这个场合，你的动机会

111 被所有人认为是值得称赞的，会被称作怜悯、哀怜、施舍、仁慈。然而，在所有这些场合，动机是一样的，即无非是善意的动机。

与厌恶之乐对应的敌意等等

26. 与作恶或厌恶之乐对应的动机，在中性意义上可称为反感或不满，在特殊情况下则称为厌恶、讨厌、憎恨和愤怒。在中性

◎ 在希腊人中间，这么一种情况下该动机及其引起的行为或许会得到赞许而非指责。大力神海格力斯将朋友忒修斯救出地狱，似乎被认为是一种英雄行为，尽管神的正义——将其拘于地狱——自然应当至少与人的正义等量齐观。[①]但是，在那个时代，对神的正义的尊崇并不像是很深切或很稳固；而在当今，这种尊崇却足够深切稳固，虽然神的正义过于经常地被用来称呼除极端的人类任性外不可能来自别处的命令。

① 海格力斯的第十二项努力，是将守护冥府入口的三头狗塞卜洛士引出阴曹。但后来有了许多续貂之作，其中一种说海格力斯救了忒修斯，后者为帮助庇里托俄斯从阴曹获得冥后珀尔塞福涅而沦入地狱。

意义上，或许有那么一点贬义，它还可称作敌意，在特殊情况下则称作恼怒、大怒和恶意。它在不同场合的贬称，是大怒、怨恨、阴沉、憎恨、[1]仇恨、恶毒、深仇、狂怒、狂暴、残忍、暴虐、妒忌、报复心、厌世以及其他种种几乎不值得去费劲罗列的名称。[P]像善意那样，它使用起来连着表述词语，意在表现作为这一情感的对象的那些人。因此我们听说党派敌意、党派狂怒等等。看来它没有一个单独的褒称，但可以用复合用语在褒义上谈论，即在中性或接近中性意义上使用的词汇之前，加上正当的和值得称赞的之类形容词。

（1）你抢劫了某人，他控告你，使你受到了惩罚。出于怨恨，你袭击他，亲手把他绞死。在此场合，你的动机会被普遍认为是可憎的，会被称作恶毒、残忍和报复心等等。（2）某人偷了你一点儿钱，出于怨恨你控告他，使他依法被绞死。在此场合，人们对你的动机的看法很可能有点分歧：你的朋友会认为那值得赞扬，称之为正当的或可嘉的怨恨，而你的敌人或许会倾向于认为应予谴责，称之为残忍、恶毒、报复心等等。你的朋友为了排除这种指责，或许会试图把你的动机改称为公益精神。（3）某人杀害了你的父亲，出于怨恨你控告他，使他依法被处死。在此情况下，你的动机会被普遍认为是值得称赞的，并且像上面那样被称作正当的或可嘉的怨恨。还有，你的朋友为了从你的直接动机由以生成的那个恶意 112

[P] 在这里，像在别处那样可以看到，在作为动机名称被提到的同一些词语中，许多也是情绪、欲望和感情的名称。它们都是虚构体，只是因为考虑到根据某些特殊观点确定的快乐或痛苦才得以形成。这一部分术语明显地纠缠在一起，要将其完全澄清就需要写一大本书，其中没有任何东西适于纳入本书的范围。

[1] “憎恨”一词是边沁在手记中插入的，写于大英博物馆藏 1789 年版本之个人藏本。1823 年版忽略了这个词，《边沁全集》鲍林版（第一卷，第 53 页）将其添入。

本原中，引申出较具爱意的本原，会用孝顺之类名称来隐瞒前者，只谈论后者。然而，在所有上述情况下，动机是一样的，即无非是敌意的动机。

与若干种类痛苦对应的自我保存

27. 有一种动机，它在中性意义上一般被叫做自我保存，即希望保存自己，免遭有关的痛苦或灾祸。这种动机所对应的，是若干类痛苦，或至少其中所有被认为程度剧烈的痛苦，是死亡，即在我们可想象的限度内我们所熟知的一切苦乐的终结。在许多情况下，求乐欲和痛苦感无法分辨地交织在一起。因此，在它对应的痛苦程度微不足道时，自我保存很难以任何精确的方式同对应于若干种类快乐的动机区分开来。在遭受饥渴之苦的场合便是如此：物质需要在许多情况下很难同物质欲望相区别。在某些情况下，它被称作自卫，这仍然是中性意义上的。在道德和宗教约束力的苦与乐之间，也因此在与之对应的不同动机之间，这一缺乏明确界线的情况已经被注意到了，如同在和睦之乐与敌意之苦两者间那样。[9]在财富之乐和与之对应的匮乏之间，情况也是如此。因此，在许多场合，要把自我保存动机同钱财兴趣、讨人欢心欲、名望欲以及宗教希望区别开来，将是困难的。在这些场合人们喜欢用的，自然会是比较具体、比较明确的名称，而不是自我保存这一笼统含糊的名称。还有许许多多复合名称，它们或者已经使用，或者可能被构造出来，以便将自我保存动机的种种具体形态，与出自快乐原因的那若干种动机区别开来。例如害怕贫穷、担心失去某人的关心、害怕羞辱、畏惧上帝，便是这样的复合名称。此外，与丧命之灾

⑨ 见第五章(快乐与痛苦)，第 24，25 段。

对应的，在中性意义上是惜命，贬义地说则是懦弱胆怯——它还对应于痛苦感，至少在痛苦感被认为相当剧烈的场合是如此。惜命似乎并无褒称，除非把审慎这一含糊笼统的称法算上。

（1）为使你自己免遭绞刑、枷刑、监禁或罚款，你毒杀了唯一能提供对你不利的证据的人。在这个例子中，你的动机会被普遍视为 113
可憎的，但由于自我保存这一术语并无贬义，人们就不会愿意采用它，而会倾向于改换动机，把它称为恶毒。（2）一个女人在刚生下一个私生子之后，为使自己免于出丑，杀死了这个婴儿，或将其遗弃。在此情况下，人们也会把这动机说成坏的，并且由于不愿用一个中性名称来谈论，会倾向于改换这动机，用残忍之类名目称呼之。（3）你为了省个一个铜板，让一个你本可用这点小钱维持生命的人在你眼前活活饿死。在这场合，你的动机将普遍被认为是可憎的，而且人们为避免用自我保存这么一个宽容的名称来称呼它，会倾向于把它叫做贪心和吝啬——在此它确实与之难解难分。为了找到一个更具贬义的名称，他们同样会倾向于改换这动机，称之为残忍。（4）为了制止饥饿之苦，你偷了一个面包。在这场合，你的动机或许简直不会被认为很坏；而且，人们为了表示更加宽容，会倾向于找一个比自我保存更有力的名称来表述，称之为**必需**。（5）为使自己不致淹死，你赶走了一个与你抱住同一块救生木板的无辜者。在此，你的动机一般会被认为不好也不坏，会被称为自我保存，或必需，或惜命。（6）为使自己免遭一帮劫匪杀害，你在搏斗中杀了他们。在这一情况下，你的动机或许会被认为值得称赞，而不是相反，它不仅被称作自我保存，也被称作自卫。（7）一个士兵受遣加入一支队伍，去打击一支较弱的敌方队伍。但还没等到赶上他们，他就为了活命而逃脱了。在此，动机会被普遍认为是可鄙的，会被称为懦弱胆怯。然而，在所有这些不同场合，动机仍然一样，即无非是自我保存。

与劳累之苦对应的是喜好安逸

28. 细而言之，与劳累之苦对应的动机在中性意义上可称作喜好安逸，或者用一种比较冗长委婉的说法，叫做规避麻烦的愿望。它的贬称是懒惰。[r]带褒义的名称似乎没有。

114 （1）为了免却照顾之烦，一位父亲全不顾孩子死活。在这个例子中，动机会被认为是可憎的，而且因为懒惰看来是个太温和的名称，动机或许会被改换，换用残忍之类名目来谈论。（2）为使自己不致受到非法奴役，你设法逃脱。在此，你的动机肯定会被认为不坏，而且因为懒惰、甚至喜好安逸会被认为是个太不利的名称，它或许会被叫做热爱自由。（3）一名机匠为省力，改进了自己的机械。在此，人们会把他的动机看成是好的，而且由于找不到带褒义的名称，会倾向于掩盖这动机。他们会谈论他的才智，而非他赖以表现才智的动机。但是，在所有这些场合，动机都一样，即无非是喜好安逸。

只有根据效果之最经常的情况，才能说动机是坏的

29. 因而，看来不存在任何就其本身而言是坏的动机，也因此不存在任何本身纯粹好的动机。至于其效果，似乎也是有时好，有时坏，有时不好不坏：每一种动机看来莫不如此。**如果任何一种动机因其效果而或好或坏，那么只是在一个个具体场合、就一个个具体动机来说是如此**；所有种类的动机莫不如此。**如果任何一种动机因而能在考虑其效果的情况下，被恰当地说成坏的动机，那么只**

[r] 乍一看来，把喜好安逸当作一种引起行为的动机来谈论，可能像是奇怪的。然而，在小劳累有希望使人免却大劳累的情况下，劳累同无所事事一样，自然是喜好安逸的一种结果。

是根据它在一段给定时间内可能有的所有好坏效果的对比，即根据其最经常的倾向，才能这么说。

泙欲、贪婪之类动机为何总是坏的

30. 那又怎样？（有人会说，）难道淫欲、残忍和贪婪不是坏的动机？难道有任何具体场合，在那里此类动机不是坏的？当然没有。然而，除在许多场合将是好的动机外，并不存在一个种类的动机——这一命题仍然是对的。事实是，这些名称如果被恰当使用，便永远只是用在它们所表示的动机碰巧是坏的场合。脱离其效果来考虑，这些动机的名称是性欲、反感和钱财兴趣。当其效果被看作是坏的时候，性欲被称为淫欲。淫欲一向是一种坏的动机。为什么？因为如果这动机的效果不坏，它就不会，或至少不应当被称为淫欲。因此，当我说“淫欲是坏动机”时，这是个仅仅关系到淫欲一词词意的命题，它如果被转用到表示同一个动机的另外一个 115
词——性欲上面，那就错了。于是，我们看到所有那些流俗道德的说教谈吐之无聊愚蠢，它们采用淫欲、残忍、贪婪之类名词，将这些词打上受人谴责的烙印。用它们来表示事，是错误的，用它们来表示名，则固然真实，却琐碎无聊。你真的要做一件确实有益于人类的事情，那就展示一下这样的例子：在其中，性欲、反感和钱财兴趣值得被叫做淫欲、残忍和贪婪。

在上述限度内，动机可以区分为好的、坏的和不好不坏即中性的

31. 假如必须用好、坏以及不好不坏之类名称来描述动机，那么考虑到它们最常见的效果组合，或许可以按照下述方式将它们分门别类。能被归入好动机一类的有：(1) 善意；(2) 喜爱名望；(3) 希望和睦；(4) 宗教。能被纳入坏动机的有：(5) 反感。能被归入中性或不好不坏动机的有：(6) 身体欲望；(7) 钱财兴趣；(8) 喜爱权势；(9) 自我保存，包括畏惧痛感、喜好安逸以及惜命。

此种区分之不便

32. 不过，这种分类方法只能是不完美的，其中的名称有谬误之虞。因为，究竟凭什么调查方法能够使一个人确信，就那四种被列为好的动机而言，自创世以来其中每一种具有的好效果始终超过坏效果？一个人更难使自己确信，那些被列为中性或不好不坏的动机，其效果恰好彼此相抵，好的分量既不大于、也不小于坏的分量。应当考虑到，这个人本身的利益不会比社会其余成员的利益更多地被置于估计之外。因为如果人类不适用于饥渴、性欲、惧痛、惜命等动机，它会是什么样子？按照人性的实际构造，反感这一动机或许也不比任何别的动机来得不那么必要，尽管可能可以想象一种体制，在其中全无反感也能正常生活。因此，它们似乎简直不能按照这种方式区分开来——即使是彼此区分——而无犯错误的很大危险。

116 动机是好是坏只能根据具体场合而定

33. 一项动机要能既保险又恰当地称为好的或坏的，唯一的办法似乎应当是根据它在每个具体场合的效果，主要看它引起的意图。就像此后会表明的那样，它的效果当中最重要的部分，是从意图中产生的。如果动机引起的意图是好的，那么这动机便是好的，如果意图坏，那么动机就坏，而意图好坏所根据的是那些作为其目的的重要后果。到此为止，意图好坏只能从动机的种类得知。然而如我们已经看到的，从同一种动机可以产生任何一类意图。因而，这一情况无法为排列若干类动机提供任何线索。

动机分为社会的、反社会的和自顾的

34. 因此，使用起来比较便利的一种方法，似乎应当是按照它们看来对社会其他成员的利益造成的影响来分类，而把当事者本人的利益撇在一边。也就是说，按照它们看来具有的、把他的利益与社会其他成员的利益结为一体或分离开来的趋向。据此，它们可分为**社会的**、**反社会的**和**自顾的**动机。可纳入社会类的有：(1)

善意；(2) 喜爱名望；(3) 希望和睦；(4) 宗教。可纳入反社会类的有：(5) 反感。属于自顾类的有：(6) 身体欲望；(7) 钱财兴趣；(8) 喜爱权势；(9) 自我保存，包括畏惧痛感、喜好安逸以及惜命。

社会的动机可再分为纯社会的和半社会的

35. 就名曰社会的动机而言，假如作任何进一步的区分是有用的，那么只有善意才可形容为**纯社会**的，而喜爱名望、希望和睦以及宗教的动机，可以统统包含在**半社会**的名下。前者的社会倾向比后三者持久得多，也明了得多。的确，这后三者虽然可以称作是社会的，但同时也是自顾的。ⓢ

第四节　动机的等级排列

善意的命令是最确凿地符合功利原理的命令

117

36. 在所有这些种类的动机当中，善意的命令ⓣ一般来说是最确凿地符合功利原理的命令，因为功利命令无非是最广泛ⓤ、最明智(即**最深思熟虑**的)ⓥ仁慈的命令。其他动机的要求有时可能符合功利命令，有时可能违背之。

但并非在所有场合都如此

37. 然而在这方面不证自明的是，在所谈论的场合，仁慈命令

ⓢ 虔诚的艾迪生在《旁观者》杂志的某处写道："宗教是最高的一类自爱。"[1]

据想出自动机的法则和命令

ⓣ 当一个人据想在任何动机驱使下采取或不采取这样那样的行为时，为了话语的便利，可以把此种动机说成是引起了一类虚构的**法则**或**命令**，它们要求他采取或不采取该行为。*

ⓤ 见第四章(快乐和痛苦的值)和第六章(敏感性)第21段。

ⓥ 见第九章(知觉)。

* 见第一章。

① 在据认为是艾迪生为《旁观者》杂志写的任何文章里，似乎都没有这句话。然而它们体现的观点却在若干别处可以看到。参见《旁观者》第185，186，213，447期等等。

不与一种更为广泛，即扩大了的仁慈命令相抵触。如果关于某一群人的利益的仁慈命令，违背了同一动机关于另一群人更重要的[w]利益的命令，那么很明显，前一命令可以说是被后一命令否定。要是一个人由前者支配，那么他简单无法被恰当地说成听命于仁慈。因此，要是肯定一个人同样心怀两方面的动机，这种抵触便几乎不值得分辨，因为那狭隘的仁慈可以认为被纳入较广泛的仁慈之内。如果前者占上风，并支配了行为，那就必须认为它不是出自仁慈，而是出自某个别的动机；如果后者占上风，就可以认为前者不起作用。然而，狭隘的仁慈可能支配行为，而不与防止该行为的较广泛的仁慈发生任何直接竞争，因为一个人在未想到为数较多的那批人的利益或者对之印象不深时，可能关注为数较少的那批人的利益。由此，这一动机的命令可以违背功利，但仍系仁慈命令。使得私人仁慈命令总的来说符合功利原理的，是它们一般不违背公共仁慈命令，如果它们有所违背，那也只是偶然的。使得它们更加符合功利原理的，是文明社会中当它们本身倾向于违背
118 公共仁慈命令时，它们多半会遭到更有力的自顾动机的抵抗，法律就利用这类动机来克制它们。只是在未遭到其他更有益的命令抵抗的情况下，它们才为所欲为。一个人为父亲或儿子而做出不义或残忍行动，该行动受到惩罚，并且有理由受到惩罚，就像它是为他自己所做的一样。

接下来是喜爱名望之命令

38. 还有一种动机，其命令就可能符合功利原理的要求而言，仅次于善意，那就是喜爱名望。只有一种情况，妨碍这类动机的命

[w] 或曰分量更大的。见第四章（快乐和痛苦的值）。

令在所有场合都与前者的要求吻合，即人们并非完全从功利原理出发来决定自己的好恶，决定自己所表现的赞成或非难任何行为模式的倾向，以及因此赞成或非难那个看来采取该行为模式的人的倾向，决定自己的善意或恶意。有时指导他们的是禁欲主义原理，有时则是同情和厌恶原理。还有一种情况，并非减小了它们符合功利原理的程度，只是减小了它们与仁慈动机的要求相比的有效性。仁慈动机的要求，在私下场合和在公开场合一样有力地起作用，不管它们建议的行为看来是否可能会被人得知，而喜爱名望这一动机的命令在多大程度上同仁慈动机的要求相符，却取决于一个人的行为看来可能在多大程度上被人得知。然而，这一情况并不像乍一看来那样可能显得如此重要。越是实质性的行动，越容易被人得知，[x]而就名望来说，连最轻微的怀疑也往往起到证据的作用。另外，假如一项行动是不体面的，那就完全无法肯定一个人能够使之秘而不宣——秘而不宣自然会克服他本来可能有的不愿做此行动的意向。而且，即使所谈论的行动竟一直被隐瞒，它也会趋于形成一种习惯，而习惯又会引起其他行动，它们就不会有同样的好运气了。没有任何处于懂事年龄的人，这类考虑对他会完全无足轻重，而一个人的智力越强，心理越稳定，这类考虑对他起的作用就越大。[y]此外，还要加上习惯本身的影响：习惯一旦形成，就会限制一个人去采取某些行动，这些行动由于带有坏名声以及由于什么其他原因，是他惯常厌恶的。在这样的场合，习惯的影响 119

ⓧ 见册二，“证据”项。

ⓨ 见第六章(敏感性)第 12，13 段。

是个事实问题，它虽然不易说明，但得到承认并且毋庸置疑。ⓩ[2]

随后是希望和睦之命令

39. 在喜爱名望之后，看来应当是希望和睦这一动机的命令。前者在倾向于符合仁慈要求的限度内，倾向于符合功利要求。希望和睦这一动机的命令，也在一定范围内趋于符合功利要求。不过，喜爱名望之命令符合的那种仁慈较为广泛，希望和睦之命令符合的却较为狭隘。但希望和睦之命令仍然优于自顾动机的要求：前者在一生的这个或那个时期里，促使一个人为许许多多人的幸福作出贡献，后者却从生到死，始终限于照顾那一个人。显然，和睦欲的命令会比较接近于符合名望欲的命令，并因此依照一个人会希望与之和睦相处的人数之多寡，在不同程度上符合功利要求。因此，例如一个英国议会议员，尽管有种种弱点，也尽管他所不得不取悦的民众有种种愚行蠢念，但总的来说，他与君士坦丁堡的廷臣师爷或印度斯坦的府尹[1]文书相比，很可能是个较好的人物。

174

宗教命令不易定位

40. 宗教种类五花八门，不可胜数，因而宗教的命令极为多变，以致很难知道给予它们什么样的一般说明，或将它们所属的动机放在什么位置上。人们谈到宗教时，首先想到的当然是他们自己宣称信奉的那种宗教。这很容易引起错误估算，很容易把这类

ⓩ 严格地说，习惯只是一种虚构的东西，并非真正有别于它据称由以形成的行动或想象，因而不可能是任何事物的原因。但是，这个暧昧不明的谜可以根据联系原理得到令人满意的解释。关于该原理的性质及其确切意义的一项很好的说明，可见哈特利论人的著作(普里斯特利博士版)。[2]

① naïb，亦写作 nawab 或 nabob。詹姆斯·穆勒在其《英属印度史》一书中常用这个写法，在这里一样，用来指一个城镇或地区的长官或副长官。

② 指戴维·哈特利《论人的构造、责任与期望》(1749)一书的节略本，由约瑟夫·普里斯特利于1775年出版，题为《哈特利关于人类精神的理论——论观念联系原理》。

动机抬到名不符实的过高的位置上。如果宗教信仰的对象——上 120
帝——被普遍设想为既全智全能又大慈大悲，如果有关他的仁慈的观念同时像有关他的智慧和权能的观念一样正确，那么宗教的命令就会在一切场合符合功利要求。但不幸的是，这两个条件实际上都不具备。上帝被普遍设想为全能的，因为任何人用神这个概念来表示的，除了上帝——不管他是什么——造就一切外，还有什么？至于智慧，则上帝既知此，便必知彼。就所有实质意义而言，这些观念似乎普遍而且正确。可是，在宗教信徒中间(各色各样的基督教派只是其中一小部分)，真正相信上帝仁慈的看来屈指可数(我不说到底有多少)。他们口头上称上帝仁慈，但这不是指上帝确实如此。他们的意思并非上帝像一个人被认为仁慈的那样仁慈，并非上帝在仁慈一词唯一具有实意的意义上是仁慈的。因为如果他们的意思确是如此，那么他们本会承认宗教命令只能是功利命令，毫无二致，不多不少。但实际情况是，他们在无数场合背离功利原理。他们追随与之相反的、怪诞的原理(有时是同情和厌恶原理)而误入歧途。[a2]因此，在这样的情况下，他们内心持有的经常是恶意观念，他们把这一观念本身的恰当称呼去掉，换上社会动机这个听来悦耳的名称。[b2]简言之，宗教命令无非是在神学原理[c2]名下业已论述

[a2] 第二章(相反的原理)第18段。

[b2] 有时，他们为了更好地遮掩这一把戏(既蒙蔽别人，无疑也蒙蔽他们自己)，便树起一个虚幻的化身，名曰正义，其命令将修改(实为反对)仁慈要求。然而，正义在唯一具有实意的意义上，是个想象出来的角色，为论说方便予以乔装打扮，其命令实为应用于某些特殊场合的功利要求。因此，正义无非是一种想象的工具，用来在某些场合、以某些办法促进仁慈目的。正义命令不过是仁慈命令的一部分，后者在某些场合被应用于某些问题，即被应用于某些行动。

[c2] 见第二章(相反的原理，等等)。

过的那个原理的要求。正如已经看到的，这些恰恰是最初三大原理之要求的翻版，而究竟是其中哪一个的翻版，取决于所谈论的人
121 碰巧具有什么样的偏向。它们体现的有时的确是功利要求，但往往也会是禁欲主义的要求，或同情与厌恶的要求。它们在这方面只是同名望欲的要求平起平坐，不分优劣，而在另一方面却相形见绌。宗教命令在一切场合都或多或少地和不符合功利要求的命令混杂在一起，后者是从被每个教派奉为神圣的、或好或差地予以诠释的典籍中引申出来的，它们规定了有时对个人不便、有时对社区其余成员有害的种种做法。那些无谓的殉教者所受的苦难、圣战和宗教迫害造成的灾祸、不容异端的法律招致的损害（这里只能一带而过，无法详谈），更是额外的危害，超过名望欲曾给世界带来的不幸。另一方面，就隐蔽的作用力而言，宗教命令同仁慈命令一样，优于名望欲与和睦欲的要求。

其改善倾向

41. 好在宗教命令似乎日甚一日地愈益近于符合功利要求。为什么？因为道德约束力的要求是如此：它们符合功利要求或受其影响。最盲信宗教的人，在周围世界的舆论和惯例影响下，不断吸取功利原理的教益；有了这些，但为了不同自己的信仰决裂，他们努力设法（有时足够狂热地）把他们的信条教规拼凑起来虚饰一番。

接着是自顾动机，最后是反感动机

42. 至于自顾的和反社会的动机，其等级排列以及前面那一动机的等级排列，就顾他性影响而言，清楚得毋需再讲。自顾动机的等级，从互相比较的角度考虑，似乎没有什么区别在此值得一提。至于反社会的动机，它究竟是来源于自顾考虑还是来源于社会考虑，则有所区别（就其顾他性效应而言）。你对某人心怀反感，

原因可以是某项行动直接冒犯了你，或是一项行动仅仅因为被你认为有害于你为之介入的某个第三者而冒犯了你，这第三者当然既可以是一个确定的个人，也可以是任何确定的或不确定的群体。[d2]显然，一项动机尽管本身是反社会的，但由于来源于社会考虑，便具有一种社会倾向。在此情况下，如果所涉及的是其利益得 122
到你支持的人，则其倾向可能更具社会性和更广泛。鉴于据想某人对公众造成的损害而对他发泄的反感，在效果方面可以比任何善意更具社会性，因为善意的表现局限于针对个人。[e2]

第五节　动机间的冲突

什么是驱使性动机，什么是制约性动机

43. 一个人打算采取任何行动时，常常是由于若干个动机的驱使：一个或一组动机作用于一个方向，另一个或另一组动机则似乎作用于相反方向。一方面的动机促使他这样做，另一方面的动机则促使他不做。因而，任何动机，若其影响倾向于促使他采取有关行动，便可称为**驱使性**动机；若其影响倾向于促使他不采取有关行动的动机，则可称为**制约性**动机。不过，这些名称当然可以互换，依行动是积极的还是消极的而定。[f2]

什么是最常相互抵触的动机

44. 前面已经表明，没有什么动机不可能引起无论何种行动。据此，没有任何两个动机不可能变得彼此抵触。行动倾向于恶时，最常见的情况是它由自顾类动机或反社会类动机驱使。在这样

[d2] 见第六章(敏感性)，第 21 段。

[e2] 见前，第 37 段。

[f2] 见第七章(行动)，第 8 段。

的情况下，仁慈动机通常作为制约性动机来起作用，尽管效力甚微。

举例说明互相抵触的动机间的冲突

45. 举个例，可能有助于表明同时作用于一个人的互相矛盾的动机有多种多样。克里永是一名天主教徒（当时天主教徒中间普遍认为消灭新教徒有功），从君主——法王查理九世那里得到命令：秘密袭击一位新教徒科利尼，将他暗杀。克里永的回答是：“对
123 不起，陛下。但我会全心全意地同他决斗。”[g2][①] 这里同时作用于他的，是前面说过的所有三种力量，包括政治约束力。根据政治约束力，或至少是这么一位君主在这么一个场合所发出的这么一项命令可能被认为具有的那些约束力，他被责成用暗杀的办法使科利尼丧命。根据宗教约束力，即根据宗教热情的要求，他被责成不择手段地使之丧命。根据道德约束力，或换言之根据荣誉即名望欲的要求，他被允许（这一允许在与其君主之命并连时，据他设想是作为一项命令起作用）在同等条件下同敌手决斗。根据广泛的仁慈要求（假设君主之命是无理的），他被责成不得以任何方法企图夺去科利尼的性命，而是要与之继续和平相处。假设君主之命无理，根据私人的仁慈要求，他被责成不得与科利尼有任何纠葛。看来，在这堆混杂的、互相抵触的要求当中，克里永将荣誉的要求放在最优先的位置，然后是仁慈的要求。如果他的提议被接受，他会去决斗；由于没有被接受，他依旧与之和平相处。

[g2] 这里设想的例子取自信史中的轶事，但几处细节有所不同。

① 路易·巴尔巴斯·德·贝尔东·德·克里永（1543—1615），当查理九世（1560—1574）要求他暗杀胡格诺派领袖加斯帕尔第三·德·科利尼（1519—1572）时，予以拒绝，尽管他过去是，并且仍将是天主教和君主制度积极有力的拥护者。

这里可能出现许多问题。设想政治约束力要求他遵从君主的命令，那么它们提供了哪一类动机使他服从？回答无论如何是自顾类动机，只要设想君主有权力惩罚抗旨，或者有权力酬赏遵命。它们有没有提供宗教动机（我指的是与上述异端状况无关的宗教动机）？如果他认为那是上帝的意愿，他应当服从，那么回答就是肯定的；如果他认为那不是，回答便是否定的。它们有没有提供喜爱名望这一动机？如果他认为世人会期望并要求他服从，回答就是肯定的，如果非如此，回答就是否定的。它们是否提供了仁慈动机？他若认为服从会使整个社会得益，那么回答是肯定的，若认为非如此，回答便是否定的。然而，在眼下谈论的场合，政治约束力的要求是否确实遵照君主的旨令，也就是说此种旨令是否合法？这分明是个纯粹的局部法理学问题，尽管它与眼下的目的无关。

上述动机研究的实际用处 124

46. 这里就动机的好坏所说的，远非咬文嚼字。后面将为了各种重要目的而用到这一论述。我将需要用此来驱散各种偏见，它们有时加剧社会纠纷，[h2]有时阻碍实现公正，从而不利于共同体。我将表明，就许多罪过情况而言，[i2]关于动机的考虑是一种最重要的考虑，因为首先它对判定作恶的程度有很重要的影响；[j2]其次它容易被确定，因而可以被当作依据来提出不等的惩罚要求。但是，就另一些罪过情况而言，动机完全无法确定，而且即使它能够被明确地确定为好的或坏的，它也无法使得惩罚要求有所区别。在所有各种情况下，碰巧驱使原告提出起诉的动机，完全无关紧

[h2] 见册一，“叛乱”项。

[i2] 同上，“简单肉体损伤”及“杀人”项。

[j2] 见第十一章（性情）。

要。由此可以看到，那种很容易对告发者怀有的偏见是多么有害，尤其法官应抵制此种错觉的影响是多么重要。

最后，要对可能提出的根治罪过的任何办法作出评价，就必须了解动机问题。[k2]

不过，在能够完全确立这些实际看法的理论基础之前，我们必须来论述性情问题，因而这将是下一章的主题。

[k2] 见关于间接立法的文章。[1]

① 这项脚注最初(1780)写作“见附录，‘预防体制’”，但1783年时所作的、被1823年版忽略了的一项修正，将其改为上面的文字。关于间接立法的论述随边沁写作规划的演进而经过了几个阶段。在一个阶段上，它是《刑法典梗概》附录部分内的一节。此后，它一度被作为本书的第十八章(参见例如第220页注q2)。在《原理导论》的繁本中，“间接立法”在不同阶段被规划为第三十八或第三十九章。然而到1782年夏天，边沁已决定用单独的一篇文章予以论述。其手稿由迪蒙在《民法和刑法论》一书(1802)中加以部分利用。参见《边沁全集》，鲍林版，第一卷，第533—580页。

第十一章　论人类的一般性情 125

1. 前面一章已大致表明，完全不能恰当地预言动机是好是坏。那么，当一个人在这样那样的情况下，让自己受这样那样的动机驱使时，是否全无关于他的、可以被恰当地称作好的或坏的东西？肯定有，那就是**性情**。性情是一种为论说便利而作的虚构，目的在于表示据设想长存于一个人心理构造中的东西：在这样那样的情况下，他在心中受这样那样的动机影响，去从事一项在他看来具有某种倾向的行动。（什么是性情）

2. 性情同任何别的因素一样，是好是坏取决于效果，取决于它在增大或减小社会幸福方面产生的效果。因而，一个人的性情可以从两个角度出发予以考虑，即根据它对他自己的幸福或者对他人的幸福的影响来考虑。从这两个角度一起来看，或者从其中随便哪一个角度来看，它一方面可称为好的；另一方面可称为坏的；或者，在罪恶昭彰的场合，可以称为堕落。[ⓐ]从前一个角度看，它简直没有任何已给的专门名称。它或许可以称为脆弱或软弱、稳妥或坚定，尽管这些称法平淡无奇。从后一个角度看，它或许可（它在多大范围内属于当前的主题）181

ⓐ 它或许也可以称为善良的或邪恶的。眼下不用这些词汇的唯一理由，是分别附着其上的好名声和坏名声多得不胜枚举。其不便之处，在于它们容易使只就当事者自己来说才有失妥当的性情带有过分的丑名，使得这些性情显得如此可耻，那是应当用来指只就别人来说才是可恶的性情。把软弱同罪恶相提并论，便减小了应对罪恶怀有的憎恨。把小恶同大恶相提并论，便减小了应对大恶予以的那分注意。

以称为慈善或善良、有害或邪恶。一个人的有一类性情，其效果仅仅直接同他本人有关，这一类性情毋需在这里多说。如果它是坏
126 的，那么加以改良与其说是立法者的工作，不如说是道德家的事情。而且，它也不容易受到那些使另一类性情的效果发生重要变化的各种不同修正措施的影响。此外，就它包含的直接同别人有关的那部分而言，只是在有害的范围内，才是刑法直接关心的对象。这一部分如果有益，那就属于一种迄今为止几乎未经开拓亦未予命名的法律，它或许可称为酬赏法。

什么是有害的性情；什么是善良的性情

3. 于是，一个人在下述情况下被说成性情有害：在无论何种动机影响下，**据假定**他比较容易去采取**看来**倾向于有害的行动，或形成如此行事的意图，而不那么容易去采取看来倾向于有益的行动，或形成如此行事的意图。在相反情况下，一个人被说成性情善良或慈善。

一个人的性情如何，只能根据假定

4. 我说**据假定**，是因为表面看来的无非是单独一项行为，带有单独一系列环境。然而，鉴于在同一个人的各不相同行为中由经验表明可以观察到的那种程度的连贯性和一致性，依靠观察单独一项行为，可以理所当然地推断很可能有（曾有或将有）性质类似的一批行动。在这样的情况下，动机证明在一个场合是怎样的，性情据假定在别的场合就是怎样的。

它取决于行动在他看来是怎样的

5. 我说**看来**有害，是指就他而言看来有害，即在他看来具有这种倾向，因为从单纯的、与他看来事先大概会有的情况无关的事件中，不可能推断出任何有益或有害的事情。如果在他看来该事件在此种场合很可能会是有害的，那么尽管最终证明它无害无益，或甚至有益，那也没有什么影响，仍然可以假定他的性情是坏的，

其理由不减。如果在他看来该事件在此种场合很可能是有益或无害无益的，那么尽管最终证明它有害，也仍然可以假定他的性情是好的，其理由不随之而增。在这里，我们看到了意图、[b]知觉、[c]不觉[c]和误料[c]等环境的重要性。

这些看法取决于两个事实：(1)意图与后果之间的对应关系

6. 这些看法的真确性取决于其他两个事实，它们都是由经验充分证明了的。其一，就常规而言，行为的后果到头来一般都和意图相符。某人开了一家屠宰铺卖牛肉，当他意欲杀死一头公牛时，通常确能如愿，虽然由于某个不幸的偶然事故，他可能一刀砍错，127
杀死了一个人。某人开了一家杂货铺做糖生意，当他意欲卖糖时，通常确能如愿，虽然由于某个不幸的偶然事故，他可能将砒霜错当成糖卖了。

(2) 同一个人在不同场合的意图之间的对应关系

7. 其二，在一个场合有意要作恶的人，很容易在另一个场合怀抱类似的意图。[d]

性情可以从下列因素推断出来：(1)行动看来具有的倾向；(2)动机的性质

8. 任何行动显示的性情，其性质依赖于两种环境：(1) 该行动看来具有的倾向；(2) 引起该行动的动机的性质。按照动机的性质，这一依赖性受制于不同的规则。在叙述这些规则时我始终假定，行动看来具有的倾向如它们通常那样是实有的。

情况一：倾向是好的，动机是自顾动机

9.(1)行动的倾向好，动机是自顾类动机。在此情况下，不

---

[b] 见第八章。

[c] 见第九章。

产生作恶习惯的性情不可能是好的

[d] 假设一个人的性情是好的，同时又由于同一种性情很可能去做一连串习惯性的有害行为，那是自相矛盾的说法。此种假设不可能被提出来，除非赋予性情一词所表示的事物一种不属于它的东西。因此，如果举例来说一个性情笃信宗教的人，由于这同一种性情惯于作恶，例如迫害其邻人，那么必定他的性情尽管在某些方面是好的，但总的来说不好，或者笃信宗教的性情一般不是好性情。

能从动机得出任何关于性情有害或有益的推断。它既不提供好性情的迹象，亦不提供坏性情的迹象。

一位面包师把自己的面包卖给一位要面包的饿汉。我们知道，这属于那种在通常情况下倾向无疑是好的行动。面包师的动机是一般的商业动机，即钱财兴趣。显然，在这个被如此叙述的交易中，没有任何事情能提供最起码的理由，来假定这位面包师比他的任何邻人更好或更坏。

情况二：倾向坏，动机是自顾动机

10.（2）行动的倾向坏，动机仍像上面一样是自顾类动机。在此情况下，所显示的性情有害。

某人从面包房偷了面包。这属于那种其倾向很容易被认为是
128 坏的行动。为什么以及在哪些方面是如此，以后将进一步说明。[e]我们会说，他的动机是钱财兴趣，是希望不付代价地取得面包的价值。由此，他的性情看来是坏的，因为每个人都会承认偷东西的性情是坏性情。

情况三：倾向是好的，动机是善意动机

11.（3）行动的倾向好，动机是善意这一纯社会的动机。在此情况下所显示的性情是有益的。

面包师将一块面包给了一位穷人。他的动机是怜悯：仁慈动机在起作用的某些具体场合被称为怜悯。在此情况下，面包师显示的性情是好的，正如每个人都会足够乐意地承认的那样。

情况四：倾向坏，动机是善意动机

12.（4）行动的倾向坏，而动机是善意这一纯粹的社会动机。在这样的情况下，动机显示的性情含糊不定：它可能碰巧是邪恶的，也可能碰巧是善良的，取决于行动的有害性比较明显还是比较

[e] 见第十二章（后果）和刑法典册一，“偷窃”项。

模糊。

这种情况并非不可能

13. 人们或许会认为，这一类情况是不可能有的，假定其存在是自相矛盾的。因为，根据假定，该行动是行动者明知有害的。既然如此，善意即行善的愿望怎么可能成为导致他采取该行动的动机？要自圆其说，我们就必须提及广泛仁慈与有限仁慈之间的区别。[f]导致他采取该行动的动机，是有限仁慈。假如他遵循广泛仁慈的要求，他就不会去做他实际做出的事情。现在，虽然他遵从了有限仁慈的要求——它们在任何一个同广泛仁慈的要求相对立的作用场合皆为有害——但由于要求前者发挥作用的场合比要求后者发挥作用的场合多得不可比拟，因而他在顺从前者驱使时表现出来的性情，就普通人而言往往会被认为总的来看是好的。

例一

14. 某人多子女，皆饥饿不堪，于是潜入一家面包房，偷了一块面包，把它全部分给孩子，自己不留分毫。很难推断说此人的性情总的来看有害。把情况改动一下，设想他只有一个孩子，虽然饿了，但全无行将饿死的危险。再设想他纵火烧一所满是人的房子，目的是偷出钱来买面包。这里表现的性情几乎完全不会被认为是 129
好的。

例二

15. 另一个例子看来比上面两者难判断些。拉瓦亚克暗杀了历来最贤明的君主之一——贤明的君主在一切时候都是国家的幸运，而在当时尤为难得，对一个人口众多、幅员辽阔的帝国的居民来说极可珍贵。他被捉拿归案，注定要受最惨烈的酷刑折磨。他的儿子确信他已痛悔前罪，即使逍遥法外也不会给人类带来新的

ⓕ 见第十章(动机)。

危害，于是让他逃脱。[①] 这究竟表现了他的儿子的好性情还是坏性情？或许有人会回答说坏性情，因为不仅国家利益要求这么一个罪犯理应身受酷刑，而且此等罪犯将来会循规蹈矩这一点，超出了任何人能有足够理由来相信的范围。

例三

16. 假设拉瓦亚克之子不是帮助他父亲逃脱，而是满足于递毒药，使他可以用较爽快的死亡来避免酷刑折磨。现在，判断就比较难做了。权且承认这个行动是错误的，无论如何应当受到惩罚。然而，它所表现的性情是不是坏的？因为这个年轻人在此一场合犯了法，如果放任不管的话，他是否很可能会在一般的场合为满足自己的任何奢望而犯法？大多数人的回答大概会是否定的。

情况五：倾向是好的，动机是名望欲

17. (5)行动的倾向好，动机是半社会的动机，即喜爱名望。在此情况下，显示出来的性情是好性情。

在食物匮乏时节，一位面包师为了获得街坊邻居的敬意，把面包无偿分给勤勉的穷人。假定实有其事，并且假定说不准他是否真正同情他所救济的那些人的苦难。尽管如此，他的性情无论如何只能被合理地称作是好的和慈善的。如果用别的名目称呼之，

130 只能是怀有某种毫无根据的偏见的结果。[g]

情况六：倾向坏，动机是名望欲

18.(6)行动的倾向坏，动机像上面一样是半社会的动机，即

绝大多数人倾向于贬低这种动机

ⓖ 绝大多数人为了间接地抬高自己，总是倾向于贬低邻人的品性。他们经常会乘机把一项可能引起行动的动机说成属于坏品类，就像他们经常地能找到更好的那样。人人都知道自己的动机非属绝佳，或者认为即使绝佳也不会被别人称作如此，而且都担心被看成傻瓜，渴望显示自己的洞察力。因此，人人首先都注意把其他人的行为归因于可用来说明的最不值得称赞的动机；其次，在已竭尽所能、无法把那个人的动机贬得更低时，都会掉转矛头，抨击那类动机本身。因此，他会抓住每个机会，用恶名称呼名

① 关于拉瓦亚克，参见第82页注1。边沁就拉瓦亚克之子所说的，看来纯属假设。

喜爱名望。在此情况下，所显示的性情是不同程度好的或坏的。这首先取决于行动的倾向在多大程度上有害，其次取决于在有关的社会中道德约束力要求在多大程度上接近于符合功利要求。看来不大可能的是，在任何具有过得去的文明程度的国家里，或干脆说在这样的规则能拿来参照的国家里，道德约束力要求竟会远不符合功利要求（即开明的仁慈要求），以致在这个场合显示出来的性情能够不是在总体上好的。

19. 某个印第安人受到了另一个部落的印第安人的伤害，不 例一
管这伤害是真实的还是想象的。他为此对仇人施行极残酷的折磨，以作为报复。结果，在这么一个场合施加的残忍，使得他在自己的部落中荣获美名。由此表现出来的性情，决不可能在一个文明程度比印第安人略高的民族中间被认为是好的。

20. 现在回到欧洲。设想有一名贵族向一名穷工匠立据借 例二
款。这名贵族随后又在玩乐时向另一名贵族立据借款，数目如前。131
他无力偿还两笔钱款，便付清欠自己的玩乐伙伴的债务，而对穷工匠分文不还。在这个例子中表现出来的性情，几乎无法被说成不是坏的。不过，这肯定不像他两债俱不偿还那么坏。名望欲原理，或者说名誉原理（就像它在这一局部应用场合被称呼的那样），在

望欲，把它叫做出风头、浮夸或极度虚荣。

或许，关于动机的恶名所以多如牛毛，远超过美名或中性名称，一部分可归因于同样的贬抑精神——人对道德约束力敏感的自然结果，一部分可归因于禁欲主义原理的影响。尤其是性欲、一般的身体欲望以及钱财兴趣这几种动机，全然缺乏中性名称。与中性名称相比，甚至关于动机的美名也非常丰富，若对这一点加以探究，就会发觉它与其说推翻了、不如说进一步证实了上面的说法。一个民族在这些问题上所用的语言，或许可以在某种程度上当作其道德情感的钥匙。不过，这样的思辨性探究与本书的目的无关。

此是同更可贵的仁慈原理相对立的，并且压倒了后者。然而，它还压倒了钱财兴趣这一自顾原理。因此，它所显示的性情虽然不如仁慈原理占优势时那么好，但优于自顾原理占优势时的情形。假如他更仁慈些，那将更好，但他假如全无名誉心，会不会更好呢？这个问题似乎可以有很大争论。[h]

情况七：倾向是好的，动机是虔诚

21.（7）行动的倾向好，动机是半社会的宗教动机。在此情况下，它所显示的性情（就其对于此人针对别人的行为的影响来考虑）显然是有益的和善良的。

一位面包师把面包无偿分给勤勉的穷人。这并非因为他同情其贫苦，亦非为了在邻人中间获得美名，而是为了得到上帝的宠惠：他认为这样的行为当然是上帝欢迎的。此种行为表现的性情显然每个人都会称好。

情况八：倾向坏，动机是宗教动机

22.（8）行动的倾向坏，动机同上面一样，仍是宗教动机。在此情况下，性情含糊不定。它或好或坏，好坏程度也可以有所不同。这首先取决于行动的倾向在多大程度上有害，其次取决于此人信仰的宗教教义在多大程度上接近于符合功利要求。

在此情况下，性情可能是坏的

23. 历史似乎表明，即使在其他方面具有过得去的文明程度的国家里，宗教命令也远不符合功利要求，亦即与开明的仁慈要求大相径庭，以致在这个场合显示出来的性情甚或总的来说是坏的。不过，这并不否定下述推断：在其有关一个人对他人行为的要求非常接近于符合功利要求的国家里（或许目前大多数欧洲国家都如此），它产生好的性情。在大多数欧洲国家，宗教命令在作用于

[h] 见关于决斗的论述，册一，“杀人”项。

一个人的只关系到他本人的行为时，似乎大有禁欲原理的意味，但 132
对此种错误命令的顺从并不表现出任何这样的性情：它可能导致具有损害他人倾向的行动。宗教命令使得一个人做出这后一方面的有害行动的例子，目前似乎罕见，除非那是政府方面的迫害行动或不当措施——在此情况下法律本身是有害行为的元凶，或是其帮凶。拉瓦亚克纯粹在宗教动机唆使下，向他的国家刺了致命的一刀，那是国家历来从单独一个人那里所曾受过的最严重的打击之一。所幸的是，拉瓦亚克之流现在很少见了。然而那个时期里，这种人在法国比在任何别国都来得多，而且显然每一次都是出于宗教动机。不过，当这种人确实出现时，我想除了他们自己，没有任何人会把他们表现的那种性情称作好性情。看来很难否认，他们的宗教信念恰恰使他们变得更糟，要是他们仅受仁慈或名望欲左右而全无宗教信念，那么对人类来说只会更好些。对另一些人或许可以作几乎同样的评判，他们没有任何特殊义务，却积极参与实施那些为惩罚不幸在宗教问题上与行政官有异的人而制订的法律，而且比给他们授权的立法者本人更起劲。假如路易十四不信教，法国本不会丧失80万最可宝贵的臣民。对所谓圣战的发动者也可以作同样的评判，不管它是对所谓异教徒发动的，还是对那些被冠以更可憎的异端之名的人们发动的。并非很久很久以前，丹麦据说兴起过一个教派，它依据一种奇怪的歪理，竟相信由于导致忏悔，谋杀或任何其他可怕的罪行可以成为进入天堂的途径。①不

① 这个说法与刚才提及路易十四废除南特敕令不同，很不容易解释。边沁可能碰到了一项误传，它歪曲了1727年虔信派教士迪佩尔游访哥本哈根所激起的宗教复兴。迪佩尔肯定未持有、亦未传播过这里所说的信条。

过，应当始终注意到，后一类事例一向是罕见的，而前一类事例在几乎所有欧洲国家虽曾司空见惯，但一段时期以来已经无处可寻。
133 然而在某些国家，国内迫害或我所说的迫害性情（它造成某种程度的束缚，那是迫害恶行的一部分）每当有机会就冒出来。如果不存在实际的迫害，那只是因为不存在异端，而没有异端，只是因为没有独立思考的人。①

情况九：倾向是好的，动机是恶意

24.（9）行动的倾向好，动机（如前）是恶意这一反社会动机。在此情况下，动机似乎不提供关于性情是好是坏的任何迹象。它既不表示好性情，也不表示坏性情。

例子

你觉察到面包师卖面包时克扣斤两，于是告发他欺骗顾客。你告发他，并不是为了得到什么，因为凭此得不到任何东西；也不是出于什么公益精神；也不是为了获取名望，因为其中无名望可得；也不是要取悦于上帝。你告发他，仅仅是因为你同你所告发的人吵了一架。从这项被如此叙述的事务来看，其中似乎没有任何事情可以说成表明你的性情好或坏。行动的倾向是好的，但若不是出于一种看来没有什么特别理由可以断定将促使你再作同类举动的动机，你就不会做此行动。你的动机可以很适当地称为是坏动机，但行动却是这样的一种行动：假使老是去做它，也绝不可能有任何恶倾向，或者除好倾向之外的任何别的倾向。这行动本身的性质是，为了由更广泛的仁慈来指使，所需要的只是你有足够的眼力。一个人允许自己被诱使来满足自己的怨恨，办法是采取一项具有好倾向的行动。然而，这决不是说他在另一个场合，也会很

① 见册一，“反宗教之罪过”项。

容易地受同类动机的影响，去做具有任何坏倾向的行动。驱使你的动机是一种反社会的动机，但可能有什么样的社会动机来制约你？没有，除了那种可能被较广泛的同类动机压倒的动机。反社会动机在独自起作用时总是得胜，但决不能因此认为它在有社会动机与之相争时必定占上风。

情况十：倾向坏，动机是恶意

25.（10）行动的倾向坏，动机是恶意这一反社会动机。在此情况下，它显示的性情当然是有害的。 134

例子

像前面那样，某人从面包师那里偷了面包。他这么干，不为别的，而只是为了使面包师穷困难受。因此，他偷得面包后，不吃也不卖，而是把面包毁了。由这么一种做法表明的性情是坏的，每个人都必定毫不迟疑地这么认为。

问题：如何衡量一个人性情堕落的程度

26. 这样，就环境而言，我们粗略地推断了一个人的性情是恶还是善，现在来讨论如何*衡量*由这些环境产生的这一恶或善。我们在本书中，对善良的行动和性情并无直接兴趣。刑法所关心的，无非是在行动有害的场合衡量性情堕落的程度。因此，我们在这里只限于讨论这一点。

一个人的性情由其意图的总和构成

27. 很明显，一个人性情的性质取决于他易受其影响的动机的性质；换句话说，取决于他对这样那样动机的作用力敏感的程度。因为，他的性情可以说是他的意图的总和，他在某个时期里的性情，可以说是他在这一时期意图的总和或结果。假如他在这设定的时期里一直意欲去做的各项行动当中，显得倾向有害的行动同他看来具有相反倾向的行动相比占较大比例，他的性情就将是有害性质的；假如只占较小比例，那便是无害的或正直的。

意图由动机产生

28. 于是，意图有如其他每一种事物，由作为其原因的那些事物产生，而意图的原因是动机。如果在任何场合，一个人形成了一项好的或坏的意图，那么这肯定是某一动机影响所致。

什么是诱使性或腐败性动机；什么是监护性或预防性动机

29. 当某项动机促使某人去干的行动性质有害时，为示区别，这动机可以称为**诱使性**或腐败性动机。同样在此场合，任何与前者相反的、起制约作用的动机，可以叫做**监护性**或保护性①、预防性或维护性动机。

监护性动机或是常在的，或是偶然的

30. 监护性动机又可再分为**常在的**（或曰不变的）与**偶然的**两种。常在的监护性动机是指那种在所有场合、或至少在大多数场

135 合以或大或小的效力起作用的监护性动机。它们倾向于制约一个人，使他不去做他可能被驱使去做的任何有害行动，其效力取决于行动的一般性质，而非取决于可能恰巧伴随着任何这类个别行动的任何偶然环境。偶然的监护性动机，则是指可能偶然地在这个方向上起作用或不起作用的动机，起或不起作用取决于行动的性质，以及去做该行动的念头发生时那个具体场合的性质。

常在的监护性动机是(1)善意

31. 现已表明，不存在任何一种使人可能不去从事性质有害的行动的动机，也就是说不存在不会以诱使性动机的资格来起作用的动机。另一方面，业已表明确有一些动机，它们以此方式起作用的可能性要显著地小于另一些动机。我们还显示了在所有各类动机中，最少可能的是仁慈或善意动机，其最常有的倾向业经表明是作为监护性动机来起作用。我们还看到，甚至当它偶然地以某种方式作为诱使性动机起作用时，它仍以别种方式作为相反的监护性动机起作用。善意动机，在它尊重某一群人的利益的限度内，

① “保护性”一词系边沁以手记方式插入其1789年版本之个人藏本内，该藏本现存于大英博物馆。1823年版本忽略了这一点，《边沁全集》鲍林版正式将其添入。

可能驱使一个人去从事会有害于另一群为数更多的人的行动，但这只是因为他的善意不完美且有局限性，未将所有受到威胁的人们的利益统统考虑进来。同一种动机，要是产生它的爱心更为广泛，本当作为制约性动机有效地抵制据假定它引起的那同一种行动。这同一种动机因而可以被算作是常在的监护性动机而毫不违背或偏离真理，尽管它在某些情况下可能同时作为诱使性动机起作用。

(2) 喜爱名望

32. 同一种看法差不多可适用于喜爱名望这一半社会动机。这种动机的作用力有如前者，容易自相矛盾。就善意来说，某些可能是善意情感之对象的人的利益，容易与别人的利益相抵触。现在，如果有一项性质真正有害的行动，那么无人会用非难眼光来看 136
待该行动的情况简直不可能发生。因此，一项真正有害的行动不遭到这种动机的即使不是全部、也至少是其部分作用力的反对，几乎绝无可能，因而这种动机不以一定的效力作为监护性动机来起作用，也几乎绝无可能。据此，它可以被定为常在监护性动机细目表中的另一项。

(3) 希望和睦

33. 同一种看法可适用于和睦欲，虽然不是在完全相同的程度上。因为，尽管一项行动有害，但不难有这样的情况：一个人希望在眼前与之和睦、并期待与之和睦的所有那些人，可能一致以赞许而非责难的眼光来看待该行动。在诸如小偷团伙、走私帮和其他许多种犯法集团中间，太容易有这种情况了。但并非总是如此，而且这的确也不是最常见的。只要和睦欲是来自与之密切关联的名望欲，它就仍然可以被认为总体上是一种监护性动机。而且，它还可以被列入常在的监护性动机，因为在它确实起作用的场合，它的作用力并不取决于它所抵制的那项行动的偶然环境，而是取决于同其他半社会动机依以作用的原理一样普遍的原理。

(4) 宗教动机

34. 宗教动机的情况并非与上述三者全然相同。其作用力不像它们那样容易自相矛盾。我指的是在现代各文明国家内，它们全都流行一神观念。古典时代的情况不同。如果一个人得到爱神维纳斯的垂青，他就得不到智慧神雅典娜的襄助；如果风神保护他，那么海神就打击他。埃俄罗斯虽然虔敬，但对天庭只是半心半意。当今，情况就不同了。在任何一个特定的人那里，无论是什么宗教力量，都执于一端而不自相矛盾。的确，它可以权衡应表明自己处在哪一端；它可以像我们已经在许许多多场合中看到的那样，表明自己是对是错。它至少直到晚近为止（或许现在仍然）惯于表明自己处在错的一端，而且是在如此重要的场合，因而就社会倾向而言，看来不适于把它置于和仁慈动机全然等同的层次上。不过，
194
137 只要它像在最大多数实例中那样，确实起抵制一般诱使性动机的作用，它就有如仁慈动机，以始终不变的方式起作用——不以那些可能与行动相伴的具体环境为转移，而是仅仅由于其有害性而倾向于反对它，因而无论可能诱使做出该行动的环境如何，它都以同样的力度起作用。据此，它同样可以被添入常在监护性动机细目表。

偶然的监护性动机可以是任何一种动机

35. 至于可能偶然地作为监护性动机起作用的动机，我们已经提示是各种各样的，并在各不相同的罪过行为中有各不相同的力度。这不仅取决于罪过的性质，也取决于可能产生犯罪想法时的偶然环境。而且，可以很容易想象，不存在任何一种不可能如此起作用的动机。例如，一名窃贼可能未能去从事一项破门入室、窃

取财物的预谋的计划，原因是酒喝得太多了，ⓙ或恰逢其情妇来访，或为领取先前作案的赃物ⓚ而不得不临时前往别处，等等。

尤其倾向于按照这一方式起作用的动机是(1)喜好安逸；(2)自我保存

36. 然而，某些动机似乎比其他动机更倾向于按照这一方式起作用，特别是因为在现今，法律已普遍地同那些主要的诱使性动机的力量作对，创造出人为的监护性动机。对这里所指的动机，必须作一番笼统的考察。它们似乎可被归纳为两类：(1) 喜爱安逸，即行事将带来麻烦这一前景所引起的动机，这麻烦是在克服伴随行事而来的肉体困难时可能必须对付的；(2) 自我保存，即免遭行事时可能面临的种种危险。

在此情况下自我保存最易遭到的危险是(1)纯粹肉体性质的危险；(2)因被觉察而来的危险

37. 这些危险可以是纯粹肉体性质的，也可以是出自道德载体的，亦即出自任何如若得知便将厌恶此事的人的行为。但说道德载体，就是假定了解那些将在引起此事方面起外在动机作用的环境。任何可能意欲使可厌行动的肇事者自食其果的人，其获得有关肇事者环境的知识，称作**觉察**，而肇事者(这样的知识是就他
而取得的)则被说成是被觉察者。因此，可能从这方面威胁犯法者 138
的危险，不管是怎样的，皆以一个事件——他被觉察为转移，因而统统可以包括在**被觉察的危险**这一条目之下。

以被觉察为转移的危险，可以来自(1)现场反对；(2)以后的惩罚

38. 以被觉察为转移的危险，可以再分为两类：(1) 由罪过可能遭到在场者反对而引起的危险，它发生在进行犯罪行为的同时；(2) 关系到司法惩罚或其他痛苦的危险，它可以等到罪过发生了一段时间以后才出现。

名望欲与和睦欲这两种常在监护性动机的效力取决于被觉察

39. 在此，可能值得提请注意下面一点：在被叫做常在不变的

ⓙ 喜爱口福。

ⓚ 金钱上的利益。

监护性动机当中，有两种动机的效力依赖于被觉察这一环境（尽管其依赖不像适才叙述的偶然的监护性动机那么完全，但程度仍很大）。可以记得，它们是名望欲与和睦欲。因此，被觉察的可能性看来越大，这些动机的作用力就会越强，而其可能性越小，它们的作用力越弱。其他两种常在的监护性动机——仁慈和宗教动机——却并非如此。

诱惑力是什么意思

40. 现在，我们有条件多少精确地确定**诱惑力**是什么意思，确定它可以怎样来表明在任何罪过事例中一个人的性情的有害程度。当某人被诱使去从事任何有害行动（简短地说就是犯下罪过）时，**诱惑力**的强弱取决于诱使性动机之作用力与当时环境引起的偶然监护性动机之作用力两者间的比例。于是，当从罪行中得到的快乐或好处在犯罪者看来肯定显得小于这样的麻烦和危险时，可以说诱惑力弱。显然，诱惑力不完全依赖于驱使性（亦即诱使性）动机的作用力，因为倘若机会较为有利，即麻烦或任何一种危

139 险小于先前，那么可想而知诱惑相应地增强。另一方面，倘若机会变得不那么有利，或换句话说，麻烦和任何一种危险变得大于先前，诱惑就相应地减弱。

现在，考虑了被叫做偶然的监护性动机之后，剩下的监护性动机便只能是那些被称为常在的。然而，被称为常在的监护性动机正是我们所称的社会动机。据此而言，在任何场合，诱惑力在减去社会动机的作用力之后，便是诱使性动机的合力同偶然监护性动机的合力两者间的比例。

由这个以及其他环境提供的、表明一个犯罪者性情堕落的征象

41. 仍待探究的是，在恰巧犯下任何罪过的场合，诱惑力提供了什么征象，可以表明一个人的性情有害或堕落。看来，倘若一个

人被诱惑所战胜，那么这诱惑越是弱，它所显示的他的性情就越是堕落。因为，他的性情有多好，是由他对社会动机的作用有多敏感来衡量的，[①]换句话说即由这些动机对他有多大影响来决定。因而，克服这些动机对他的影响的力量越小，表明这一影响弱而无力的证据就越令人信服。

还有，在一个人对社会动机作用力的敏感程度已定的情况下，显然这些动机倾向于约束他不去干有害之事的那种力量，相当于这种事情所显出的有害性，即在他看来很可能带有的有害程度。换言之，在他看来罪过的有害程度越小，只要他从社会考虑出发，他就会越不讨厌去干；而有害性越大则越讨厌去干。如果罪过的性质尽管在他看来非常有害，但他仍然去干了，那就表明他对社会动机作用力的敏感程度微乎其微，因而他的性情非常堕落。而且，诱惑力越小，它所显示的他的性情就越有害越堕落。因为，诱惑力越小，这些动机的影响所必须克服的力量就越小，因而表明这一影响弱而无力的证据也就越清晰。

42. 看来，从前面说的可以得出下列定律，用以判断同罪过的 140
有害性相比诱惑力所提供的关于一个人性情堕落的征象。

用以度量一项罪过所显示的性情堕落的定律

定律一：**设诱惑力已定，则罪过表现的性情有害性有如行动外显的有害性**。

因此，为了得到一几尼赏金而杀害一个人，或者为得到同量的赏金而诬告他抢劫，所表明的性情要比单靠偷窃从他那里获取这份钱更堕落。这里假设在一种情况下他必须经受的麻烦和必须冒

① 上文，第27、28段。

的风险，同在另一种情况下一样大。

定律二：**设行动外显的有害性已定，则战胜一个人的诱惑力越小，他的性情就越是堕落。**

因此，如果一个人纯粹为了取乐而杀死一个人，就像摩洛哥皇帝穆莱·穆罕默德据说对很多人干过的那样，[①]那么这比起为复仇而杀人（例如苏拉和马略为此杀了成千上万人[②]），或者比起为自我保存而杀人（例如奥古斯都为此杀了许多人），所表明的性情更堕落，更危险，甚或超过为钱财而杀人（像上面那位皇帝据说对某些人所做过的那样）。[③]这一堕落对于那些了解它的公众的影响，也相应地有所不同。仅有某些人在某些特殊情况下不得不畏惧奥古斯都，而穆莱·穆罕默德却使每个人每时每刻胆战心惊。

定律三：**设行动外显的有害性已定，则战胜一个人的诱惑力越强，它所提供的显示其性情堕落的证据就越少确定性。**

因此，如果一个饥饿待毙的穷人偷了一块面包，那么这与假设犯了同等窃罪的一个富人相比，便是一项不那么明确的堕落
141 迹象。要注意，这个定律无非是说堕落的证据在此情况下不那么确定，而不是说堕落程度较小。因为在此情况下，有可能为看来相反的目的犯下窃罪，即使诱惑力并不那么强。在此情况下，减轻罪名的环境只是个假设问题，而在前一种情况下加重罪名

① 这大概指非斯君主穆莱·穆罕默德，他在位期间（1613—1623）国中混乱不堪。不过，这也可能指穆莱·伊斯梅尔（1672—1727），此人在欧洲很有名，被认为是"残酷的恶魔"，尽管在摩洛哥他被认为是一位伟大的君主。

② 指卢修斯·科尼利乌斯·苏拉（公元前138—前78）和盖尤斯·马略（公元前155—前86）之间激烈争斗引起的范围广泛的剥夺公权和不时出现的恐怖统治。

③ 在随恺撒被刺而来的权力斗争中，有300名元老和2000名骑士由于屋大维（后称奥古斯都）与马克·安东尼和李必达一起发出的剥夺公权令而丧命。

的环境是个确定问题。

定律四：**设动机是反社会性质的，行动外显的有害性和诱惑力已定，则堕落的程度相当于伴随它的蓄意程度。**

每个人，即使性情非常堕落，在其自顾性动机不好不坏时，控制和决定其生活的一般趋向的总是社会动机。如果反社会动机被驱动起来起作用，那只是在特殊环境下和在特殊场合；社会动机的温和但恒久的力量暂时被压抑下去。因此，每个人总的常在倾向，是倾向于社会动机力量会使他必定依附的那一边。因此，社会动机的力量不断地趋于制止反社会动机的力量，正如就自然物体而言，摩擦力总是趋于制止推动力。时间消磨反社会动机的力量，有利于社会动机的力量。因而一个人在既定场合由反社会动机支配得越久，显示他对社会动机的力量麻木不仁的证据就越令人信服。

这样，假如一个人精心策划殴打其对手，并且据此殴打他，那么这表明的性情比起由于突发争吵而当场打他要坏；更坏的是假如此人在牢牢控制了敌手之后，随心所欲地不时殴打他。[m]

本章的用处

43. 考虑一项行动所显示的性情堕落，具有几方面的重要性。任何极端堕落的迹象，加剧了业已由罪行激起的恐惧，表现了犯罪者是个将来可能干出更多恶行让人害怕的角色，由此便加大了惩罚的必要。它还会因为显示犯罪者一般缺乏敏感性，进一步加大惩罚的必要。由于在量定惩罚轻重方面，同情和厌恶原理倾向于 142
不考虑任何别的因素，性情这一因素就更加重要了。假如一个人施加惩罚是因为、并且仅仅是因为愤恨，那么在他从性情中找不到

ⓜ 见册一，“囚禁”项。

任何可恶之处时，他完全不愿施加惩罚；而在他找到时，他不愿使惩罚超过他的愤恨所决定的程度。因此才有我们经常见到的对下述格言表现出来的厌恶：惩罚须与诱惑力成正比。我们将看到，与此格言相反的命题对犯罪者本身来说是残酷的，并且会败坏惩罚的目的。

第十二章　有害行动的后果 143

第一节　行动之害处的表现形式

概述

1. 至此为止，我们一直在谈论可能决定一项行动的后果或趋势的各种不同因素或客体，包括**行动**本身，可能与之相伴或可能被设想为与之相伴的**环境**，一个人可能有的对于任何此项环境的**知觉**，行动之前可能有的**意图**，可能引起这些意图的**动机**，以及可能由此种意图和动机之间的联系显示出来的**性情**。我们现在来谈论 201 **后果**或趋势，它构成整个这一因果链的终端，是全链的实质性所在。这一趋势当中性质有害的部分，是我们唯一直接关心的，因而我们在此只限于谈论这部分。

一项行动的害处即其有害后果的总和

2. 在行动的后果有害时，行动的趋势便有害；这后果或者是确定的，或者是很可能发生的。一项趋于有害的行动的后果，不管有多少，也不管它们可能是什么，其中那些有害的后果可被设想为构成一个整体，而这整体可被称为该行动的害处。

一项行动的害处——主害或次害

3. 形象地说，这害处往往可分成两份或两批，一批所包含的可叫做主要损害，另一批所包含的则可叫做次要损害。由某个或某群可认定的个人承受的那份损害，可称作**主**害，来源于主害并且害及整个共同体或其他某群无法认定的个人的那份损害，则可称为**次**害。

主害——原本的或派生的

4. 主害可再分为两个亚类：**原本的**和**派生的**。原本的一类，是指降临到任何首先受害并由于自身原因而受害的人身上、而且
144 局限在他身上的损害，例如被殴打者、被抢劫者或被杀害者。派生的一类，则是指仅仅由于他受害而可能降临到任何别的可认定者身上的任何损害。当然，这些人必须是以某种方式同他相关联的人。一个人可依以同另一个人相关联的方式是我们已经知道的：他们可以通过**利益**（指自顾性利益）方式相关联，或仅仅通过**同情**方式相关联。而且，以利益方式同某个给定的人相关联，可以是向他提供支持，或者从他得到支持。[a]

次害——惊恐或危险

5. 次害往往亦可被视为由另外两份或两批损害构成，其一是**痛苦**，其二是**危险**。它所产生的痛苦是一种恐惧的痛苦，基于害怕遭受主害必然产生的损害或麻烦，不管它们可能是怎样的。它可以用惊恐这个词来称呼。危险则是它关系到的许多人由于主害的缘故而可能面临的、遭受此种损害或麻烦的风险，不管这风险可能是怎样的。因为危险无非是遭受痛苦或者（归根结蒂是一回事）丧失快乐的可能性。

举例

6. 举个例子有助于说明这套道理。一个人对你拦路抢劫。你在这个场合遭受了一种痛苦——丧失如此多的金钱；[b]你还遭受了另一种痛苦，那就是你想到在恰巧未满足他要求的情况下他可能虐待你。[c]这些加起来，构成来自抢劫行动的主害的原本部分。

ⓐ 见第六章（敏感性）。

ⓑ 此即匮乏之苦。见第五章（快乐和痛苦的类型），第 17 段。

ⓒ 此即忧虑之苦，它基于预料遭受实在的痛苦或可能随虐待而来的任何其他损害。同上，第 30 段。

你的债主期望你用那笔钱的一部分来还债，你的儿子则期望得到那笔钱的另一部分，他们都因你遭抢劫而大失所望。你不得不依靠你父亲慷慨解囊来弥补部分亏空。这些损害加起来，构成主害的派生部分。你遭抢的消息不胫而走，传遍了街坊邻居。它还被公之于报章，向全国各地传播。在此情况下，各种各样的人意识到自己以及朋友外出旅行有危险，就像这个例子看来表明的那样，特别是在同一条路上旅行有危险。在此情况下，他们当然感到一定 145
程度的痛苦，其大小取决于他们可能理解你所受的虐待的程度，每个人可能不得不在同一条路上或其附近旅行的频繁程度，每个人距离出事地点的远近，他可能携带的金钱数量以及各种其他环境。这构成来自抢劫行动的次害的第一个部分，即惊恐。然而，这样那样的人们不仅由于你遭到抢劫而倾向于设想他们自己有可能遭到抢劫，而且（就像马上会说明的那样）他们确实有这样的风险。正是这一风险构成了抢劫行动之次害的其余部分，即危险。

危险来自何处——过去的罪过不为未来的罪过提供任何直接动机

7. 让我们看一下这风险究竟如何以及从何而来。例如，一次抢劫怎么能有助于产生另一次抢劫？首先，它肯定不可能造成任何直接的动机。一项动机必定是在未来享受的某项快乐或其他好处的前景，但现在谈论的抢劫是过去的事情。而且，即使假设它将来临，它也不会提供任何这样的前景，因为它不是将使可能打算从事另一次抢劫的那个人得到快乐的一次抢劫行动。那种将作为犯下抢劫罪的动机或诱惑来对一个人起作用的考虑，必定是关于快乐的料想，这快乐是他预期从这一抢劫的成果当中得到的。然而，这快乐独立存在，与任何别的抢劫无关。

8. 一次抢劫看来有助于引起另一次抢劫，是通过两种方式：

但它提示了可行性，并且削弱了制约性动机的效力

(1) 向面临诱惑的人提示再行抢劫的念头(或许还伴有干此事轻而易举的信心)，在此场合它发挥的影响首先是对着理解力；(2) 削弱趋于制约他、使他不干此事的那些监护性动机的效力，从而增强诱惑力，[d]其影响在此场合是针对意志。这些监护性动机有：(1) 仁慈动机，作为自然约束的一个分支起作用；[e](2) 自我保存动机，针对可能由政治约束确立的惩罚；(3) 廉耻心，即属于道
146 德约束的动机；(4) 害怕神怒，即属于宗教约束的动机。它针对第一种和最后一种动机的效力，或许没有什么值得深究的影响，但对其他两种就不是这样。

即(1)出自政治约束的效力

9. 过去的抢劫可能削弱**政治**约束藉以防止未来抢劫的效力，其方式可以这样设想：这种约束宣告对任何犯有抢劫罪的人施加某种具体的惩罚，以此有助于预防抢劫，但这种惩罚的**真实**的价值当然会由于**真实的**不确定性而减小，如同其(假如有什么区别的话)**表面上的**价值会由于**表面上的**不确定性而减小。每当得知一个人犯了此罪而未受惩罚，这不确定性就相应地增加一分。当然，每一项罪过在一定时间内都是如此；简言之，在应受的惩罚予以实施以前是如此。如果终于实施了惩罚，那么此罪造成的这一部分损害便终于被制止——只是到这个时候才被制止。

(2) 出自道德约束的效力

10. 过去的抢劫可能削弱**道德**约束藉以防止未来抢劫的效力，其方式可以这样设想：道德约束提供了人类的义愤，它随时可以落到犯有抢劫罪的人头上，以此有助于预防抢劫。参与其中的

ⓓ 见第十一章(性情)，第 40 段。

ⓔ 即由于它可能给一个以目击等方式感知同类生灵遭受苦难的人带来的痛苦，尤其在他本人是引起这些苦难的原因的时候。简言之，即由于同情之苦。见第五章(快乐和痛苦的类型)，第 26 段。

人越多,这义愤就越可畏,反之就越不那么可畏。然而,表明一个人不参与到可能对某种做法所持的义愤中去的最有力方式,莫过于他自己采取这种做法。这不仅表明他自己对此不感到任何义愤,而且表明在他看来没有足够的理由要去畏惧别人对此可能感到的义愤。因此,凡抢劫多发并且不受惩罚的地方,从事抢劫便毫无羞耻感。早先在希腊人中间就是如此。[f]阿拉伯人中间至今仍然如此。

11. 过去的罪过倾向于为未来的罪过铺平道路:或者是诱发犯罪的念头,或者是加强诱惑力。在这两种情况下,不管是凭什么方式,都可以说它是靠**范例的影响**或效力来起作用。 147

147 它靠范例的影响起作用

12. 决不能把一项行动的次害所分成的两个亚形态——惊恐和危险混为一谈。它们虽然密切相关,却泾渭分明,其中每一个都能独自存在。你的邻人可能因听说发生一起抢劫案而深感惊恐,虽然当时事实上既未发生、也不会发生抢劫。他还可以处在被抢劫行为侵扰的关头,但对此一无所知。据此,我们很快会想到,有些行动产生惊恐但无危险,另一些行动有危险但不产生惊恐。

惊恐和危险虽然互相关联,但仍可分辨

13. 危险和惊恐各自都可以再分解为两个亚形态:一是可能易由同一行动者的未来行为所引起的惊恐或危险,二是可能易由

两者可以是关于同一个人的,也可以是关于别人的

[f] 见荷马《奥德赛》第十九篇第395行和第三篇第71行;[1]柏拉图《理想国》第一卷第576页(菲奇诺版);[2]修昔底德,第一卷。[3]又见册一,"破坏对外安全罪"项。

① 《奥德赛》第十九篇第395行提到奥托吕科斯"偷盗行窃天下第一,信誓旦旦无人可比";第三篇第71行提到涅斯托耳问正在寻父的忒勒玛科斯:他和他的随从究竟是来干正事,还是"甚至来当海盗"。

② 在那里(《理想国》第一卷第334页),柏拉图重复了荷马史诗中关于奥托吕科斯的说法(参见上面的注①)。边沁提到的是马尔西利奥·菲奇诺(1433—1499)的拉丁译本,塞巴斯蒂安·福克斯·摩尔西略1556年编。

③ 修昔底德:《伯罗奔尼撒战争史》,第一卷,第4,5,7章。

别人的行为所引起的惊恐或危险，这里的别人是指可能去从事同类并具有同种倾向的行动的那些人。ⓖ

一项行动的主要后果可能有害，而其次要后果可能有益

14. 必须仔细注意行动的主要后果和次要后果之间的区别。后者在性质上往往会与前者截然相反。某些情况下，行动的主要后果有害，但次要后果可能有益，而且其有益程度甚至大大超过主要后果的损害。例如，所有应用得当的惩罚行动便是如此。这些行动的主要损害只是要落到可能恰巧做了某种最好加以防止的行为的人的头上，其次要损害即惊恐和危险，则仅仅波及处于做此举动的诱惑之下的那些人。在这个场合，只要它有助于制约他们，使之不做这种举动，它的性质便是有益的。

分析一项行动的害处可以有的不同表现形式

15. 至此涉及的是产生实在痛苦、并且立即产生实在痛苦的行动。这一情况由于简单，似乎最适于先讲。然而，行动还可能以各种其他方式产生损害，它们连同那些业已具体论述过的，可以通过下述简要的分析全都归纳在一起。

148

损害可以按照下列三种观察角度中的任何一种角度出发来分类：(1) 按照其本身的**性质**；(2) 按照其**原因**；(3) 按照作为其**对象**的人或其他当事者。ⓗ首先，关于损害的性质，那既可以是**简单的**，也可以是**复杂的**①。在性质简单时，它既可以是**正面的**，也可以是**负面的**：正面的损害由实在的痛苦构成，负面的损害则由丧失快乐

ⓖ 任何惩罚，其效力之中据称以**改造**方式起作用的，便是针对前一个亚形态，而以**儆戒**方式起作用的，则是针对后一个亚形态。见第十三章(不适于惩罚的情况)，第 2 段注。

ⓗ 除此之外，损害还可以按照其他角度来分类，但这并不妨碍这里作出的区分是包揽无遗的。一条线段可以用无数种方法来分割，但其中任何一种分割都不会留下剩余部分。见第十六章(罪过的分类)，第 1 段注。

① 第五章(快乐和痛苦的类型)，第 1 段。

构成。不管是简单的还是复杂的，也不管是正面的还是负面的，它都既可以是确定的，也可以是可能的。在它是负面的时候，它指丧失某一裨益或好处，这一裨益可以下述两种方式存在：(1) 提供实在的快乐；(2) 避免痛苦或危险，即痛苦的可能性，也就是说提供安全。于是，倘若一项损害倾向于消除的那种裨益是造就安全，那么在此限度内，这一损害的倾向便是造成不安全。其次，关于原因，则损害既可以由单独一项行动造成，也可以不无其他行动的并发作用。倘若不无其他行动的并发作用，那么这其他行动既可以是同一个人的，也可以是别人的。不论是谁的行动，它们都可以和所论的行动同类，也可以是别类。最后，关于损害的对象，亦即以某种方式受其影响的当事者，这样的当事者既可以是能被认定的[j]一个人或一群人，也可以是许许多多不能被认定的人。当对象是能被认定的一个人时，这个人既可以是损害的制造者本人，也可以是别人。当损害的对象是许许多多不能被认定的人时，这许许多多人可以是整个政治社会或国家，也可以是它的某个从属部分。如果损害的对象是其制造者本人，它便可叫做内向的；如果这对象是任何其他人，损害便可叫做外向的；如果这其他人是个人，便可叫做私人的；如果对象是社会的某个从属部分，损害就称为半公共的；如果对象是整个社会，损害就称为公共的。眼下，我们必须就此打住。继续探究这个题目，考察它的次级区分，将是展示罪过分类那一章的任务。[k]

已经说明过的都是这样的情况：在其中，主害不一定具有复杂 149

---

[j] 见第十六章(罪过的分类)，第 4 段注。

[k] 第十六章。

将其应用于前面的各种情况

性；它是正面的，眼下发生的，因而确定无疑；它由单独一项行动造成，完全不必有任何其他行动的并发作用，不管这其他行动是出自当事者本人，还是出自别人；它的对象是一名能被认定的个人，或偶尔是一群能被认定的个人，因而它是外向的和私人的。这一主害有一次害相伴，它的头一个形态有时是可能的，有时是确定的，另一个形态始终只是可能的；这两个形态俱系外来的和半公共的，而在其他方面颇同于主害，唯其头一个形态即惊恐虽然不如主害那么大，但就范围，因而总的来看就规模分量而言，远超过主害。

将其举例应用于损害较不明显的情况

16．再举两个例子，就足以说明上述修正的绝大部分含义。

例一：自醉行动

一个人喝了一定量的酒，喝醉了。在这个特定场合，醉酒没有给他造成任何损害，或者说（那等于是一回事）没有造成任何可以设想的损害。然而，若干次同样的行动就很可能，而且的确近乎肯定会使他受到很大的损害：到底有多大取决于他的体质和其他状况。这一点，不过是日常经验每天都表明了的。同样肯定的是，一项此类行动，由于这个或那个原因，大有助于增强一个人可能再三从事同类行动的意向。这也是日常经验所证明的。因而在这个例子中，行动可能产生损害。换句话说，只是由于行动造成了损害的可能性，行动的倾向才有害。这一可能性要成为现实，有赖于再三发生同类行动，而且这些行动必须由同一个人干。损害的对象是其制造者本人，并且仅仅是他本人，除非发生偶然事故。因此，这损害是私人的和内向的。

至于次要损害，即惊恐，那是自醉行动完全未产生的。诚然，它由于示范影响造成了一定量的危险，但这危险难得大到值得注意的程度。

例二：漏税

17．下一个例子。某人漏纳某项公共税金。我们知道这属于消极类型的行动。[①]要不要把这算作是有害行动？当然要。理由如下。保护社会免遭其内外敌人危害（且不提其他不那么必需的 150 工作）乃是不作大开销便无法完成的任务。支付这笔开销的钱从何而来？它只能来自从个人收取的纳款，即只能来自税金。这些税金的产生应被视为一种裨益，那是社会的管理部门必须获取，以便用于全社会的。在这一过程贯彻至终以前，需要有某些人被专门委派去收取和使用税金。假如这些人在收取后，把它用于它本来的目的，它就会是一种裨益；因而不让他们能够收取，便是一种损害。然而，有可能在收取后它未被用于其本来目的，或者它为之花费的服务未予提供。有可能税吏未把税金上交给主管；有可能该主管未按规定将其进一步转移：例如转移给法官，法官负责保护社会免受隐蔽的内敌危害，或转移给军人，军人负责保护社会免遭公开的外敌危害；有可能法官或军人在得到税金后，竟未因此而履行自己的职责——法官不开庭惩罚罪犯或裁判争端，军人不拔剑拼搏以保卫国家。这些，连同我为简短起见略去不说的无数其他中间行动，构成了一条环环相扣的职责之链，履行这些职责是为维持社会生存所必需的。在它们有助于形成的裨益能被产生出来以前，它们必须全部得到履行。如果它们全部得到履行，这裨益将存在下去，而任何行动，只要倾向于中止这裨益，就可能造成损害。如果它们当中有任何一项未得到履行，裨益就会中止：它将自动消失，不再存在下去，尽管没有做出这里所谈论的行动（漏税行动）。因此，这裨益是有条件的，因而，依据一定的假设那种趋于消除它

① 见第七章（行动），第 8 段。

的行动不是有害行动。然而，在任何大致有序的政府内，这一假设
151 确实难得会被证实。在现存的秩序最差的政府内，所征收的最大部分税款也是按照它们的本来用途支付的，因而就打算在任何具体场合对任何具体的人征收的任何具体税款而言，除非它肯定不会被如此花费，漏税行动就显而易见是有害行动。

在所指的可以是任何具体税款，特别是小额税款的情况下，纳税行动同样可能由于另一个原因而未能证明其有益，因而漏税行动未能证明其有害。有可能不花钱也能提供同一些服务。于是，假如谈论小额税款（任何一个人一次被要求缴纳的税款大都如此），而有人说不缴纳会带来有害后果，那么这远不是肯定无疑的。然而，在把结果可以说是相同的情况应用于总体时，这就绝对肯定了。假如突然间所有税款统统停止交纳，那就肯定百事俱废，无法维持司法，也无法保卫国家免遭外敌侵犯，因而弱者在国内将立刻以各种方式遭强者欺凌伤害，他们两者又都将被来自境外的压迫者制服。因此总的来说，显然在这种情况下，尽管损害是间接的和有条件的，尽管乍一看它不过是中止了某项裨益，尽管这裨益将转化为快乐或安全等直接方式而使之受惠的那些个人是全然无法认定的，但行动的有害倾向并不因为所有这些而变得不那么无可置疑。就强度和经久性而言，这害处确属未知之事：它是未定的和间接的。但就范围而言，它为害无限，就丰富度而言，它贻患无穷。

倘若对象不可认定，便无惊恐

18. 现在或许是注意到下面一点的时候了：只有在损害是外向的、并且有一个或一群可认定的人作为其对象的情况下，次害中间以惊恐方式存在的那部分才能够发生。如果它所影响的人全然不确定，全然不可见，就不可能产生任何惊恐，因为你没有目睹其

痛苦，你就不会为其痛苦而感到惊恐。例如，漏税并不造成惊恐。倘若在遥远和不确定的未来，这样的罪过竟碰巧造成了任何一种 152
惊恐，那么它将似乎出自（好像确实是直接出自）一个大不相同的原因。例如，它可以被直接地归诸立法者的行动：立法者可能认为必须征一项新税，以弥补旧税征收方面的亏空。或者，它可以被归诸敌人的行动：敌人可能利用由漏税造成的防务资金短缺而入侵该国，从那里索取贡金，其数额大大超过先前由于漏税而不向该国统治者缴纳的。[m]

在或许会碰巧以政治家的眼光来看待问题的极少数人中间，这样的罪过可能引起的惊恐是微乎其微和很不确定的，以致不值得考虑。

第二节　意图等等如何影响行动的害处

次害受行动者心理状态的影响

19. 我们已经看到，在受到损害的个人能被认定的情况下，似乎易于由主害反映出来的次害具有怎样的性质。现在应当来考察此等次害的产生所依据的环境。这些环境无非是构成前四章的主题的那四个因素，即意图、知觉、动机和性情。始终要注意到，仅危

[m] 通过一种靠类比而变得一目了然的推理过程，可以将调查范围扩展到有益行动的后果。

在这两个例子中，当行动的影响经行动对象的消极功能而波及其积极功能时，都可以推断有第三类后果发生。据此，(1) 恶可以由恶产生，例如劳而无功而无意照旧勤勉，原因是接连遭到抢劫或勒索；(2) 善可以由恶产生，例如破坏癖得以戒绝，因为不断遭到惩罚；(3) 恶可以由善产生，例如过于丰饶的馈赠使人废弃了勤奋的习惯；(4) 善可以由善产生，例如勤奋劳作的成果供求正常，销路日畅，由此而来的报偿激励人勤奋不已，干劲日增。

险才直接由关于这些因素的真实心理状态支配，而惊恐是由表面心理状态支配的。只有像在大多数场合可以预料的那样，表面状态恰巧与真实状态一致时，它才由真实状态支配。意图和知觉这两个因素的不同影响，可以按照下面几种情况来展示。

情况一：纯属偶然

153 20. 情况一：行动完全无意，以致纯属偶然。在此情况下，它完全不带有次害。

一名砖瓦匠在屋上砌砖，恰逢一名行人在下面的街道上行走。某个一同劳作的工人过来，把砖瓦匠猛地一推，结果他跌落在行人身上，使之受了伤。显然在这个事件里，没有什么能够使碰巧也在街上的人有丝毫理由，去担心将来会受到跌落下来的那个人的伤害，无论其中可能有什么使得他们对那个推人的人感到害怕。

情况二：无意加上掉以轻心

21. 情况二：行动尽管并非无意，但是未经考虑的，以致后果的有害部分虽系无意，但这未经考虑出自掉以轻心。在此情况下，行动带有某种轻微的次害，至于有多轻微，则取决于掉以轻心的程度。

一名马夫策马驰骋在一条跑惯了的街道上，拐弯时仍全速行进，将一名碰巧走过的行人踩倒在马蹄下。显然，这名马夫的行为可以造成某种程度的惊恐，其大小取决于他表现出来的掉以轻心的程度，亦即取决于他骑得有多快以及街上行人有多少等等。可以说，他由于自己的鲁莽已经造成了损害，谁能说在别的场合类似的原因不会造成类似的结果？

情况三：误测了某项完全的辩解理由，无轻率鲁莽

22. 情况三：行动就某项环境而言系被误导，这项环境倘若存在，本会完全排除或者（等于是一回事）超过主害，而且这里并无任

何轻率鲁莽。在此情况下，行动完全不带有次害。

无需进一步例上加例。

情况四：误测了某项部分的辩解理由，无轻率鲁莽

23. 情况四：行动就某项环境而言系被误导，这项环境本会部分地而非完全地排除或抵消主害，而且这里仍无轻率鲁莽。在此情况下，行动带有某种程度的次害，其大小取决于未被排除或未被抵消的那部分主害。

情况五：误测加上轻率鲁莽

24. 情况五：行动就某项环境而言系被误导，这项环境倘若存在，本会完全地或部分地排除或抵消主害，同时假定这里有某种程度的轻率鲁莽。在此情况下，与轻率鲁莽的程度相应，行动带有更甚的次害。

154

情况六：后果纯属有意，且无误测

25. 情况六：后果完全是有意造成的，而且不存在任何误测。在此情况下，次害最甚。

次要后果的害处并不因为动机的性质而被勾销

26. 关于意图和知觉要说的就是这些。现在我们来考虑次害如何受动机的性质影响。

如果一项行动的主要后果有害，那么次害并不因为动机好就被勾销，即使动机极好也枉然。因为，尽管动机是好的，但依照假设，一项主要后果有害的行动是由它在所谈论的那一刻产生的。因此，它在别的时刻也可能如此，虽然好的动机不像坏的动机那样容易引起这种情况。[⑪]

---

⑪　例如，一项杀人行动并不仅仅因为它出自宗教的、荣誉的（即喜爱名望的）、甚或仁慈的原则，就成为无罪的，更不仅仅因此就成为有益的。拉瓦亚克刺杀亨利四世是为了宗教原则，但这并未减小该行动的有害性。由于我们马上会看到的原因，它甚至使该行动变得更为有害，超过假如是为复仇。当反对葡萄牙已故国王的阴谋者们企图暗杀这位国王时，他们据称是为荣誉。[①]然而，这不管是否减轻了该行动的有害性，肯定不能被认为比它更重要。假如拉瓦亚克的儿子像先前设想过的那样，[*]仅仅出于孝

其益处亦如此

27. 一项行动尽管其主要后果有害，但因其次要后果有益而在其他方面总的来说成为有益的，则该行动不能反过来说由于动机坏而总的来说成为有害的，即使动机极坏也枉然。[©]

155

但在它们有害的场合，动机可能加剧有害性

28. 然而，假如不仅一项行动的主要后果有害，而且在其他方面次要后果也有害，这次害就可能由于动机的性质而加剧，亦即有关这同一个人的未来行为的那些次害就可能如此。

然而在动机最坏的场合，有害性并不加剧到最大程度

29. 不过，一项行动的次害并不因为动机最坏而加剧到最大程度。

动机越是趋于产生类似的行动，它就越是加剧有害性

30. 在关系到同一个人的未来行为的限度内，一项行动的次害在一单个场合由于动机的性质而被加剧的程度，相当于这动机使这同一个人采取某些行动的趋势，这些行动具有与所谈论的行

心而不是因为参与了他的罪行，使他丧命，以使他免受更严酷的司法惩罚，那么这动机尽管不应被认为提供了性情有害的任何证据，并且——甚至在惩罚的场合——会使这样的营救者成为怜悯的对象，但它几乎不会使得这营救行动成为有益的。

© 例如在绝大多数场合，控告罪行都是出于以下两种或其中一种动机：一是自顾动机，一是反社会类动机，亦即金钱利益和恶意。例如，每当控告的目的之一是为所受损害取得金钱赔偿时，它就是出自金钱利益考虑。诚然，常常听到人们说提出控告是出于公益心，它像我们已经看到的那样，** 是仁慈原理的一个表现形态。我远非否认这样的原理可以很经常地是动机的一个组成部分，人们据此施仁行善。但是，每当施仁行善仅仅是由于公益心的影响，毫不掺杂私心或恶意，那就必须被承认是一种英雄主义行为。依其本质，英雄主义行为是罕见的，因为如果常有英雄主义的话，它们就不是英雄主义行为了。控告罪行是很常见的，但确实除非在非常特殊的情况下，它们总是有益无害。

* 第十一章（性情）第15段。

** 见第十章（动机）第25段。

① 葡萄牙国王约瑟夫一世（1750—1777）1758年曾遇刺受伤。经约瑟夫一世允准代行政事的德·庞巴尔侯爵声称，贵族和耶稣会士应对暗杀企图负责。1759年，耶稣会士被逐出国门。

动相类似的坏倾向。

而这趋势相当于它的强度和经久性

31. 一项动机使得任何特定的人去采取同类行动的趋势，相当于在造成此类结果方面它对这个人的影响的强度和经久性。

如何衡量一种动机的一般效力

32. 一种动机在一般人中间引起任何一类行动的趋势，相当于在造成此类结果方面它的影响的强度、经久性和范围。[p]

出于自顾动机的恶行比出于反社会动机的恶行更有害

33. 其影响最有力也最经久最广泛的，是身体欲望、爱钱财、好安逸、恋活命和怕痛苦这几种动机。属于不满类的动机，不管在强度和范围方面可能如何，其影响（除纯粹的厌恶外）不像其他三类动机那么经久。因此，由于报复心或由于不满而做出的恶行，不像在这其他几类动机的驱使下做出的恶行那般有害。[q]

出于宗教动机的恶行更是如此

34. 至于宗教动机，不管它有时可能证明具有怎样的强度和 156
经久性，它在范围方面并不像前三类动机那么普遍，尤其在应用于性质有害的行动时是如此。然而，在一个特定的国家，或在该国的一个特定的区域，它可能同样普遍。的确，它的作用容易变得很不规则。但它倾向于经常像报复性动机一样有力，或确实像任何别

[p] 第四章（快乐和痛苦的值）。

[q] 由于这个原因，在实施一项抢劫计划时对一名陌生人做出的威胁或其他个人暴行，比起贯彻一项报复计划时对熟人施加的同类暴行，更有害于社会，因而或许每每受到更严厉的惩罚。没有人始终在发怒，但每个人始终都多少爱钱财。因此，虽然一个人由于好争吵，可能在某个时候做了一件坏事，但他可以在很长时期内，甚至在他整个有生之年，不去干一件同类的坏事，因为他很可能在整个有生之年不再投入一场如此激烈的争吵，他也无论如何不会同时与几个或好多人争吵。然而，如果一个人由于贪爱钱财，曾干了一件坏事，例如实施抢劫，他就可能在同样的动机影响下，在任何时候干同样穷凶极恶的事。按照人的秉性，如果一个人今天如此这般爱钱财，很可能他明天也会至少同样地爱钱财。而且，如果一个人倾向于用那种方式取得钱财，那么不管在什么场合和在什么时候有人遭抢劫，他就会生出抢劫的念头。

的动机一样有力。它无论如何具有大得多的经久性。[r]因此，一项有害行动若出于宗教动机，那就比它出于恶意更有害。

次害怎样受性情的影响

35. 最后，有关同一个人的未来行为的那些次害，因其性情显得堕落或善良而加剧或减小，而且这加剧或减小的程度相应于看来堕落或善良的程度。

本章同下一章的联系

36. 我们至此为止谈论的后果是**自然**后果，行动以及我们一直在考虑的其他因素，是其原因。此种后果出自犯罪者个人的行
157 为，而无政治权威的干预。现在我们要来谈**惩罚**。按照它在此处依以被考虑的那种含义，惩罚是**人为**后果，政治权威一方面将其附加于一项犯罪行为，另一方面以此来阻止产生与其自然后果中有害的那部分相似的事态。

[r] 假如一个人想要用自己的双手，或用正义之剑，来暗杀那些被他称为异端者的人，即那些对于双方都不懂的问题有不同想法、或也许只有不同说法的人，那么他什么时候都会倾向于这么干。宗教狂热永不平息，永无满足。它永不因善行而中止，因为它以蔑视善行为荣；永不因良心而中止，因为它驱使良心为自己效劳。贪婪、淫欲和报复心有虔敬、仁慈和荣誉与之抗衡，宗教狂热却无任何克星。

第十三章　不适于惩罚的情况 158

第一节　总观不适于惩罚的情况

1. 一切法律所具有或通常应具有的一般目的，是增长社会幸福的总和，因而首先要尽可能排除每一种趋于减损这幸福的东西，亦即排除损害。

法律的目的是增长幸福

2. 然而所有惩罚都是损害，所有惩罚本身都是恶。根据功利原理，如果它应当被允许，那只是因为它有可能排除某种更大的恶。[ⓐ] 217

然而惩罚是一种恶

ⓐ 在涉及惩罚问题的下述讨论之前，通常应加上单独的一章，论述惩罚的目的。但是，关于惩罚问题的这一特定方面，没有什么未说过的新鲜话要谈，因而在一部无论如何将是篇幅太大的著作中，看来最好删去这一题目，把它留给此后要发表的另一部著作，题为《惩罚理论》（*The Theory of Punishment*）。[*] 我必须归入该书的内容，还有

关于惩罚目的和涉及惩罚的若干其他问题的论析，移入另一部著作

* 此即后来由迪蒙先生据作者文稿用法文发表的著作，与《褒赏理论》（*The Theory of Reward*）合为一本，以便互相说明。现正打算按照作者手稿，用英文出版这两部著作，它们得益于迪蒙的满足，[①] 可以叫做报复性或补偿性满足，如同以自顾性收益或快乐股本方式给予的补偿，可以叫做有利可图的补偿。见册一，“补偿”项。以儆效尤是所有目的中最重要的，受犯罪诱惑的人数比例越高，它就越重要。

· · · ·

① 1823 年版添注。关于边沁的《惩罚理论》以及它同本书的关系，见前面的导言，第 xxxviii 页。这里所说出书计划，由理查德·史密斯编辑出版《褒赏原理》（*The Rationale of Reward*）（1825 年）和《惩罚原理》（*The Rationale of Punishement*）（1830 年）而得以实现。

159 因而在下列情况下不应允许惩罚：(1)无理由；(2)无效；(3)无益；(4)无必要

3. 因此，在下列情况下不应当施加惩罚：

(1) 惩罚无理由，即不存在要防止的损害，行动总的来说无害。

(2) 惩罚必定无效，即不可能起到防止损害的作用。

(3) 惩罚无益，或者说代价过高，即惩罚会造成的损害将大于它防止的损害。

(4) 惩罚无必要，即损害不需惩罚便可加以防止或自己停止，亦即以较小的代价便可防止或停止。

第二节　在什么情况下无理由惩罚

在下列情况下无理由惩罚：

(1) 始终未有任何损害，例如在予以同意的情况下

4.(1)始终未有任何损害，即所谈论的行动未曾对任何人造

---

218 对若干可能的惩罚方式的分析，对其中每一种方式的性质的专门详细考察，其利弊得失以及其他种种探究，而这些似乎不是绝对必须插入此处的。然而，关于惩罚目的，几乎不能不说几句简短的话。

惩罚目的之简述

惩罚的主要直接目的，在于控制行为。这行为是犯罪者的或其他人的。它靠自己的影响来控制犯罪者的行为：影响其意愿或影响其实在的能力，前一种情况下它以使之改过自新的方式起作用，后一种情况则以使之丧失能力的方式起作用。对于其他人的行为，它只能靠影响其意愿，其作用方式是以儆效尤。有一种它自然趋于符合要求的间接目的，它是在有受害者的场合使受害者得到一种快乐或满足，并且一般来说使被罪过激起恶意的人们得到一种快乐或满足，而不管这恶意是出于自顾原因还是出于同情或厌恶。这一目的，在能够无代价地实现的情况下，是有益的。然而，任何惩罚都不应仅仅服务于这一目的，因为(撇开它控制行为的效能不谈)惩罚造成的任何快乐都不能抵得上它造成的痛苦。不过，服务于其他目的的惩罚，在能够无代价地施加的限度内，应当迁就这一点。由此给予受害者的、反社会类快乐方式的满足，* 可以叫做报复性或补偿性满足，如同以自顾性收益或快乐股本方式给予的补偿，可以叫做有利可图的补偿。见册一，“补偿”项。以儆效尤是所有目的中的最重要的，受犯罪诱惑的人数比例越高，它就越重要。

* 见第十章(动机)。

成损害。属于这种情况的有：行动虽然在某些场合有害或令人讨厌，但其利益被涉及的那个人**同意**实行该行动。ⓑ这一同意只要出于自愿并经正当获取，ⓑ便是所能产生的最好证据，证明总的来说没有对于已同意的那个人造成任何损害，至少没有造成直接的损害。因为没有人能够比他本人更好地判断什么给他带来快乐或不快乐。

(2) 害不及利，例如在防灾或行使公共权力的场合

5. (2) 害**不及**利，即虽然所谈论的行动造成了损害，但这同一个行动是为产生一项裨益所必需的，而且这裨益的值ⓒ大于损害。为预防突发灾难而做的任何事情就可以是这种情况，为行使每个共同体内都必须确立的若干种权力——内务权力、司法权力、 160
军事权力以及最高权力——而做的任何事情也可以是这种情况。ⓓ

(3) 损害肯定会由补偿来纠正

6. (3) 肯定会有适当的补偿，在能够犯下罪过的所有场合都如此。这假设两件事情：该罪过的性质允许适当的补偿；肯定会有这样的补偿。在这两项假设中，可以看出后一项是个纯粹理想的假设，无法用事实来证明这里赋予它的普遍性。因而在实践中，它不能算作绝对免罪的理由之一。然而，它可以被承认为减轻惩罚的一项理由，这一惩罚似乎将独立依据其他种种考虑来决定。ⓔ

ⓑ 见册一，“辩据”项。

ⓒ 见前，第四章(快乐和痛苦的值)。

ⓓ 见册一，“辩据”项。

因此法律宽待负有职责者的犯法行为，例如单纯的商业欺骗

ⓔ 例如，这似乎是或许所有法律制度宽待一类犯罪者的理由，至少是理由之一，这类犯罪者立足于一种职责。诚然，并非直接宽待这些人本身，而是只宽待负有职责者可能有机会犯下的罪过。这看来特别是贪污在某些场合一般不被当作盗窃来惩罚的原因。商业欺骗一般不被当作通常的诈骗来惩罚，其原因也在于此。*

* 见“单纯的商业欺骗”项。

第三节　在什么情况下惩罚必定无效

在下列情况下惩罚必定无效：

(1) 刑法规定来得太晚：例如在①有追溯效力的法律或②法外判决的情况下

7.(1)刑事法规未予确立，直至行动已做出之后才确立。在两种情况下是如此：有追溯效力的法律的情况，在此，立法者本人直至行动做出之后才规定惩罚办法；法外判决的情况，在此，法官依据自己的权威，规定立法者未曾规定的惩罚办法。

(2) 刑法规定不为人知：例如在一项法律未得到充分传播的情况下

8.(2)刑法规定虽已确立，但未传达到它看来意欲对之起作用的人，未被此人得知。这可见于这样的情况：法律忽略了运用任何必要的手段，来保证法律所及范围内的每一个人，不管是谁，都详尽无遗地了解就他的身份和状况，在哪些情况下他可能受法律惩治。ⓕ

220

(3) 行动意不可遏：例如在：① 幼稚，② 精神错乱，③ 醉迷的情况下

9.(3)刑法规定虽已传达到一个人，被他得知，但对他不能
161 产生任何影响，使他不去从事有关的那类行动。这有三种情况：其一，极端幼稚，即一个人尚未达到一种心理状态或心理倾向，以使得法律展示的那些隔得如此之远的苦难前景有影响其行为的效果；其二，精神错乱，即一个人在达到上述心理倾向之后，又由于某种虽然未被发现、但是作用经久的原因而丧失了它；其三，醉迷，即他在可见的原因暂时影响下丧失了它，这种原因包括饮酒、吸食鸦

ⓕ 见册二，附录，第三节，“传播”项。[①]

① 这大概是指最初打算用于《刑法典梗概》部分附录的材料，被迪蒙用于《立法论》(*Traités de Législation*)(法文，1802 年)的一部分，理查德·史密斯将其转编成英文，以纳入《边沁全集》鲍林版，题为“论法律的传播及其原因：以刑法典为例”(《边沁全集》鲍林版，第一卷，第 155—168 页)。

片或其他毒品等，它们以此方式作用于神经系统——这一状态的确恰恰等于由一种可认定的原因造成的暂时精神错乱。[g]

(4) 或个别行动，其意不可遏：例如在

10. (4) 就一个人行将从事的**个别**行动而言，刑法规定无法有效加以防止(虽然经传达使他得知后，它很可能使得他不去做所涉及的那**类**行动，只要他知道它涉及那些行动)，因为他不明白这个行动属于刑法规定所涉及的那些行动。这可能在下面三种情况下发生：其一，**无意**，即他并不打算从事、因而也不明白他行将从事最终他要从事的那个**行动**[h]；其二，**不知**，即他虽然明白他要去做那**行动**本身，但不明白与之相连的所有实在**环境**，因而不知道它具有的造成损害的**趋势**，正是考虑到这种损害，它在大多数情况下被确定为当受惩罚的；其三，**误料**，即他虽然可能明白行动趋于造成那种程度的损害，但他误以为它伴有某项或某组环境，而如果伴有这环境，它就不会造成那项损害，或者会产生更大程度的裨益，以致使立法者在此类情况下不把它定为当受惩罚的。[i]

① 无意

② 不知

162

③ 误料的情况下

(5) 或受到

11. (5) 虽然刑法规定在单独起作用时，可能发挥充分的影

在幼稚和醉迷这两种情况下，案例难以被证明可用通则来处理

ⓖ 虽然这么说，但幼稚和醉迷这两种情况(如我们此后将看到的)在实践中不能被认为提供了绝对免罪的足够理由。然而，这一就实践而言的例外，并不否定通则在理论上的妥当性。这一例外的依据，无非是事实难以确定，即难以判断肇事者在肇事之际是否确实处于这里谈论的状态，亦即一个给定的案例是否真正可用通则来处理。假定事实能完全予以确定，而无误断之虞，那么在这些场合像在任何别的场合那样，惩罚无疑将是不妥的。*

为这三种情况下不予惩罚而提的理由，其通常的依据是错的

为确立有利于幼稚小儿、精神错乱者和醉迷者的免罚规定而通常用的理由，要么事实上是虚妄的，要么表述得很混乱。说是这些人的意愿并非与行动一致，他们全无恶意，或者心不由己云云。要假定所有这些说法都是正确的吗？那有什么用？毫无用处，唯其蕴含着正文提出的理由除外。

ⓗ 见第八章(意图)。

ⓘ 见第九章(知觉)。

* 见册一，“免罪”项(第四项)及“减罪”项(第七项)。

相反的优势力量的影响：例如遭受

响并占优势，但由于某种相反的原因对意愿有支配性影响，它必然无效，因为肇事者看到（sees）[①]自己在不做此事的情况下要经受的苦痛是那么大，以致刑法规定所通告的、他若从事该行动就将受到的苦痛不可能显得更大。这可以在下面两种情况下发生，其一，有

自然危险

自然危险，即看来很可能由独自作用的自然力造成苦痛；其二，有

被损害之威胁

被损害之威胁，即看来很可能通过具有意图和意识的人的作用而造成苦痛。[ⓙ]

(6) 或身体器官无法遵循本意：例如在肉体强制或束缚的情况下

12. (6) 一个人的身体官能（由于某种自然原因的支配性影响）并非处于可遵循本意的状态，以致行动完全是非自愿的（虽然刑法规定可能充分有力地影响了他的意愿）。通过无论何种手段造成的肉体强制或束缚，便是这种情况，例如一个人的手被强推到某个物体上，那是他自己的意愿要他不去触碰的；或者，他的手被强缚起来，无法触碰他自己的意愿要他去触碰的某个物体。

163

第四节　在什么情况下惩罚无益

(1) 在所谈论的那类情况下，惩罚造成的苦痛会超过罪过造成的苦痛

在下列情况下惩罚无益：

13. (1) 依通常状况，在罪过的性质和惩罚的性质两相比较时，后者造成的苦痛证明大于前者造成的苦痛。

为何不同样提及道德约束力和宗教约束力的影响

ⓙ 道德约束力和宗教约束力的影响，或换言之喜爱名望的动机和宗教动机的影响，是另两项原因。在特殊场合，它们的效力可能超过立法者能够施加、或至少认为适于施加的任何惩罚。因而对他来说，注意到这些将是恰当的。但是，在不同的时间和地点，这些影响的大小有所不同，而前面讲过的影响，其大小在任何时候、任何地方都是不变的和相同的。因此，把它们看作规定绝对免罪的可靠理由，绝不可能恰当无疑，原因在于（如前述幼稚和醉迷一般）事实在实际上很难确定。

① 1789 年版如是。1823 年版误作 sets，鲍林版及以后各版皆从此误。

惩罚造成的苦痛分为四类，即束缚

14. 现在把惩罚造成的苦痛分解为四类，它们影响到四类不同的人。其一，强制或束缚之苦痛，亦即它给一个无法采取行动的人带来的痛苦，不管这行动是什么，他由于害怕惩罚而不敢去做，这是那些遵守法律的人所感到的。其二，害怕之苦痛，亦即一个人面临惩罚时，因为想象经受惩罚而感到的痛苦，这是违背了法律、自觉有受法律制裁危险的人所感到的。其三，忍受之苦痛[k]，亦即一个人由于惩罚本身、自他开始经受惩罚时起感觉的痛苦，这是违背了法律并开始事实上受到法律制裁的人所感到的。其四，同情之苦以及其他派生的苦痛，这是那些与刚才提到的几类原本受苦者有联系的人所遭遭受的。[l]在这四类苦痛当中，第一类的大小取决于当事者因受束缚而不能去做的行动的性质，第二类和第三类的大小取决于与这罪过相连的惩罚的性质。

害怕

忍受

及派生的苦痛

(罪过造成的苦痛因罪过的性质而各不相同，这里无法予以展示)

223

15. 另一方面，罪过造成的苦痛当然也按照每种罪过的性质而有大有小。在每种具体的罪过当中，一项苦痛与另一项苦痛之间的比例因而将有所不同。因此，由于这个原因惩罚无益可图的那些情况，除了靠调查每种具体的罪过就不能被发觉，而这一调查将是本著作的正文要做的事情。

(2) 或在所谈论的个别情况下，惩罚造成的苦痛会超过罪过造成的苦痛，原因是：某一犯罪者提供的服务特别有价值；

164

犯罪者人数众多

16. (2) 虽然依通常状况，出自惩罚的苦痛不超过惩罚的作用力可能在同一段时间内造成的裨益（这裨益趋于排除罪过造成的苦痛），但它可能由于某些偶然环境的影响而变得如此。这些环境有下面几种：其一，在一特殊时刻，犯罪者的人数多得足以增加惩罚所造成的苦痛的量，包括第二和第三类苦痛的量，以及由此还

[k] 见第五章（快乐和痛苦的类型）。

[l] 见第十二章（后果）第4段。

包括一部分第四类苦痛的量；其二，某一个犯罪者提供的服务特别有价值，而惩罚的作用将使社会失去这些服务的裨益；其三，人民的不满，即同一个国家的无数成员（由于某个偶然事件的影响）恰巧认为，该罪过或该犯罪者根本不应当予以惩罚，或至少不应当用当时判定的方式予以惩罚；其四，外国的不满，即与本国有关联的某个或某些外国政府或其大量国民感到不满。

人民不满；

外国不满

第五节　在什么情况下惩罚无必要

在下列情况下惩罚无必要：①

(1) 用较小的代价便可防止损害，例如依靠教育

17.（1）用较小的代价便可以有效地达到防止犯罪行径的目的，例如依靠教育，就像依靠恐惧一样有效；依靠晓之以理，就像依靠直接影响意愿一样成功。在责任问题上散布有害原理的那些罪过，所涉及的就像是这种情况，不管是哪类责任，不管是政治的、道德的还是宗教的，也不管散布这样的原理是出于真诚地相信它们有益，还是没有此种信念。我说没有，是因为尽管在此情况下教育无法使得写作者不去努力宣教其原理，但它可能防止读者采用之，而读者不采用，他的宣教努力就不会造成任何危害。在此情况下，君主通常极少需要起积极的作用：假如一个人的利益在于宣教有害原则，其他人的利益就必定在于揭露这些原则。然而，要是君主必须参加这一争论，那么与谬误作斗争的恰当武器是笔，而不是剑。

① 边沁显然打算在此话头之下讨论几个范例，就像前几节里那样，但事实上他写了第一种情况后就没有写下去。

第十四章　惩罚与罪过间的比例 165

概述

1. 我们已经看到，所有法律的总目的在于防止损害，也就是说在值得如此的时候去这么做。然而，在除惩罚之外没有其他办法可行的场合，有四种不值得惩罚的情况。

惩罚的四种目的

2. 值得惩罚的时候，惩罚有四种附属的图谋或目的，它们是一个由功利原理指导自己看法的立法者，在设法尽可能达到上述总目的的过程中自然会想到的。

第一种目的是要防止任何罪过

3. (1) 他的第一种目的，亦即最广泛最明确的目的，是在可能和值得的范围内防止所有各种罪过，不论它们是什么。[ⓐ]换句话说，是要设法杜绝任何罪过。 225

第二种目的是要防止较坏的罪过

4. (2) 但若一个人必定犯某种类型的罪过，则下一个目的便是诱导他犯一项害处较小而非较大的罪过。换句话说，在两项俱将符合其意图的罪过当中，总是选择害处较小的那一项。

第三种目的是要缩减损害

5. (3) 如果一个人已立意要犯一项具体的罪过，那么下一个目的便是使他在实现他的意图所必需的罪过之外，倾向于不去犯更多的罪过。换句话说，使他在符合自己所期望的得益的限度内，尽少为害。

ⓐ 我用“罪过”一词，眼下是指在立法者看来具有产生损害的倾向的那些行动。

第四种目的是要以最小支出行事

6.（4）最后一个目的，在于不管要加以防止的损害是什么，以尽可能小的代价防止之。

决定惩罚与罪过间比例的规则

7. 决定惩罚[b]与罪过之比的那些规则或准则必须服从这四种目的或意图。

规则一：超过罪过的得益 166

8. 已知第一种目的是在可能和值得的范围内防止所有各种罪过，因此：

惩罚之值在任何情况下，皆须不小于足以超过罪过收益[c]之值。[d]

如果小于，那么（除非与惩罚无关的某种别的考虑会插进来，并且作为监护性动机[e]有效地起作用）罪过肯定会犯下，即使有惩

同一规则适用于一般的动机

ⓑ（惩罚）。我们将看到，同一些规则既适用于惩罚，也可以几乎一样地适用于褒赏。总之，它们适用于一般的动机：依其种类是令人快乐的抑或令人痛苦的，它们具有褒赏性质或惩罚性质；而且，依其引起的行动是积极的抑或消极的，它们被称为驱使性的或制约性的。见第十章（动机）第 43 段。

收益既可以是钱财上的，也可以是任何其他种类的

ⓒ（收益）。罪过的收益应理解为不仅是钱财收益，而且是一个人从促使他犯罪的欲望得到满足当中获得或期望获得的快乐或裨益，不管是哪种。*

惩罚不应当随诱惑力而增加的观念是不适当的

罪过的收益（对收益的预料）构成促使一个人去犯罪的驱使性动机，或若干驱使性动机的总和。惩罚（对惩罚的预料）则构成在相反方向上独自地或与其他因素协同地对他起作用的制约性动机，诱使他不去犯罪。偶然环境除外，诱惑力相当于引诱力，即驱使性动机的效力。因而，像一些才学卓越、负有盛名的著作家那样，说惩罚不应当随诱惑力而增加，就如同在力学上说力的动量不需与负荷的动量成比例增长。

ⓓ 贝卡里亚：《论犯罪》第六节，相当于莫雷莱译本第 23 节。[1]

ⓔ 见第十一章（性情）第 29 段。

* 见第十章（动机）第一节。

①切萨雷·贝卡里亚，即贝卡里亚-博内萨纳侯爵（1738—1794），著有《论犯罪与惩罚》（*Dei delitti e delle pene*）（1764 年）。边沁所引的法文译本是由安德烈·莫雷莱翻译的，1766 年出版。可以看到，本书 1789 年版将上述意大利文标题中的 delitti 刊作 diletti，以后各版皆以讹传讹。

罚也罢：[f]整个惩罚将付之东流，全然无效。[g]

9. 上面的规则常常遭到反对，理由是它看来太严苛。然而，这所以能发生，只是因为对它缺乏恰当的理解。诱惑力——caeteris paribus（在其他同等条件下）——相当于罪过的收益，惩罚的分量必须随罪过的收益而增加：caeteris paribus，因而它必须随诱惑力而增加。这是没有争议的。确实，诱惑力越强，犯罪行动提供的关于犯罪者性情堕落的征象就越不确定。[h]因此，只要没有任何 167 宜于将诱惑力当作减罪理由这一点，并不能否定上述规则

Ⓕ 有句著名的谚语（尽管希望并非真的如此），说人人都有自己的价钱。这一般是指出卖一个人的德性。这个说法由某些盎格鲁-撒克逊法规得到确证，虽然是在一个大为不同的意义上。按照这些法规，一个人的性命（包括君主本人的性命）而非其德性被定了价钱。花 200 先令，你就可以杀死一个农夫，出 6 倍的价钱，就可以杀死一名贵族，出 36 倍的价钱，就可以杀死一位国王。* 那时候一位国王恰好值 7200 先令。于是，假如举例来说，有位王储等继位等得不耐烦了，他就有个可靠和合法的办法来满足他的不耐心：他只需一手杀死国王，一手交付价钱就万事大吉了。据此，某一位戈德温侯爵，或某一位斯特莱昂公爵，可以买下整个王朝的性命。显然，假如那时候一位国王享尽天年，寿终正寝，那么他能够如此，必定是靠了这条法规以外的什么东西。这是一个古老野蛮的时代的产物，其荒谬可笑现在已被认识到了。但是，仔细检查就会发现，最文明国家的最新法律仍然沦于同样的谬误。** 简言之，不管在什么场合，凡惩罚是固定的，而犯罪可得的收益却无定数的，就属于这种情况。或者更精确地说，凡惩罚被限于这样的指标，犯罪可得的收益就可能超过它。

Ⓖ 见第十三章（不适于惩罚的情况）第一节。

Ⓗ 见第十一章（性情）第 42 段。

* 威尔金所撰盎格鲁-撒克逊法，第 71，72 页。见休谟史书，第一卷，附录一，第 219 页。[1]

** 尤其见英国法典全部、拿破仑刑法典以及近来制定或尚未制定的西班牙刑法典。[2]——作者注，1822 年 7 月。

① 戴维·威尔金（1685—1745）于 1721 年发表《盎格鲁-撒克逊教会法与民法》（*Leges Anglo-Saxonicae Ecclesiasticae et Civiles*）。休谟在其《英国史》中叙述杀人赔偿金制度时引用了该书。

② 拿破仑刑法典在 1808 至 1810 年期间颁布。西班牙刑法典系由 19 世纪 20 年代初短命的自由主义行政当局拟订，并由议会在 1821 年 9 月至 1822 年 2 月期间讨论过。边沁对西班牙刑法典很感兴趣（尤其参见他的《致托雷诺伯爵》（*Letters to Count Toreno*），载于《边沁全集》，鲍林版，第八卷，第 487—554 页）。

由于性情格外堕落而来的加罪，或者充其量说只要有犯罪者性情无害或善良所导致的减罪理由能起作用，诱惑力便可有助于减弱惩罚要求。然而，它的作用绝不能大到显示宜于使惩罚无效的程度，而将惩罚降到低于罪过的明显收益时，就肯定会使之无效。

要使惩罚降到这种地步，局部的仁慈就须占上风，而这局部的仁慈动机将违背它实际上会考虑到的那些目的，并将违背仁慈动机应当考虑到的更广泛的目的。它不仅对公众来说残忍，而且对那些它为之求情的人来说亦如此——我是就其效果而言，不管其
168 意图如何善良。对公众残忍，是指对无辜者残忍：使他们因为缺乏适当的保护而任凭遭受罪过的损害。甚至对犯罪者本人也残忍，则是指无谓地惩罚他，没有可能达到仁慈的目的，而唯有这仁慈的目的才能使采用惩罚之恶成为有理的。

规则二：惩罚大罪宁重勿轻

10. 不过，一项既定的罪过是否会由一定量的惩罚在一定程度上加以防止，始终莫过于一种可能性：为换得这一点，所运用的无论什么惩罚在事先就用掉了。然而，为了使之有更大的可能来超过罪过的收益，

罪过的害处越大，以惩罚方式可能值得付出的代价也就越大。[①]

规则三：使人宁愿去犯两项罪过中那项较小的

11. 下一个目的是诱导一个人在两项罪过当中，总是选择害处较小的那项；因此，

在两项罪过彼此竞争的场合，对那项较大的罪过的惩罚，必须

举例：纵火和造伪币

① 举例说，假如有可能值得实行火刑之类恐怖的惩罚，那么为防止谋杀或纵火之类罪行要比为防止造一枚伪币更值得这么做。见册一，“造伪币”和“纵火”项。

足以诱导一个人宁愿去犯那项较小的。[1]

12. 如果一个人已立意要犯一项具体的罪过，那么下一个目的便是使他在实现他的意图所必需的罪过之外，不去犯更多的罪过。因此 规则四：每份损害皆须惩罚

应当以这样的方式来调节惩罚，使之适合每项具体的罪过，即对应于每一部分损害，都能有一项制约犯罪者造成这份损害的动机。ⓚ

13. 最后一个目的，在于不管所防止的损害是什么，以尽可能小的代价防止之。因此 169 规则五：没有特殊原因，决不加重惩罚

在任何情况下，惩罚都不应当超过为使它符合这里提出的诸项规则而必需的程度。

14. 还需进一步注意，由于人们在不同的状况下，受同一激发性动因影响的方式和程度有所不同，因而在两个不同的人那里，名 规则六：注意影响敏感性的状况

ⓙ《论法的精神》，第 6 章第 16 节。[1]

ⓚ 如果任何人对此有怀疑的话，就让他设想一下把罪过分解为若干单独的罪过，其数目等于由它产生的那些可区别开来的一项项损害。例如，假设这罪过在于某人殴打你 10 下，或偷了你 10 先令钱。如果他殴打你 10 下，所受到的惩罚并不重于因为打你 5 下而受到的，那么在打你的 10 下中，5 下是项根本不受惩罚的罪过。这就是说，每次某人殴打你 5 下，他肯定会再打 5 下，因为他可以乐得白打你这 5 下。与此相似，如果他偷你 10 先令，所受到的惩罚并不重于偷 5 先令而受到的，那么偷这 10 先令中剩下的 5 先令便是一项根本不受惩罚的罪过。在我所曾看到过的每一部法典中，几乎每一页都有违这一规则。 殴打和偷钱之例

需注意，罪过的收益尽管常常、但并不总是与其损害成比例。例如一个窃贼，在偷了他所觊觎的东西外，还偷了对他毫无用处的别的东西。这种情况可以由于放肆、懒惰、鲁莽等等而发生。

[1] 孟德斯鸠《论法的精神》的这一节开头这么说："刑罚的轻重要有协调，这是很重要的，因为我们防止大罪应该多于防止小罪，防止破坏社会的犯罪应该多于防止对社会危害较小的犯罪。"

目相同的惩罚并不总是会真正产生、甚或在别人看来产生同等的痛苦。因此

实际施于每一个别罪犯的惩罚分量，可以同打算施于一般类似的罪犯的惩罚分量一致，但始终应当考虑到影响敏感性的若干状况。[l]

上述规则的比较

15. 在关于比例的上述诸项规则当中，我们可以看出，头四项的作用是标明从轻发落的限度，即惩罚不应被减至其下的那些界限。第五项则是标明从重发落的限度，即惩罚不应被增至其上的那些界限。这头五项意在用作立法者的指南，而第六项某种程度上确乎为了同一目的，但主要是意在指导法官，帮助他努力在这两方面都符合立法者的意图。

在估量一项惩罚的值时，必须考虑到它在确定性和邻近性方面的不足

16. 我们回过来看一下。为了使第一项规则更便于付诸实践，或许需要略为具体地将其展开。因而要注意，为求精确，必须使用“值”这个意思不那么清楚的术语，而不用“分量”一词，因为分量一词不能恰当地囊括确定的或不确定的、邻近的或偏远的种种情况，而这些情况是在估计种种苦乐的值时每每必须考虑到的。[m]一方面，种种惩罚便是种种痛苦，另一方面，罪过的收益便是种种快乐，或相当于快乐的东西。然而，罪过的收益通常比惩罚更为确定，或者（实际上是一回事）至少在罪犯看来是如此。无论如何，它通常更为直接。因此，为了使惩罚保有优势，始终压倒罪过的收
170 益，惩罚的值就必须以某种别的方式来构成，与它就确定性和邻近性这两点而言有所不足的程度相称。然而，没有别的使它能够得

[l] 见第六章（敏感性）。

[m] 见第四章（快乐和痛苦的值）。

到增值的办法，除了在轻重方面有所追加。因此，只要惩罚的值就确定性或邻近性而言不及罪过的收益，它就必须在轻重方面得到相称的追加。ⓝ

还要将出自同一癖性的其他罪过的损害和收益考虑进来

17. 然而不止于此。为了保证惩罚之值压倒罪过之值，在某些场合不仅要考虑到将予以惩罚的个别罪过的收益量，还必须考虑到同类的别的罪过，那是罪犯很可能已经犯下但未被觉察的。这一随机估测方式虽然严苛，但在某些场合不可能避而不用。这样的场合指罪过的收益是钱财性质的，被觉察的可能性很小，还有那种显示了恶癖的可恶行动，例如造伪币便是如此。如果不诉诸这一方式，那么按照利弊权衡，这种犯罪做法将肯定有利可图。既然如此，立法者将绝对肯定无法钳制之，对它的全部惩罚将付之东流。仍拿我们起初用的那个词来说，惩罚百分之百将无效。

规则七：确定性之不足须由加重惩罚来弥补

18. 在考虑了这些情况后，可以确定下列三项规则，作为规则一的补充和诠释：

要使惩罚的值能够超过罪过的收益，必须依其就确定性而言的不足程度，相应地在轻重方面予以增加。

规则八：邻近性之不足亦须如此来弥补

19. 必须依惩罚就邻近性而言的不足程度，进一步在轻重方面予以增加。

规则九：像惩罚一种恶癖那样来惩罚显示了这恶癖的行动

20. 在行动确凿地显示了一种恶癖的场合，必须把惩罚增至如此地步，使之不仅能超过个别罪过的收益，而且能超过其他类似的罪过的收益，这些罪过是同一个罪犯很可能业已犯下而未受惩罚的。

ⓝ 例如，正是由于这个原因，单纯的赔偿从来不被认为是对偷窃或抢劫的足够惩罚。

其余规则不那么重要

21. 还可以有几种别的环境或考虑可能在某种小的程度上影响惩罚要求。但是,它们的合宜性不像前面的那么可证或恒常,其
171 应用也不那么确定,因而值不值得把它们与别的规则相提并论是可以怀疑的。

规则十:因其质而增其量

22. **倘若一项惩罚在质的方面设计得特别契合其宗旨,但小于一定的量就不能存在,那么为应用之,将其增至略为超过这一按照其他原因绝对必需的量,有时可能是有用的。**

规则十一:特别是为了道德教诲目的

23. **有时可能特别有用,倘若所拟的惩罚设计得特别契合道德教诲目的。**[o]

规则十二:注意可以使惩罚变得无益的环境

24. 上述各项考虑趋于要求加重惩罚,而下列规则趋于要求减轻惩罚。在某些场合(我们已经谈过[p])由于偶然环境的影响,惩罚可以整个变得无益可图,也可能只有一部分变得无益可图。据此,

在调节惩罚的分量时,应当注意到可以使所有惩罚变得无益的环境。

规则十三:为简洁起见,小的不成比例之处可以忽略

25. 要看到,任何一套规定越是复杂精细,忽略其中任一特定条款的可能性就越大。非如此,就不能从中产生益处。区别复杂

什么是以道德教诲方式应用的惩罚

[o] 在下面这样的时候,一项惩罚可以说是设计得契合道德教诲目的:它通过给罪过打上耻辱的烙印,意在激发公众厌恶那些看来同该罪过相联的有害习惯与恶劣性情,由此来灌输与之相反的有益习惯与善良性情。

轻微的肉体伤害方面的例子

例如,正是这个原因(如果有什么原因的话)必定使得应用示众之辱这一严厉惩罚成为正当的:可以用此来惩罚动手打女人或打父亲的男人。下文将提出这种惩罚。见册一,“轻微肉体伤害”项。

军法方面的例子

我认为,军法制定者部分地是依据这个原理,来使自己相信处死动手打长官的士兵是正当的。

[p] 见第十三章(不适于惩罚的情况)第四节。

得超过了它意欲影响其行为的那些人所能领会的程度，就比无用更糟糕。整个体系将显得混乱不明，不仅有关的条款所规定的比例，而且与之相联的任何东西都会丧失效力。[q]要给出一条此种情况下精确的指导方针，似乎是不可能的。不过，在记忆中添上下面 172
的规则可能有所帮助：

在意欲使惩罚同罪过完全相称的种种规定当中，如果有任何规定不能凭自己特别的良效，来抵消自己使法典更为错综复杂而造成的损害，那就应予删除。[r]

为什么在这里不给自然、道德及宗教约束力的辅助效力留有余地

26. 可以回想起，政治约束力（本章一直在考察的那种惩罚便属于此）只是四种约束力当中的一种，它们统统有助于产生同样的结果。因此可以料想到，在调节政治惩罚的分量时，应当留有余地，使之有可能得到其他几种控制力量的协助。然而，这其他几种力量的效力从来不是确定得足可依靠的（在道德约束力的效力被明确纳入政治约束力并由其修改的场合，另当别论[s]）。这效力从来不能像政治惩罚那样，被分解为精确的份额，或在数目、分量与价值方面予以分派。立法者因而不得不规定全部惩罚，就像他确信从那些地方得不到任何协助一样。如果他得到了，那就更好；不过，必要的是他无论如何应当作出有赖于他本人的规定，以防他得不到。

[q] 见册二，“目的”项；附录，“构成”项。

为什么本书大谈比例问题

[r] 尽管有这项规则，我仍担心由于接下来的样式，我可能被认为在着力讨论比例问题方面走过头了。迄今对这个问题几乎未予任何注意。孟德斯鸠似乎差不多是头一个对此类事情有点儿意识的人。[1] 因此，在这么一个问题上，过头似乎比不足要好。难就难在创新；既已创新，即使有什么似乎是多余的，也很容易删除。

[s] 见册一，“惩罚”项。

[1] 《论法的精神》，第六章。

概述 27. 在此，概述确立惩罚与罪过之间的比例时要注意的若干情况，可能是有用的。这些情况看来有如下述：

一、**在罪过方面**：

（1）罪过的收益；

（2）罪过的损害；

（3）其他不同类的大小罪过的收益和损害，从这些罪过中罪犯可能不得不加以选择；

173 （4）其他同类罪过的收益和损害，这些罪过是同一个罪犯很可能已经犯下的。

二、**在惩罚方面**：

（5）惩罚的轻重，由其强度和经久程度构成；

（6）惩罚就确定性而言的不足；

（7）惩罚就邻近性而言的不足；

（8）惩罚的质；

（9）一项惩罚具有的在质的方面的偶然好处，它在量的方面并非必要；

（10）运用一种特殊性质的惩罚，作为道德教诲的手段。

三、**在犯罪者方面**：

（11）该类犯罪者的责任；

（12）每个特定的犯罪者的敏感性；

（13）任何特定的犯罪者的特殊长处或有用素质，如果所施的惩罚可能使社会丧失它们带来的好处；

（14）在任何特定场合犯罪者之多寡。

四、**在公共方面**（任何特定时刻）：

(15) 人民对惩罚的分量或方式予以赞成或反对的意向；

(16) 外国的意向。

五、在法律方面(公共方面之续)：

(17) 为简洁起见而在比例问题上稍作牺牲的必要性。

辩白：这里看到的那种精细入微的分析并非无用

28. 或许有某些人，会乍一看去便把调节此类规则时所用的精细入微的分析视作纯属徒劳。他们会说，这是因为愚昧从不为法律操心，感情不计算利弊得失。然而，愚昧无知可以改变[t]，而感情不计算利弊得失的说法，如同大多数非常笼统和隐晦的命题那样，并不正确。如果所攸关的是痛苦和快乐这么重要的问题，而且它们是最高程度的(简言之，唯一能够视为重要的问题)，那么有谁不加以计算呢？人是计算利弊得失的，固然有人算得较准，有人算得不那么准，但人人都算。即使疯子，我也不会说他不计算。[u] 174
感情是计算利弊得失的，每个人都多少是如此。不同的人按照其性情的热烈或冷漠、心理的稳定或易激以及驱使他们的动机的性质，而在这方面有所不同。幸运的是，有一种动机是最讲究计算的，是社会由于其强度、经久性和普遍性而最可担心其越轨的。[v]我指的是那种相当于钱财动机的东西。因而，这些精细入微的分析(如果它们要被这么称呼的话)在效验具有头等重要性的地方，最有可能奏效。

[t] 见附录，“传播”项。[1]

[u] 不怕禁锢的疯子简直无处可寻。

[v] 见第十二章(后果)第33段。

[1] 见上文，第160页注1。

175 第十五章　一套惩罚所应有的特性

特性要由比例来支配

1. 已经表明，在调节惩罚与罪过的比例时应当遵守哪些规则。在每个场合，赋予一套惩罚的特性，当然是它为了能被应用而在符合这些规则方面所需要的特性。质将由量来控制。

特性一：可变性

2. 我们可能记得，这些规则当中的第一项，是在任何情况下惩罚的量都不得少于足以超过罪过的收益，因为少于此，就像常见的那样，整个一套惩罚（除非这不足碰巧会由于某些别的约束力而得到弥补）便付之东流，成为无效的。第五项规则，是在任何情况下惩罚都不应超过其他几项规则所需要的程度，因为超过的话，超过的量便统统是不必要的。第四项规则，在于惩罚应当以这样的方式来调节，使之适合每项具体的罪过，以致该罪过的每一部分损害都能有一项刑罚（即有一项监护性动机）来对应；否则，就该罪过的无刑罚对应的部分而言，就像在此场合全无惩罚一般。于是，除非一套惩罚就种种罪过所带的每一不同的损害量，都能有不同的惩罚量来与之对应，这套惩罚就无法符合上述任何规则。要证明这一点，可以设想罪过的收益在程度上多有不同。然后，假设它是在其中任何一个程度上。如果惩罚达不到与此程度相应，它就会是无效的，就会付之东流；如果它超过了，超过部分就会是不必要的，因而在此情况下也会付之东流。

因此，应赋予一套惩罚的第一个特性，是在量上可变，以符合罪过的收益或损害所能有的每一不同分量，这一特性或许可以用一个词，称作*可变性*。

特性二：稳定性

3. 第二个特性同前一个紧密相联，可以叫做*稳定性*。立法者规定了一种惩罚方式（它在其他各方面都恰当），能够加重或减轻到任何可能需要的程度，但若终究选定在无论哪个程度上，这一程 176
度容易按照环境造成非常剧烈或非常轻微的痛苦，或全不产生痛苦，那就没有什么*稳定性*。在此情况下，就像在前面那样，如果出现一种环境，就将造成大量*不必要的*痛苦，如果出现另一种环境，则将全无痛苦，或全无*有效*的痛苦。容易如此变动无常的惩罚，可叫做不稳定的惩罚，而并非如此的惩罚，可叫做稳定的惩罚。诚然，惩罚所造成的痛苦的量，会在很大程度上取决于与惩罚本身的性质有别的环境：取决于罪犯的状况，即一个人的敏感性易受其影响的种种情况。但是在许多场合，这同一些情况的影响反过来也会受到惩罚的性质左右。换言之，任何惩罚方式造成的痛苦，将是施于他的惩罚和他所面临的环境这两者的结合效应。有一些惩罚，其效果可能因为此等外来环境的影响而经受较大的变化，大于其他惩罚的效果可能经受的。因而，只要情况如此，稳定或不稳定就可以被认为是属于惩罚本身的特性。

倾向于在这方面有所不足的惩罚

4. 倾向于不稳定的惩罚方式的一个例子，是*流放*，如果那流放地是法律指定的某个确定的、或许罪犯不在乎自己是否见过的地方。*钱财性*或*半钱财性*的惩罚也是如此，如果它涉及某些特殊种类的、罪犯可能碰巧拥有或不拥有的财产。所有这些惩罚都可以被分解为一份一份，并予以极精细的衡量。它们至少能按照时间来划分，即使不能按照其他来划分的话。因此，它们全都不是在变化性方面有所欠缺。然而在许多场合，就稳定性而言的这一缺陷，可能使它们变得像缺乏变化性一样不适用。[a]

177 特性三：与其他惩罚的通约性

5. 关于比例的第三项规则是，在两项罪过彼此竞争的场合，对那项较大的罪过的惩罚，必须足以诱导一个人宁愿去犯那项较小的罪过。现在，要足以达到这个目的，惩罚就必须显著地、一概地更大，即不仅在某些人眼里更大，而且在所有可能处于两罪选其一的情势的人眼里——实际上是全人类眼里——更大。换句话说，两种惩罚必须完全可通约。这就有了第三个特性，它可称为通约性，即能与其他惩罚相比量。[b]

怎样可以使两套惩罚完全可以通约

6. 但不同种类的惩罚很少始终不变地一套重似一套，特别在通常较重的惩罚当中程度最低的那些同通常较轻的惩罚当中程度

ⓐ 按照英国法律，有若干罪过须以没收全部动产来惩罚，但不涉及不动产。对待自杀以及某些其他种类的偷窃和凶杀就是如此。在某些情况下，这是主要的惩罚，而在另一些情况下，这甚至是唯一的惩罚。结果，倘若一个人的财产恰巧都是动产，他就一贫如洗了，但倘若都是不动产，他便毫无损失。

ⓑ 见《评苦役法》（*View of the Hard-Labour Bill*），伦敦 1778 年版，第 100 页。[1]

我必须承认，关于这个特性的想法，要归功于 1777 年 9 月 27 日《圣詹姆斯记事报》刊载的一封匿名信，其作者我完全不知道是谁。如果有什么人竟因为这一教诲首次赖以传播的媒介而倾向于鄙视它，那就请他告诉我，我还能从什么地方找到一项更妙、更有独创性的想法。[2]

① 参见《边沁全集》，鲍林版，第四卷，第 29 页："我不禁对用死刑来惩罚逃脱是否恰当有所怀疑。一个人有机会来选择的惩罚应当是可通约的。"

② 这封署名"彼得·欣特"的信，见《圣詹姆斯记事报（不列颠晚邮报）》第 2581 期（1777 年 9 月 25—27 日）。作者评论了这么一件事情：两个人由于从运货马车上偷货，被判在泰晤士河上服役 10 年。他表示反对"立法机构……改变惩罚方式，使惩罚变得更重，以至于诱导罪犯宁愿等着上绞架，也不经受一项痛苦得多的惩罚……""通约性"一词本身未出现。

最高的那些相比时是如此。换句话说，不同种类的惩罚极少是一概可通约的。使得两套惩罚完全可通约的唯一确定和普遍的办法，是使那较轻的一套成为较重的一套的组成部分。这可以用下面两种方式中任一种方式来做到：其一，在较轻的惩罚上面添加同类惩罚；其二，在这之上添加别类惩罚。后一种方式的确定性并不亚于前一种，因为虽然不能始终肯定在同一个人看来一项特定的惩罚会显得重于另一项特定的惩罚，但可以始终绝对肯定，任何特定的惩罚只要被考虑到，就会显得比毫无惩罚要重。

特性四：表示性 178

7．还有，惩罚的作用不可能超过心里想到的关于惩罚以及罪罚联系的观念。假如想不到惩罚观念，那么它就完全不可能起作用，因而惩罚本身必定*无效*。要想到惩罚观念，就必须记得它，而要记得它，就必须了解它。然而，在所有能够想象的惩罚中间，没有什么像其观念业已局部地同某部分罪过观念相联的惩罚一样，其罪罚联系那么容易被了解，或那么牢靠地被记得。当罪罚两者带有某种属于它们的共同环境时，便是如此。如果罪罚两者的情况如此，惩罚就被说成是*类似于*罪过，或*表示其特征*。©因而，表示性是第四个特性，是由于这个原因而在任何方便的时候所应当赋予一套惩罚的。

最具特色的惩罚方式是同态报复

8．显然，类似的程度越大，这一发明的效果就越大，而共同的

© 见孟德斯鸠，特别是《论法的精神》第十二章第四节。他似乎注意到表示性这一特性，但想法很不明确，这看来是因为他过分地夸大了它的好处。[①]

① 《论法的精神》第十二章第四节的标题是“依犯罪的性质量刑有利于自由”，开头一句说：“如果刑法的每一种刑罚都是依据犯罪的特殊性质去规定的话，便是自由的胜利。”

环境越重要，类似的程度就越大。[d]能够共属于一项罪过和一项惩罚的最重要的环境，是它们产生的伤害或损毁。因此，一项罪过和附着于它的惩罚之间所能存在的最大类似，是在它们产生的伤害或损毁性质相同时存在于其间的那种类似。换句话说，就是损毁相同这一环境所构成的类似。[e]据此，在所有惩罚方式中，与罪过最为近似的，是那种按其本来的严格字面含义被称为同态报复的惩罚方式。因而，在它实际可行且代价并非过高的少数几个场合，同态报复比起其他每一种惩罚方式，有一大长处。

特性五：儆戒性

9. 真正作用于人心的，只是关于惩罚的想象（亦即外表的惩
179 罚），惩罚本身（实在的惩罚）所做的不过是引起这想象。因此，是外表的惩罚起全部作用——我指以儆戒的方式起作用，而儆戒是首要目的。[f]凡损害，皆出于实在的惩罚。[g]增加外表惩罚的通常和显而易见的办法，是增加实在惩罚的分量。不过，外表惩罚的分量，可以在一定程度上用其他代价较小的方式来增加。因此，如果在用这些代价较小的手段将达此目的的同时，运用追加的实在惩罚，那么这追加的实在惩罚便是不必要的。至于这些代价较小的手段，则在于：(1) 选择一种特殊的、在质上特殊的惩罚方式，与其量无关；[h](2) 采取一套与惩罚本身有别、与其执行相伴随的庄重的仪式。[i]

ⓓ 见第七章（行动）第 3 段。

ⓔ 除此之外，还有其他种种惩罚可类似于罪过的方式。浏览惩罚一览表就会看到这一点。

ⓕ 见第十三章（不适于惩罚的情况），第一节第 2 段注。

ⓖ 同上，第四节第 3 段。

ⓗ 见册一，“惩罚”项。

ⓘ 见册二，“执行”项。

使一项惩罚具有儆戒性的最有效方法，是依靠类似

10. 一种惩罚方式，依其外表更与实在相称，可说是更具有儆戒性。于是，说到与惩罚本身的选择有关的问题，除了选择那种类似于罪过的惩罚，就没有任何手段使既定量的惩罚可以变得更具有儆戒性。使惩罚类似于、或换言之代表罪过的另一个缘由，就在于此。

特性六：节约性

11. 仍需记起，惩罚本身是一种代价，一种恶。ⓙ因此，关于比例的第五项规则，是不施加超过其他规则所需求的惩罚。然而，这种情况同造成任何无助于预期效果的痛苦一样常见。于是如果任何惩罚方式比别的惩罚方式更容易造成这种多余的和没有必要的痛苦，它就可以称作**浪费**的，而如果不那么容易，则可以称作**节约**的。因而，**节约性**是被希望存在于惩罚方式中的第六种特性。

完美的节约性存在于金钱惩罚之中

12. 在一种惩罚方式中，节约性达到完美地步时，不仅被惩罚者那里不产生任何多余的痛苦，而且令他受苦的同一个操作甚至被构设成符合在别人那里产生快乐的目的。请理解自顾类的乐得，因为在所有被罪过激起心中反感的人那里，差不多自然产生一种反社会类的快乐。金钱惩罚便是如此。那种准金钱性质的惩 180
罚，即缩减可以从一方转移到另一方的财物，也是如此。的确，由这么一种操作产生的快乐一般抵不上痛苦，ⓚ但在特殊情况下能够如此，例如在财物被罚走的人非常富有而得到财物的人非常贫穷的情况下。而且，不管会有怎样的快乐，它总是超过能够由任何其他惩罚方式所造成的。

儆戒性和节约性的异同

13. 儆戒和节约这两种特性看来是追求同一个直接目的，尽

ⓙ 第十三章(不适于惩罚的情况)第 2 段。

ⓚ 同上注。

管是用不同的方法。两者都是为了减小实在痛苦与外表痛苦之比，不过儆戒性倾向于增加外表痛苦，而节约性倾向于减小实在痛苦。

较次要的其他特性

14. 至此涉及的，是需要赋予一般惩罚的特性，不管它们会被用来对待何种罪过。下面讲的则是较次要的特性，仅涉及某些特殊罪过，或以短暂的、局部的环境影响为转移。

首先，主要和一般的惩罚目的所能分解成的四种不同目的，[l]可以引起四种不同特性，它们取决于任何特定的惩罚方式看来是更加特别适合于其中的这一目的还是那一目的。以儆效尤作为首要目的，已经有了一种特性与之相应。此外还有三种次要的目的，即改过自新、使之无能和补偿。

特性七：有助于改过自新

15. 因而，在惩罚方式中被期望的第七种特性是有助于改过自新，或改过自新倾向。与其量成比例，任何惩罚都有助于改过自新，因为一个人经受的惩罚越重，这惩罚必定在他心中造成的、对于作为其原因的那项罪过感到厌恶的倾向就越强烈，而且就所有罪过来说都是如此。然而有些惩罚，因其质特别倾向于就某些罪过产生这种影响，故而施于有关罪过的这些惩罚在此范围内优于所有其他惩
181 罚。这一影响将取决于引起这罪过的动机的性质，而最有助于改过自新的惩罚将是那种通过最佳构设而使这动机无能为力的惩罚。

——施于由敌意引起的罪过

16. 因此，对于由敌对动机[m]引起的罪过，改过自新倾向最强的惩罚是那种通过最佳构设来削弱易怒情感力的惩罚。更具体地说，如果犯罪者顽固拒绝去做依法应做之事，[n]而且这顽固很大程

---

[l] 见第十三章（不适于惩罚的情况）第2段注。

[m] 见第十章（动机）。

[n] 见册二，“违抗司法罪”项。

度上是出于他不满那些利在迫使他服从的人，那么对于此类罪过，最有效的惩罚似乎是只进粗茶淡饭。

——施于由懒惰加贪财引起的罪过

17. 也因此，对于由懒惰与贪财之综合影响引起的罪过，改过自新倾向看来最强的惩罚，是以最佳的构设来削弱前一种性情的效力的惩罚。更具体地说，对于偷窃、贪污和所有各种诈骗案例，大多数情况下最契合这一目的的惩罚方式似乎是服劳役。

特性八：使之丧失能力之效

18. 某些情况下应赋予许多惩罚的第八种特性，是关于使之丧失能力的效力的特性，或者可以更简短地称之为**使之丧失能力之效**。这是一种可以不折不扣地赋予许多惩罚的特性，并且比有助于改过自新的特性确定得多。不利之处在于，这种特性一般容易与节约性相抵触：在大多数情况下，不存在既使一个人无法为害、同时又不使他很大程度上无法行善（对己或对人行善）的确定办法。因而，罪过的害处在能够证明有理由施行那为达到使之丧失能力的目的所需的惩罚之前，非大得要求重罚以儆效尤不可。

——它在死刑场合最为明显

19. 在这方面效力最大的惩罚，显然是死刑。在此情况下，它的效能是确定无疑的。因此，它特别适合这样一些案例的惩罚：在这些案例中，只要犯罪者活着，他的姓名便可足以使整个国家不得安宁。争夺王位者和内战中的派系领袖有时就会是如此。尽管在 182
运用于性质可疑、以致犯罪与否首先取决于成功与否的行为时，此类损害可能更像带有敌对而非惩罚的意味。与此同时，这种惩罚显然在可观的程度上是**不节约的**，这构成了许多缘由中的一个缘由，要求除非在非常特别的情况下无论如何不使用之。

体现它的其他惩罚

20. 通常情况下，靠这种那种拘禁和放逐便可足以达到目的。监禁是其中最严厉、最有效的。因为，当一种罪过如此取决于环境，以致不在一个确定的场所便不可能犯下，例如大多数侵犯人身的罪过，那么法律为使犯罪者无法犯此罪过所必须做的，无非是防止他处于该场所。对于任何背弃或滥用无论何种信托的罪过，还可以用更小的代价来达到目的，即只需取消这一信托。而且一般来说，对于任何要利用犯罪者与某个或某些人的关系才能犯下的罪过，只需取消这关系，也就是说取消继续获取其中好处的权利。例如，对任何滥用婚姻特权，或滥用自由从事赚钱营生或其他职业之权利的罪过，便是如此。

特性九：有助于补偿倾向

21. 第九种特性是**有助于补偿**。惩罚的这一特性，若系看得见的**报复性**补偿，就将几乎完全一律地与惩罚**量**成比例；若系**赢利性**补偿，则是钱财惩罚独有的特征。

特性十：大众性

22. 在所有这些特性之后，可以来介绍**大众性**——一种非常游移不定的特性，一套惩罚有时候可能有之，换一个时候又可能失之。说大众性，是指对大多数民众来说，这打算行之于它们中间的惩罚是可以接受或并非不可接受的。严格说来，它应当称说**无众怨**，因为就惩罚这样的事情而言，不可能期望它的任何一项或一套对于民众都会是可以主动接受和令其高兴的。就大部分而言，只要他们想起它来不绝然厌恶就够了。于是，上面说的表示性这一
183 特性，似乎是尽量有助于使民众认可一种惩罚方式，以至于大众性可被视为取决于表示性的一类次要特性。[P]将这一特性纳入总目，

表示性使得一种惩罚(1)可记住，(2)有儆戒性，(3)有大众性

[P] 因此，在一种惩罚方式中表示性有三个不同用处：(1) 它使得一种惩罚方式在施加以前，更容易被记在心里；(2) 它使之（特别是施加以后）造成更强烈的印象，如果已有印象的话，也就是说使之更具**儆戒性**；(3) 它有助于使之更能被民众接受，亦即使之更具**大众性**。

其作用主要是为了提醒立法者：若非确实必要，切勿设立任何他恰巧觉得民众对之抱有强烈反感的惩罚方式或惩罚项目。

惩罚不得民心所造成的害处：民众不满，法律虚弱

23. 一种惩罚方式，若不得民心，其效果便和浪费相似。使一项惩罚背上浪费之名的那种不必要的苦痛。不过，在这种情况下，它产生在全然无辜者即广大民众方面。这已是一害，而另一害在于它容易使法律虚弱。当民众对法律满意时，他们自觉自愿地协助法律的实施，而当他们不满意时，他们自然会不予协助；倘若他们不积极阻碍法律的实施，那就算好的了。这大大增进了惩罚的不确定性，而犯罪的频繁程度首先就是由于这不确定性而增大的。如通常的情况那样，随时间的推移，这一缺陷倾向于引起惩罚的加重，即添加在相反情况下将是**不必要的**一定的惩罚量。[q]

这一特性假定存在偏见，那是立法者应予纠正的

24. 需注意，这一特性必然假定民众有所偏见，而立法者的任务是努力纠正之。因为，如果对于有关惩罚抱有的反感是基于功利原理，这惩罚就将如同按照其他原因那样，不应当被采用。在此场合，就始终不值得去考究它是否得民心。因此，严格说来它更多地是民众的、而非惩罚的一种特征，是他们的一种性情，即对值得他们赞许的对象倾向于怀抱不合理的反感。它还显示了另一种特
征，即立法者方面的怠惰或软弱；倘若果真如此，则只要任何这样 184
的不满继续下去，立法者就应当把它当作像有足够理由的东西予以充分注意。每个民族都容易有其偏见和任性行为，立法者的任务就在于提防、研究和匡正之。[r]

特性十一：可减免性

25. 许多惩罚看来所需的第十一种，亦即最后一种特性，是可

[q] 见第十三章（不适于惩罚的情况）第五节。

[r] 见第十三章（不适于惩罚的情况）第四节第4段。

减免性。ⓢ一般的前提是，每当运用惩罚时，这惩罚是需要的，亦即应当运用惩罚，不能指望减免。但在非常特殊以及那些一向令人哀叹的案例中，可能偶尔另作别论。在根据法律本身的用意不应施加惩罚的场合，有时可能会施加惩罚，也就是说被惩罚者清白无辜。在判刑时他看来有罪，但此后事情表明他并未犯罪。在这种场合，他已经遭受了部分预定的惩罚，那是无法补救的。此后要做的是使他免受所有将来的惩罚。然而，是否还有将来的惩罚？除非它由非瞬时的惩罚——例如监禁、放逐、劳役等等——构成，有此的可能性微乎其微。在瞬时惩罚，即刑事程序本身即时结束的场合，无论惩罚的效果有多经久，它都可以被认为是不可减免的。例如鞭笞、火烙、断肢和处死就是如此。处死是最不可减免的惩罚。因为尽管其他惩罚在用刑完毕时无法被减免，但它们毕竟可予以补偿；尽管那不幸的受害者无法完全回复到原状，但仍有可能找到办法，使他回复到尽可能好的状况，有如他从未受刑一般。在惩罚只是罚金性质的场合，一般可以非常有效地做到这一点。

还有一种场合，在其中可减免性看来有用，此即尽管罪犯受到了理应的惩罚，但考虑到惩罚开始后他所做的某些善行，减去部分惩罚可能是合宜的。然而，如果在其他方面惩罚的分量合情合理，
185 那就很少能这么做。以儆效尤这一目的比使罪犯改过自新更为重要。ⓣ为前一目的而需要的惩罚不大可能轻于为后一目的的。因

ⓢ 见《论苦役法案》第109页。①

ⓣ 见第十三章(不适于惩罚的情况)第2段注。

① 参见《边沁全集》，鲍林版，第四卷，第32页。边沁所指的当然是1778年版。

为，如果一项惩罚足以遏阻一个仅难得想到它的人，却不足以遏阻一个每时每刻感受到它的人，那就必定是相当反常的。于是，为以儆效尤目的所需的无论何种惩罚，必须在所有场合都得到遵守。犯罪者方面的任何改过自新，都不能够使减免惩罚的任何部分成为有理的。如果能够这样，那么一个人要做的仅仅是立即改恶从善，从而使自己免受被认为必需的绝大部分惩罚。于是，为使得据此而减免惩罚的任何部分都成为合理的，首先必须假设最初确定的惩罚重于为以儆效尤目的所必需的，因而它的一部分大体上无必要。的确，在有弊端的、尚在实施的制度下足以如此，因而在这些制度照旧存在期间，根据这第二个理由，同根据前一个理由一样，可减免性能被认为是有用的。然而，在任何新构筑的、在其中前述的比例规则须予遵守的制度下，就不会是这样。因此，在这样的制度下，这一特性的有用性仅仅依靠前一个理由。

要具备所有这些特性，惩罚就必须是混合的

26. 概览了各种可能的惩罚方式后，会明显地看到其中没有哪一种完美地具备所有上述特性。因而，要在惩罚方面尽可能做得最好，就必须在大多数场合把这些特性聚集起来，使之成为一个个复合体，每个复合体由若干整合在一起的不同的惩罚方式构成，按照它被设计来对付的犯法行为的性质，它的各个组成部分的性质和比例有所不同。

重述以上诸种特性

27. 将上面确定的 11 个特性合并起来一同展示，或许并非不当。它们有如下述：

其中两个关系到在单个犯法行为与其惩罚之间确立恰当的比例，即

1）可变性。

2）稳定性。

186 一个特性，是在多于一项的罪过与多于一项的惩罚之间，确立一个比例，此即

3）通约性。

第四种特性有助于将惩罚置于唯一使之能够有效的情势当中，与此同时赋予它示范性和大众性这两种进一步的特性，此即

4）表示性。

其他两种特性关系到排除所有无用的惩罚：一种是靠提高有用惩罚的效能来间接地做到这一点，另一种则是直接地做到这一点；此即

5）儆戒性。

6）节约性。

还有三种特性分别有助于达到惩罚的三种次要目的，此即

7）有助于改过自新。

8）使之丧失能力之效。

9）有助于补偿。

另有一种特性，有助于排除某一特定的惩罚方式容易偶尔产生的间接害处，此即

10）大众性。

最后一种特性，有助于减轻所有惩罚本身都容易偶尔产生的一种害处，此即

11）可减免性。

通约性、表示性、儆戒性、改过自新倾向以及使之丧失能力之效这几种特性，尤其适合于增大惩罚所要造就的**收益**；节约性、补

偿倾向、大众性以及可减免性，尤其适合于减小惩罚的代价；可变性和稳定性，则有助于实现这两方面的目的。

28. 我们现在要来概观罪过的分类，也就是下述行动的分类：鉴于这些行动自然倾向于产生的有害后果，并为了阻止产生这些后果，在它们上面附加某种人为的后果可能是恰当的，而这种人为的后果由惩罚——根据刚才确立的原则来加诸此等行动的制造者的惩罚——构成。 本章同下一章的联系

187

第十六章　罪过的分类

第一节　罪过的大类划分

什么是罪过，什么应当是罪过——两者间的区别

1. ⓐ一开头，必须把是或可能是罪过的行动同应当是罪过的行动区分开来。任何行动都可能是罪过，倘若社会惯于对之服从的那些人乐意把它定为罪过。这也就是指他们乐意禁止或惩罚的任何行动。然而，根据功利原理，只有社会的利益要求定为罪过的

250

以下分类所遵循的条理

ⓐ　本章试图使我们关于罪过的观念具有严密的条理。条理有各种各样的具体用处，但总的用处在于使人们能够理解作为对象的事物。理解一个事物就是认识它的性质或特性。这些特性当中，有些是它和其他事物共有的，其余则是独特的。不过，任何一种事物所独有的性质，与它和其他事物所共有的那些性质相比，确实极少。因此，要使它就本身的独特处而言被人认识，几乎是徒劳的，除非它还通过它的属类来被人认识。因而要完完全全地理解它，一个人就必须既了解它与所有其他事物的不同点，也了解它们的相同点。若干对象构成一个逻辑整体，它们相互而言全都具有用某个名称来命名的某种一致之处或共同点，于是当它们要被统一考虑时，只有一个办法能提供有关其性质的完美知识，那就是把它们分门别类地纳入一个各组群构成的体系，它们之中的每一组群或者是某其他组群的一部分，或者无论如何是共同整体的一部分。只有用两分法才能做到这一点，即把每个较高的分支分成两个（仅仅两个）直接从属的分支：从逻辑整体开始，将其分为两部分，然后每一部分再分成另外两部分，如此一直分下去。首先分出的部分就属于整体的特性而言是一致的，而就它们各自独有的特性而言却各不相同。将整体一次分成超过两个（例如三个）组群，并不会达到目的，因为事实上人的智力只能同时确切地比较两个对象。这样，让我们接着来努力考察罪过，或者严格地说，宁可是考察那些具有似乎表示它们适于被定为罪过的种种特性的行动。这项任务是艰巨的，而且至少迄今为止、或许永远超出我们的能力。不呼其名则无法谈论对象，但给其命名总是先于准

行动,才应当被定为罪过。

2. 社会的利益不可能要求把任何并不以这种那种方式倾向于对社会有害的行动定为罪过。因为就这样的行动而言,一切惩罚都是无根据的。ⓑ

唯有对社会有害的行动才应当是罪过

3. 但若个人(数目随便多少)组成的集合体被认为构成一个假想的复合实体,即一个社会或政治国家,那么任何有害于这些成员当中无论哪个或哪些成员的行动,就其此等影响而言,都有害于国家。

要对社会有害,就必须对某个或某些社会成员有害

4. 一项行动,除了有害于组成国家的某个或某些个人,就不可能有害于国家。但是,这些个人可以是能被认定的,ⓒ也可以是不能被认定的。

这些成员可以是能被认定的或不能被认定的

5. 若有受罪过损害的、能被认定的个人,则此人可以是除犯

若能被认定,则可以是犯罪者本人或别人

188

确和完全地了解其性质。最不相似的事物被说成并被当作像是性质相同的,最为相似的事物则被说成并被当作几乎全无共同之处。不管可能做出什么有关它们的发现,也不管它们真正的①一致和歧异可能被发觉与它们目前的②名称所表示的是如何不同,要能找到办法来用其他较为适当的名称③表述这些发现,绝顶困难。若改变旧名称的内涵,你逃不脱被误解的危险,若采用一套全新的名称,你又肯定根本不会被理解。因而,至少迄今为止无法取得完全的成功。不过,作个尽管不完美的尝试,仍可能有其用处,至少它可以促使完美的分类法早日问世。全然无知就看不出有什么困难,不完美的知识却发觉困难,并且与之斗争,而要克服困难就必须有完美的知识。

ⓑ 见第十三章(不适于惩罚的情况),第二节,第1段。

ⓒ (能被认定的),意即根据名称或至少根据描述,可以足够明确地同所有其他人区别开来,例如根据是某某物品的所有者或占有者这一情况。见册一,"人格化"项;前面第十二章(后果)第15段。

人如何能被认定

① "真正的"一词系边沁插入1783年印制的勘误增补表。它在1823年版中被忽略了,鲍林版将其添入(见第一卷,第97页注)。

② "目前的"一词亦系1783年插入,1823年版和鲍林版俱予忽略。

③ 1783年勘误增补表用"其他较为适当的名称"这几个字替代"一套适合的名称"。1823年版忽略了这项替代,但鲍林版从之(见第一卷,第97页注)。

罪者以外的一个人，也可以是犯罪者本人。

第一大类：私人罪过

6. 首先对犯罪者以外能被认定的人有害的罪过，可以用一个共同名称，称为侵犯个人罪。第一大类罪过可以由此构成。为便于把它们同第二和第四大类罪过相对照，有时也可以称它们为私
189 人罪过。与此同时，为了同第三大类罪过相对照，它们可叫做私人外向罪过。

第二大类：半公共罪过

7. 当一般看来有人可能受到所谈论的行动损害，但这样的人无法一个个地予以认定时，看来他们身属的那个圈子，其范围小于或者不小于包含整个社会的那个圈子。如果小于整个社会，那么组成这个较小圈子的人们为此目的可被视为自成一体，它组成在更大的实体即整个社会之内，但又能与之区别开来。使这个较小实体的成员之间得以形成结合的环境，可以是他们居住在一个特定的地区之内，或者简而言之是任何别的不那么明确的结合机理，

它能有助于使他们同社会其余成员区别开来。在前一种情况下，该行动可称为侵犯邻居罪，在后一种情况下，则可称为侵犯某一特定类别社会成员罪。于是，侵犯一个类别或侵犯邻居之罪，可以一并构成第二大类罪过。[ⓓ]为了一方面与私人罪过，另一方面与公共罪过相对照，它们还可以叫做半公共罪过。

第三大类：内向罪过

8. 首先对犯罪者本人而非别人有害的罪过，如果并非因害己而害及别人，可适于构成第三大类罪过。为了较好地与俱为外及

严格说来，私人罪过、半公共罪过和公共罪过之间的界限难以分辨

ⓓ 说到侵犯一个类别或邻居之罪，很明显此种类别由以组成的个人越少，邻居范围越小，受罪过损害的那些人就越有可能成为可认定的，以至于在某些案例中，会难以确定一项既定的罪过究竟是侵犯个人之罪，还是侵犯一个类别或邻居之罪。同样很明显，类别或邻居范围越大，它就越接近与国家这一大实体重合。因而，三个大类容易在一定程度上互相交织，被人混淆。然而，这与所有那些理想的分隔多少有的情况相比，并不为过。人们为论述方便起见，惯于按照这样的分隔来将事物分门别类。

的第一、第二和第四大类罪过相对照，它们或许可叫做**不外及的**[e]罪过。不过，最好是叫做**内向**罪过。

第四大类：公共罪过

9. 第四大类罪过可由这样的行动构成：它们由于可能使无数难以认定的个人——组成社会的全体个人——遭到隐约的未来损害而应被定为罪过，尽管没有哪个具体的个人会显得比另一个人更 190
有可能成为其受害者。这些行动可称为**公共**罪过，或曰侵犯**国家**罪。

第五大类：杂式罪过，即(1)欺骗罪，(2)背信罪

10. 第五大类，或曰附类，可由这样的行动构成：根据它们所处的环境，特别是根据它们所用于的目的，它们可能以任何一种方式——一个人的行动能以此有害于另一个人——而成为有害的。这些可称为**杂式罪过**，或**多相罪过**。[f]此类罪过可归结为两大名

---

[e] 见第七章(行动)第13段。

[f] 同其余大类相比，这一大类太明显地像是一种拙劣之作。然而科学，特别是道德科学的命运就是如此：事物的分类必定在很大程度上取决于它们的名称。分类排列必由命名决定，前者出于深思熟虑，后者却来自俗见随想。

语言的不完善妨碍分类排列

因而在法律书籍中，必须尽可能地按照其惯用名称来对待罪过。普通术语一直被使用，表述那些并无其他术语可表述的概念，它们是不能被安然弃置的。当任何这样的情况(它无法被弄得符合那种像是在总体上最方便的分类规划)发生时，该怎么办？看来只有一个办法，那就是把它们保留下来，以附类的形式附着于体系的正式组成部分。虽然无法把它们整个地排在体系其余部分之内的任何一大类之下，它们所赋名的各亚类却可以分解为更小的类别，这些类别可能不那么难对付。依靠这个办法，不管它们乍一看来可能显得同体系的其余部分如何不一致，较仔细地观察就可以发现它们是相符的。

此一大类的不规则性

有些罪过在性质上是如此多样和普遍，以致其中每一种都能造成无论何种别的罪过所能造成的损害。这样的罪过可以很恰当地称作不规则的。

它在任何别的分类体系中亦无法避免

显然，这样的罪过在每一种分类体系之下，都不可能不显得同样难以对付。不管该体系根据什么原理构筑，它们当中随便哪种都不可能被合适地局限于任一类别之内。因此，如果它们构成本分类体系中的一个瑕疵，那么这个瑕疵是免不了的，除非以造成更大的瑕疵为代价。它们在此被纳入其中的这一大类，以其属下的各个分支与本体系的其他大类及亚类相交织。它们在本体系中如此，在任何别的体系中也将如此。不规则性，而且仅仅是表面的不规则性，其害处小于无休止的错误和矛盾。不过，即使

191 目:一是欺骗罪,二是背信罪。ⓖ

第二节　亚类和支类

第一大类的亚类:(1) 侵犯人身罪;(2) 侵犯财产罪;(3) 侵犯名誉罪;(4) 侵犯身份罪;(5) 侵犯人身及财产罪;(6) 侵犯人身及名誉罪

11. 让我们来看用什么方法,可以将这些大类进一步细分。首先谈侵犯个人罪。

在现时代,一个人的生存和福利、幸福和安全,简言之他的快乐和免却痛苦,全都或多或少地首先依靠他本人,其次依靠他周围的外在客体。这些客体要么是物,要么是别的人。显然,能够影响他的利益的每一种外在客体,都必定包括在一类或另一类名下。

是这种看来由于语言的流行方式而在一开头免不了的小偏差,我们也会随论述的进展,很快找到机会来匡正。因为,尽管该大类罪过被分别纳入其中的那些首要范畴,无一可归诸于先前的各大类,但随后较小的亚类却可以如此。[①]

ⓖ　(杂式或多相罪过。[②] 1. 欺骗罪;2. 背信罪)。又见第 20 至 30 段以及第 66 段。[③] 更成熟的观点已提示了使分类体系摆脱这一异常赘疣的可行性及手段。不把它们当作罪过的亚类,分为各个种属,与按照其他名称来区别的若干种属相应并与之相随,而是可以把它们当作众多具体的差异,分别应用于那些种属。于是,在其实施伴有运用欺骗图谋的一项简单人身伤害的场合,将由此犯下的罪过当作以简单人身伤害来称呼的罪过种属的一个特殊形式或变种,要比将用此等手段实现的简单人身伤害当作名曰欺骗罪的罪过亚类的一个变种,似乎更简单更自然些。用这个办法,两项环境即欺骗手段之介入以及信托性质的特殊义务之存在,将被降至与其他各类环境同等的地步,这后一些环境能够把改变(通常是加罪或减罪)的理由提供给各个不同的罪过种属,例如预谋和阴谋,接受挑衅和醉酒。

① 在 1823 年版和以后的版本中,注 f 与注 g 合为一体。不过,后一个注系 1789 年 1 月添加,反映了边沁本人所说他的"更成熟的观点"。将这两个注分列,似乎更符合他的意图,同时肯定使他的思想演进变得更加清晰。

② 1823 年版和以后各版删去此句。关于注 g(1789 年 1 月添加)的安置,参见第 190 页注 1。

③ 1789 年版还注明了这些段落的页码(以后各版删去)。参见下面第 203—222 页,278—280 页。

于是，假如一个人竟在什么场合由于什么罪过而成为受害者，那就必定是按照下面两种方式中的一种：(1) 绝对方式，即他的人身直接受害，在此情况下这罪过可说是对他人身的罪过；(2) 相对方式，即由于某种实质性ⓗ关系ⓘ，上述外在客体可能恰巧以因果联系方式(见第七章〈行动〉第 24 段)影响到他的幸福。① 只要一个人 192

ⓗ 见第七章(行动)，第 3 和第 24 段。

快乐和痛苦以什么方式取决于一个人同外在客体的关系

ⓘ 如果因为关系②一词，分类的这一部分会显得晦涩难解的话，那么通过下面的方法就可以摆脱这个不明不白的术语。我们的所有观念，都源自于感觉，其中包括快乐和痛苦的感觉。因而，它们源自于可感知的客体对我们感官的作用。于是，一个人的快乐可以说多少依赖于他与任何可感知的客体的关系，如果此等客体③有机会④——或大或小的机会——来使他产生苦乐，或使他避免苦乐。若要如此作用，就必须按照下面两种方式中的一种行事：(1) 恰当地说，积极方式，亦即主动，或者(2) 消极或静寂方式，亦即被动或被作用。而且，在这两种情况下，要么(1) 以直接的方式作用于感官或受感官作用，而无任何其他外在客体的介入，要么(2) 以多少是间接的方式作用于某一其他外在客体或受该客体作用，该客体(由于或多或少的此等客体的介入，并在或长或短的时间间歇之后)将最终作用于这些感官，或受这些感官作用。不管有关的外在客体是物还是人，事情都是如此。肉体的苦乐是如此，精神的苦乐也是如此。差别只在于：就其产生而言，肉体的苦乐可直接出自它所伴随的知觉，而精神的苦乐不可能出自感觉对象的作用，除非依靠联系，亦即依靠知觉与某些业已储存在记忆中的先前的知觉结成某种联系。*

* 见第五章(快乐和痛苦的类型)第 15 和第 31 段；第十章(动机)第 39 段注。

① 1780 年付梓的文本写作："(2) 相对方式，即由于他与上述外在客体的某种实质性关系。"在 1783 年的勘误和增补表中换成现在的写法。然而，1823 年版由于误解了边沁的要求，把这两个写法毫无意义地合在一起。鲍林版(第一卷，第 99 页)改正了这个错误。

② 在 1789 和 1823 年版本内，注 i 的标记是在"关系"一词之前，从而与注 h 的标记并列。鲍林版(第一卷，第 99 页注)把这两个注释合在一起，但不完全令人满意，因为第一个注释是关于实质性一语的，第二个注释却是处理边沁所谓"不明不白的术语"——关系。

③ 1823 年版作"主体"。这一错误复见于鲍林版(第一卷，第 99 页注)，哈里森版(第 316 页注)将其改正。

④ 最初的文本(1780 年)写作："如果此等客体在某种程度上有机会……"删除"在某种程度上"这几个词是 1789 年勘误表所作的更正之一，但 1823 年版和以后的任何版本都未作此更正。

以一种方式，从任何属于物一类的客体当中得到幸福或安全，这样的物就称为他的财产，或至少他被说成是在其中拥有财产或利益。因而，一项罪过，若趋于减小他在相反情况下本可有的、从属于物一类的某个客体当中得到幸福或安全的便利，它就可称作侵犯其财产之罪。至于人这一类客体，只要一个人以一种方式从中得到幸福和安全，那就是由于他们的服务，即由于靠这种或那种诱因他们可能立意给他提供的某些服务。[①]现在举任何人为例，他可能持
193 有的给你提供服务的无论何种意向，要么在将他和整个人类连在一起的普遍联系之外，全无别的联系来产生和支持之，要么具有某种较具体的别的联系。在后一类情况下，此等联系可以说构成了对你有利的一种虚构的或无形的财产，它可称作你的身份。因而，一项罪过若趋于减小你在相反情况下本可有的、从与你有如此特殊联系的某人的服务得到幸福的便利，它就可称作侵犯你的社会身份之罪，或简言之侵犯你的身份之罪。社会身份显然必定多种多样，如同它们由以构成的社会关系多种多样。这一点，接下去会更具体地看到。眼下为举例起见，可列出丈夫、妻子、儿女、主人、仆人、这个那个城市的市民、这个那个国家的本国出生的臣民等等身份。

如果没有这样的具体联系，或者（实际上是一回事）一个人持有的给你提供服务的无论何种意向不被认为依赖这样的联系，而只是依赖他对你的善意，那么在此情况下为了表示你因他的服务而得益的机会，就会提到一种虚构的、对你有利的财产，叫做你的名誉。因此，一项罪过若趋于减小你在相反情况下本可有的、从一

① 见第十章（动机）。

般人（不管他们是否与你有任何特殊联系）提供的服务得到幸福或安全的便利，它就可称作侵犯你的名誉之罪。因而，看来如果一个人成为任何罪过的受害者，那就必定是在上述四方面的某一方面，即他的人身、他的财产、他的身份或他的名誉。这些原本的区别随后可用来形成同样多的亚类。如果任何罪过被发觉同时在不止一个方面影响了一个人，这样的罪过就可以被分别纳入同样多的单独的亚类，而且此等复合的亚类可以添在先前说过的简单亚类之外。下文确立的若干亚类（简单的加复合的）有如下述：1. 侵犯人身罪；2. 侵犯名誉罪；3. 侵犯财产罪；[①] 4. 侵犯身份罪；5. 侵犯人身及财产罪；6. 侵犯人身及名誉罪。[ⓚ] 194

第二大类的亚类：(1)因祸之罪

12. 下面谈半公共罪过。就倾向于造成痛苦的行动的发生时间而言，痛苦显然必定是现在、过去或将来的。只要它是现在或过去的，它就不可能出于任何归入半公开罪过名下的行动，因为它如果是现在的或过去的，那么正在经受或已经经受了这痛苦的人就是能被认定的。[ⓛ]此外还剩下一种损害，亦即（如果确会出现的话）未来的损害。这种情况下的损害称作危险。[ⓜ]于是，当所有邻居或

ⓚ　按照以后的考虑，此处可作若干改动。显然，有必要在财产上增加权势，作为所拥有的一种可辨认且有价值的客体或从属物。而且，这里称为身份（社会身份之简称）的那个虚构物，显然是一种复合体，由财产、名誉、权势和得到服务的权利复合构成。因而，这一复合体的较恰当的位置，是摆在若干单质体之后。——编者注，1822年7月。[②]

ⓛ　本章第4段注。

ⓜ　见第十二章（后果）。

①　在最初（1780年）的文本上，此处第2和第3项的排列次序相反：财产被置于名誉之前。所作改变是1783年付印的勘误与增补之一。

②　在鲍林版的索引中（第十一章，第cccxlviii页），这条注释被认为出自理查德·史密斯之手（参见导言，第xl页注1和注4）。

其他类别的人由于什么人的行动而面临危险时，这危险必定要么是有意的，要么是无意的。[n]如果是无意的，这样的危险在转化为实际损害时就称为灾祸，而产生此种危险的罪过可以叫做通过灾祸起作用的半公共罪过，或简称因祸之罪。如果这危险是有意的，那么只要它能被产生并能转化为实际损害而无任何灾祸发生，它就可以说是出自单纯的过失。因而，倾向于产生危险而干扰一地的或其他次级类别的人的安全、同时不引发任何灾祸的罪过，可以叫做仅以过失起作用的半公共罪过，或简称单纯过失罪。

略去因祸之罪的支属划分

13. [因][1]祸之罪的任何进一步分类，将取决于人和对人有用之物所遭受的若干灾祸的性质。这些将在另一处考虑。[o]

195

(2) 单纯过失罪，它们如何与私人罪过的分类相应

14. 对于单纯过失这一半公共罪过，将遵循运用于私人罪过的那种分类方法。很容易想象，不管任何既定的个人可能遭受什么痛苦和麻烦，这一痛苦或麻烦的危险人们都可能遇到，无论他们的人数有多少，也无论他们是能被认定的还是难以认定的。正如我们已经看到的，一个人可能遭受四方面的危险或麻烦。因此，假如就其中任何一方面而言，其因果联系使得若干一个个不能被认定的人，由于某人的过失而面临在这方面被损害的危险，那么这方

[n] 见第八章(意图)。

[o] 见册一，"半公共罪过"项。与此同时，可以拿瘟疫这一灾祸做个例子。一个人，全无引起这灾祸之心，也有可能使所有邻居面临其危险，只要他越出隔离区，或违背了任何别的预防规定，那是政府在某些时刻可能发觉为防备此种危险最好要采取的。见下面第 33 段注。[2]

[1] 1789 年和 1823 年版以及鲍林版，俱将"因"(through)误作"反"(against)。哈里森版(第 319 页)作了改正。

[2] 此段所提(第 33 段末尾的长注，见下面第 224—225 页，注 Z2)在 1823 年版以及以后各版中被删除。

面就将构成一个区分的依据，据此可设立半公共罪过的一个特殊支类。假如关于任何这样的方面不可能发生此种效应，该区分依据就会暂时空置不用，但一迄环境或看待问题的方式有什么变化，它就会现成地被用来设立相应的罪过支类，只要看来必须设立任何这样的罪过名目。

第三大类的亚类与第一大类的亚类一致

15. 接下来我们谈论内向罪过，更恰当地说是谈论那些首先产生自我损害而非其他损害的行动。如果在什么时候，把这些行动当作罪过被认为是合宜的话，它们就将归入自我伤害罪过名下。这一大类现在不会给我们带来大麻烦，因为很明显，一个人不管在哪个方面容易受到别人损害，他在这同一个方面都可以被设想为容易受到他自己的损害。因此，适用于第一大类的区分办法，将同样适用于这一大类。问题是什么行动会产生此等损害？在会产生此等损害的行动中间，哪个可能值得、哪个可能不值得[p]当作罪过来对待？这些，至少后面一点，太不确定，太容易引起争论，无法以

展示特性时（这些特性被用作[1]分类安排的基础）所包含的那种确 196
信程度来予以规定。[2]服务于这一目的的特性应当一目了然，看来毫无疑义地为对象所具有。

第四大类的亚类

16. 公共罪过可以分为11个亚类。[q]（1）危害外部安全罪；

[p] 见第十三章（不适于惩罚的情况）第四节。

背离详尽无遗的分析方法

[q] 在这一部分分析中，我发觉必须在某种程度上背离我所展示的详尽分析方法的严格规则。这种方法或许可以由我或由某个其他人更严格地贯彻于科学的某个较成熟的时期。眼下，完全循规蹈矩所能带来的好处似乎不那么可靠，我禁不住要怀疑是否值得为此而烦琐。这样一种方法无疑非常有教益，但实行起来不仅对笔者，而且

[1] 1789 年版印为“被当作”(made to serve as)而非“被用作”(made use of as)。

[2] 1789 年版印为“确定”(decided)而非“规定”(laid down)。

(2) 危害司法罪;(3) 危害治安预防罪;(4) 危害公共武力罪;(5) 危害国民幸福增长罪;(6) 危害公共财富罪;(7) 危害人口罪;(8) 危害国民财富罪;(9) 危害主权罪;(10) 危害宗教罪;(11) 危害一般国家利益罪。这几种罪过互相联系的方式,以及它们同公共利益(亦即组成公众的许许多多难以认定的人的利益)联系的方式,可以作如下设想。

头9个亚类相互间的联系

17. 上面定义的公共利益可能遭到的损害,倘若出现,必定或是通过对政府的运作施加影响,或者通过其他方式而没有施加此
197 种影响。[r]先说后一种情况。不管会是什么损害,也不管遭到损害的将是什么人,它必定或是由所谈论的动因独力产生,或是借助于某些别的动因而产生。在后一情况下,这些动因要么是人,要么是物。若是人,就必定是或不是所谈论的社会的成员。因此,借助于人而产生的损害,可以是借助于外敌或内敌。当它由动因独力产生,或借助于内敌而产生,或仅仅借助于物而产生时,它除了表现为对于能被认定的个人所犯的罪过,或对于一地的或次级类别的

很可能对读者来说太劳累,以致倘若一开始尝试便将其贯彻到底,或许会因令人生厌而坏事,甚于因长人见识而成事。知识有如药物,不管本身多么有益,当被搞得太不可口而无法下咽时,它就变得不再有用了。与此同时,一个意识到自己论题的重要性并且非常希望予以恰当叙述的作者,发觉自己不得不展示被他认为是眼前某种更完美的事物的缺陷,无论这缺陷是从哪个角度来看才有,也无论它怎样不显眼,这对他来说只能是令人难受和屈辱的。假如本书有任何新颖独创之处,那么我要为之感谢时常追求的详尽无遗的分析方法。因此,我若无法断然弃之不用,就不是很奇怪的了。另一方面,肯定会在许多地方觉察到的拘谨呆板的痕迹,主要归因于非常认真但非全然成功地追求贯彻这同一个方法。凡新器初用,殊难得心应手。

[r] 可以注意到,这里引进政府概念而未作任何预备。我假定,它被建立起来这一事实是众所周知的,它的必要性也是显而易见和无可争辩的。显示这一必要性的考察(如果任何这样的考察被认为值得在这里光顾的话)在前一章的一段里可以看到,在那里它们为举例说明的目的而顺便被提了出来。见第十二章(后果),第17段。

人所犯的罪过外，难得能表现为任何别的形态(撇开它可能对政府运作施加的影响不说)。如果有一种方式，据此得以通过任何这些手段来对全然不可认定的个人产生损害，它也几乎不会被感到足够明显或重要，以致可以有自己单独的名称。它因此可以归入**危害一般国家利益罪**这一杂类名下。ⓢ唯一能够不分青红皂白使社会全体成员蒙受的严重损害，是战争状态造成的那种综合损害，它借助于外敌而产生，例如因外敌的受衅入侵，或应邀入侵，或被鼓励入侵而产生。以这种方式，一个人完全可以将非常严重的祸害降临到整个社会头上，同时却不涉足于任何由此使具体的个人蒙受的损害。

下面谈一项罪过可能凭其对政府运行的影响而给公众带来的损害。这可以按下面几种方式发生：(1) 较直接的方式，凭其对这些**运作**本身的影响；(2) 较间接的方式，凭其对这些运作依以或借助于进行的**手段**的影响；(3) 更间接的方式，凭其对这样的手段从 198
中产生的**来源**的影响。首先说政府的运作，其趋势是只要符合功利原理的要求，它们在每个场合都将使社会避免损害或增加实在的善。ⓣ我们已经知道，损害必定或来自外敌，或来自内敌，或来自

ⓢ 见后面第 54 段注。在用功利原理来检验时，甚至这个名目，尽管宽泛，并且可能看来含糊不清，也不会比别的更有助于囊括任何没有单独名称的罪过。表明多半会随之而来的痛苦或失乐，是一位立法者在能够有理由将此行动添入罪过目录之前可能必须解决的问题，就像他在其他每个场合一样。

ⓣ 其例可见下面第 54 段注。政府的这部分事务，在政治责任栏目中被不无理由地称作职责以外的一类工作，它是较晚近才有的。未经教化的众生，起初能自愿服从极少数人的统治，可不是因为这个。最初把社会凝聚在一起的，是对恶的恐惧，而非对善的希冀。享受奢华之前总得先果腹蔽体。语言状态显示了观念的演进。早在远古时代，军事部门就有了名称，司法部门也是如此。从事防止损害的权力机构，直到晚近才有名称，而且只是个不严格的名称，曰治安。以导致实在的善为自身目的的权力机构，似乎至今还未给起出任何专门的名称，不管起得如何不恰当。

灾祸。来自外敌的损害,不需要作进一步的分类。至于来自内敌的损害,避害办法可分为发现任何具体的作恶图谋以前所用的和只能在发现此等图谋以后才用的。前者通常被归入一个可称作治
199 安预防的部门,后者则被归入司法部门。[u]其次说政府在避害或造就实在的善方面必用的手段,这些手段必定要么是人,要么是物。预定承担抵御一般敌人的损害,特别是外敌损害[v]之特殊职能的那些手段,可以用一个集合名称与其余手段区别开来,那就是公共武力,为简洁起见,可称为武力。其余手段则可以用公共财富这一

ⓤ 司法职能和治安职能必须适于在许多方面彼此渗透,特别是因为假如一个人的主要职责在于充当治安官,但从不同时以司法官的资格来行动,那么政务就会搞得很糟。然而,这两种职能在概念上仍可区别开来,而且除非像上面那样,我看不出在哪里能够划出分界线。

至于治安(police)一词,虽然源自希腊语,但像是从法语演进而来。至少它是从法国传入英国,仍保留着外来模样。而在德意志,即使它并非出自本地,也至少被本地语言吸收了。总而言之,它内含的概念似乎过于五花八门,以致很难有任何单一的定义。词汇匮乏迫使我把这里说明的两个部门归并为一个部门。有谁会受得了在此处看到这样的两个词:治安的 phthano-paranomic 即罪行预防部门和 phthano-symphoric 即灾祸预防部门?把这两个部门合在同一个名称下的不便[1]要小些,因为为这两个目的需要进行的运作在许多场合将是一样的。通常归入治安名下的其他职能,可以归入负责积极促进国家幸福增长的权力机构名下,或者归入从事公共财富管理的权力机构名下。见下面第 54 段注。

ⓥ 这些有害行为最容易发自国外,随之返回的武力,数量上超过在一种特殊意义上司法官们惯常能调遣的人数。故而有如此大量武力来保证实施的损害,一般可被看作是外敌所为。因此,当作恶者人多势众,足以蔑视通常的执法努力时,他们随本身力量的增大而越来越背离自己最初的属类,直到最终被认为不再是本国的成员,而是同外敌沆瀣一气,形同一体。劫掠若足够猖獗,便发展为叛乱,叛乱若足够经久,便转变为交战状态。

① “不便”(inconvenience),1780 年文本作单数。1789 年勘误表改作复数,然而 1823 年版和鲍林版俱未从之。哈里森版(第 323 页注)作了正确的刊印,但依 1823 年版忽略了此句开头的冠词“The”。

集合名称来表示。第三，说到这些手段（不管如何运用）必须从中产生的来源或资源，则其中属于人一类的，必须取自社会内的全体大众，即取自国家的总人口。因此，假如其余情况不变，人口越多，公共财富的这一部分就可能越大，而越少就可能越小。与此类似，属于物一类的可以取自、其中大多数通常确是取自社会各个成员各自财富的总和。这些财产的总和可以称作国民财富ⓦ，因而假如其余情况不变，国民财富越多，公共财富剩下来的这一部分就越大，而越少就可能越小。这里要注意，如果任何人在任何场合对政 200
府运作施加的影响是有害的，那就必定是按照以下两种方式中的一种方式而为的：(1) 使得或倾向于使得应当进行的运作不予进行，亦即阻碍政府运作；(2) 使得不应当进行的运作得以进行，亦即误导政府运作。最后，进行上述若干政治运作的全体人员，我们用政府这一集合名称来表示。在这些人中间，通常ⓧ有一个或一批人，其职责为指派其余人组成他们各自的部门，确定其中每个人在履行那套属于他的特殊运作方面所应有的行为举止，甚至有时候代他行使他的职能。如果有这样的一个或一批人，那么他或它按照用词变化需要，可称作君主或主权。因此显而易见，阻碍或误导这里所说的君主的活动，可能会阻碍或误导上述若干政府部门的运作。

ⓦ　必须承认，在通常的说法中，此处对公共财富和国民财富所作的区分只是不明显的。这并不奇怪，因为这些概念本身虽然在此有必要被区别开来，但它们常常可以互换。不过，假如语言会提供任何其他两个将更好地表达这一区别的词汇，那我就错了。我料想，所用的那些会被承认是就下述意义而言挑选得好的，那就是如果使它们改变位置，赋予它们的含义就不会显得像它们现在被赋予的那般恰当。

ⓧ　我怕说必定。在荷兰联合省以及在瑞士人甚至日耳曼人的政体中，哪里有一个掌握支配一切的绝对权力的议会机构？在罗马共和国又哪里有这样的议会机构？我没有把握找一个答案来回答所有这些问题。

从展示了上述若干罪过名称的这一分析出发，我们现在可以给每一种罪过找个定义。*危害外部安全罪*可以理解为倾向于给公众带来外敌战争行动损害的罪过。*危害司法罪*可以理解为倾向于阻碍或误导保护公众抵御内敌作恶损害方面所用权力之运作的罪过，只要这种保护是由这样的紧急手段来完成：它们直到自己意在防止的某种具体作恶图谋被发现*之后*才予运用。*危害治安预防罪*
201 可以理解为倾向于阻碍或误导在抵御内敌作恶损害方面所用权力之运作的罪过，不过这种抵御是由*事先*运用的紧急手段来完成；或者，所运作的权力是被用来抵御自然灾祸可能造成的损害。*危害公共武力罪*可以理解为倾向于阻碍或误导这么一种权力运作的罪过，该权力是预定来保护公众免遭外敌之敌对行动可能造成的损害的，并且在必要情况下以司法官的资格保护他们免遭内敌作恶造成的损害。*危害国民幸福增长罪*可以理解为倾向于阻碍或误用那么一些权力之运作的罪过，那些权力是用来经营各种各样的机构设施，其用途在于以各种不同方式*实在地*增加公共幸福的总和。*危害公共财富罪*可以理解为倾向于减少政府资金和其他财富或误导其使用的罪过，这些财富是政府留作储备，以维持上述服务所用的手段的。*危害人口罪*可以理解为倾向于减少社会全体成员的数目或损害其政治价值的罪过。*危害国民财富罪*可以理解为倾向于减少构成社会各个成员各自财产或资产的那些物的数量或损害其价值的罪过。

危害宗教罪同前述诸罪的联系

18. 可以问，在这一推理当中，给*宗教*留下了什么位置？我们现在来谈这一点。为了同上面列举的各种罪过作斗争，也就是说为了同所有依人的本性会犯下的罪过（我们现在准备考虑的罪过也不例外）作斗争，国家有两大武器，即**惩罚**和**酬赏**：惩罚被普遍应用，应用在所有一般的场合，酬赏则是为特殊目的应用于少数，而且只在特殊场合。但是，不管一个人是否做出了使他适于被罚或被赏的行动，受托操作这些武器的人，不管是谁，不可能总是明察秋毫，也不可能在需要实施惩罚的情况下总是肯定能抓到他。为了弥补权力的这些缺陷，向人们灌输存在着一种适用于同样目的、但无同样缺陷的权力这一信念，被认为是必要的，或至少是**有用的**（舍此，教义的**真实性**将毫无意义）。此即不可见的最高存在的权 202
力，必须为此目的将其描述为具有一种意向，那就是促成前述若干机构预计要促成的同一些目的。这一权力当然被期望不时用来促进这些目的，而在人们中间维持和加强这一期望被说成像运用一种比喻人格，它如同前面那样，ⓨ为谈论方便起见而被杜撰出来，并被称为**宗教**。因而，减小或误用宗教的影响，就此而言便是减小或误用国家有效地同前面列举的任何一种罪过（亦即所有各种罪过）作斗争的权力。显得有此倾向的行动可以称作**危害宗教罪**。因而，侵犯国家罪这一大类的第10个亚类，可以由这些行动构成。ⓩ

ⓨ　见第17段关于司法。

ⓩ　可以看到，在此我只是就其可能对**现世**生活幸福具有的影响来考虑宗教。至于它在使我们确信来世较好的生活并使我们为之作准备方面可能有的影响，则不是立法者认识范围内的问题。见“危害宗教罪”项。[1]

我说的是危害**宗教**这一虚构存在之罪，而不是危害上帝这一真实存在之罪。因为，一个虚弱的凡人，其行动究竟会给一个不能感知痛苦的存在带来何种痛苦？一项罪过究竟如何影响他？这究竟是侵犯他的人身还是侵犯他的财产、名誉或身份之罪？

① 边沁对是否应当在其《刑法典梗概》中明确论述危害宗教罪，大为犹豫。参见他于1779年3月30日写给弗朗斯·路德维格·特里博莱的信（《边沁文集》《书简》第二卷，第252页）。

危害一般国家利益罪同其余罪过的联系

19. 如果有任何行动，看来倾向于以上述一种或数种方式影响国家，损害国家的外部安全或内部治安，或损害公共武力、国民幸福之增长、公共财富、国家人口、国民财富、主权或宗教，与此同
203 时不清楚它们以所有这些方式中的哪种方式影响国家最甚，虽然按照偶然性它们可能仅以其中一种或另一种方式影响之。如果这样，此等行动就可以被合在一起，归入一个由它们本身构成的杂类，称为危害一般国家利益罪。侵犯国家罪这一大类的第 11 个，也是最后一个亚类，可以由这些行动构成。

列举第五大类的支类：欺骗罪的各个类型

20. 我们现在来谈第五大类，它由杂式罪过构成。这些罪过如业已表明的那样，要么是欺骗罪，要么是背信罪。在欺骗罪名下可以包括：(1) 简单欺骗；(2) 伪造；(3) 冒充；(4) 伪证。[a2]让我们来看这四种欺骗在哪些方面一致，在哪些方面不同。

通常把危害宗教罪放在首位。这一首位观念很自然地同尊崇观念相联系。Eκ Διos αρχωμεσθα。[①] 然而，有许多其他不那么模棱两可的方法足以表示尊崇。而且显然就方法和明晰性而言，除非从考虑若干其他种类罪过造成的损害出发，就无法理解危害宗教罪所趋于产生的损害的性质以及惩罚它们的理由。从政治观点看，只是因为那其他一些罪过有害，危害宗教罪才有害。

[a2] 要注意，欺骗的这一分类不是以通常方式作出的，亦即案例的性质不会在这里被认出来。欺骗可以用这些方式以外的其他方式予以无休止的分类。例如，在一种特殊情况下，书写的简单欺骗被区别于口说的同一简单欺骗，并因此被赋予一个特殊名称。我指的是用欺骗来损害名誉，在此情况下它赖以表达的手段被称为诽谤。很清楚，以同样的方式，它本可在书写表达的所有其他场合也得到一个独特的名称。然而，没有什么特殊情况恰好使人类在这些场合赋予它这样的一个名称。事情是，在它本可据以被分门别类的无数环境当中，那些使它成为诽谤的环境，恰好引起了语言构造者们特别的注意，所以如此是因为这些环境对行动趋势的影响，或是因为出于他故它们具有特殊力度来使之打动想象力。

① 忒奥克里托斯《田园诗》第十七首第一句：“'Eκ Διὸs ἀρχώμεσθα καί ἐs Δία λήγετε，Mοῦσαι(让我们以宙斯开头，并且——啊！诗神——以宙斯告终)。”

各类欺骗罪的共性何在

21. 欺骗罪不管在别的方面如何多样化，在有一点上是相同的，那就是它们滥用了言谈才能，或宁可说像我们此后将看到的那样，滥用了影响别人的相信感的才能，[b2]不管是通过言谈还是通过其他手段。言谈的用处在于影响信念，而且是以这样的方式来影响，即使得别人了解事情恰如其真实情况。欺骗，无论是哪一类，其共性在于使得人们以为事情是别的样子，与真实情况不同。

它们的差异何在

22. 冒充、伪造和伪证各与依靠某些特殊情况来表达欺骗的其他方式有别。当一项欺骗并不伴有任何这些情况时，它可称作简单欺骗。这些情况是：(1) 欺骗的表达**形式**；(2) 欺骗与行骗者的**人格**身份之有无关联；(3) 表达欺骗的**场合**之庄重程度。[c2]这些特征的具体应用可以更方便地留待另一处论述。[d2] 204

欺骗罪的支类划分由前面各大类的划分决定

23. 我们现在来看欺骗罪的支类划分。它们将把我们带回论述前四大类时严格遵循的常规分析思路。

无论以何种方式带来损害，无论是否使用了欺骗，易受其影响的个人必定要么是能被认定的，要么是不能被认定的。如果是能被认定的，他们就只在四个重要方面可能受到影响，亦即他们的人身、财产、名誉和社会身份。如果他们虽然不能被认定，却可以包括在社会全体成员属下的任何类别之中，那么情况也一样。如果欺骗倾向于损害整个国家，这欺骗就只可能是以每一种构成侵犯国家罪的行动都必然带有的这个或那个特征来起作用，这些特征

[b2] 见册一，"欺骗"项。

[c2] 还有其他两种更重要的情况，即(1) 其利益受欺骗影响的当事者；(2) 这一利益中受影响的方面。不过，这些情况并不参与构成总的特征。我们会看到，它们的作用是表示每一属类的若干种型。见册一，"欺骗"项。

[d2] 出处同上。

是危害外部安全、危害公共武力、危害国民幸福之增长、危害人口、危害国民财富、危害国家主权或危害宗教。

此类罪过在有些场合改名，在其他场合则并非如此

24. 因此，属于这一亚类的罪过有个共性，即其涉及范围与前面几大类罪过的涉及范围相同。不过，像我们将要看到的那样，它们当中有一些容易在各种不同场合放弃或改变使之归于这一亚类的名称。有这情况的主要是简单欺骗。其他则保持其罪名不变，甚至因而取代非如此本将属于它们为之命名的那些罪过的名称。有这情况的主要是冒充、伪造和伪证。因而，若有这一情况即欺骗
205 介入，那么在某些场合，头一条罪名就是以其效果表示罪过的那个名称，而在其他场合，则是表示藉以犯下罪过的、可说是手段或工具的名称。就欺骗本身而言，把它当作并不伴有任何其他重要情况，因而不产生任何重要影响的行为，则根据功利原理，它绝不可能构成任何罪过。同其他情况相结合，那就简直没有什么有害效果是它不能促成的。因而，欺骗在欺骗名下作为独特的罪过予以单独叙述，与其说是考虑到事情本身的性质，不如说是符合语言规则。如果现在是着手具体论述的时候，那么这全都会显得足够明白。然而，在其他那些大类之下的属类被先行展示以前，无法以符合任何有序或便利原则的方式来做到这一点。

什么是信托

25. 我们现在来谈背信罪。所谓信（信托），是一方在行使某种赋予他的权力和权利[e2]时，有义务为另一方的利益采取任何特

权力和权利——为何这里不给出完整的定义

[e2] 权力虽然并非一种权利（因为分别称作权力和权利的这两种虚构体是全然不同的），但在一定限度内被包括在权利之下，以致可用权力一词的地方，亦可用权利一词。原因在于，凡可说一个人拥有一项权力的场合，亦可说他享有对此项权力的权利。然而，这个命题反过来说就不成立：有些情况下，虽然可以说一个人享有一项权利，但不能说他拥有权力，或以任何其他方式提到这个词。例如，在各种不同场合，你有权利

殊的行动。或者更完全地说，若被赋予一种权力或权利的一方在行使此种权力或权利时，有义务为了某另一方的利益而维持确定的行为，那就是说，他被赋予了信托。在此情况下，首先提到的那

得到行政官的服务，但如果你是个平民，你就全无凌驾于他的权力，一切权力都在他那里。正因为如此，在使用权利一词时，权力一词或可略去而无任何意义上的缺陷。不过，在眼下这个场合，由于说到信托时权力这个词通常比权利一词用得更多，因而为清晰起见两者俱用似乎是最适宜的。

既然这里阐释信托一词，那就可以期望权力与权利这两个词（信托一词的解释取决于它们的含义）也应予以说明。确实，没有哪两个词能比它们更需要说明的了。因而，我打算给予这样的说明，而且的确事实上已经草拟了出来。但是，我发觉为此必须细述的详情是如此冗长，超过了在此处能够照常分摊给它们的篇幅。因此，对于这些以及其他一些在含义上与之密不可分的词汇，例如所有权、资格等等，我只能满足于笼统地陈述我在构设阐释时遵照的纲要，而不是展示这阐释本身。而且，如同对其他每 206
项内容那样，我只能听任它们的含义去附就每个读者的领悟力恰巧可以达到的程度。权力和权利以及整个一类这样的虚构体，在其法理学意义上，全都出自关于这样那样行动的立法者意愿的某一表现。每一项这样的表现或是禁令、指令，或是它们各自的反面，亦即允准，以及立法者在未就一项行动发出指令的场合所作的关于自己意愿的宣告。现在，为使这规则的表述更加简练，做一种行动的指令可以由不得做与之相反的行动的禁令来代表。因此，要懂得如何阐释一项权利，只需去了解在所谈论的情况下将构成违背此项权利的那种行动：法律通过禁止该行动来确立该权利。权力，不管是对一个人自己的，对别人的，还是对物的，首先由允准构成。然而，只要法律在其确证方面起了积极作用，它就是由禁令和指令来确立的，即靠禁止做被认为与其行使不相容的（其他人的）行动，或在有的情况下靠指定去做一种行动，这行动是被断定要消除可能起而阻碍其行使的这个那个障碍就必须采取的。法律每赋予一当事者一项权利，无论这当事者是一个人，还是一小类人，或是公众，它都因此而将一项责任或义务加诸于另一当事者。不过，可以有这样的法律：它们指定或禁止采取一些行动，亦即加诸责任，但只是为了有利于当事者。这些法律不产生任何权利。因而这里的责任可以要么是外向的，要么是内向的：外向责任有权利与之对应，内向责任则无。

对权力和权利这两个词的阐释要是正确的，就必须深入多种多样的细节，这一点现在可以被表述得很清楚。权利和权力体系的一个（仅仅是一个）分支，是构成财产的权利和权力。因此，它要是正确的，就必须能应用于财产可以有的所有多种变体。然而，构成这种种变体的权力和权利所赖以确立的指令和禁令，具有许多不同形式，因而不可能将有关的阐释囊括在单单一段文字内。若为展示这些不同形式，有必要写多少段就写多少段，则将是从事一项内容如此丰富的详论，以致对若干可能的财产种类的分析将仅仅构成其一部分。这项劳作虽然确实无诱人之处，却是我因此而承受的。不

一方称为受托人，另一方则尚未有任何名称；由于缺乏一个名称，看来别无他法，唯有赋予受益人这个词一种新的、更广泛的含义，或者繁称为将受益的一方。⑫

过，就如完全可以想象的那样，其结果似乎过于浩瀚琐细，无法在眼前这么一部概论中展示。所幸的是，仅为科学的排列目的除外，这并不是为理解就立法艺术的刑法部分所需说的任何事情所必要的。它将在一部论述这艺术的民法部分的著作中找到恰当的位置，而这么一部著作若按目前的规划写作，它将是其中必不可少的内容。对于似乎将这两个部分彼此隔开的界线，我有一番相当充分的讲述，这在下一章里会看到。从那里，将顺便得到某些进一步的提示，了解为展开那些将附着于权利和权力这两个
207 词的概念所要采取的论说方法。尤其见第三和第四节。[①]亦见本章第55段。

我本可以把这个问题的论述搞得很短，办法是以通常的笔调，因循常规的定义，称权力是一种授权，权利则是一种特权，等等。但在目前这样的场合使用这么一种方法，其虚妄愚昧已经被指出*。权力不是一种实物，权利也不是一种实物。实际上它们都不具有任何范围更广的属类。它们连同责任、义务以及其他许多同类事物，是一些虚构体，其含义除了靠显示它们同真实体的关系外，无法用任何别的办法说明。

⑫ 前一方在法律术语和日常用语中，都用这里给的名称来称呼。另一方在英国法律的专门术语中，称作 cestuy que trust，而在日常用语中，则像我们业已看到的那样，可惜尚无名称。这个法律术语系古法语，虽然复杂，但仍经过省略，极为含糊不清。这个术语讲全了，会是下面这个样子：cestuy al use de qui le trust est créé，意即信托或利益为之而产生的那个人。在特殊情况下，cestuy que trust 据罗马法称作 fideicommissarius（近似于受益人）。我见过在某些场合仿照这一称法，用英语将其称作 fide-committee。不过，这个术语似乎不很鲜明。fide-committee，或 fidei-committee（像它本应写成的那样），从字面上看似乎是指立意对另一个人守信义的人，而守信义似乎就是信守承诺。然而，信托可以在没有任何有关承诺的情况下产生。的确，索取承诺是够常见的，目的在于更有效地迫使一个人去做他被弄得许诺要做的事。但是，这只是一种偶然情况。信托可以在全不发生此类事情的同时产生。是什么构成任何情况下的法律义务？是指令，明确的或事实上的指令，连同对于违背这指令所规定的惩罚。在所有情况下，

* 见《政府片论》，第五章第六节注。[②]

① 第十七章的这几节事实上从未以该章组成部分的形式写就，而成了最终发育为依照本版作为《论一般法律》发表的那部著作的一部分（参见《边沁文集》第 xxxi 页以下，该著作的编者导言）。

② 参见《边沁全集》，鲍林版，第一卷，第292—294页注。在这项长注中，边沁用“释义”方式阐述了他的定义概念。

受托人还被说成被授予或被加诸一项信托，被赋予一项信托，有一项信托交给他来实施、执行、履行或完成。将受益的一方被说成有一项信托以有利于他的方式被确立或产生等等，说法不一而足。 208

为什么把背信罪、侵犯身份罪和侵犯财产罪归人不同的亚类

26. 可以有这种情况：一项信托往往被当作是一种身份[g2]，它还被当作是一种财产，而身份本身也以同样的方式被人谈论。因此，可以认为在第一大类罪过当中，侵犯身份罪这一亚类本该包括在侵犯财产罪名下。而且无论如何，现在摆在我们面前的第五大类当中包含背信罪的那些罪过，本该包括在第一大类的这两个亚类中的某一亚类名下。但是，细究起来就会看到，这些亚类中没有哪个能够方便地、甚或适当地被包括在另两个当中的任一个名下。与此同时，还会看到它们全体中间存在着一种密切的联系，因为在它们各自可能遭遇的各种罪过当中，任何一种罪过都可以在很大程度上作为任何别种罪过的样板。有些罪过是所有信托本身都可能遭遇的，也是每一种身份都会被发觉可能遭遇的。与此同时，背信罪这一特殊种类的罪过在运用于特定的身份时，得到不同的专

都可以用这同一个方式构成一项义务。与其用我发觉必须采用的受益人(beneficiary)一词，不如用某个会更好地表达这意思的词，例如 beneficiendary(在构词上类似于 referendary)(即 referee，意为受托人，近似于 trustee——译注)，如果它听起来顺耳的话。它会更有效地使下面一点全无疑义：这里的受益人是指应当受益的人，不管他实际上是否受益，beneficiary 却可理解为表示实际受益。而在犯背信罪的场合，所造成的损害通常在于此等利益不是由预定得益的人获得，而是由别的某个人、例如受托人获得。

[g2] 为简略起见，这一命题才像文内这样表述。如果挑剔起来，或许可以发觉按照语言规则它很难说有道理。因为用信托和身份这两个抽象术语来表示的虚构体，不是互换的，而是根本不可比拟的。要完全精确，我们就应当说：被赋予一项信托的人，因为这个缘故，被当作是被赋予了一种身份，亦即受托人身份。我们说受托人身份，就像我们说丈夫或父亲身份一样。

门名称。还会看到，自然会被发觉分成两组的种种背信罪当中，有
209 一组，并且只有一组是本来的、较为有限意义上的财产所可能遭遇的；而且，这些在运用于财产时，会被发觉容易产生独特的变体，语言惯例以及区别处理的需要使得有必要为这些变体寻找名称。

首先，由于有或者至少（像我们将看到的那样）可以有并非信托的身份，[62]因而有着这样的信托：它们在概念上不可被轻易地和自然地理解为包括在**身份**一词名下。这加上那些确实包括信托在内的身份，其总和就含有其他成分与之相联。因此，如果说身份概念在一方面超出了信托概念，那么它在另一方面就不及信托概念。各种信托当中，最重要的是公众在其中作为**受益人**的那些信托。这些信托应当像是提到**身份**一词时极少会一下子就表示出来的。无论如何，更具实质性的是在违背此类信托的罪过当中，那些最重要的似乎不会被包括在侵犯身份罪这一名称之下。将由这后一名称表明的罪过，将只是那些看来影响个人利益的，例如被认为经授予这一身份的那个人的利益。但是，在违背公共信托的罪过中，构成其有害倾向的最重要部分的，是它们对公众利益的影响，而它们对任何个人利益的影响，亦即它们的影响中唯一会由侵犯身份罪这个名称一下子表示出来的部分，相比之下微乎其微。**信托**一词一下子就使人去注意有关的受托人为之受托的一方的利益：这一方若加上公众一词，就立即被理解为国家全体成员或其中一个不定部分组成的实体。**公共信托**所表达的概念清晰明确，倘若这个概念用**公共身份**来表达，就只能是含糊不清的。因此，看来包括在

[62] 下面第55段。

背信罪名下的那些罪过，其主要部分不能被、至少不能方便地被包括在侵犯身份罪名下。

很清楚，由于同样的原因，它们也不能被包括在侵犯财产罪名下。要是把公众可能遭遇的最有害、最令人惊恐的那部分罪过强纳入侵犯个人财产罪范围内——这个人在该场合将被认为拥有受所谈论的罪过影响的公众信托这一财产——那将显得荒唐可笑， 210
并将表明完全漠视本书贯彻始终的主导原则，即功利原理。

把所有各种身份纳入财产名下，并因而把所有各种侵犯身份罪纳入侵犯财产罪范围内，也不会更恰当些。诚然，有些侵犯身份罪或许可以同样合适地按照侵犯财产罪来考虑，而完全不改变其性质，因为这些概念是如此宽泛和含糊，很容易被附着于这两个客体。但是，还有其他一些罪过，它们虽然可以完全合适地归入侵犯身份罪，但无法被强纳到侵犯财产罪名下而不作践语言。财产，就其所有者来考虑，总是意味着一项利益而非其他。不管偶尔可以有什么义务或负担附着于这利益，它本身除了有益，决不可能是别样的。在其所有者方面，它的产生并非由于任何加诸于它的指令，而是由于他被允许随心所欲地自由处理这样那样的物品。它依以产生的义务在每个场合都是加诸于别人的。另一方面，关于身份，有一些是混合性质的，对被授予这些身份的人既意味着一项利益，也意味着一项负担。我们最常听说的那些身份，亦即大多数身份，便是如此。甚至还有一些身份只意味着负担，而无丝毫利益。因此，如果双方间存在这么一种关系，即其中一方就另一方而言处于财产对象地位，那么**财产**一词就只适用于一方，但**身份**一词适用于双方：只有其中一方因此被说成拥有一项财产，但双方都同样被说成拥有或被授予一项身份。只有主人被认为拥有财产，而仆人由于自己必须提供的服务，是财产的对象；然而，仆人并不亚于主人，一样被说成拥有或被授予一项身份。

211 事情是，如果一个人的身份被说成构成他的财产的一项，那么正是在财产一词的这一宽泛不定的意义上，几乎其他每一种能被想象的罪过都可以列到侵犯财产罪的清单上。如果语言确实在每个场合都足够明白地用财产对象[①]这一名称，来指出某些有形的和实在的东西，亦即财产据称因其进行而被享用的那些行动所作用的人或物，如果简言之按照赋予财产对象一语的含义，它只是被用来表示现在被称为物质对象的东西，就本不会发生这一困难和混淆。然而，财产对象一语的含义，因而财产一词的含义，已被搞得宽泛得多了。在法律为了一个人的利益或好处而有所作为的几乎每一种情况下，人们都倾向于把它说成是授予他一种财产。与此同时，在他的财产对象名下，披露财产据称因其进行而被享用的那些行动所作用的物，或披露采取这些行动的人，由于某个原因在若干场合是行不通的，或是不可取的。然而，绝对需要某个可以在此名下来谈论的东西。[⑫]于是有了一个权宜之计，亦即在每个场合

⑫ 要注意在日常谈话中，一个人的财产对象一语里的对象一词，一般是不说的。按照一种尽管歪曲了原意，但现在变得比整语更为人们所熟悉的省略法，它们使得由一个人的财产一语构成的那部分履行整语的功能。于是在某些情况下，所谈论的行动可能只作用于对象的某个部分，因此说这对象是一个人的财产，就像是暗示它们可能作用于任何部分。而在另一些情况下，只有某些特定的行动可能作用于对象。因此说这对象是他的财产，就像是暗示无论何种行动都可能作用于它。有时，所谈论的行动

① 边沁在1789年版的个人藏本(现存大英博物馆)内，于此手书了一个边注："财产对象(object)在现今1827年被说成财产论题(subject matter)。"鲍林版将此插入，作为正文的脚注(第一卷，第108页注)。

像是创造出一个理想物，并将这一理想物指派给一个人，算作他的 212
财产对象。科学人士在考察为之而设的法律的运行时，逐渐给这类对象起了个名字，叫做**无形体的**。于是，这些无形体的财产对象有多种多样，不胜枚举。几乎从每一样东西都可以编造出此类虚构体：不仅身份（包括受托人身份）是，而且甚至**名誉**也是。连**自由权**也被按照这同一个观点来考虑。虽然在许多场合它同**财产**差异明显，但在另一些场合它却被算入所有物目录内，似乎被认为是财产的一个分支。在**财产**和**财产对象**的用法中，有些（例如前一个）被看作确实比其余的用法更多比喻性，更少适切性，但因为事实上凡直接对象是无形体的场合，它们统统是不适当的，所以几乎无法在什么地方划出界线。

尽管如此宽泛，但在那些使你因此被说成拥有一项身份的关系中间，至少有一种关系勉强能够靠最牵强附会的解释，被说成使得任何别人或别物成为你的财产对象。这就是在某个行动过程中坚持下去的权利，例如在从事某个行当时坚持下去的权利。既然授予你这类权利——至少在一定程度上授予——那么法律的任务

只是在未来的某个时候才会实行，因而或许只是在发生某个特殊事件时才会实行，而它是否会发生则是**不确定**的。因此，说一个对象是他的财产，就像是暗示所谈论的行动可能在任何时候作用于它。有时，将被所谈论的行动当作作用终端或始端的那个对象是人，因而把一个人说成是另一个人的财产，除在确立了奴隶制的地方，都是骇人听闻的；而且，即使在那里，如此说并非具有奴隶身份的人，也是骇人听闻的。诚然在早期的罗马人中间，妻子是丈夫的财产，子女是父亲的财产，仆人是主人的财产。在现代的文明民族中，头两类财产完全没有了，最后一类财产虽然不幸并未绝迹，但正如人们希望的那样正在濒于消亡。现在，丈夫的财产在于妻子的陪伴（company）*，父亲的财产在于子女的守护和效力，主人的财产在于仆人的服务。

*　英国法律说成“配偶的权利和义务”（consortium）。

几乎不过是避不禁止你去从事它。如果法律比这走得更远，为了使你能够更有利地从事自己的行当而禁止别人也去操持此业，那就确实可能发现有这样的人：他们在一定意义上，按照颇为牵强附会的解释，可以被说成是你的财产对象，亦即被搞成向你提供一种反面服务——避免采取那些会减少你那行当的利润的行动。然而，从事任何此类行当或职业的通常权利，并非垄断的对象，因而
213 并不包含这样的意思；但一个人由于拥有这一权利，就被说成是拥有一项身份，废除它就是废除了他的身份。[①]

总之将看到，必定有这样的情况：根据语言惯例，同一项罪过可以或多或少貌似恰当地被纳入侵犯身份罪，或纳入侵犯财产罪，究竟纳入哪个没有区别。在这样的情况下，以下规则可能有助于划清界限。如果你拥有一项财产，或者你是另一个人拥有的一项财产的对象，因而按照语言惯例用一个名称来表示你，例如主人、仆人、丈夫、妻子、管家、代理人、律师等等，那就可以用身份一词，不用财产一词。而且，如果因为你具有这样的关系而与一项罪过有牵连，不管是作为犯罪者还是作为受害者，这项罪过就可以纳入侵犯身份罪，不纳入侵犯财产罪。举例来说，作为某人的土地管理人，你有义务监管某座桥梁的修理，但你不去这么做。在此情况下，由于你有义务提供的是这么一些服务，它们使得应当提供它们的人被冠以某个属名，亦即土地管理人，因而避不提供此项服务之

① 边沁在1789年版的个人藏本内，于此插入手注如下："在此情况下，身份(condition)应加上社会(in life)一词，以便组成一个三重复合词，类似于预期目的(end-in-view)、艺术与科学(art-and-science)等等。"1823年版未用此注(它可能像前面第211页注1提到的手注一样，是以后写的)。在鲍林版内，"在此情况下，身份应加上社会一词"这几个字被添入，当作脚注(第一卷，第109页注)。

罪可纳入侵犯身份罪一类。然而，假设你没有从事那总的、多方面的服务过程（这过程就一个特定的人而言将使你被冠以他的土地管理人名称），但根据惯例或契约有义务向他提供修理该桥梁这单单一项服务，无论你自己修理还是别人修理。在此情况下，由于不存在任何因为你有义务提供这服务而要由你背上的通用名称（建筑师、泥瓦工等等名称不是这里所谈论的），你犯下的避不提供这项服务的罪过就不能恰当地被纳入侵犯身份罪一类。因此，它只能被纳入侵犯财产罪。

作进一步的区别就可以看到，每逢一个人因为自己有义务提
供某些服务，或者别人有义务向他提供某些服务，从而被说成拥有 214
一项身份，这套服务一般来说便甚为经久，以致构成一个颇长的过程，因而在不同场合有所变化和重复。而且，在大多数情况下，亦即在身份并非家族性质的情况下，它有时是为了一个人的利益，有时则是为了另一个人的利益。在一个特定的场合向一个特定的人提供的服务，尤其是在它们为时短暂的情况下，难得会使双方中间任何一方被说成是得了一项身份。一个人可能由于契约和其他而有义务在特殊场合向另一个人提供的特殊义务，是无限多样化的，但相对而言，有名可称的身份种类可能、并且确实寥寥无几。

假如虽有这里为区别身份和财产物而提出的规则，但终究竟有什么像是能同样恰当地纳入这两个名目当中任一名目的对象冒出来，那也不会产生多大的不便，因为像稍后会看到的那样，在这样的情况下不管采用哪一个名称，这对象可能遭遇的罪过的目录仍将大体相同。

消除了这些困难，我们现在来着手展示一种分析，即关于若干

可能发生的背信罪的分析。

若干背信罪——它们彼此间的联系

27. 首先，背信罪可以分成关于某人所受信托之存在的，以及关于其功能之行使的。[j2]

首先来看关于其存在的。此类罪过如同其他任何一类罪过，215 要成为罪过就必须给某个人带来损害。这损害可以分成两种：(1) 可能使受信托者或应受信托者遭到的损害；(2) 可能使信托为之而设或应当为之而设的那些人遭到的损害，或者使一般其他人遭到的损害。从前一种损害开始说起，让我们设想任何信托。据其性质，它将给它的拥有者造成的后果，只要是实质性的，[k2]就必然有利或不利。有利，这信托就可以被认为是一项利益或特权；不利，它便可以被认为是一项负担。[l2]然后，根据它是一项利益来考

[j2] 再往下一点，我们将有机会在信托的拥有者或占有者名下，谈论信托所在的人，并因而谈论从关于拥有者的考虑抽象出来的信托之拥有。在这两种情况下，不管表述有何不同，内在含义是相同的。这方面的语言结构如此不规则不完美，以致无法造出任何在所有需要将它表示出来的场合与此概念相契合的用语。这用语必须不断改变或更新。身份和财产也是如此。被授予或拥有一种身份，拥有一项财产（倘若财产对象是有形的，那就是具备实在拥有它的、可废除或不可废除的法律资格），同拥有一项信托或作为信托所在的人相符。以类似的方式，享用一项财产（倘若其客体是有形的，那就是占有）同发挥属于一项信托或一种身份的功能相应。这些关于词语的讨论既冗长乏味，又必不可少。在努力开辟一条穿越法学荒野的新路径时，我发觉自己老是由于缺乏得心应手的工具而苦恼。构设一整套新用语是不可能的。能够做的无非是间或在绝对必需的场合编造某个新用语，在其他情况下不时凑合弥补旧用语的缺陷。

至于本段由以出发的两分法，必须承认其性质并非如有些方法那样，乍一看来便提供了某种直观的证据，证明它们是详尽无遗的。在其术语间，没有明显的联系和对立，那是存在于反义词之间以及同类词之间的。然而我设想，经过检验，会发现它详尽无遗，而且甚至能被显示为如此。不过，这种显示会使我们过于背离语言常规。

[k2] 见第七章（行动），第 3 段。

[l2] 如果有利，自然是由于附着于该信托的权力或权利的缘故；如果不利，则是因为义务的缘故。

虑。这信托要么是根据法律应当存在的那种，[m2]亦即立法者认定应当予以确立的那种，要么不是。如果是，那么你任何时候可能被剥夺的对它的拥有，在当时要么是现存的，要么是将有的。如果是将 216
有的（在此情况下它可以被认作必定的或偶然的），那么授权事件，即你的拥有权本应由之发端的那个事件，要么是凭借犯罪者的意愿而产生的事件，要么是任何别的一般事件。在前一种情况下，罪过可称为信托之不正当不授，而在后一种情况下，则可称为信托之阻截。[n2]

[m2] 在眼下这个场合，把一项信托、身份或其他所有物当作一个人可能恰巧应当或不应当拥有（要是法律规定他拥有）的东西来谈论，或许像是一种时代错误。因为这里打算的规划是要这样来详细展示所建议的法律，即按照用以制订它们的理由来展示，这种理由似乎应当先于法律而存在，而不是法律先于理由而存在。下面一点也不应否认：根据功利原理，可以同样正确地认为，一项信托或任何其他所有物由以构成的那些运作，有如任何别的法律运作一样，除非能够确认出某种由该原理引申而来的、进行这些运作的理由，它们就决无进行的便利。要赋予一个人财产，你就必须给另一个人加诸责任：你必须责成他做某件他可能不想做的事情，或者不去做某件他可能想做的事情。一句话，你必然以这种那种方式使他遭遇不便。因此，每一项这样的法律，必定无论如何首先是有害的；如果不能产生好的效果来抵消坏的效果，它就必然整个有害。因此在这场合，就像在每个别的场合一样，应当有某些理由存在。实际情况是，在我们面临的这个场合，理由过于多样，过于复杂，无法在眼下这样的分析纲要中说明。在罪过的性质是影响人身或名誉的情况下，禁止它的理由一目了然，而且对每个人来说都一样。然而，财产在能被侵犯以前，必须创造出来，并在创造出来的当时划分成种类不同、大小不同的块块。它们当中某些需要指派给一个人，某些需要指派给另一个人，其理由有许多有点儿隐约难辨，而且在不同的场合有所不同，所需篇幅超过这里能够首尾一贯地分配给它们的。就眼下的目的而论，如果看来为贯彻若干人生目的，有着必须由某人拥有的信托、身份和其他所有物，也就足够了。而且，并非每一项所有物都能够或都应当由每个人来拥有。什么所有物应当被创造出来，它们应当分别指派给什么人以及在什么情况下指派，是无法在这里解决的问题。也没有任何理由希望它们能够如此，因为以这种或那种方式来解决它们不会影响到任何当事者在任何此类事物蒙受损害的场合可能遭遇的任何罪过的性质。

[n2] 可以注意到，在前一种情况下行动是负面性质的，在后一种情况下则通常将是正面性质的。

我明白，信托之不授这一表述并非与语言习惯法完全相符。这个用法是说一个被授予（亦即赋予）一项信托的人，而不是说一项信托，把它当作一种自我授予或加诸的

217 倘若在犯下罪过(你就是由此被夺去了信托)的时候,你已经拥有了信托,这罪过便可称为信托之不正当剥夺。在任何这些情况下,罪过的作用要么是使别的什么人被授予信托,要么不是。如果不是,它就无非是信托之不正当剥夺、[①]不正当阻截或不正当剥夺。如果是,被授予信托的人就要么是作恶者本人,要么是别的什么人。前一种情况下它可称为信托之篡夺,后一种情况下它可称为信托之不正当授予或归属。倘若所谈论的信托并非理应存在,则这样的褫夺是否要算作罪过,并因此不授、阻截或剥夺是否要算作不正当的,取决于一个人夺去另一个人的信托的方式。不过,使任何人被授予信托无论如何必定是罪过,而这罪过可以是上面说的篡夺或不正当授予。

其次,把信托当作负担来考虑。就此,如果考虑的只是可能被授予信托的人的利益,而不是任何别的利益,那么根据功利原理,它就是不应当存在的。倘若应当存在,就只能是为了它为其福利

东西。这一用语说全了,是不授予某人一项信托,但这样说过于冗长,达不到专门名称的效果。因此,除了尝试这里所用的省略外,我看不到有别的办法。古代法学家在构造专门名称时,一味使用生硬得多的省略法而无所顾忌。见前面第 25 段注。习惯上已经把一项信托当作一种授予什么的东西来谈论,并且把它当作一种可以被剥夺的东西。

(授予和剥夺)[②]。对于语法构造,用委任和革除来得既更方便,也更简明。因而后面第 227 页第 35 段[③]不说授予和剥夺事件,而说委任和革除事件。不过,在不同的场合,这些不同套的术语都可以各有自己的用处。

① 所有版本都这么写,但要按照如上的次序完整地列举各种可能性,似乎必须在这里将"剥夺"改作"不授"。

② 这个关于授予和剥夺的注释,系由边沁于 1789 年添加。不完全清楚他究竟打算将它置于何处,但看来最合适的是将其当作注 n2 的延续。1823 年版、鲍林版以及以后各版都忽略了这一添加。

③ 边沁自然为 1780 年文本的这个地方指明了页码,该段落的序数以罗马数字标出。

而确立的那些人的缘故。要是它全**无**应当存在的理由，则不授、阻截或剥夺对于首先提到的人都不可能是不正当的，不管它们按照任何别的理由、就它们恰好得以表现的方式而言是怎样的。尽管不大可能犯下篡夺行为，但其可能性仍如前述。不正当授予的可能性亦类似，它在信托被认为是负担的限度内，可称作**信托之不正当强加**。如果信托仍属负担性质，是**应当**存在的那种，对其存在所能犯下的任何罪过，必定在于使一个**不**应当拥有信托的人**拥有**之，或在于使一个**应当**拥有信托的人缺**乏**之。在前一种情况下，这必定像上面那样是篡夺或不正当剥夺，而在后一种情况下，被搞得缺 218
乏信托的人要么是作恶者本人，要么是别的什么人。倘若是作恶者本人，则在作恶时他或者拥有信托，或者并非如此。如果他拥有信托，这就可称为**信托之不正当放弃**，如果他缺乏信托，则可称为信托之**不正当逃避**[62]或**规避**。倘若因罪过而缺乏信托的人是别的什么人，则此罪过必定是前面所说的不正当剥夺、不正当不授或不正当阻截。在所有这些场合，若将信托当作一项负担，它便还可称为**信托之不正当豁免**。

最后，谈谈信托为其利益而设立的那些人或者其利益可能因信托在或不在某某手中而受影响的那些人遭受的损害。通过仔细考察就会看到，使得拥有或应当拥有信托的人在这方面易遭损害

---

[62] (逃避)(detrectation)。我未见该词业已被吸收到英语中。[①]但在拉丁语中，它是很有意味的，并在严格符合这里所赋予的意义上被使用。militiam detrectare 这一用语，即设法逃避兵役，在罗马著作家那里并非罕见。

① 事实上，英语中并非没有这个词，尽管很罕见。《牛津英语词典》就援引了17世纪作者为例。“逃避”之后“或规避”一语系1783年插入。

的每一种罪过，同样使得现在所谈论的那些人易遭损害。在此场合的损害显然在性质上与其他场合的损害大不相同，但同一泛称在此在彼一样适用。假如受益者，或其利益同信托之行使休戚相关的那些人，或其中任何人，倾向于遭受那由于可能履行信托者的素质而造成的损害，这样的损害就必定是出于下列两个原因中的这个或那个原因：(1) 由于不应拥有信托的人拥有信托；(2) 由于应当拥有信托的人缺乏信托。至于对其拥有者它究竟是一项裨益还是一项负担，就此目的而言无关紧要。在前一种情况下，产生损害的罪过是信托之篡夺、信托之不正当归属和信托之不正当强加，而在后一种情况下，则是信托之不正当不授、信托之不正当阻截、信托之不正当剥夺、信托之不正当放弃及信托之不正当逃避。

关于信托之存在或其拥有的罪过就是这些。关于信托功能之
219 行使的罪过则可作如下设想。你拥有一项信托，因而在任何既定场合，你行使它的时间（为简单起见，当时那一刻忽略不计）必定要么是过去，要么是未来。如果是过去，你在那个场合行使信托就必定要么符合、要么不符合信托为之设计的目的。若符合，就没错，若不符合，责任就只在你自己，或在别的什么人，或须归咎于两者。就责任在你自己而言，它要么是你未做某件你应做的事——在此情况下可称为消极违背信托，要么是你做了某件你不应做的事。如果你做了某件你不应做的事，受到损害的一方就要么是信托为其利益而设的一方，要么是一般别的一方。在前一种情况下，罪过可称为积极违背信托，在后一种情况下，可称为滥用信托。[p2]就责

[p2] 滥用信托在这里是指凭着理应属于信托的权力，来对第三者行使被篡夺的权力。在通常说法中，这里违背信托和滥用信托的含义区别没有被很切实地注意到，而

任在另一个人而言，其罪过可称为扰乱信托。假设你行使信托的时间是未来，那么趋于使你的行使不符合信托目的的任何行动，其作用可以是使之实际上并最终不符合信托目的，或者是造成这样的可能性。在前一种情况下，它只能采取我们适才已提到的那些形态中的某一种形态。在后一种情况下，有如前述，责任必然归咎于你自己，或归咎于别的什么人，或归咎于两者。倘若归咎于另一个人，他可能据以倾向使你的所作所为不符合信托目的的那些行 220
动，必定是施加于你本人的，或是施加于一般别的对象的。如果是施加于你本人，则它们具有的影响要么是直接作用于你的身体，要么是直接作用于你的心灵。在后一种情况下，它们同样必定趋于使得你丧失为坚持那种符合所论目的的行为而必需的知识、才能和意向。[q2]如果它们趋于使你丧失这里所说的意向，那就必定是靠某种诱惑性动机，用其力量来影响你的意愿。[r2]最后，这动机必定要么是强制性质的，要么是勾引性质的，也就是说它必定要么表现为一项损害，要么表现为一项裨益。因而，在已经谈到的所有各种

就公共信托而言，这一区别甚至在许多场合无法辨识。然而，这两种罪过本身大有区别，因为遭受损害的人在许多场合全然不同。或许可以觉察到，关于滥用信托这里只提到一种，[①]亦即相当于积极违背信托的那种，而相当于消极违背信托的则完全未提。即刻就会看到这一区别的理由。受托者有义务采取有利于信托为其裨益而创设的人的行动，因而他们可能仅仅由于他无所作为而受到损害。但是，他没有义务采取有利于一般其他人的行动，所以只有他的积极行动才可能使这些人受到损害。

[q2] 见下文以及第十八章（间接立法）。[②]

[r2] 见第十一章（性情）。

① 此句在1789年文本中写作："或许一下子便可注意到这里仅提及的一种滥用信托，认为有所遗漏……"

② 见上文，第124页注1。

情况下，除了最后一种情况，罪过都没有被赋予任何新名称。依据事态，它或者是扰乱信托，或者是意欲犯此罪过而未遂。在这后一种情况下，它称为贿赂，而正是这一特殊种类的贿赂可称为积极贿赂或行贿。在此场合，考虑你这方的情况，则你要么接受贿赂，要么拒绝贿赂。如果拒绝，而且此后你既不实际违背或滥用信托，也不打算这么做，那么在此场合你这方就毫无罪过。如果你确实接受了贿赂，那么不管你最终是否像行贿者意欲使你去做的那样违背或滥用了信托，你无论如何仍犯下了一项亦称为贿赂的罪过，为区别起见它可称为消极贿赂或受贿。[82]至于任何进一步的区分，将取决于所谈论的具体信托种类的性质，因而不在这里的范围之内。这样，我们就有了关于背信罪的13个支类，那就是：(1)信托之不正当不授；(2)信托之不正当阻截；(3)信托之不正当剥夺；(4)信托
221 之篡夺；(5)信托之不正当授予或归属；(6)信托之不正当放弃；(7)信托之不正当逃避；(8)信托之不正当强加；(9)信托之消极违背；(10)信托之积极违背；(11)滥用信托；(12)扰乱信托；(13)贿赂。

把受托者的挥霍归入第三大类罪过

28. 上面所说的表明，在受托者方面不可能还有什么别的罪过，使受益者在任何特定场合受到任何可认定的特殊损害。不过，有一类行动可能使受托者面临遭受一种损害的危险，尽管这损害的性质以及他遭受其危险的场合都可以是无法认定的。无论是什么，它们都只可能是这样的行动：使得受托者受到某一给定的贿赂

[82] 像这么贿赂一位受托者，事实上恰恰是唆使他犯违背或滥用信托之罪。因而，唆使是一种从罪，它们是每一种主罪，不管哪一种，都很可能带有的。见下文以及册一"从罪"项。不过，这一种特殊的唆使不但有个专门名称构设出来表达它，而且容易引起格外的注意，并同其他背信罪一起表露出来，因而若不将它纳入这一目录，便会显得有所疏漏。

的影响，其作用大于他在别种情况下可能受到的。换言之，它们将他置于如此的环境之中，那倾向于增加他对任何眼下谈论的那种动机的作用的敏感程度。[12]在这些行动当中，看来除了受托者方面的挥霍外，没有任何别的行动会容得了一种可同样应用于一切时间和地点的表述。然而在这一性质的行动中，对受益者的损害只是可能的和未偿清的，而对受托者本人的损害则是确定的和已偿清的。因此，假如在任何场合竟发觉值得把它当作一项罪过来对待，那么将它归入内向罪这一大类更为自然。

背信罪的支类划分亦由前述各大类的划分决定

29. 至于背信罪的支类划分，同欺骗罪的支类划分完全相似。信托可以是私人的、半公共的或公共的，它可以关系到财产、人身、名誉或身份，或同时关系到这些项目中的任何两项或多项。这些将在另一处作更具体的说明。同样，罪过在分别表现为前述三大类的时候，某些情况下将改变自己的名称，另一些情况下则非如此。

欺骗罪和背信罪之间的联系

30. 最后，若要问欺骗罪和背信罪之间存在着何种关系，回答便是它们全无联系。欺骗是一种可参与构成任何种类罪过的情况，背信罪则和任何其他罪过一样，在某些场合是偶然因素，在另
一些场合是必要手段。违背或滥用信托是这么一些情况：它们作 222
为偶然的伴随事件，除构成它们分别赋予其名的那些罪过外，可参与构成任何别的罪过(包括反欺骗罪在内)。

[12] 见第六章(敏感性)第2段。

第三节[①] 第一大类的种属

种属之分析仅限于第一大类

31. 现在回到第一大类,让我们来作进一步划分,把前面已显示的这一大类的若干亚类分解成它们各自的种属,即分解成能够用大多业已流行的名称来表示的更小的品类。[u2]分析必须在此打住。以同样的正规形式将它运用于任何其他大类,看来几乎是行不通的:它难以应用于半公共罪以及公共罪,是因为具体环境的干扰;难以应用于内向罪,是因为它必然导致过早地就可能看来容易引起争论的问题作出决断;难以应用于欺骗罪和背信罪,是因为这一大类同前三大类之间存在的依赖关系。关于这四大类在这方面尚待做的事情需要讨论,因而将在正文中引入,这比在其任务仅是构画纲要的一个导言部分中予以叙述来得适当。

286

侵害个人的罪过,其效果可以是简单的,也可以是复杂的

32. 一项侵扰一个人幸福的行动,其效果要么是简单的,要么是复杂的。他的利益(正如我们已经看到的那样)易于在若干方面或若干点上受到影响。当该行动仅在一个方面或一点上影响他时,可称其效果是简单的,而当它同时在几点上影响他时,则可称其效果是复杂的。效果简单的那种行动当然必须先予考虑。

[u2] 在列举这些种属的过程中始终会注意到未提及附属性质的罪过,除非在某些地方,由于它们已经获得了看来过于流行的通用名称而无法不提。附属罪过是这样的罪过:它们并非那些直接造成有关损害的行动,而是同这些行动相关联。见第七章(行动)第24段和册一,"附属罪过"项。

① 本节的序数在1789和1823年版以及鲍林版内被删去。哈里森版(第347页)将其补上,第四节(第270页以下)的排序表明这是对的。

侵犯人身罪的种属

33. 一个人的幸福容易以简单方式，亦即一个时候以一种方式受到下列两种行动的侵扰：(1) 作用于他自身的行动，或者(2)作用于他的幸福所多少依赖的身外对象的行动。他自身由两个不同部分或据称的部分[①]组成，即他的肉体和他的精神。对他的人 223 身施加有害影响的行动，无论施加于肉体部分或精神部分，要么是直接作用于其上而不影响他的意愿，要么是间接地、通过该官能的干预而作用于其上，亦即靠它们导致他的意愿对他的肉体行使影响而作用于其上。如果是通过他的意愿的干预，则必定是靠**心理强制**，亦即靠导致他**意欲**持有并因此实际上持有某种行为，那是他不乐于持有，或倘若持有便在任何其他方面对他有害的。这种行为可以是积极的，也可以是消极的。[v2]如果是积极的，这强制便称作**强迫**或**压制**，如果是消极的，则称作**抑制**。现在，这强制使他不悦，其方式可以是产生肉体痛苦，也可以是只产生精神痛苦。如果肉体痛苦由此产生，罪过就可以纳入这一名称或我们就要讲到的其他名称之下。不仅如此，一个人由于强制而被迫持有的那种行为，将由他被迫采取或被迫不采取的特定行动本身之确定来专门地、原本地判定，或者依他被迫在或不在这个那个地点来笼统地、附随地判定。然而，假如他受阻而不在一个地点，他便因此而被拘于另一个地点。因为，整个地球表面如同任何较大较小的物体表面，可被设想为分成两个部分，就像可被设想分成除此之外无论多少个部分或场所一样。倘若他被拘于其内的场所小于他不得不置

[v2] 第七章(行动)第8段。

① “或据称的部分”这几个字是1823年版增加的。

身的场所，他的处境便可称为拘禁，反之则可称为放逐。[w2]不管一项其效果在于对遭受者施加有害影响的行动是否通过他的意愿之干预起作用，它所产生的损害要么是致命的，要么是非致命的。若非致命，它就或者是可补救的，即暂时的；或者是不可补救的，即永久的。若可补救，这有害行动便可称为简单肉体伤害，若不可补救，则称为不可补救之肉体伤害。最后，一个人在精神上经受的痛苦要么是实际遭受的痛苦，要么是恐惧的痛苦。如果是恐惧的痛苦，则为害者本人被认作有意要在产生痛苦方面起作用，或者不
224 被认作如此。在前一种情况下，这罪过可称作威胁，在后一种情况以及痛苦是实际遭受的情况下，则可称作简单精神伤害。这样，我们就有了个人伤害的 9 个种属或类别，它们按照考察的方便程度来排列将有如下述：(1)简单肉体伤害；(2)不可补救之肉体伤害；(3)简单伤害性抑制；(4)简单伤害性强迫；[x2](5)不正当拘禁；(6)不正当放逐；(7)不正当杀人；(8)不正当威胁；[y2](9)简

[w2] 这些以及在这番分析的所余部分有机会显示的若干其他主要措辞，其充分定义将见于正文，用法律术语来表达。特别提到这些定义只是徒然累赘。

[x2] 一般的伤害性抑制和一般的伤害性强迫在此被称作简单的，以便把它们同拘禁、放逐、抢劫和勒索区别开来，后者在许多情况下全都是最先提到的两类罪过当中这一类或那一类的变形而已。

一项简单伤害性抑制或简单伤害性强迫，若要构成罪过，只需它施加的影响具有两种性质就足够了：第一，有害；第二，以意愿为中介施加于人身。它施加于其上的那部分人身不一定是它所损害的那部分人身。它甚至不一定对这些部分当中任一部分直接有害，尽管它要成为有害的，就必须从长期来说损害其中这一或那一部分。一项例如涉及身体的行动，对行动者本人可以是非常不悦的，因而是有害的，尽管它既未使他的身体感到不悦，亦未使之受到损害，例如背负标记示众，或者蒙受任何其他羞辱。

[y2] 可以注意到，不正当威胁还被纳入简单伤害性抑制，恰如被纳入[①]简单伤害性

① 1823 年版及以后各版，将 1789 年版中的“as in”(恰如被纳入)一语误刊为“and”(以及)。

单精神伤害。[22]

强迫，除了在下列罕见的情况下并非如此：存在着引诱性动机，据此一个人受另一个人阻止，未做一件对他实际有益的事情，或受诱惑做了一件对他实际有害的事情。

[22] 虽然由于已经说明的原因（前面第31段），在本章内无法展示半公共罪过或内向罪过的完整目录，因而也无法对之作任何详尽无遗的考察，但看到某种关于它们的表式（list），可能会使读者满意，假如这仅仅是为了向他们展现范例的话。此种表式的最有利安排，莫过于置于私人外向罪过的若干亚类名下，所谈论的半公共罪过和内向罪过分别与之对应。然而，关于后两种罪过，特别是最后一种，必须明白我将其安插于此的目的，无非是展示分别依其性质而产生的害处——如果有害处的话，而不确定在每个场合为克服这害处是否值得（见第十三章，不适于惩罚的情况）引进惩罚之害。在这详述过程中将会看到，有一些外向私人罪名不是缺乏与之对应的半公共罪名，就是缺乏与之对应的内向罪名，或两者俱缺。在大多数情况下，这些欠缺的原因很可能一目了然。不过，为避免并非如此，它们在正文中一一予以具体说明。如果要在这里插入，就会占去过多的篇幅。

一、通过灾祸起作用的半公共罪过。易影响人身或财产或这两者的灾祸，似有如 225
下述：(1) 瘟疫或传染病；(2) 饥荒及其他灾荒；(3) 智力欠缺者例如婴孩、白痴、疯子缺乏适当照管而可能产生的祸害；(4) 有害性动物例如猛兽、蝗虫等等肆虐而可能产生的祸害；(5) 大量固体物的崩塌或坠落，例如朽屋败厦崩塌，岩石滚落，大雪崩；(6) 洪水泛滥，陆地被淹；(7) 大风暴；(8) 作物枯萎；(9) 火灾；(10) 爆炸。只要一个人由于自己的不慎行为，助成上述任何灾祸发生，这样的行为就可以是一项罪过。只要一个人未做分内之事来帮助防止其发生，这样的失职就可以是一项罪过。

二、纯粹作恶型的半公共罪过。整个社区可能遭受：(1) 简单肉体伤害，亦即他们可能在健康方面受损，原因在于伤害性的或危险的商业交易或生产，售卖或欺骗性地推销有害健康的药品或食物，败坏或弄干井泉，损坏沟渠，摧毁抵挡风雨的灌木丛、墙垣或其他藩篱，造成任何种类的人为匮乏或任何其他有意制造的灾害；(2) 和(3) 简单伤害性抑制和简单伤害性强迫，例如凭借散发威胁性的传单或宣讲威胁性的言论，使得整个社区无人敢不、或无人敢于张灯结彩，大肆喧哗，号叫哭泣，咒骂抨击，认捐钱款，举事游行，或以任何别的方式来表达喜怒哀乐、反对赞成，或者简单地说使得无人敢不、或无人敢于从事任何其他行为，不管这些行为是什么；(4) 和(5) 拘禁和放逐，靠的是损坏道路、桥梁和渡船，损毁或无理占据公共车辆或住房；(6) 威胁，例如通过煽动性信函和骚乱性集会，通过报纸或传单，号召报复打击特殊种类的人群，例如犹太人、天主教徒、新教徒、苏格兰人、加斯科涅人、加泰隆人等等；(7) 简单精神伤害，例如靠令人痛苦的、恐怖的、淫秽的或违反宗教原则的示众，诸如乞丐显露疮疤，陈尸于众，展示或报道假巫术或假幽灵，陈列淫秽的或渎神的印刷品，当众发表淫秽的或渎神的言论，散布国家在战役中败北或关于其他不幸的谣言。

三、伤害人身的内向罪过。(1) 绝食、禁欲、自我鞭挞、自残肢体以及其他自我否定和自我折磨的做法；(2) 暴食、酗酒、纵欲和其他无节制行为；(3) 自杀。

侵犯名誉罪 34. 我们现在来讨论单纯的侵犯名誉罪。这些只需作很少几种区分。名誉只有一种受损方式，那就是失去别人的一部分好感。
226 于是，就别人对你的好感而言，你可能以下列两种方式中的一种而成为受损者：(1) 据认为是你自己行为不善；(2) 他人对你，或据认为他人对你行为不善。使得人们认为你自己行为不善，以至于犯下了什么过失，使得一个人拥有的社会好感少于他先前所拥有的，这可以称作诽谤。然而，人的本性以及偏见的力量在于，一个人只因为显示他自己对你缺乏好感——即使这本身很不公正，表现方式又很不正当——就可能以某种方式迫使别人也撤销对你的一部分好感。当他通过言辞或者通过其效果仅在于替代言辞的行动来这么做时，其罪过可称作诬蔑。当他通过不仅具有此种效果、而且有害于人身的行动来这么做时，其罪过可称作人身侮辱。如果这行动达到了及于身体的地步，便可称作肉体侮辱。如果它即将及于身体便告中止，就可称作侮辱性威胁。于是，我们有了单纯侵犯名誉的两个种属或类型，亦即：(1) 诽谤；(2) 诬蔑或辱骂。[①][a3]至于肉体侮辱和侮辱性威胁，则属于侵犯人身罪和侵犯名誉罪的复合形态。

侵犯财产罪 35. 如果一个人的财产由于另一个人的过失而受损，该财产便要么是由过失者托管的，要么并非如此。倘若它是托管的，这罪过便是背信，而且不管它在其他方面性质如何，都可称为背信式挥霍，或受托财产之挥霍。这是一个特例，相反的情况更为常见。在

[a3] 一、半公共罪过。(1) 诬蔑和诽谤特殊种类的人群，例如犹太人、天主教徒等等。

二、内向罪过。(1) 女性的无节制；(2) 乱伦。

① “或辱骂”系 1783 年版所添。

此例中,可以这样来设想财产可能成为犯罪对象的若干方式。侵犯财产罪,不管可能是哪一种类,都可以像业已提示的那样,[b3]分为有关财产之法定所有权或财产权的,以及仅仅有关财产之享用或者(一回事)财产权之行使的。有如业已提示的那样,[c3]在前一名目下有信托之*不正当不授*、*不正当阻截*、*不正当剥夺*、*篡夺*以及*不正当归属*。如果犯下其中任何罪过时,用了欺骗作为手段,而且
这欺骗有如通常所称是*蓄意的*,或者可以更恰当地称作是*经过考* 227
虑的[d3],那么这罪名之前就可以加上形容词*欺骗性的*,或者以此取代*不正当*一词。然后,欺骗状况就可以用来表示一种特殊的、能被包括在其中每一个种属名下的罪过。与此类似,稍后要作更多讨论的强迫状况可以用来表示另一种罪过。说到不正当阻截,则*授权事件*(它使得所论财物的占有权应当归属于你,舍此该占有权便由于犯罪者的作恶而像是被*截取*掉了)要么是他本人的行动,表现为他愿意让你依法被认作是该物的合法占有者,要么是任何一般其他事件。在前一种情况下,如果你应当被授予占有权的财物是一笔钱款,这罪过就是所谓*无力偿债*。此种罪过,鉴于其重要性和范围,可以被当作一个单独的种属来对待。[e3]

[b3] 前面第 27 段。

[c3] 同上。

[d3] 见第九章(知觉),第 2 段。

[e3] 无力偿债之罪在此被展示的景况,乍一看来或许容易显得不仅闻所未闻,而且有失妥当。例如,有人欠你一笔钱时,这钱的所有权可以足够自然地像是已经属于你了,他不向你偿付、因而不让你得到的,并非这笔钱的法定所有权或支配权,而仅仅是其实体所有权或支配权。然而作更准确的考察,就会发觉事情并非如此。偿付所指的,总是一种授权行动,一种有如上述的意愿行为的表现,而不是实体行动。它是一种的确*就*据称*被偿付*的财物而采取的行动,而不是在实体意义上*对*此财物采取的行动。某人欠了你 10 英镑,他照这个数拿来一把银钱,把它放在你面前的桌子上。倘若随后

什么是偿付

228 其次，关于那种仅涉及享用所谈对象的侵犯财产罪。这对象必定要么是应当由某人提供的一项服务或一套服务，[f3]要么是属于物品类的一件东西。在前一种情况下，罪过可称为服务之不正
229 当不予。[g3]在后一种情况下，它可以有进一步的变化。这些变化可以这样来设想：倘若你实际占用或享用的任何对象，由于另一个人的行动，并在依据你的内在身体状况的那种力量未有任何改变的

他通过言辞、姿势或任何其他方法向你示意，表示他愿意让你拿走这笔钱，由你随意处置，他就据说是已经向你偿付了。然而，倘若他把钱放在桌子上不是为了这个目的，而是为了某个别的目的，例如数钱盘账，亦即针对他本人而拿出这笔钱来，或者把它留给别的什么人，那么他就没有向你偿付。但在这两个场合，对这笔钱所采取的实体行动是一样的。在他确实表示了此一目的的意愿以前，你所有的恰当地说并非对这笔钱的法定拥有，或对这笔钱的所有权，而仅仅是一项使得他向你提供此种服务的权利，或者在他欠债不还时由一位法官强迫他向你提供此种服务的权利；由于提供此种服务，他才被说成是向你偿付了。也就是说，他就某项在价值上与他欠你的钱数相等的动产或其他某种物品，表达了上面所说的那种意愿。或者说，他就某项这样的物品采取了有利于你的授权行动。

诚然，在某些情况下，一个人若非给你提供另一套种类不同的服务，根据通常的词义他或许就不可以被认为已经向你偿付了。这另一套服务是通过对据称他偿付给你的那同一东西采取某些实体性行动来提供的，亦即是通过将这东西转移到你肯定能找到它、你便于得到它的某个地方来提供的。然而，尽管提供这些服务的义务应当由法律附加到提供那另一些服务的义务（偿付之操作正是由其履行构成）之上，但它们显然是性质独特的行动，并且对偿付之操作也不是必不可少的：它们本身并不构成偿付之操作，此种操作没有它们也可以进行。凡待转移的东西碰巧由于债务人的任何行动已在债权人身体可及范围之内，它就必定在没有它们的情况下进行。

如果在此充分考察财产的性质及其容易发生的若干变化实属切实可行，那么这一点将会表现得更加清楚。不过，不可能一下子办到所有的事情。

[f3] 前面第26段。

[g3] 服务之不正当不予包括违背契约，因为提供服务的义务可以基于契约，也可以基于其他权利。换句话说，订立契约这一事件是其他许多授权事件之一，获得服务的权利可以始于这样的事件。[1]

① 在1780年印本内，本段的结尾是这么一条参注："见第十七章（界线），第四节。"1783年，边沁表示这条参注应当删去（它涉及的是第十七章的一节，到那时已变成以目前版本为形式发表的《原理导论》的巨幅续篇《论一般法律》的一部分）。然而，无论是1823年版，还是鲍林版及其后各种版本，都未作这一删除。

情况下，多少不再受这一力量的支配，那么这或者是因为此物本身内在状况的变化，或者是因为与你相关的它的外在情势的变化，即它被置于你可以达到的范围之外。在前一场合，变化的性质或者是使得你无法对它作任何使用，在此情况下此物说是被毁坏了，使之如此的罪过可称为不正当毁坏，或者仅仅是使得它所能有的用处不如先前那么大，在此情况下它说是被损伤了或经受了损伤，而这罪过可称为不正当损伤。不仅如此，只要一件东西对你的价值被认为容易因为任何其他人对它作出的任何其他行动而在某种程度上受损，尽管在一个给定的场合不会随即发生可见的损伤，则任何这样的行动通常也被当作是一项罪过，它可称为不正当使用或占用。

如果这件东西未能对你有用的原因，在于与你相关的它的外在情势，这罪过便叫做不正当扣押[h3]或阻留[3]。在任何给定的时期

倘若最广义地(包括正反两面)来理解服务一词，那么这一个名目便足以[1]涵盖全部法律。因而，在此只涉及这样的服务：其不予提供恰好不和已有不同名称的任何其他罪过相重合。

我们可以注意到，有一些服务，其不予提供可能影响到人身，因而归入若干种属的肉体伤害的负面类型，例如外科医生、旅店店主等等所应提供的服务。[2]

[h3] 在英国法律中，阻留(detinue)主要用于动产，扣押(detainer)则主要用于不动产。在阻留和扣押名下还包括一种案例，其中的罪过在于拒不转移财物的法定所有权。这样的案例可以认为属于不正当不授之列。单纯实际所有与法定所有之间的区别，在后者为时短暂和可以废除的场合，似乎迄今为止仍极少被注意到。在许许多多案例中，它们在同样的名目下被混为一谈。之所以如此，是因为大概在一切法律之下，而且往往很有道理，法定所有权不管在审案时如何确可废除，它直至审案之际，在许多场合是附加在实际所有这一外表之上的。

① "足以"一语系1783年添加，被1823年版及其后版本疏漏了，但鲍林版(第一卷第117页注)恰当地将其添入。

② 这第三段系于1783年加进注释，但1823年版未曾作此增补。鲍林版将其添入。

③ "或阻留"一语系1783年添加。边沁的嘱示有些含糊不清，1823年版将其插在"扣押"一词再次出现之后。鲍林版(第一卷第117页)添加如上。

里，不正当扣押可以伴有、也可以不伴有永久（即无限期地）扣押该物的意图。如果伴有这样的意图，而且同时还伴有所行之事不服
230 从法律的意图，那看来就符合通常附于贪污一词的概念，而贪污是一种通常与违背信托相伴随的罪过。[i3]在不正当占用的场合，实际的占用能力可以在所有者的协助或同意下取得，或在看来有权提供它们的其他人的协助或同意下取得，也可以不经过此种协助或同意而取得。如果没有此种协助或同意，而且是怀着永久扣押该物的意图以及违背法律行事的意图来占用，这罪过看来就符合通常附于盗窃或偷窃一词的概念。如果在同一环境下，对设法或看来意欲设法阻止该行为的任何人的身体施加暴力，那似乎就属于这么一类情况：在其中，罪过一般被认为包括在抢劫名下。

如果所谈论的实际能力是在所有者或上述其他人的协助或同意下取得，而且占用该物依旧是项罪过，那么这可以是因为此种协助或同意并非正当地取得，也可以是因为它并非自由地取得。倘若并非正当地取得，它就是得自做假，做假若是自觉的，就称为欺骗；这罪过若伴有不服从法律的意图，便可称为骗取或诈取。[j3]倘若并非自由地取得，它就是得自暴力，即得自业已谈过的对身体施暴，或得自对心灵施暴。若是对心灵施暴，或换句话说运用强制性动机，[k3]那就必定是靠造成对某种祸害的恐惧，这祸害在该行为是

[i3] 必须明白，我在试图展示这个以及其他常用罪名的含义时，始终是极为犹豫的。实际上，赋予它们的含义通常既不明确，也不统一，因而一介平民所能给予它们的定义自然不可能精确无误。要规定其含义，非立法者莫属。

[j3] 其余情况属于篡取，或财产之不正当授予。这一区别迄今为止似乎极少被注意到，有如上面谈过的另一种区别，即法定所有和实际所有之间的区别。这一点也可适用于随即要谈的敲诈。

[k3] 见前面第27段。

项罪过的情况下，必定是一个人在所谈论的场合并无权利使另一个人面临的。在此种情况下，如果罪过伴有永久扣押该物的意图，231
那么不管它是否伴有不服从法律的意图，它似乎都符合通常由敲诈来表示的那种概念。于是，一个人在使另一个人面临所谈论的祸害时起的作用，必定要么是积极的，要么是消极的。而且，在前一场合，这祸害必定要么是眼前的，要么是未来的。其次，在依靠对身体施暴来取得协助或同意的场合，或在积极依靠对心灵施暴来使一个人害怕遭祸的场合，如果所显示的祸害、其对象人身以及在任何程度上如此运用的敲诈伴有不服从法律的意图，那看来就同剩下的、包括在抢劫名下的情况一致了。

至于背信式的挥霍，在给受托者带来钱财收益时，似乎是那种通常用挪用一词来表示的罪过当中的一类。另一类，亦即唯一剩下未谈的一类，看来是受托者为自己得利而占用受托保管的财产，损害了受益者。至于抢劫罪，由于它藉以获得协助或同意的那种方式，成了同时侵犯财产和人身两者的罪过。背信式挥霍以及挪用，或许可以更方便地放在背信罪名下来处理。[13]除去这些例外，我们有了侵犯财产罪的[19]个[1]种属或主要类型，它们在依照最

---

⑬　高利贷（如果非得是罪过的话）是一种经过同意而犯的罪过，即经过据信被损害的那一方的同意。因此，它够不上在犯罪目录中占有一席之地，除非这同意是不正当或不自由地取得的。在前一种情况下，它与诈取相符，在后一种情况下，则与敲诈相一致。

①　此处，1780 年文本刊作“13 个”，下面的目录起初包括 13 项，与现在的第 1 至 6，第 12 至 14，第 16 至 19 项相符（“阻留”刊作“扣押”，“盗窃”条与“贪污”条顺序倒转）。在 1783 年的勘误增补表内，边沁提出了上面刊印的经过修改的目录。这一修改在 1823 年版中被疏漏，在鲍林版中（第一卷第 118 页）仅得到不完全的遵从：“服务之不正当阻截”条被删略，剩下的是个包括 18 项的目录，而且其顺序在若干处有违边沁所表示的。

便于考查的顺序来排列时，可以有如下述：(1) 财产之不正当不授；(2) 财产之不正当阻截；(3) 财产之不正当剥夺；(4) 财产之篡夺；(5) 财产之不正当授予；(6) 服务之不正当不予；(7) 无力偿债；(8) 服务之不正当阻截；(9) 服务之不正当获取；(10) 服务之不正当强加；(11) 费用之不正当强加；(12) 不正当毁坏或损伤；
232 (13) 不正当占用；(14) 不正当阻留；(15)产权之不正当扰乱；
(16)盗窃；(17)贪污；(18)诈取；(19)敲诈。[m3]

我们现在进而考虑效果复杂的罪过。按照常规，我们确实应当从侵犯身份罪着手，然而更方便的是先谈那些使得一个人的利益同时在上述诸方面中的两方面受到影响的罪过。

侵犯人身及名誉罪

36. 首先是同时影响人身和名誉的罪过。如果任何人由于一种影响了人身的行事方式，损害了另一个人的名誉，那么他的目的和用意必定在于他本人的直接快乐，或在于一种反射式快乐，那是在某些环境下可以从另一个人的痛苦而获得的。唯一值得考虑的直接快乐，任何一个人能够从另一个人的人身获取的、同时能够影响后者名誉的直接快乐，是性欲之乐。[n3]这种快乐，倘若获取了的话，必定经过或未经过当事者同意。若经同意，这同意必定是既自由而又正当地、或虽自由而非正当地取得的，甚或是非自由地取得的——在此情况下根本无正当可言。如果完全缺乏同意，这罪过

[m3] 一、半公共罪过：(1) 财物之不正当剥夺、阻截、篡夺等等，这财物或是一个法人团体的财产；或由一个社区不分你我地共同占有，例如教区的教堂、祭坛、纪念物以及用于宗教目的的东西；或由一般公众不分你我地共同占有，例如里程碑、公共商舍、交易所、公园和大教堂等。(2) 从事所谓泡沫生意或诈骗公司或投机冒险；散布谣言以操纵股票或任何别种财产的价格涨落。

二、内向罪过：(1) 游手好闲。(2) 赌博。(3) 其他种类的挥霍浪费。

[n3] 见第五章(快乐和痛苦的类型)。

便叫做强奸；如果并非正当地取得同意，便叫做诱奸；如果并非自由地取得同意，便叫做强迫性诱奸。无论如何，这罪过要么一犯到底，直至完成，要么未及完成而中止。若达到完成，就以刚才说过的这一或那一名目称之；若未及完成，则在所有场合可以一并包括在单纯淫荡性损害名下。最后，说到这么一种情况：一个人损害你的名誉，靠的是针对你人身的行径，其目的在于获得那种有时从目睹别人遭受痛苦而来的快乐。这些情况下，罪过要么实际上达到 233 肉体伤害的地步，要么仅止于威胁。在前一场合，它可称作肉体侮辱，在后一场合，则可归入侮辱性威胁名下。这样，我们就有了侵犯人身及名誉罪的6个种属或类型，它们在按照最便于考察的顺序来排列时，将有如下述：(1) 肉体侮辱；(2) 侮辱性威胁；(3) 诱奸；(4) 强奸；(5) 强迫性诱奸；(6) 单纯淫荡性损害。[o3]

侵犯人身及财产罪

37. 其次是同时影响人身和财产的罪过。已经说过，[p3]加诸于一个人人身的暴力可以是一种手段，藉此可以非法地剥夺或攫取财产所有权。这样一种暴力可以同不正当阻截、不正当剥夺、篡夺和不正当不授等罪过相伴随。不过，在这些场合，此种暴力情况的介入并未赋予罪过任何新名称。[q3]然而在所有或任何这样的场合，通过前置形容词强行的，我们就可能有许多罪过名称，它们可被认为构成同样多的种属，属于侵犯财产罪这一分类，或者构成同

[o3] 一、半公共罪过——无。

二、内向罪过：(1) 牺牲童贞。(2) 私下猥亵。

[p3] 见前。[1]

[q3] 在英国法律的专用语中，如此获取的财产被说成是依靠强制获取的。

① 这显然是指第35段(前面第226页以下)。

样多的种属，属于我们现在所面对的分类。在关于物之享用的种种罪过当中，不正当毁坏和不正当损伤的情况并无二致，不正当占用和不正当阻留也是如此。就不正当占用这一罪过而言，只有在被占物属于不动产的情况下，并伴有所谈论的那种暴力，它才获得一个常用的专门名称，叫做*强行侵入*。强行阻留在运用于且仅仅运用于不动产时，获得了（至少在法律界人士中间）*强行扣押*[r3]这
234 一名称。至于抢劫，它同其他那些罪过的关系以及它在我们目前面对的分类中占有一席之地的理由，都已经说过了（前面第 35 段）。[①]这样，我们可以识别出侵犯人身及财产罪的 10 个种属或类型，为简洁起见略去*不正当*这一形容词，它们有如下述：(1) 财产之强行阻截；(2) 财产之强行剥夺；(3) 强行篡夺；(4) 强行授予；(5) 强行毁坏或损伤；(6) 动产之强行占用；(7) 强行侵入；(8) 动产之强行阻留；(9) 不动产之强行扣押；(10) 抢劫。[s3]

侵犯身份罪——家族身份或民事身份

38. 我们现在来谈侵犯*身份*罪。一个人的身份或人生地位由他同周围人的法律关系构成，即像我们已有机会显示的那样，[t3]由*义务*构成，而对一方施加义务，就导致另一方获得*权利*或*权力*。显

[r3] 在运用于动产时，暴力这一情况从未被考虑过，至少在专用语中是如此：强行占用之类复合语不为世间所用。阻留一词仅用于动产，而且（在法律用语中）*强行*一词从未与之组合在一起。用于不动产的词是*扣押*，它与*强行*一词相连。而且稀奇的是，它极少在不与该词相连的情况下被使用。由于它对法律用语的影响，要完全绕开这一异常的专门现象是不可能的。

[s3] 一、半公共罪过：(1) 纵火。(2) 犯罪性[②]水淹。

二、内向罪过——无。

[t3] 前面第 25 段注。

① 这句话虽然对构设随后的目录是必不可少的，但在 1823 年版和以后各版中被删略了。

② 1780 年文本作"不正当"，1783 年版改正。

然，这些关系可以近乎无限地多样化。尽管如此，仍然可以找到某种办法来圈定它们的种种不同形态的表现范围。首先，它们必定要么是能在私人家族范围内表现的，要么需要有一个更大的范围。由前一种关系构成的状况可称为家族身份，由后一种关系构成的则可称为民事身份。

基于自然关系的家族身份

39. 家族身份由以构成的法律关系可以分为：(1) 外加到纯自然关系之上的那种关系；(2) 纯粹靠惯例而存在、并无任何此类自然关系的关系。我说纯自然关系，指那些可以说是由于某些人自己或其他某些人在人种延续的必要过程中所怀有的关切而在他 235
们中间存在的关系。这些关系可以首先区分为邻近的和非邻近的。非邻近关系通过邻近关系的介入而存在。邻近的又可首先区分为婚姻型的和后婚姻型的。[u3]可称为婚姻型的关系有两种：(1) 男性对于女性所具有的；(2) 女性对于男性所具有的。[v3]后婚姻型关系要么是产出的，要么是派生的。产出关系是上述男女各自对于他们两相结合的直接产物——子女——所具有的关系，被称为

[u3] 眼下我用婚姻型和后婚姻型这两个术语要展示的，无非是那种纯实体性的结合，和以后将被认为与之伴随的礼仪及法律关联有别。

关系有两项，出自每两方

[v3] 被称为一项关系的那种虚构体的性质含糊不定，在类似眼下这样的场合，很容易造成严重的混淆。一项关系既被说成是其中一方对于另一方所具有的，又被说成是他们之间所存在的。后一种用语方式或许更为常见。在此情况下，意思似乎是从对这两方的考虑中只产生一项关系，它像是同属于他们双方。在某些场合，这或许能很好地达到目的，但在眼下却并非如此。就眼下的目的而言，我们必定应当设想两项关系，它们出自两方，并且是其中一方对于另一方所具有的：一项关系是第一方对于第二方所具有的，另一项关系则是第二方对于第一方所具有的。由于两个原因，事情必然如此：(1) 因为就关系本身来说，在许多场合有不同的名称，例如守护和监护关系，把它们混为一谈会造成严重混淆；(2) 因为两项不同的关系产生两种不同的身份，这些身份是如此截然有别，以致在种种具体情况下，能恰当地表示一项关系的身份，如我们将看到的那样，不能契合于另一项关系。

双亲关系。由于父母必定性别不同，因而子女也完全可能性别不同。因此，双亲关系可以区分为四种：(1) 父亲对于儿子的关系，称为父系关系；(2) 父亲对于女儿的关系，亦称为父系关系；(3) 母亲对于儿子的关系，称为母系关系；(4) 母亲对于女儿的关系，亦称为母系关系。非邻近的自然关系可分为直系的和远房的。直系关系是一个人对于另一个人由于下述原因而具有的关系：他们各自对于某个第三者具有一项简单关系。如此，祖父由于两项种类不同的关系而同孙子相关联，这两项关系是他们一起对于父亲所具有的。叔伯由于两项种类相同的关系而同兄弟相关联，这
236 两项关系是他们一起对于父亲所具有的。以同样方式，我们可以进而为无限多样的关系在这个体系中找到位置，它们出自种种结合，通过将若干种类的后辈关系、长辈关系、同辈关系和姻亲关系掺合在一起就可以形成这些结合。这最后一种关系，在成为姻亲的两方之间，其结合由婚礼来核准的情况下，称为婚姻关系。这将是一项极为复杂乏味的工作，所幸就眼下的目的而言无此必要。唯一有必要予以特别注意的自然关系，是由法律核准情况下产生夫妻身份的关系，包括在双亲名下构成的两种关系以及包括在子女或子代名下构成的相应关系。

那么，什么是能够另加在上述自然关系之上的法律关系呢？它们必须是由法律的性质所产生、所确立的。然而，像我们所看到的那样，纯粹靠惯例存在的关系将所有各种由法律的性质所产生、所确立的关系包揽无遗。因而，能够另加在纯自然关系之上的那种关系本身，不可能是纯粹靠惯例存在的关系之外的任何东西。这样，在一种法律关系和另一种法律关系之间所能有的全部差异

在于：在前一场合，产生自然关系的情况作为一种标志来起作用，显示法律关系要定在何处；而在后一场合，法律关系的附着处并非由这情况决定，而是由某个别的情况决定。鉴于这些考虑，看来足够明白的是，要以最方便的顺序来处理若干种身份——自然身份以及纯粹惯例性的身份，就必须把后者放在优先位置。始终根据这同一原理行事，我们将坚持先行处理在叙述方面最为简单的身份，而非依照自然排在前面的身份。舍此没有别的办法来避免无休止的预料和重复。

纯粹法律惯例性的家族关系

40. 我们现在来考虑纯粹法律惯例性的家族或家庭关系。被当作法律的结果来考虑的两类家族身份，其起源实际上正是有赖于这些关系。当法律（不管出于什么目的）管辖起一种它先前未曾 237
管辖过的事务时，它只是依靠加诸**义务**才能如此。[w3]于是，当一项法律义务加诸任何人头上时，只能以两种方式来开始予以实施：一是将实施它的权力赋予它为其利益而加诸的那一方，二是将这权力留给某第三者，他们由于拥有这权力而被称为法官。在前一种情况下，得惠者被说成不仅拥有一项对于被加诸义务者的**权利**，并且还拥有一项管他的**权力**；而在后一种情况下，得惠者仅拥有一项未经权力来确证的**权利**。前一种情况下，相对于被加诸义务者，得惠者可称为**尊长**，并且因为他俩都是同一家庭的成员，又可称为**家长**；而在同一情况下，相对于得惠者，被加诸义务者可称为**家属**。于是就可能性而言，显然家族身份或者某种类似家族身份的虚构

[w3] 见第十七章（界限）第三节。[①]

① 第十七章的第三节从未以此形式写就，而是成了以本版方式发表的本著作的续篇——《论一般法律》的一部分。

238 资格，本可被看作是由权力构成，或仅仅由权利构成，在两方俱无权力相伴。但就效用而言，[x3]这似乎并不合适；而且就事实而言，

[x3] 设两个无论如何确定在一起生活的人无法长久共处一室，其中一人会认定应当采取某项行动，那是另一个人认定不应当做的。情况如此时，争执会如何解决？撇开慷慨大方和教养优良不说（那是在法治确立已久的情况下才会慢慢有的，况且并不牢靠），除物质权力外，不可能有任何可靠的解决手段。物质权力的确是立法者之类职位存在以前许久家庭争执以及其他竞争必须赖以解决的手段。既然立法者发觉事理天然如此，他除了顺应认可之外又怎能做得更好？在种种普天之下莫不通行的原因影响下确定在一起生活的人有：(1) 父母和子女（在后者幼年时期）；(2) 丈夫和妻子；(3) 同一父母所生子女。父母和子女必须如此，因为子女不同父母（或替代父母的什么人）生活在一起的话，根本无法活下去；丈夫和妻子如此，是出于一种近似于必然的选择；同一父母所生的子女如此，是因为他们当中每个人都必须同父母生活在一起。在父母和子女之间，不说自明父母方面为子女的生存而必然拥有权力。在丈夫和妻子之间，无此必然性。适用于这一场合的唯一理由，在于必须结束争执。丈夫要烤肉，妻子却要煮肉：难道他俩须斋戒到法官前来替他们解决时为止？妻子想要孩子穿绿衣服，丈夫却想要孩子穿蓝衣服：难道孩子须赤身裸体，直至法官前来为之穿衣不可？这就提供了将一项权力赋予夫妻之中一方或另一方的理由。但是，它并未提供任何理由，要将此权力赋予其中一方而非另一方。那么，立法者应当如何裁判？假设将此赋予其中任何一方同样便利，那么让他费尽心机去找一项理由，说明他为什么应当将此赋予一方而非另一方，他会纯属徒劳。然而，事情业已如何？在有立法者之前，就有了夫妻（或者说——实际上是一回事——男女作为夫妻一起生活）。于是，他环顾四周，发觉几乎在所有地方男人都是两性中的强者，因而已经凭着纯粹的物质手段，拥有了他正在考虑依照法律来赋予其中一方的那种权力。他如何能做得那么好，把法律权力交给更有可能拥有物质权力的人来掌握？按照这一方式，违法行为寥寥无几，惩罚要求便罕有所闻；按照另一方式，违法行为无有止境，惩罚要求永不可绝。据说梭伦将同一理由转用于国家权力的分配。这是理念的普遍化，乃天才的杰作。然而，在处置家族权力方面，每个立法者都是梭伦而毋需任何天才的努力。事理(reasons) * [①] 如此。此外就动机 * * 而言，还要加上一点：直至叶卡捷琳娜在位，立法者似乎都是男性。我这里说的是设计法律的人，而不是以帝王权力来涉及法律的人。

* 社会动机，对公众的同情，喜爱名誉，等等。

* * 自顾动机，或社会性较小的社会动机，即对某一特殊种类的人——同一性别的人的同情。

① 1789 年版如是，哈里森版（第 364 页注）从之。1823 年版和鲍林版（第一卷第 121 页注）刊作“reason”。

大概由于男人对此不合适必然持有的固定看法，没有任何这样的身份似乎曾由如此脆弱的纽带构成。于是，在能够使之存在于一个家庭范围内的法律关系当中，还剩下那些唯有在其中义务是由权力来实施的法律关系。请注意，凡此种权力被授予之处，授权目的（除非立法者能被假定成无动机而行动）必定在于给某人带来某项裨益。换言之，它必定是**为了**某人而授的。权力为其而授的那个人，要么是刚才所谈两方中的一方，要么是某第三方。如果是那两方中的一方，就必定要么是尊长，要么是下属。若是尊长，这样的尊长便通常叫做**主人**，下属则称作他的**仆人**，而那权力可以称作**施惠**权。若权力是为了下属而确立，尊长便称为**监护人**，下属称为**被监护人**，因此而与信托相伴的权力则称为**受托**权。若是为了第三方，尊长便可称为**主管人**，下属则称为其**部属**。这第三方可以是能够认定的一个人或一群人，也可以是无法认定的一群人。在这 239
后一种情况下，信托要么是公共的，要么是半公共的，而它构成的身份并非家族性质，而是公民性质。在前一场合，这第三方，或可称作**委托人**，拥有或不拥有对于主管人的施惠权。如果他拥有这种权力，主管人就是他的仆人，因而部属亦如此。如果他不拥有这种权力，主管人便是部属的主人，而委托人对于其主管人所占的全部优势，在于拥有一套未经权力确证的权利，因此像我们已经看到的那样，[93]不适于构成一种家族性质的身份。然而，这些权利究竟可以构成什么身份？以此能够使主管人遵从的义务可以是什么性质的？它们不多不少，恰恰是依靠权力能够使一个人遵从的那些。

[93] 见前，注释，第 237 页。

因此，委托人及其主管人的功能和主人及其仆人的功能一致，因而有关前两种身份的罪过将和有关后两种身份的罪过相符。

涉及主人身份的罪过

41. 如同任何别种身份，主人身份所遭遇的侵害就像已经提示的那样，[z3]可以区分成有关这身份本身之存在的和有关其存在时功能之发挥的。首先来谈影响其存在的罪过。足够清楚的是，一个人的服务可以有益于另一个人，故而主人身份可以是一种施惠身份。因此，它可能遭到下列罪过的侵害：**不正当不授**、**不正当阻截**、**篡夺**、**不正当授予**以及**不正当剥夺**。然而，它怎么会遭到**不正当放弃**、**不正当逃避**和**不正当强加**这几种罪过的侵害？肯定不可能是它自招的，因为当一个人有权力按照自己的意愿索取或不索取服务时，服务决不可能是一项负担。然而，假如法律认为将主人一方的任何义务（例如向仆人提供吃住或发放工资，或者付钱给什么别的人）附着于主人身份由以构成的权力是适当的话，那么显然由于这样的义务，这身份**可能**变成一项负担。不过在这种场合，主人拥有的身份恰当地说不会是纯粹的主人身份，而会是一种复合物，可以分解为主人的施惠身份和附着于其上的、令其麻烦的义
240 务。但是，倘若这义务的性质限于一个狭窄的范围内，依其构成信托的方式并不干扰尊长身份由以构成的那些权力的行使，后者就仍将保持主人之名，即使存在着这一异样的复合性质。[a4]因此，在

[z3] 见前面第 27 段。

[a4] 大多数文明国度里，有一种家族身份，在其中尊长被称为主人[1]，而下属尽管有时确实被称为仆人，但更专门也更经常地被称作学徒。在此场合，虽然就习惯而言尊长只有主人这一称呼，但就事实而言这关系是一种复合物，由主人关系和监护人关系两者合成。

① master，亦可译作师傅。——译者

这种而非别种情况下，主人身份可能遭到不正当放弃、不正当逃避和不正当强加这几种罪过的侵犯。接着来谈主人身份被认为存在时与之相关的人的行为。由于它是一种裨益，它可能遭到扰乱。这扰乱会是某个第三者的罪过，或是仆人本身的罪过。如果是第三者的罪过，并且是以取走仆人人身的方式犯下的，所在环境则是取走物类对象构成偷窃行为或（几乎不值得同偷窃相区别的）盗用行为的环境，它就可称为窃拐仆人。如果是仆人本身的罪过，则称作渎职。最为恶名昭彰并且确实包含了其他每一种渎职在内的那种渎职行为，在于仆人遁离应当履行其职责的场所。这种渎职行为叫做出走。还有，由于属于这身份的那种权力的缘故，它在主人方面容易失之滥用。但是这权力并非与信托相伴。因而，主人身份并不遭到任何与违背信托相类似的罪过的侵害。最后，鉴于它可遭滥用，它就能够设想为有可能被贿用。不过，考虑到容易受制于这里所谈的权力的人是那么少，那么无关紧要，它便是一种由于缺乏诱惑力而很难找到任何实例的罪过。鉴于上述，我们可以列出主人身份可遭其侵害的13种罪过，即：(1) 主人身份之不正当不授；(2) 主人身份之不正当阻截；(3) 主人身份之不正当剥夺；(4) 主人身份之篡夺；(5) 主人身份之不正当授予；(6) 主人身份 241
之不正当放弃；(7) 主人身份之不正当逃避；(8) 主人身份之不正当强加；(9) 滥用主人身份；(10) 扰乱主人身份；(11) 仆人渎职；(12) 仆人出走；(13) 窃拐仆人。

各种不同的奴役形式

42. 至于主人身份由以构成的权力，可以是有限的，也可以是无限的。在它全然无限时，仆人的身份称作纯奴隶。但是，由于语言规则在能设想的限度内就此名目而言并非保持不变，奴隶这一术语通常用在对主人权力规定的限制被认为微不足道的场合。凡规定了任何此等限制的时候，一种虚构体便由此创造出来，并以无形的拥有对象的形态被赋予仆人。这对象物属于所谓权利之列，而在眼下这个场合更具体地称作自由权，有时也称作特权、豁免权或免却权。于是，一边的限制和另一边的自由权显然可以是多种多样的，恰如主人可能有或没有权力责成仆人去服从或从事的行动（积极的和消极的）可以多种多样。然后，对应于这无限多种自由权的，是主人身份（或者像在此等场合更普遍地说的那样，奴仆身份）可以有的无限多种变形。这些变形显然在不同国家可以无限多样化。因此在不同国家，以前述诸名称表示的罪过若予以专门考虑，会容许有大不相同的表述方法。如果地球上有某个地方如此悲惨，以致展现了纯粹的、绝对无限制的奴隶制，在这个地方便不会有滥用主人权力之类事情，而这恰恰意味着滥用主人权力在那里绝不会被当作罪过来对待。至于是否有任何以及什么样的奴役形式应当被确立起来或保持实施，那是要由立法艺术的民法部分来解决的问题。

涉及仆人身份的罪过

43. 下面来谈可能涉及仆人身份的罪过。乍一看来，这类身份或许像是不可能有属于它的任何一点裨益：除了使之成为纯粹的负担，它不可能带有什么别的后果。然而，一项负担本身与更大的负担相比，可以是一项裨益。设想某人的处境无论如何必定是
242 纯奴隶状态。但究竟他的主人是谁，对他来说仍然可能事关重要，并且非常重要。在一个主人下面的奴隶状态，与在另一个主人下面的奴隶状态相比，对他来说可能是一种有益的处境。因此，仆人身份可能遭到若干罪过侵害，那是一种身份因其受益性而可能遭

到的。[64]不仅如此，在主人权力受到限制并且所附限制(以及相应的仆人的自由权)非同小可的情况下，役使状态甚至可以是确实适宜的。因为，在这些限制中间，可能有足以使仆人拥有自己的财产之类的限制。他既然能拥有自己的财产，他就或许能从主人那里得到财产。简言之，他可能从主人那里得到工资或别的酬金，而来自这些工资的裨益可能大得超过服役的负担，并且由此使得这身份比一个不在任何方面受主人之类人物控制的人的身份在总体上更有益、更适宜。因而，由于这些途径，仆人身份可能如此适宜，以致他取得并保持这身份可以完全出于他自己的选择。

显示影响一种身份之存在的罪过同影响另一种身份之存在的罪过间的那种对应，可能有助于更清楚地理解这两种身份的性质。乍一看来就很清楚，这对应不能不是非常紧密的。然而，并非前一范畴内一项特定的罪过同后一范畴内一项同名的罪过两相重合，例如篡取仆人身份同篡取主人身份重合。但情况是一个范畴内某一名目的罪过同另一范畴内另一名目的罪过重合。这种重合也并非确定不变，而是像我们即将看到的那样，容易有意外情况。(1) 仆人身份之不正当不授[①]如果是一个应当身为主人的人所犯的罪

[64] 乍一看来，奴隶身份的人似乎不可能有权去做必要的事情，来使自己在另一

[①] 在其1789年版的个人藏本中，边沁于此所作的一条手注建议用“不委任”取代“不授”，并在下面用“革除”取代“剥夺”。1823年版未作更改，但鲍林版的确在此段内作了这些变动(第一卷第124页)，恰如该版同样遵循了边沁1789年的另一提议(参见前面第216页注n2)，亦即或可用“委任的”和“革除的”来取代接近第35段开头地方“授予的”和“剥夺的”(参见前面第227页和鲍林版第一卷第116页)。然而并未首尾一贯地更改：鲍林版文本在本段末尾原封不动地保留了“不授”和“剥夺”这两个术语。也不清楚边沁是否想作系统的改动。他在1789年时的看法是，每套术语“在不同的场合……可以有其用处”(前面第217页注n2)。

243 过，那就同主人身份之不正当逃避相重合。如果它是第三者的罪过，就包含主人身份之不授，而这仅在应当身为主人的人认为主人身份有益的情况下才是不正当的。(2) 仆人身份之不正当阻截如果是一个应当身为主人的人所犯的罪过，那就同主人身份之不正当逃避重合。如果它是第三者的罪过，而主人身份是有益的，它就包含主人身份之不正当阻截。(3) 仆人身份之不正当剥夺如果仅是主人的罪过，那就同主人身份之不正当放弃重合。如果它是第三者的罪过，就包含主人身份之剥夺，这在主人身份有益的限度内是不正当的。(4) 仆人身份之篡夺必然同主人身份之不正当强加重合。它易于包含主人身份之不正当剥夺，但仅在篡夺者在篡夺以前处于由其他某个主人役使的状态时才如此。(5) 仆人身份之不正当授予(仆人身份被认为有益)同主人身份之强加重合；如果主人身份恰巧在被指称为主人的人看来竟是一项负担，那就会是不正当的。(6) 仆人身份之不正当放弃同主人身份之不正当剥夺重合。(7) 仆人身份之不正当逃避同主人身份之不正当不授重合。(8) 仆人身份之不正当强加如果是自称主人的人的罪过，那就同主人身份之篡夺重合。如果它是第三者的罪过，就包含主人身份之强加，如果被指称为主人的人竟认为主人身份是一项负担，那就会是不正当的。至于滥用主人身份、扰乱主人身份、仆人渎职、仆人出走以及窃拐仆人，都是与这两种身份有相同关系而无任

个主人的奴隶中间有明确的资格受到重视。然而，尽管一个奴隶就权利而言，可能——举例来说——已经逃亡，因而事实上已经不是奴隶，或者假设他事实上是奴隶，而且始终被严密监管，但一个以同情纽带与之相联的人，仍然可能为之去做他虽然意欲、但可能无法为自己去做的那种事情，例如伪造将其从一个主人那里赠送给另一个主人的契约。

何名称变动的罪过。这样，我们可以数出仆人身份可遭其侵害的13种罪过，即：(1)仆人身份之不正当不授；(2)仆人身份之不正当
阻截；(3)仆人身份之不正当剥夺；(4)仆人身份之篡夺；(5)仆人身 244
份之不正当授予；(6)仆人身份之不正当放弃；(7)仆人身份之不正当逃避；(8)仆人身份之不正当强加；(9)滥用主人身份；(10)扰乱主人身份；(11)仆人渎职；(12)仆人出走；(13)窃拐仆人。

什么是监护人身份？其必要性

44. 我们现在来谈使监护人身份受到侵害的种种罪过。监护人是被赋予支配另一个人的权力的人，这另一个人生活在同一家庭内，称为被监护人。那么，什么情况使得一个人对生活在同一家庭内的另一个人行使支配权能够是为了后者的利益？由这两方中的任一方来考虑，并假定他就理解力而言和另一方相同，那么似乎足够清楚不可能存在这样的情况。[c4]要使任何既定的人感到幸福(有如感到来自人类作用的任何其他效果那样)，就必须符合三件事情：知识、性情和体力。因此，由于没有人在所有场合都像你自己那般肯定倾向于促进你的幸福，因而也没有人总的来说能像你必定有那么好的机会得知什么最有助于达到这一目的。因为，谁会像你那么清楚地知道什么使你痛苦，什么使你快乐？[d4]而且，就权力来说，局外人在这方面的任何优势，都不可能经久不变地弥补他在知识和性情这两个重要方面必有的大欠缺。于是，如果有这么一种情况，即处于另一个人的权力之下可以是为了一个人的利

[c4] 的确，将他们一并考虑，取两方利益的总和，情况就会像我们业已看到的(前面第40段)那样，正好相反。可以回想，那种情况只是从下述前提出发：两方必须在一起生活，因为若假定他们可以随意分离，就没有确立此种权力的必要。

[d4] 第十七章(界限)第一节。

益，那就必定是因为后者在智力方面、或者说（那是一回事）知识或理解力方面存在某种明显的、非常严重的缺陷。据知发生这样明显缺陷的有两种情况：（1）一个人的能力尚未达到能指引他自己
245 的性情去追求幸福的地步，此即幼年期；[e4]（2）由于某种特殊的已知或未知环境，他的智力从未达到这一状态，或者达到后又倒退了，此即精神错乱。

那么，用什么方法来确定一个人的智力是否处于这一状态？为显示人体的可感热度，我们有一种很过得去的工具，即温度计，但我们没有如此的工具可用来显示智力程度。因此显而易见，将足以自治的智力程度与不足以自治的智力程度区别开来的界线，在很大程度上必定是武断的。在此不足缘于年龄过小的情况下，不管足够的智力程度可能是怎样的，它并非为处于同一年龄阶段的人所共有。因此，立法者有必要来快刀斩乱麻，确定一个特别的年龄阶段，在这个阶段上而不是以前，不管是否确实，每个人只要够年龄，都被当作具备了这足够的智力程度。[f4]于是，在此情况下划定了一条界线，可以同样用于每一个人，而且它虽然武断，任何有关的人却都可以肯定予以同样的表述：时间状况提供了一个标记，据此能以最大的精细程度来勾出这里所说的界线。另一方面，

[e4] 见第十三章（不适于惩罚的情况）第三节。

[f4] 在某些国度，妇女不管已婚或未婚，都被置于永久的被监护状态。这显然是基于一种观念，即女性就智力而言绝然低下，类似于幼年期或男性精神错乱的智力水平。这并非专横暴虐因错得利的唯一例子，它将一种低能宣称为它行使统治的理由，而这低能在确实存在的限度内，正是由于滥用那种将其作为理由来辩护的权力造成的。亚里士多德陶醉于时代偏见，把人分成截然不同的两类——自由人和奴隶。[①]某些人生来注定是奴隶，而且应当是奴隶。为什么？因为他们就是如此。

① 亚里士多德：《政治学》，第一卷第五章。

在智力不足系精神错乱所致的情况下，连这一着都没有。因而，立法者别无对策，只能就事论事，指定某人或某些特殊的人，按照他或他们特殊的、武断的斟酌，来提供特定的解决办法。无论如何，这必然是够武断的，因为能够进行斟酌的唯一方式，是考虑当事人 246
具备的那份智力，是否符合关于被认为足够的智力程度的含糊不定的观念，那是被这样指定的人可能碰巧持有的。

赋予它的持续时间

45. 如此划定的或假设如此划定的界线，对于一个为其本身的安全不能任其自理自决而应当由别人支配的人，是合宜的。那么，他这种状态应当保持多久？恰恰同他据假定不能自理自决的时间一样久，也就是说，在幼儿状况下，直至他达到法律把他当作成年人的时候；而在精神错乱的情况下，则或许永远达不到。因此，属于这一信托的权力在前一种情况下必定持续很长时间，而在后一种情况下必定无限期地持续下去。

可以附着于它的权力和应当附着于它的义务

46. 接下来要考虑的，是它的范围*可以*怎样？因为它的范围*应当*怎样的问题，不是由一番笼统的简要分析解决的，而需做一篇专门的和详尽的论文。于是，就可能性而言，这一权力拥有的范围能想象有多大就可以有多大。它可以伸展到包括任何下述行为，那确实地说是被监护人可能有权自己做出的，或在由监护人行使的情况下成为其对象。想象一下以此为依据的权力：被监护人身份现在正是依据纯粹的奴隶制。加上这权力据以转变为信托的义务：权力的范围现在大大缩减了。那么，这义务的意义何在？它规定的行为方式是什么性质的？这行为方式应当尽量有利于使被监护人得到他的才能及所处环境将允许他得到的最大量的幸福，除开在所有场合，(1) 监护人可以有的对自身幸福的考虑；(2) 他可以有、并且必须有的对其他人幸福的考虑。这事实上无非是被监护人(假设他不知其所以然)为审慎起见自己应当维持的行为方式。因此,前者的任务正是以后者应当据此指导自己的那种方式来指导后者。教导每个人以什么方式在日常生活中指导自己的行为,是私人伦理学的专门任务,教导人们以什么方式来指导那些在幼年时期由他们来负责其幸福的人的行为,则是私人教育学的任

247 务。因而,为此目的所设的规则,如同在违背这些规则方面能够做出的行为那样,其细节不属于立法艺术的范围,因为像此后将更具体地看到的,[64]此等细节不可能由立法者来规定而有任何益处。依据他的权威,或许的确可以订出某些大纲,而且事实上在每个文明国家都是如此。但这样的条文显然必定倾向于千变万化,首先是因为一个人在任何既定的国家里可被赋予的法律身份无限多样,其次是因为可影响在不同国家恰巧被确立的那些身份的性质的地方环境无限多样。由于这个原因,将由此等条文规定的罪过无法按照任何简洁明了、确定不移的名称来构成,以便能够加以经久的、广泛的应用。因此,在这里不能给它们留有一席之地。

涉及监护人身份的罪过

47. 作了前面的说明,我们就能更好地来考虑可能侵害眼下谈论的身份的种种罪过。监护是一种私人信托,它自然可能遭到私人信托容易受其影响的那些罪过而非其他罪过的侵害。然而,由于这种信托的特殊性质,对其中有些罪过可以作某种进一步的专门描述。第一,违背此类信托可称作监护不当。第二,[①]不管能够被附着于这一身份的义务是什么性质的,肯定常常会发生如下

[64] 见第十七章(界限)第一节。

[①] 1789 年版作“其次”(next)。

情况：为了履行它们，监护人必然应当置身于某个特定场所。如果监护不当在于有关情况下不在有关场所，它就可以称作监护失职。第三，监护人在行使这些义务附着其上的权力时，应当持有的目的足够清楚，那就是为被监护人取得能够为之争取的、与前述其他利益所应得到的考虑相容的最大量幸福，因为这正是被监护人若有能力支配自己的行为便会持有、可以持有、也应当被允许持有的目的。于是，为了取得这幸福，他必然应当拥有某种权力，得以支配此 248
等幸福有赖其使用的对象。这些对象要么是被监护人本身，要么是他身外的别的对象。这别的对象要么是物，要么是人。如果是物，只要一个人的幸福有赖其使用，此类对象便叫做他的财产。任何人（他可能恰巧拥有支配这个人的有益的权力，或恰巧拥有得到其服务的有益的权利）所提供的服务也同样如此。于是，当任何种类的受托财产由于受托者的过失而遭到损害时，这样的罪过不管在其他方面性质如何，都可称作违背信托当中的挥霍，如果它伴有受托者的得益，就可称作挪用。[h4]第四，一个人要对另一个人行使任何种类的权力，后者就须根据前者的命令采取某些行动，或至少须忍受对他本人做出的某些行动。在这方面，被监护人必定是处于仆人的境地，被监护人身份在这方面必定面临仆人身份所面临的同样罪过的侵害。也就是说，可能遭到第三者的扰乱，那在特殊情况下等于是窃拐；也可能遭到被监护人违背义务之侵害，那在特殊情况下可以由出走所致。第五，似乎不存在任何相当于滥用信托的关于监护的罪过。我是在这刚提到的名称在此被限定的意义上这么说。[i4]

[h4] 前面第 35 段。

[i4] 见前面第 25 段。

原因在于，监护作为一种私人性质的信托，并不赋予受托者任何权力来支配除受益者本人之外任何一方的人身或财产。倘若它碰巧赋予受托者一项权力，来支配其服务构成受益者一部分财产的什么人，那么受托者就因此而在某些方面成了此等仆人的主人。[j4]第六，贿赂也是一种在这场合通常没有多大诱惑力的罪过。然而，它是一种就可能性而言能够倾向于此的罪过，因而必须添入监护人身份可能面临的种种罪过之列。这样，我们就有了这些罪过的全部 17 种，即：(1) 监护人身份之不正当不授；(2) 监护人身份之不正当阻截；(3) 监护人身份之不正当剥夺；(4) 监护人身份之篡
249 夺；(5) 监护人身份之不正当授予；(6) 监护人身份之不正当放弃；(7) 监护之不正当逃避；(8) 监护之不正当强加；(9) 监护不当；(10) 监护失职；(11) 损害被监护人之挥霍；(12) 损害被监护人之挪用；(13) 扰乱监护；(14) 违背对监护人的义务；(15)离监护人出走；(16)窃拐被监护人；(17)损害被监护人之贿赂。

涉及被监护人身份的罪过

48. 接下来谈可能侵害被监护人身份的罪过。首先影响该身份本身之存在的罪过有如下述：(1) 被监护人身份之不正当不授。如果这是应当身为监护人的人所犯的罪过，便同监护人身份之不正当逃避重合；如果是第三者的罪过，则包含监护人身份之不授，而只要应当身为监护人的人认为提供监护称心合意，那就是不正当的。(2) 被监护人身份之不正当阻截。如果这是应当身为监护人的人所犯的罪过，便同监护人身份之不正当逃避重合；如果是第三者的罪过，则包含监护人身份之阻截，而只要应当身为监护人的

[j4] 见前面第 40 段。

人认为提供监护称心合意，那就是不正当的。(3) 被监护人身份之不正当剥夺。如果这仅是监护人的罪过而非其他，便同监护人身份之不正当放弃重合；如果是第三者的罪过，则包含监护人身份之剥夺，而只要监护人认为监护人身份称心合意，那就是不正当的。(4) 被监护人身份之篡夺。这是一种不大可能犯的罪过。它无论如何同监护之不正当强加相重合，而如果篡夺者已处于另一监护人的监护之下，便将包含这另一监护人身份之不正当剥夺[k4]
(5) 被监护人身份之不正当授予(被监护人身份被当作是有益的)。这同监护之强加重合，而若被指称的监护人认为监护人身份乃系负担，那就是不正当的。(6) 被监护人身份之不正当放弃。250
这同监护人身份之不正当剥夺重合。(7) 被监护人身份之不正当逃避。这同监护人身份之不正当阻截重合。(8) 被监护人身份之不正当强加。犯此罪过的如果是被指称的监护人，那就同监护人身份之篡夺重合，如果是第三者，就包括监护之不正当强加。至于有关这一身份的、涉及其存在时所造成的后果的罪过，则其性质在于同属监护人和被监护人两种身份。因此，我们可以数出有关被监护人身份的 17 种罪过：(1) 被监护人身份之不正当不授；(2) 被监护人身份之不正当阻截；(3) 被监护人身份之不正当剥夺；(4) 被监护人身份之篡夺；(5) 被监护人身份之不正当授予；(6) 被监护人身份之不正当放弃；(7) 被监护人身份之不正当逃避；(8) 被

[k4] 可以认为不一定会发生这种结果，因为一个被监护人可能有两个监护人。于是，一个是理所当然的监护人，另一个则是后来的，靠篡夺才使自己成为监护人。很可能有这种情况，但尽管如此，前者可以继续监护。那么(可以问道)，他怎么被剥夺了监护人身份？回答是肯定未被全部剥夺，然而被剥夺了一部分：被篡夺者占据的(假如可以这么说)那一部分，亦即属于它的、由篡夺者行使的那一部分权力和权利。

监护人身份之不正当强加；(9) 监护不当；(10) 监护失职；(11) 损害被监护人之挥霍；(12) 损害被监护人之挪用；(13) 扰乱监护；(14) 违背对监护人的义务；(15)离监护人出走；(16)窃拐被监护人；(17)损害被监护人之贿赂。

涉及父母身份的罪过

49. 我们现在来谈可能侵害父母身份的罪过，首先谈影响这一身份的存在本身的罪过。在这场合，为了更清楚地明了主题，有必要将自然关系同似乎外加在自然关系之上的法律关系区别开来。自然关系由一种特殊事件构成，这事件由于已经过去，或由于某种其他原因，既非法律权力所及，亦非(亦无法使之成为)罪过的对象。某人是你的父亲？并非我犯的任何罪过能使你不是他的儿子。他不是你的父亲？并非我犯的任何罪过能使他如此。然而，尽管他事实上同你有这关系，我通过我犯的某项罪过，或许可以把事情搞得他不认为有这关系。就他或者你能够从这样的关系中得到的任何法律好处而言，此种情况就像他确实没有这关系一样。作为证人，我可以使得法官相信他不是你的父亲。因而，将纯粹的自然关系当作正义和不正义两者范围之外的对象，法律身份显然
251 仍可能遭到同样的罪过侵害，不多不少，正如其他每一种能够受益或带来麻烦的身份所可能遭到的。接下来谈这种身份所属功能在其存在期间的行使。父母双亲必定涉及两个人，即父亲和母亲。因此，父母身份包含两种身份，即关于某个孩子的父亲的身份及其母亲的身份。于是显而易见，附着于父母身份的无论什么有益的权力和其他权利，以及无论什么义务，都可以在这两方之间按照任何能够想象的比例来分配。但是，倘若这两方中的每一方在法律所创造的这些不同对象当中分得了各个份额，而且倘若所有各方

的利益多少得到了规定，那么显然父母各自对这孩子而言，都将处于两种不同的地位，即主人地位和监护人地位。于是，父母身份在出自法律的限度内，可以认为是一种复合身份，由监护人身份和家长身份合成。这给父母作为监护人，造成了一套义务，包含为履行这些义务所必需的某些权力，而给孩子作为被监护人，造成了一套与父母义务相应的权利和一套与其权力相应的义务。同样，这给父母作为家长，造成了一套受益权力，它们除开由其作为监护人承担的义务所附加的限制外，（在它们持续期间）没有任何其他必然的限制，而给孩子作为家属，造成了一套与父母的受益权力相应的义务，它们除开由孩子作为被监护人具有的权利所附加的限制外，（在它们持续期间）没有任何其他必然的限制。因此，父母身份可能遭到监护人或主人身份面临的所有罪过。而且，由于父母中每一方都会或多或少分担这两种角色，这两项身份面临的种种罪过在名称上可以是相同的，正如它们在实质上确实是相同的那样。于是，总合起来，父母身份可能面临的罪过有如下述：(1) 父母身份之不正当不授；[14](2) 父母身份之不正当阻截；(3) 父母身份之 252
不正当剥夺；(4) 篡夺父母身份；(5) 父母身份之不正当授予；(6) 父母身份之不正当放弃；(7) 父母身份之不正当逃避；(8) 父母身份之不正当强加；(9) 父母监护不当；(10) 父母监护失职；(11) 损

⑭ 乍一听来，说一个人可能需要被授予父亲身份，似乎大谬不然。原因在于，一个人要在法律上被认为是某个孩子的父亲，通常不一定需要举行任何仪式。然而，不管举行这种仪式是否适当，它至少是完全可以想象的。事实上已有范例，并非无处可寻。根据罗马法的一项规定——它被许多现代国家采用——一个私生子通过其父母事后成婚，便成为合法的。倘若当时某个教士或担任教士职责的人拒不给一对男女举行婚礼，那就不仅是这两项婚姻身份之不正当不授，而且将是父母身份与子女身份之不正当不授，有害于应当被合法化的孩子。

害被监护子女之挥霍；(12)损害被监护子女之挪用；(13)滥用父母权力；(14)扰乱父母监护；(15)违背对父母的义务；(16)离父母出走；(17)窃拐孩童；(18)损害被监护子女之贿赂。

涉及子女身份的罪过

50. 下面来谈可能侵害子女身份[m4]，即儿子或女儿身份的罪过。在考察此类罪过时要遵照的原则，业已充分展开。因此，将它们一一列举便足够了，不需进一步讨论。使得关于这一身份的罪过同关于所有前述身份的罪过区别开来的唯一特征，有赖于这么一种情况：每个人必定有父有母，但不一定有主人、仆人、监护人或被监护人。始终可以注意到，一个活着便会从他那里获益或者将负担搁在他肩上的人，要是死了，有些损害将随同侵犯的对象一起告终。但是，有些损害仍会留下来，它们取决于那些在不同的亲疏远近程度上同他有关系、或者据称有关系的人可能得到的好处或
253 坏处。于是，这些罪过的目录有如下述：(1) 子女身份之不正当不授。这如果是本应被承认为父母的男人或女人所犯的罪过，便同父母之不正当逃避重合；如果是第三者的罪过，则包含父母身份之不授，而只要本应被承认为父母的男人或女人认为父母身份称心如意，那就是不正当的。(2) 子女身份之不正当阻截。这如果是本应被承认为父母的男人或女人所犯的罪过，便同父母身份之不正当逃避重合；如果是第三者的罪过，则包含父母身份之阻截，而只要本应被承认为父母的男人或女人认为父母身份称心如意，那

[m4] 在英语中，没有词可用来恰当地表示同父母对应的人。孩子(child)一词含糊不清，它在另一个意义上被使用，或许用得更频繁：它更经常地用来同成年人(a person of full age)和成人(adult)对应，甚于同父母对应。除了子女与父母的关系(filiation)，我们没有别的词来表示这一身份本身。这是个构造不良的术语，不像父亲身份(paternity)和母亲身份(maternity)。恰当的术语本应写成子女身份(filiality)。filiation 一词或许往往、并且更为一贯地用来表示那种使得一个人具备子女身份的行动。

就是不正当的。(3) 子女身份之不正当剥夺。这如果是应被承认为父母的男人或女人所犯的罪过，便同父母身份之不正当放弃重合；如果是第三者的罪过，则包含父母身份(父亲身份或母亲身份，或所有这两种身份)之剥夺，而只要本应被承认为父母的男人或女人认为父母身份称心如意，那就是不正当的。(4) 篡夺子女身份。这同父母身份(父亲身份或母亲身份，或所有这两种身份)之不正当强加重合，并且必然包含父母身份之剥夺，而只要被如此剥夺的父母身份在遭受如此剥夺的男人或女人看来称心如意，那就是不正当的。(5) 子女身份之不正当授予(子女身份被认为有益)。这同父母身份之强加重合，而若被指称的父亲或母亲认为这父母身份不可取，那就将是不正当的。(6) 子女身份之不正当放弃。这必定同父母身份之不正当剥夺重合，而且也容易包含父母身份之不正当强加，尽管这一定有利或有害于什么特定的人。因为，假如一个人起先据称是你的儿子，后来又显得不是你的儿子，那么他的确肯定是其他某个人的儿子，但究竟这其他人是谁，可能并不清楚。(7) 子女身份之不正当逃避。这同父母身份之不正当不授或不正当阻截重合。(8) 子女身份之不正当强加。这倘若是自称的父母所犯的罪过，便必定同篡夺父母身份相重合；倘若是第三者的罪过，则必定包含父母身份之强加，还必定包含父母身份之剥夺，而其中任何一种情况或所有这两种情况，根据上述环境可以是或
不是不正当的。(9) 父母监护不当。(10) 父母监护失职。254
(11) 损害被监护子女之挥霍。(12) 损害被监护子女之挪用。(13) 滥用父母权力。(14) 扰乱父母监护。(15) 违背对父母的义务。(16)离父母出走。(17)窃拐孩童。(18)损害被监护子女之贿赂。

可附属于丈夫身份的权力、义务和权利

51. 我们现在能够比较便利地考察丈夫身份可能受到的若干侵害。所谓丈夫，是这么一个男人：在他和某个女人（在此场合称作他的妻子）之间，存在着以他们共同生活为目的、特别是他们相互间进行性[1]交为目的的一种法律义务。这义务自然要从四方面来考虑：（1）其开始；（2）其设置对象；（3）其性质；（4）其持续时间。第一，就可能性而言，显然有种种可以设想的开始方式，能够用种种事件（此处可称作种种*标志*）来显示其开始时间。但在实践中，这标志通常是（就功利而言应当始终是）当事者缔结的一项契约，亦即被法律选定来表达他们的*相互同意*、将此身份赋予他们的一套符号。第二及第三，关于出自这契约的义务的设置，显然它们必定或[2]单单置于一方，或共同置于双方。按照前一假设，这身份无异于纯粹的奴隶：要么妻子必定是丈夫的奴隶，要么丈夫必定是妻子的奴隶。这前一假设或许从未有过实例，因为自然原因的阻力太普遍了，以致从未克服过。后一假设的实例似乎多得举不胜举，或许最早的实例之一就是罗马人，无论如何在许多蛮族中间也是如此。第三，关于这些义务的性质。如果它们并非不幸全都置于一方，那么某些权利就因而被赋予另一方。因此，双方必定都有权利。于是，凡两人相互拥有针对对方的权利的场合，要么存在、要么不存在附属于这些权利的权力。但据假设，这里所谈论的人
255 要生活在一起，而我们已经表明，[n4]在这种情况下一方拥有权利不

[n4] 见前（第 40 段注）。[3]

[1] 1789 年版例外地写作 sexual（而非边沁当时通常所写的 venereal）。

[2] 1823 年版和鲍林版删此“或”字，哈里森版（第 382 页）将其恢复。

[3] 该注在 1823 年版和鲍林版内仅写作“见前”。哈里森版（第 381 页）有如此处，恢复了 1789 年版原文。

仅是合宜的，而且某种意义上是必需的。权力只能由一方拥有，因为倘若双方都有权力，它们将相互抵消。于是问题在于，这些权力应当被置于哪一方？我们业已表明，按照功利原理它们应被置于丈夫一方。既然所存在的权力被置于丈夫一方，那么接下来的问题是在行使这些权力时应当只考虑一方的利益，还是应当考虑双方的利益？显而易见，根据功利原理，双方的利益应当同样地予以考虑，因为在被结合在一起的两个人那里，比在一个人那里可以产生更大的幸福。既然如此，丈夫将具有的对妻子的法律关系，显然是一种复杂的关系，即家长关系与监护人关系的复合。

涉及丈夫身份的罪过

52. 因此，丈夫身份可能遭到的侵害，将是主人和监护人这两种身份可能遭到的侵害的总和。至此，丈夫身份就其梗概而言，同父母身份等量齐观。然而，存在着某些互惠的服务，它们是婚姻契约的主题，构成两项婚姻关系的本质，是主人或监护人本身以及父母无论如何通常都不允许得到的。这些服务当然必须同丈夫作为家长有权索取的、以及他作为监护人必须提供的各种各样一般性服务区别开来。在如此区别之后，有关这两种身份的罪过在许多场合，在它们涉及这些特殊服务的范围内，获得了专门的名称。首先来谈婚姻契约，法定身份就是从其仪式开始存在的。显然，就可能性而言，无论男女哪一方，这种契约可以同时对若干个异性有效：丈夫可以有无论多少个妻子，妻子可以有无论多少个丈夫。丈夫可以同时与若干个妻子订立契约。或者，假如一次只同一个妻子订立契约，他还可以保留以后在每个先前的契约持续期间，同无论多少个、或仅仅同这样那样几个别的女人订立类似的契约的权利。这后一点因而是个依据，众所周知在许多国家，特别是在所有 256

信仰伊斯兰教的国家，古往今来婚姻就是如此确立的。就可能性而言，显然妻子可以保有相似的自由权，尽管实际上似乎从未有过此种安排的例子。从功利的角度说，所有这些安排中哪一种最为便利，是个需要太多讨论才能回答的问题，以致无法在如眼下的分析过程中办到，而且它确实属于立法的民法部分，而非刑法部分。[o4]在基督教国家里，通过仪式使任何这样的契约庄严化，是为了杜绝在其持续期间使后来的婚约庄严化，因而任何此类后来的婚约仪式被当作罪过来对待，名曰一夫多妻。于是，在男人这方面，一夫多妻不管怎样，是那种可称作篡夺丈夫身份之罪的特殊变体。至于它的其他影响，按照犯此罪过之际已婚的究竟是只有男方还是只有女方或男女双方，而会有所不同。如果只有男方，他的罪过在此范围内就包含妻子身份之不正当剥夺，有害于他的前妻。[p4]如果只有女方，在此范围内就包含丈夫身份之不正当剥夺，有害于她的前夫。如果男女双方皆系已婚，那就当然包含刚才讲的所有两种不正当剥夺。另一方面，整个这一套只要翻转过来，也可以见于女人方面的一妻多夫。其次，由于保证在前一约定持续期间不作出任何后来的同类约定，是法律核准前一约定的先决条件之一，因而另一项先决条件是加上一项承诺，作为这一约定的内容之一，即不向任何别人提供、也不从任何别人那里接受构成其特有目的的那种服务。所以，提供或接受任何这样的服务被当作一

[o4] 见第十七章（界限），第四节。[1]

[p4] 在这种情况下，倘若女方不知道有先前的婚姻，则此外还犯了一种诱奸；这在影响到她的限度内，属于此类罪过的另一分支。见前第36段。

① 见上文，第207页注1。

种罪过，名曰通奸。在此名下，还包含第三者的罪过，这第三者是犯上述罪过的必不可少的同伙。还有，妨碍这种约定的任一方享 257 有这些独特的服务，可以按照类似的方式，同妨碍他们享受可取自同一身份的种种好处的罪过区别开来，而且不管是归咎于当事者还是归咎于第三者，都可以称作夫妇服务之不正当不予。这样，按照基督教国家目前的法律状况，我们有了 21 种可能侵害丈夫身份的罪过，即(1)丈夫身份之不正当不授；(2)丈夫身份之不正当阻截；(3)丈夫身份之不正当剥夺；(4)篡夺丈夫身份；(5)一夫多妻和一妻多夫；(6)丈夫身份之不正当授予；(7)丈夫身份之不正当放弃；(8)丈夫身份之不正当逃避；(9)丈夫身份之不正当强加；(10)丈夫监护不当；(11)丈夫监护失职；(12)损害婚姻被监护人之挥霍；(13)损害婚姻被监护人之挪用；(14)滥用丈夫权力；(15)扰乱丈夫监护；(16)夫妇服务之不正当不予；(17)通奸；(18)违背对丈夫的义务；(19)离丈夫出走；(20)窃拐人妻；(21)损害丈夫监护之贿赂。[q4]

涉及妻子身份的罪过

53. 接下来谈妻子身份可能遭到的侵害。按照业已显示的模式，毋需进一步重复，便可足够容易地领悟关于这一身份之存在的罪过与关于丈夫身份之存在的罪过之间发生的重合和联系。现在考虑的罪过目录与刚才显示的目录条条相同。

(非邻近的家族关系)①

54. 这些就是与若干种家族身份相关的若干种罪过，这些家族身份系由邻近的自然关系构成。还剩下那些非邻近的。在就别

[q4] 一、半公共罪过。弄虚作假，以辩诘某些种类的人们(例如犹太人、教友会教徒、胡格诺教徒等等)的婚姻合法性，或者不义地侵毁这种合法性。

二、内向罪过。只顾眼前而无远虑的非成年人婚姻。

① 边沁未曾为第 54 段作边题，尽管其内容很不同于第 53 和 56 段。因而，编者加上了一个标题。

258 的谈了那么多之后，自然会期望对它们予以某些注意。然而，这些并不具备任何为构成一种身份所必需的因素。事实上，它们当中没有哪一种像是附有任何权力。或许祖父可以被法律要求来承担对其孤孙的监护，但在此情况下，他具有的权力属于并非作为祖父、而是作为监护人的他。诚然就可能性而言，这些关系可以附有权力，正如任何别的关系可以附有权力那样。可是，仍无任何一种新的家族身份会从中产生出来，因为已经表明不可能存在任何别的身份，即由权力构成、从而将和那些业已叙述的身份有别的身份。不过，尽管如此，它们同前述的关系有一个共同点，那就是能够包含裨益或负担，因而可能遭到易影响这些或任何其他关系之存在的若干罪过的侵害。因此可以预料，由于有这些侵害，它们应当被添入易于成为作恶目标的关系之列。然而事实是它们已经置身其列，而且虽未明确命名，但实际上就像已被命名了那样。一方面，任何影响非邻近关系的罪过，只是由于它影响了这种那种邻近关系才得以发生。另一方面，不影响无限多种非邻近关系的存在，就不可能犯下任何影响邻近关系之存在的罪过。一位假证人前来作证，使人相信你是某个女人的儿子，尽管她事实上并非你的母亲。结果怎样？结果是一批又一批数不完的假信念：你是这个所谓母亲的父母的外孙，是她的某个丈夫或至少与她同居的某个男人的儿子，是他的父母的孙子，等等等等。如果他们有别的孩子的话，你就是这些别的孩子的兄弟。如果这些别的孩子已经结婚，你就是他们的丈夫和妻子的内兄弟（或大伯子、小叔子），又是他们的孩子的叔父（或伯父、舅父），等等等等。另一方面，你不是你真正的母亲的儿子，也不是你真正的父亲的儿子，不是你真正的祖父的孙子，也不是你真正的祖母的孙子，等等等等，不计其数：所有各种出自并包括在这么一个最初的假信念中的信念——你是你这位假母亲的儿子。

因此，乍一看来，在对这些非邻近关系的侵害当中，似乎没有哪一种能明确地具有实际重要性。因为根据同样的规则，似可以 259
此类推，以至无穷。对非邻近关系的侵害像是合并在影响邻近关系的罪过当中。然而，实际情况并非如此：在谈论一项这样的罪过时，常常听到一大堆关于它所影响的这一或那一非邻近关系的议论，与此同时那些邻近关系却全未得到注意。怎么会如此？因为非邻近关系或许被附加了某些引人注目的好处或坏处，而所有中间关系却未被附上任何比较值得注意的东西。假设安东尼或李必达质疑屋大维（后称奥古斯都）与盖尤斯·尤利乌斯·恺撒的关系。怎样才能做到这一点？要做到这一点，只能靠质疑屋大维是阿蒂亚的儿子，或阿蒂亚是尤利娅的女儿，或尤利娅是卢修斯·尤利乌斯·恺撒的女儿，或卢修斯·尤利乌斯·恺撒是盖尤斯的父亲。① 然而，身为阿蒂亚的儿子，或尤利娅的外孙，或卢修斯·尤利乌斯·恺撒的曾外孙，比较起来是不大重要的。这些中间关系相对而言，除了作为在系谱链上把他同帝国的全权统治者联系起来的几个必要环节外，对他没有别的用处。

至于可能碰巧附着于任何此类非邻近关系的好处或坏处，我们已经看到没有什么凌驾于有关人士之上的权力或任何相应的义务属于此列。那么，它们能够具有什么性质？它们事实上无非是出自地方性和偶然性的惯例，或出自自己由道德认可的自发偏见。

① 屋大维的外祖母尤利娅是尤利乌斯·恺撒的姐妹。马克·安东尼和李必达系恺撒遇刺身亡后第二次三头政治中屋大维的同僚。

因而，试图通过详尽无遗的论证过程来演绎式地将其推导出来，几乎徒劳无益。所能做到的，无非是举出某几条主要的，并按分类方式将其归并在每个目录中。一项既定关系所倾向带来的好处，似乎主要可归诸下列名目：(1) 继承有关人士之财产或部分财产的
260 机会；(2) 据法律指定或自发捐赠，由有关人士给予金钱资助的机会；(3)获得合法地位，包括任何可能恰巧被附于其上的合法特权，诸如担任这样那样的有利职务的资格，免却这样那样的累赘义务(例如纳税、履行繁重职责等等)的权利；(4) 获得礼遇地位，包括习惯性地和自发地附于显贵出身及贵族联系的那种声誉，通过婚姻或者其他千百种不那么明显的途径来取得飞黄腾达的机会便有赖于此。一项既定关系所倾向于带来的坏处，似乎主要可归诸下列名目：(1) 迫于法律规定或道德约束力而不得不给予有关方面金钱资助的可能；(2) 丧失合法地位，包括失去合法资格以及承受累赘义务，那是法律倾向加诸(有时是相当不义地)较低的地位的；(3) 丧失礼遇地位，包括失去由惯例附加在此种地位上的种种好处；(4) 无法与有关的人缔结婚姻，因为据称的血亲关系或姻亲关系处于不得婚配的范围之内。[r4]

[r4] 为遵循关于半公共和内向罪过的已采用的论述规划，在此按照该设计的性质所容许的方式，来展示公共罪过的若干种属或次级分支目录，可能是适宜的。

一、危害国家外部安全罪。(1) 叛国(以利外敌)，可以是积极的，也可以是消极的(例如不反对积极的叛国便是消极的叛国)；(2) 间谍活动(以利尚非敌人的外部对手)；(3) 伤害一般外国人(包括海盗活动)；(4) 伤害享有特权的外国人(例如外国大使)。

二、危害司法罪。(1) 侵害司法信托，亦即司法信托之不正当不授、司法信托之不正当阻截、司法信托之不正当剥夺、篡夺司法信托、司法信托之不正当授予、司法信托之不正当放弃、司法信托之不正当逃避、司法信托之不正当强加、违背司法信托、滥用司法信托、扰乱司法信托以及有害于司法信托之贿赂。

违背和滥用司法信托可以是有意的，也可以是无意的。有意者无论如何是有罪

的。无意者或出自疏忽，或出自误料。如果疏忽加上漫不经心，或误料加上莽撞，便有罪，如果不是，则无罪。关于可能扰乱司法信托之行使的具体行为，见册一，“危害司法罪”项。这些行为种类过多，名称又过于不当，无法在此加以考察。[①]

倘若一个人未能履行这一信托的责任，并因而违背或滥用了它，这必定是由于在知识、意向和才能这三项所需（亦为仅需）的素质方面有某种缺陷。（见前面第 27 段。） 261
如果归咎于什么人的话，那么这任一方面的缺陷要么出自他自己的过失，要么出自那些与他共事或由他管辖的人的过失。如果过失者是被授予司法信托者，罪过便属于违背或滥用信托；如果是别人，则属于扰乱信托。

对司法信托的任何违背、滥用或扰乱的有害影响，在于造成某一或某些包含在损害目录中的害处，其减轻或防止正应当是司法程序的本来目的，也在于造成另外一些害处，避免其产生正应当是司法程序的附带目的。这些害处既可以是首要的（即直接的），也可以是间接的。间接的分成第二、第三或第四等等级别。首要的是那些给可认定的人带来实际痛苦，因而本身就有害。第二等级的之所以有害，是因为具有产生某一或某些包含在第一等级目录中的害处的倾向。第三等级的之所以有害，则仅仅是因为它们在上述产生倾向方面，同第二等级的那些有联系。以此类推。

司法程序应当针对的首要害处在于：(1) 单个罪过本身延续不止，及其危害由此延续并增加；(2) 单个罪过的全部危害延续不止；(3) 单个罪过的部分危害延续不止；(4) 受罪过损害者全无补偿；(5) 受罪过损害者补偿不足；(6) 对犯罪者的惩罚徒有其表；(7) 被指控者受到无理惩罚；(8) 高级法官经受不必要的辛劳、代价或者其他苦楚或危险；(9) 执行官或其他司法属员经受不必要的辛劳、代价或者其他苦楚或危险；(10) 为补足专业法官必需的知识和才能而临时需要其合作的那些人经受不必要的辛劳、代价或其他苦楚或危险；(11) 进入上述人等操作范围之内的一般人经受不必要的辛劳、代价或者其他苦楚或危险。

第二等级害处在于：在司法程序的民事领域，(1) 裁决不当；在刑事领域，[②] (2) 犯罪者全然免罚（以至于促成性质类似的其他罪过）；(3) 犯罪者部分免罚；(4) 刑罚运用种类不当，尽管在其轻重方面或许并无不当（这将减少所用刑量的有益效果）；(5) 刑罚运用不经济，尽管在其种类和轻重方面或许得当；(6) 国家付出不必要的金钱开支。

第三等级的害处在于：(1) 不必要的拖延；(2) 不必要的复杂。 262

① 1823 年版和鲍林版刊作“考察”。1789 年版刊作“展示”，哈里森版（第 389 页注）从之。

② 在 1780 年印本中，此段开头刊作：“第二等级害处在于：在司法程序的协商性、前释性（或纯民事）领域，(1) 解释不当或者裁决不当；在执行性（包括刑事）领域……”1783 年版作了改正，但在 1823 年版（以及随后各版）中被忽略了。在鲍林版内（第一卷第 133 页注），虽然作了这改正，但“(1) ”之后“解释不当或者”这几个被边沁于 1783 年删去的字，仍留在“裁决不当”之前。

第四等级的害处在于：(1) 违背；(2) 滥用；(3) 扰乱上述司法信托，亦即在这些罪过先于第二和第三等级的罪过并与之有别的限度内如此。

第五等级的害处在于：违背若干程序规定或旨在避免上列害处的其他规定，亦即像在上面那种预备性的和有区别的限度内如此。

三、危害治安预防罪。(1) 危害防罪(phthano-paranomic)(φθαγω——预防，παραυομια——罪过)信托罪；(2) 危害防灾(phthano-symphoric)(ουμφορα，灾难)信托罪。这两种信托可以用共同的名称“预防”(prophylactic)(προ——预先，φυλαττω——防)来表示。

四、危害公共武力罪。(1) 危害军事信托罪，这与危害司法信托罪相应。临阵脱逃便是一种对军事责任或军事信托的违背。赞助临阵脱逃则是对它的扰乱。(2) 危害这么一种公共信托之罪，即关于管理适合于战争目的的若干物——例如军火库、要塞、海军船坞、战舰、火炮、弹药、军用仓库等等的公共信托。它或许可以称作军火管理(polemo-tamieutic)，出自战争(πολεμος)和管理人(ταμιευς)二词。*

五、危害国民幸福增长罪。(1) 危害助长民智(epistemo-threptic)(επιοτημη——知识，τρεφω——培育或促进)信托罪；(2) 危害良好教育(eupaedagogic)(ευ——良好，παιδαγωγεω——教育)信托罪；(3) 危害治病救人(noso-comial)(υοσος——疾病，κομιζω——治疗照顾)信托罪；(4) 危害照料疯人(moro-comial)(μωρος——疯人)信托罪；(5) 危害济贫(ptocho-comial)(πτωχοι——穷人)信托罪；(6) 危害偿失(antembletic)(αυτεμβαλλω——赔偿损失)信托罪；(7) 危害主持民乐(hedonarchic)(ηδοναι——快乐，αρχομαι——主持)信托罪。以上是一些例子，显示了为用那么多不同方式积极增进国民幸福总量而应当或可以确立的主要法规。要就可能有的所有这些法规作出一番详尽无遗的分析，并非轻而易举，在眼下的场合亦非必要，因为不管它们是什么性质的，也不管它们可以有多少，它们可能受到的侵害在属于侵害信托罪的范围内，就名称而言将是一样的。至于什么取决于每一种信托的特殊性质，那就太专门化了，无法归入本梗概之内。

所有这些信托或许可包括在诸如行善(agatho-poieutic)(αγαθοποιεω——对任何人行善)信托这样的大名目之下。

六、危害公共财富罪。(1) 不纳罚金；(2) 不纳税，包括走私；(3) 违背旨在防止偷税漏税的若干规定；(4) 危害财务信托罪，如同危害司法信托和军事信托罪。侵害政府直接
263 收入，即并非来自税收或罚金的收入，例如公共产业所得等等，性质如同侵害私有财产。(5) 危害公物管理(demosio-tamieutic)(δημοσια——公共财物，ταμιευς——管理人)信托罪，亦即危害这样一种信托，其目的是将种种无区别地供人使用的公共财富(例如公共道

* 这里昭示了公共信托的一些不同种类，全都尚未配备专门名称。是根据希腊语为它们编造出新名称，还是使用整个一个句子而非一个词？哪一种办法最好？在英语和法语中，不存在别的选择，恰如在任何别的南部语言中一样。还是让读者去决定吧。

路和水道、公用港口、邮局、邮船及其所附设施、市场和其他类似的公共建筑物、竞技场、公用走道等等)用于它们各自的本来目的。此种罪过倾向于与上述危害行善信托罪相吻合,或者与此后要讲的危害富国富民信托罪相吻合,这取决于所谈论的裨益是按其本身考虑,还是得自运用公共财富的这一那一种类或部分。

七、**危害人口罪**。(1) 移居国外;(2) 自杀;(3) 绝育;(4) 流产;(5) 非生育性交;(6) 独身。

八、**危害国民财富罪**。(1) 游手好闲;(2) 违背旨在防止将产业用于不甚赢利而非赢利较多之目的的规定;(3) 危害富国富民(ethno-plutistic)(εθνος——全国,πλουτιζω——丰富)信托罪。

九、**危害主权罪**。(1) 危害主权信托罪。与危害司法信托、军事信托、预防信托和财政信托罪相应。积极叛乱,包括主权之不正当阻截、不正当剥夺、篡夺以及不正当授予,加上附属于它们的种种罪过。在此信托委于一人的情况下,不叛乱就不可能犯下其中任何一类,无论是不正当阻截、不正当剥夺、篡夺还是不正当授予;放弃与逃避绝不能被视作不正当的;违背和滥用极少能受到惩罚,收受贿赂亦如此;其不正当强加极少是实际可行的。当主权由一批人分享时,可以犯下不正当阻截、不正当剥夺、篡夺和不正当授予罪而无需叛乱。没有什么危害这一信托的罪过是做不出来的,其中也没有什么可以不受惩罚。消极叛乱是对这一信托的扰乱。政治骚动、政治诽谤和政治诬蔑则是附属于这种扰乱的罪过。

主权(根据功利原理只能是信托性的)之行使,或依定则,或无定则。它在后一场合可称为**专制**,在前一场合则分为**立法**和**行政**两部分。* 随便在哪个场合,如果拥有主权者的确定并非单单取决于纯自然事态,例如天然继承,而是无论如何取决于另一个人的意愿,那么后者关于这主权便拥有一种**授权**的权力,或授权的权利。与此相类似,此人也可拥有**罢免**权。因而,上面列举的权力,例如司法权、军权等等,可以由一个人直接(propriâ
manu)行使,也可以由他间接(manu alienâ)行使。** 要间接行使的权力得自授权,可以 264
或者不可以伴有罢免。上述若干种公共信托构成了同样多的主权分支,不管主权是专制的,还是立法的或行政的。任何这些权力可以由一人掌握,或者由一个政治群体掌握。他们可以是至高无上的,也可以是从属性的。执政官的从属性由下列情况证实:(1) 如果他被规定为可受惩罚;(2) 如果他被规定为可予罢免;(3) 如果他的命令被规定为可予撤销;(4) 如果他有权对一般下属施予的赏罚,在价值上小于上司有权对同样

* 见第十七章(界限)第三节。①

** 或许,在前一情况下,这权力可用一个词——"亲政"(autochirous)来表示,而在后一情况下,可用另一个词——"摄政"(heterochirous)来表示(αυτος——本人的;χειρ——手;ετερος——别人的)。

① 见上文,第 207 页注 1。

民事身份

55. 我们现在来谈民事身份。很可以想象，这些身份能够是无限多种多样的，恰如一个人可以被命令或被允许（不管是为他自己的还是为别人的利益）采取或不采取的行为一样多种多样。有多少种按照这样的命令或许可来区别的人，就有多少种不同的名称（唯有同前述家族身份名下的身份有关的那些名称除外），也就可能列举出多少种民事身份。不过，仍可找出或多或少明确的办法来规避其无限多样性。

我们已经看到，得以构成身份或任何其他法律资格的素材（如果可以这么称的话）是什么。它们是：施惠权力、受托权力、受益权利、信托权利、相对义务、绝对义务。然而，其身份被谈论的人所拥有的种种身份，同受托者的权力或权利所具有的内涵一样，属于信
265 托范围。因此，可能侵害这些身份的罪过，其目录恰与背信罪的目录重合。它们在背信罪这一名目之下得到笼统的考虑，其中家族性质的，则以侵害若干家族身份的资格得到较具体的考虑。由相

的下属施予的赏罚。①

十、**危害宗教罪**。(1) 倾向于削弱宗教约束力的罪过，包括亵渎神明；(2) 倾向于误用宗教约束力的罪过，包括未验预言和其他虚妄的启示，还包括宗教异端——如果所宣教义有害于共同体的世俗利益；(3) 在据认为适于设立任何宗教信托的场合，还有危害宗教信托。

十一、**危害一般国家利益罪**。(1) 发表伤风败俗的言论；(2) 侵害大使信托（或可称为 presbeutic 信托）；(3) 侵害枢密顾问信托（或可称为 symbouleutic 信托）；(4) 在纯粹君主制或混合君主制下，将要成为君主的人尽管未被授予任何具体的信托，却挥霍无度；(5) 同样的人游猎嬉戏无度；(6) 未经许可从敌对国家接受馈赠。

① 在 1780 年印本中，本段最后一句作："执政官的从属性由下列情况证实：(1) 他可受惩罚；(2) 他可被罢免；(3) 命令可予撤销。"边沁于 1783 年作的修改被 1823 年版（以及以后各版）忽略了，但鲍林版（第一卷第 134 页注）将其纳入，只删去了第 1 项下面"可受惩罚"之前"被规定为"一语。

对义务构成的身份，就像它们的对应物——由受托权力构成的信托，以及相关一方的私人性质的权利一样，也已经在家族身份这一名目下讨论过。同样的看法可适用于由私人性质的、对于人的施惠权力构成的身份，亦可适用于同这些权利和权力相应的义务所构成的附属的相关身份。至于绝对义务，不存在由此造成的任何身份，其设置要按照功利原理证明是正当的，除非若干修道性质的宗教身份允许被援引为例。作为尚待考虑的身份得以组成的仅有素材，还剩下由对于物的施惠权力构成的身份、由对物的受益权利（亦即享有对物的权力的权利）或者享有这些权利的权利构成的身份、由享有服务的权利构成的身份以及由相应于这种种权利的种种义务构成的身份。从这些当中，要取出那些由若干财产变形的构成成分所组成的身份，即若干所有权身份。这些身份（如果暂时可以这么叫的话）在各处没有任何专门名称，通常不被当作身份来考虑。因此，如果这样的身份得到承认，那些或可被认为是侵害此等身份的行为并非惯常被当作侵犯财产罪以外的任何其他罪过来考虑。

就如业已提示的那样，[54]现在的情况是这些惯常在民事身份名下被考虑的身份，并未一贯地和明确地同组成成分惯常被纳入财产范围的身份区别开来。在一个场合，一套权利被认为构成一项财产而非一项身份，而在另一个场合，同一种类的一套权利却被认为构成一项身份而非一项财产。在所有各种语言里，大概都会
发现这一情况，而在一种语言里的惯用法又同在另一种语言里有 266
别。由于这些原因，用任何详尽无遗的方法来考察民事类身份似

[54] 前面第17段。

乎都是不可行的。因此,要将它们汇合齐全,看来除了搜遍语言来一个个寻找,没有别的办法。要举例证实这一看法,可能有用的是,剖析两三个主要身份种类或类别的结构,把它们同显得有差不多同样构造的两三项财产相比。用此办法,这两类理想对象的性质和产生(如果能这么说的话)可以得到更清楚的理解。

若干种并非信托性的民事身份,可以一概或至少大部分纳入**地位**或**职业**名下;这后一个词是在最广泛的意义上使用,以便不仅包括所谓自由职业,也包括若干类商人、工匠、制造业者以及无论何种身份靠本人辛劳赢利的其他人所从事的行业。然后,让我们为明晰起见,从种种地位和职业当中,举出最少混杂受托或施惠权力的作为例子。例如骑士地位。骑士地位是怎样构成的?其构成方式是禁止所有其他人做出某些作为该等级之象征的行动,与此同时允许有关骑士及其同伴这么做,例如以特定方式佩戴特定色彩的绶带,使用标有特定记号的纹章。通过将骑士以外的一切人置于这禁令之下,法律责成他们履行一套义务。由于履行这些义务给它们为之设立的人带来一种利益,即享有一份不同寻常的名誉和尊敬,那是人们惯常给予一个与众如此不同的人的,因此履行它们便是向他提供一项服务。这义务是消极性的义务,采取某些消极行动[t4]的义务,这服务则可称为**克己服务**。因此,看来要产生这一身份,必须存在两种服务:整个社会提供的消极性服务,那是其直接原因;法律提供的积极性服务,那是消极性服务的原因。

267 职业人员的身份依据较为狭窄。要构成这类身份,仅需立法

[t4] 见第七章(行动)第8段。

者方面允许他从事那些操作其职业的行动：在执行或监察某种制作或工作方面提供或出售所用的服务，出售某种商品。于是，我们在此看到，所需要的仅有一类服务，一类可以纯粹是消极性的、由法律来提供的服务，那就是允许他从事其职业的服务，这服务倘若先前不在被禁之列，就只需避不禁止他去干即予提供。

在上面具体展示的场合里，据称由各自有关的服务所赋予一个人的理想对象，在两个场合都不是财产，而是身份。依靠与其据以分别产生的相反的法律行为，可以使一个人丧失这些。于是，他据称所丧失的，在两个场合都不是他的财产：在一个场合是他的地位或尊严，在另一个场合是他的行当或职业，而在这两个场合都是他的身份。

还有别的情况，在其中，法律通过一个与它得以构成上述两种身份当中前一种身份类同的过程，赋予一个人一种理想对象，这对象根据语言规则被置于财产名下。法律允许一个人卖书，亦即出售所有各种各样的书籍。到此为止，法律所做的无非是赋予他一种身份：即使世上其他每个人都将同样地去卖书，他将照旧持有这一身份。设想法律现在积极为他着想，禁止所有其他人卖某一种书，他却依然如故随意出售。由此，法律给了他一种排他性的特权或垄断，称作**版权**。然而，赋予他这一权利并不等于给他任何一种新的身份，给他的是被当作一项财产来谈论的东西，即称为无形财产的那种财产。[14]在雕刻制版、机械引擎、药品或简短地说任何其他一种可售物品方面的情况，也是如此。然而，当法律给他身佩某 268

[14] 为什么这里谈论的那种对象被归入财产名下，原因大概在于它的首要价值来自它能够变成更为通用意义上的财产的来源，亦即金钱、可消费商品等等的来源。

一特种绶带的专有特权时，它据认为授予他的对象并不是财产，而是身份。

法律避免使你遭受某些它使一个外侨遭受的不利，由此赋予你一种身份，即本国出生的国民；它使得后者要经受这些不利，由此加诸他一种身份，即外侨身份。它给你某些它不给平民(roturier)的特权或权利，由此赋予你贵人(gentilhomme)身份；它避免给予后者这些特权，由此加诸他平民身份。[v4]这里所举的两种有利身份得以——形象地说——被合成的权利，具有一种克己服务作为对应，而这服务如我们已经看到的那样，并非由私人而是由法律本身提供。至于它在向你提供这些服务时产生的义务，应被认为是立法者加诸法官的义务。

可以注意到，这里被包括在民事这一总名称之下的种种身份，就其中大部分而言，与它们分别得以构成的那些关系所对应的关系，并未配备名称。有名称的关系，是得利一方对于被约束一方的关系，被约束一方对于得利一方的关系则全然无名。这一情况可有助于把它们同我们称作家族身份的那种身份区别开来。就家族身份而言，如果被授予权力者称为尊长，那么所授之权所管辖者，该权力之对象，便称为下属。民事身份却不是这样。一方面，一个人由于社会的其余成员所必须给予他的某些克己服务，被称为这一那一等级的骑士，但另一方面，这些服务并未赋予应当给予此等服务的人任何特定的名称。另一个人，由于立法者给予了一种消极服务，亦即不禁止他从事一个行当，因而随其意赋予他一个职业

[v4] 英国不存在与这些身份本身相符的任何成分，因而在此必须使用外国术语。

身份，由此名之曰农夫、钱商、织工等等。然而，法律掌管者却没有因为向此人提供了此种消极服务而取得任何特定的名称。即使假 269
设你有权从事的行当恰巧是垄断的对象，立法者除他本人向你提供服务——你从他授予你的许可得来的服务外，还责成其他人向你提供服务——你从他们避不从事同一行当得来的进一步的服务；然而，他们也没有因为自己受到这样的约束而取得任何特定的名称。

在说明了若干种有名称的民事身份的性质之后，便不难想象它们可能遭到的侵害。就其本身而言，每一种由授予其所有者的许可构成的身份，自然是受益性质的，因而可能受到对一项裨益的拥有所能受到的所有各种罪过的侵害。然而，不管是因为一个人一旦拥有之就有义务保持之，还是因为承担了可以附着于这一拥有的其他义务，或是因为道德约束力可能使之蒙受相当程度的耻辱，它都可以恰巧是项负担。正是由于这一点，它易于遭到每一种带有负担性质的事物（如业已表明的那样）可能遭到的那些罪过的侵害。至于任何可能关于其所属功能之行使的侵害，如果它恰巧带有什么义务，例如由涉及从事某一行当的规章所构成的义务，它就可能遭到同样多的对义务的违背。最后还有，不管其所属的功能是什么，它无论如何都可能遭到扰乱。

不过，在开列这些罪过的目录时，精确性并不那么要紧，只要一项行动（如果它碰巧未被包括在这一目录内，但无论如何性质有害）肯定可以在罪过分类体系的其他某个类别中找到就行了：如果一名面包师出售面包时以次充好，那是对顾客的欺骗，而且或许是对一个人或一片邻居的健康所作的单纯肉体类伤害；如果一名衣商在国内出售服装时以次充好，那是欺骗，而如果他在国外对外国人这么做，那就在欺骗外国顾客之外，或许还可能对国内该行业的繁荣造成有害影响，因而成了一项危害**国民财富**的罪过。关于**扰乱**，也是如此：倘若一个人在从事其行业方面遭到扰乱，这罪过就很可能是**收益之**不正当**阻截**，即阻截据设想他本来可以凭此在某种程度上产生的收益；而且，即使假定无论如何一个人从事一项行
270 业或者自由职业而不指望得利（这在后一场合并不是那么不可能的），这罪过仍将被归入**单纯伤害性抑制**或**单纯伤害性强制**名下。

第四节　本方法的优点

本方法之大意

56. 做几句说明，可能有助于展示这里所用分类方法的概貌及其优点。我们可以注意到，整个罪过体系划分为五大类。在头三大类当中，各个亚类源出一处，即出于对一个人的利益可能受到损害的各不同方面的考虑。依靠这种统一性，整个体系，特别是迄今为止从未被理出任何头绪的第三大类，似乎在很大程度上得到了揭示。关于第四大类，在确定其若干亚类之间的先后次序方面，把那些看来同个人福利联系得最明显、最直接的放在首位，似乎是最自然、最令人满意的。倾向于直接使个人丧失那提供来防止互相袭击的保护的罪过，以及倾向于使之受到外国袭击者袭击的罪过，其有害作用看来同样明显可知。倾向于削弱那提供来抵抗这些袭击、特别是后一类袭击的力量的罪过，其有害性质尽管足够明显，却是因果链上一个离得较远的环节。那些仅因为减少了从中提取这一力量的储备才有害的罪过，其不良作用尽管无可争辩，却更加间接不可见。关于仅因为影响了普遍储备才有害的罪过，也

可以看到同样的情况。假如在其前面的若干种罪过并非有害，那么危害一般主权罪也就无害。从世俗的观点看，危害宗教罪亦非有害，除非它们仅由于取消、削弱或误用了扬善抑恶的三大力量之一，倾向于为若干种损害（所有那些别的罪过的性质就在于产生这些损害）洞开门户。至于第五大类，有如业已注意到的那样，乍一看来显得杂乱无章，虽然这似乎不可避免。然而，走过一两步之后，分析好比往回步入语言的专横迫使它一度偏离了的正道，其时这杂乱无章就立即被纠正过来。271

必然应考虑到有两个目的：一是以多少精细的程度系统地陈列若干可能的罪过形态，不管是已命名的还是未命名的；二是替流行的罪名在目录上找到位置。为了第一个目的，要依据事理确定法律；为了第二个目的，则要依据习俗确定法律。要是把事理本身当作唯一的指南，那么被用作一个不同命名的依据的，就应当并且仅仅是每一种带有后果差异的作案方式差异。不过这本身决不够，因为一方面，必须要编造出来的新用语势将笨拙拗口，在一定程度上难以理解；另一方面，先前流行的、且不管所有或好或差的制度都必定仍然流行的名称将由此照旧未得到解释。完全墨守流行的用语，也一样糟糕，因为在此情况下，同所能产生的损害的目录相比，罪过的目录势将支离破碎，极不完全。

为了在看来可以调和的限度内协调这两个目的，故而按照下面的路子来论述。由一切可能的罪过总合而成的逻辑整体，在如同必要那么多的方向上加以分解，而且在每个方向上都进行到被如此分离出来的具体概念找到现成可用的流行名称为止。到这一步我便打住，将任何尚待列举的精细区分当作同样多的、用这一那一名称来表示的种属，放到本著作的正文中去。如果在此进行过程中，我碰到了一种行为方式，它虽然需要予以注意，而且或许实际上在一切法律之下已经作为一种罪过被注意到了，但到此为止一直是在不同的法律下面用不同的迂回说法来表示，从未得到能在一个句子中占有名词地位的任何名称，那么我往往就大胆冒险，为它编造出一个为语言习惯用法所允许、而且我恰巧足够了解的
272 新名称。有些名称，在一种诸如德语和希腊语那样不允许把几个词合而为一的语言中，也大都难免由两三个词并连而成，它们就使用的方便程度而言，永远比不上包含在惯用语汇当中的单义名称。

在选择流行名称方面，我小心避免采用一切基于地方性特征的名称，它们或许在自己所源出的国度里便是不妥帖的，而且无论如何无法应用于其他国家的环境。

本分析在其进行范围内，始终能够应用于随便哪个国家的法律问题。如果它已深入到进一步的细节，不再能这样的话，我总是留心打住，因而对侵犯个人这一大类罪过的分析，比对任何其他大类罪过的分析来得具体得多。如果发觉使用得当的话，这种安排的用处之一，在于帮助指出所有各国的法律关切在什么地方是一致的，又在什么地方容易有歧异，一条适合于一国的规则将有多大的适用范围，它又在多大范围内不适用于另一国。假定不同时代和不同国家的法律关切毫无共同之处，与假定它们完全一致同样远离真理。[w4]

本方法的优点：(1)便于理解和记忆

57. 像在此试图展示的这么一种自然的方法，似乎具有四项主要优点，且不提其他一些次要的长处。首先，它对理解和记忆有

[w4] 以上提示供极少数人考虑，他们可能倾向于费心进行这种枯燥无趣的研究。要是穷根究底，作详细的说明，所需篇幅将超过这里前后一贯所能允许的。

帮助，而这样的帮助在任何技术性的排列中是找不到的。[x4]用一般人由于人性的共同素质而固有的、与他们可能从任何局部或其他特殊原因的影响所得的偶然印象无关的特性，来表示任何科学对象——这样的排列看来应可称作一种*自然的*排列，亦即*自然地*、现成地一下子引起并且紧紧抓住任何刚向其指出这些对象的人的注意力。一个对象，除了使他感兴趣外，难道还会靠什么别的办法来引起或抓住一个人的注意力？而任何行为，除了对他本人及其周围人的幸福将会具有的影响外，难道有什么所属情况更能够使他感兴趣？或 273
者宁可说，难道还有什么别的所属情况能够使他有任何兴趣？难道他会根据什么别的标志更容易找到任何罪过在体系中所占的位置？或者说，难道他会根据什么别的线索更方便地记起它来？

(2) 为形成一般命题提供了余地

58. 其次，本方法不仅立即概要地提示了每一类罪过的性质，只要该性质是由某一特性决定的，而且还提供了余地，以形成关于该类属下各特殊罪过的一些一般命题，其方式是展示各种同属于这些罪过的其他特性。因此，它为构设有关它们的一些命题提供了余地，这些命题虽然由于要涵盖大量个例而非常笼统，但要在总体上准确如实。[y4]

(3) 指出了法律的原因

59. 第三，本方法的设计，使得任何罪过所占有的位置本身，

[x4] 见《政府片论》前言，1776 年版第 xlv 页；1823 年版第 xlvii 页。[1]

[y4] 想象一下，当一门科学并不具有构成有关它的任何广泛命题的内容，同时却应是准确如实的，它会是什么样子？它将是这个样子：假如命题对包含在它下面的某些个例来说是正确的，那么它对另一些个例来说就会是错误的。例如，倘若将植物分类搞得无法为之找到任何共性，那么植物学将是什么局面？然而，每个刑法体系，不管曾显得是权威的还是不权威的，似乎都如此，并不更妙。要是别样的话，试考察例如罗

① 《政府片论》，前言，第 52 段(《边沁全集》，鲍林版，第一卷，第 237 页)。

提示了它被置于该处的原因。这不仅有助于显示这样那样的行为被当作罪过，而且有助于显示为什么它们应当如此。靠这个办法，它在致力于理解的同时，还以某种程度使自己成为感情上可以接
274 受的。由于提示了每一种有害行为的性质和趋势，它就说明了、并以某种程度维护了可被认为宜于用惩罚方式给予该行为的处理。于是，对于臣民，这是一种永久的道歉，表明了每一项克扣（为了每个人的安全和昌盛而需要对其他每个人的自由做的克扣）的必要性。对立法者，这是一种永久的教益，既利于匡正他的偏见，同时也利于抑制他的激情。是否有什么他未发觉的损害？在一种自然的、如果同时也是详尽无遗的排列中，他不可能发觉不了。他曾否不禁将无辜定为有罪？难以为之找到位置这一点提醒他注意到自己的错误。依据功利原理制定的罪过总目的用处便是如此，立法者以及臣民可以从中获取的好处便是如此。遵守它，便消除了立法方面的任何专横武断。用心不良或心存偏见的立法者不敢正视它。他会排斥它，因为它是对他的法律的讽刺。

马法的 delicta privata et publica（私罪和公罪方面的不法行为）、publica ordinaria（一般公罪方面的不法行为）和 publica extra-ordinaria（特别的公罪方面的不法行为）。* 所有这些全都缺乏方法，因而必须设法搞出一个新的方法来。

如此缺乏方法也不足怪。像刑事立法这么新的一门科学不可能好到哪里去。在对象被区分以前，无法予以排列。因而，真理和条理是携手并进的。前者被发现到什么程度，后者才能改善到什么程度。在确立一定的条理以前，可以有欠缺地表示真理，但不到一定份额的真理被形成和揭示出来，就不可能确立条理。发现真理导致确立条理，而确立条理决定并促进发现真理。

* 见海因尼修《原理》，第七卷，第 79、80 节。①

① 即约翰·戈特利布·海因尼修，《按罗马法大全体系编写的民法初阶》（*Elementa Iuris Civilis secundum ordinem Pandectarum*）（1731 年），第七卷，第 47 篇第 1 章“论私罪方面的不法行为”（*De privatis delictis*），第 79—80 节。

(4) 可以同样适用于所有国家的法律

60．第四，一种自然的、由人所公认的原理指导的排列，将同样适用于所有各国的法理学。在以此等方法构筑起来的动议法体系中，术语将作为一套专用语汇，藉此所有成文法体系可以得到解释，而内容将作为标准，藉此它们可以得到检验。这么解释之后，每个国家的做法都可以为所有其他国家提供教益；人类在这门科学中，可以像在其他每门科学中那么容易互相交流经验和进步。如果这些目的中的随便哪个目的在任何程度上得以实现，那么此番分析虽然艰辛，但其劳苦不致付诸东流。

第五节　五大类罪过的特性

从上述方法中如何可推断出各大类罪过的特性

61．已经讲过(见上面第 58 段)，只有本方法才具有的一项优点，在于它包含的种种对象被分成许多不同命题可通用的各个类别。这些应用于各大类罪过的命题，集合起来可认为是展示了每一大类罪过的特性。有多少可应用于任何特定大类所属罪过的命题，就可发现它们有多少共性。有多少可分别归诸它们的共性，就
可定下多少性质作为该大类的特性。在此，展示这些特性的总汇 275
可能是合宜的。我们能汇拢的特性越多，几个大类的性质以及它们由以组成的各种罪过的性质就会被理解得越清楚，越充分。

第一大类的特性

62．第一大类由私人罪过，亦即侵害可认定的个人的罪过组成，其特性如下：

(1) 当发展到最后阶段(终端)[24]时，它们全都造成一项主害和

---

[24] 第七章(行动)第 14 段。

一项次害。[a5]

(2) 它们首先[b5]影响到的个人,总是可认定的。这适用于所有罪行:既适用于发展到终端的,也适用于企图和准备。[c5]

(3) 因此,它们可以补偿,[d5]就此而言它们不同于所有其他大类罪过。

(4) 它们还可以[e5]报复[f5],就此而言它们也不同于所有其他大类罪过。

(5) 总有什么人有着自然的和特殊的利害关系要起诉这些罪过。就此而言它们不同于内向罪过,也不同于半公共和公共罪过,除非后两者可能碰巧包含一项私人损害。

(6) 它们产生的损害是显而易见的,其明显超过半公共罪过所产生的,更超过内向罪过甚或公共罪过所产生的。

(7) 它们在所有地方都易遭世人谴责,而且必定永远如此,甚于半公共罪过本身,更甚于公共罪过。

(8) 它们比内向罪过更经常地遭受世人谴责,而且要不是因为两大谬理——禁欲主义原理和厌恶原理[g5]的影响,还会更普遍地是如此。

[a5] 见第十二章(后果)第 3 段。

[b5] "首先",指的是其主害所及。

[c5] 见上面第一点以及册一,"从罪"项。

[d5] 见第十三章(不适于惩罚的情况)第 2 段注。

[e5] "可以",指的是在所谈论的场合能够运用报复,并非都应当使用报复。而且,也不是在每一罪过的每项个案中皆能运用之,而只是在每种罪过的某些个案中才能如此。

[f5] 见第十五章(特性)第 8 段。

[g5] 第二章(相反的原理)。

(9)同半公共和公共罪过相比,它们不那么倾向于在不同国度需要有不同的表述方式[65]。在这一方面,它们很像内向罪过。 276

(10) 由于某些促其恶化的环境作用,它们容易转化为半公共或公共罪过。

(11)在能够证明它们已经或将要给某一具体的个人带来某一具体的损害以前,不可能有予以惩罚的理由。就此而言,它们不同于半公共和公共罪过。

(12) 在罪过轻微的场合,给予受害者的补偿可以构成免除惩罚的足够理由,因为主害若不足以造成任何惊恐,全部损害便可以靠补偿得到纠正。就此而言,它们也不同于半公共和公共罪过。

第二大类的特性

63. 第二大类由半公共罪过,亦即影响一整个属类的人的罪过组成,其特性如下:

(1) 它们本身不产生主害。它们产生的损害系由私人罪过造成的所有两类或其中任一类次害构成,不含主害。

(2) 它们首先影响到的那些人,在要被视为属于这一属类的限度内,并非可认定的个人。

(3) 然而,它们容易含有或最终造成某项原本的主害。当确实如此时,它们便上升为第一大类,成为私人罪过。

(4) 它们从而不可以补偿。

(5) 也不可以报复。

(6) 因此,绝无任何具体的个人,其专有的利害关系在于起诉

---

[65] “不同的表述方式”:看来是由于它们具有以上这三条特性,才形成了一种习惯,即用违背自然法的罪名来谈论它们,或者至少是其中许多。然而这是一个含糊不清的表述,造成许许多多不便。见第三章(相反的原理)。

它们。不过,总能圈定一群人,在其中可以找出某些人,他们比任何圈外人有更大的利害关系提出起诉。

(7) 它们产生的损害一般相当明显;诚然,不如私人罪过产生的那么显著,但总的来说比内向罪过和公共罪过产生的要清楚。

277 (8) 它们易遭世人谴责的程度颇不及私人罪过,但甚于公共罪过。要不是因为两大谬理——同情和厌恶原理与禁欲主义原理的影响,它们在这方面也会甚于内向罪过。

(9) 它们同私人罪过和内向罪过相比,更倾向于在不同的国家需要有不同的表述方式;但同公共罪过相比,不那么倾向于如此。

(10) 在它们被证明已经或将要给任何具体的个人带来损害以前,也可能有予以惩罚的理由,私人罪过则并非如此。

(11) 在无论什么场合,给予任何受其影响的具体个人的赔偿,都不能构成免除惩罚的充足理由,因为这样的赔偿所补正的仅仅是部分损害。就此而言,它们有别于私人罪过,但与公共罪过相同。

第三大类的特性

64. 第三大类由**内向**罪过,亦即侵害**一个人自己**的罪过构成,其特性如下:

(1) 在个案中,它们是否产生任何主害往往会有疑问[⑮]。它们完全不产生次害。

(2) 它们只影响犯罪者个人,而不影响任何其他人,无论其可以认定或不可认定;除非在特殊情况下才有可能如此;并且非常轻微和间接地影响到整个国家。

⑮ 因为,一般情况下最可能感知任何罪过之害(如果有害的话)的人,亦即受其影响最甚的人,以他自己的行为表明对其并无感知。

(3) 因而,它们不可以**补偿**。

(4) 也不可以**报复**。

(5) 无人自然具有任何专门的利害关系要起诉它们,除非由于他可能同犯罪者有某种**同情性的**或**利益性的**[i5]**联系**,一种派生性质的损害[k5]可能碰巧降临到他头上。[l5]

(6) 它们产生的损害倾向于隐性的,而且一般来说比任何其他大类产生的损害要可疑些。[m5] 278

(7) 不过,它们当中有许多比公共罪过更容易遭到世人谴责,这归因于两大谬理——禁欲主义原理和厌恶原理的影响。其中有些在这方面甚至超过半公共罪过或私人罪过。

(8) 它们不像任何其他大类罪过那么倾向于在不同国度需要有不同的表述方式。[n5]

(9) 在惩罚它们的诱因[o5]当中,对犯罪者的厌恶所占的分量倾向于超过对公众的同情。

(10) 惩罚它们的最佳口实是基于一种或许存在的隐约的可能性,即它们会产生一种损害,这损害倘若确实,将使它们归入公共罪过,主要是归入其中由危害人口罪和危害国民财富罪组成的

[i5] 见第六章(敏感性)第25、26段。

[k5] 见第十二章(后果)第4段。

[l5] 然而在某些国家里并非罕见,人们倾向于起诉这一大类当中的有些罪过而毋需任何人为的诱导,而且仅仅是出于这样的行为容易引起的一种**厌恶**。见第二章(相反的原理)第11段。

[m5] 见前一页注i5。

[n5] 因此,它们大多容易被纳入违背自然法之罪。见上面第一大类的特性,第62段注。

[o5] "诱因",指的是诱使或促使立法者把它们当作罪过来对待的考虑,不管这些考虑是对还是错。

亚类。

第四大类的特性

65. 第四大类由**公共**罪过，亦即侵害**国家**整体的罪过构成，其特性如下：

(1) 它们本身不产生主害；它们产生的次害常常由不带惊恐的危险构成，其值虽大，但其**种类**很不确定。

(2) 它们首先影响到的个人，总是无法认定的，除非因为偶然事态而恰巧包含或引起了这种那种侵害个人的罪过。

(3) 因而，它们不可以补偿。

(4) 也不可以报复。

(5) 也没有人自然具有任何特殊的利害关系要起诉它们，除非它们看来影响到某个当权者的权力，或以任何别的方式影响到他的个人利益。

(6) 如此，它们产生的损害是比较隐性的，不明显的程度远甚于私人罪过的损害，也甚于半公共罪过的损害。

279 (7) 如此，它们远不像私人罪过，甚至不像半公共罪过或内向罪过那么易遭世人谴责，除非在特殊场合，由于对个人利益看来受其影响的某些当权者的同情，情况才不是这样。

(8) 它们比任何其他大类罪过更倾向于在不同国度可以有不同的表述方式。

(9) 在许多场合，它们是由某些加在私人罪过之上、使之更为恶化的环境构成的。因此，在这些场合，它们包含同属于这两大类罪过的损害，并且展示其共有的其他特性。不过，甚至在这样的场合，它们仍然足够恰当地被算在第四大类内，只要由于使其归入该大类的特性而产生的损害，盖过并吞没那些由于使其归入第一大类的特性而产生的损害。

(10) 在它们未被证明已经或将要给任何具体个人带来任何具体损害的同时,可以存在惩罚他们的足够理由。就此而言,它们有别于私人罪过,但与半公共罪过相同。这里,就像在半公共罪过的场合,损害的范围弥补了它的不确定性。

(11) 在任何情况下,给予受其影响的任何具体个人的赔偿,都不能构成免除惩罚的充足理由。就此而言,它们有别于私人罪过,但与半公共罪过相同。

第五大类的特性

66. 第五大类(或曰副类)由杂式或异态罪过组成,包括欺骗罪和背信罪,其特性如下:

(1) 将它们一并塞在由它们的流行名称标记的诸范畴内,是无法用基于罪过之损害的系统分类方法来予以组合的。

(2) 不过,它们能被纳入适合于此等分类方法的各个支类。

(3) 这些支类将顺理成章地排在本体系前述几大类的亚类之下。

(4) 本大类的两大亚类皆以此种方式,散布在前面所有各大类内。

(5) 就属于本大类的某些行为来说,在某些场合,成为罪过本质特征的特殊环境,必然会作为犯罪环境参与构成这罪过,以致无此环境介入,就不可能犯下这一名目的罪过。[p5]在另一些场合,无此环境也能犯下罪过,而若有其介入,则是作为一种偶然的单独环 280
境介入,能构成加罪的理由。[q5]

[p5] 例如,冒充性质的欺骗罪。

[q5] 例如,简单肉体伤害和其他伤害人身性质的欺骗罪。

281

第十七章　刑法的界限

第一节　私人伦理与立法艺术的界限

本章的用处

1. 一般的罪过分类就谈这些。罪过是法律所禁止的行为，或（实际上一回事）与法律命令相反的行为。那么，法律在禁止和命令之外还能用来做什么？按照对问题的这种看法，似乎要是我们确定了对罪过宜于做什么，我们便确定了在法律方面宜于做的一
348
切。然而，关于罪过的处理方法的法学分支，亦即有时称为*刑事法*、有时称为*刑法*的分支，普遍被理解为仅仅是构成全部立法艺术的两个分支之一，*民法*则是其另一个分支。[ⓐ]足够明显的是，这两个分支不可能没有非常密切的联系。的确，这联系是如此紧密，以致完全不易划出它们之间的界限。在某种程度上，整个立法事务（民法与刑法加在一起）同私人伦理之间的情况也是如此。然而，

ⓐ　那么，宪法成了什么？许多读者很可能会提出这么一个问题。或许可以回答说，宪法的内容可以无大损伤地分别归入那其他两个名目之下。然而，就我的记忆所及，宪法这一分支尽管重要，并且能够与别的问题分开单列，但在当时我几乎完全没有把它看作一个独特的问题：我的研究思路尚未达到它。但在本章的末注中，靠近结尾的第 22 段，可以看到这一忽略在某种程度上得到了弥补。[①]

①　边沁为 1823 年版作的加注。1780 年文本完成后，他马上注意到了对宪法的这一明显的忽略。参见 1787 年 7 月 18 日致谢尔本勋爵函，并见大学学院手稿库藏中该函的几份草稿（将在《边沁文集》、《书简》第三卷中发表）。

就这几项界限提出某种看法，在一定意义上说是必需的，以免一方面显得漏掉了任何确实是我们分内的任务，另一方面像是走入歧途，多管了我们分外的事情。

在这一研究过程中，对于我所指的这有关民法和刑法之间的 282
界限，有必要来确定几点，它们同主要问题的联系乍一看来可能不会引起疑问。确定一部法律究竟是什么，要在它里面找到哪些组成部分，它要是完整的就必须包含些什么，一部法律中属于程序的部分同整个法律的其余部分之间有什么联系——所有这些必须在上述主要问题能得到任何令人满意的回答之前予以解决。

它们的作用并非仅限于此，因为足够清楚的是，在立法者能无论如何知道自己必须做什么之前，或者在他的工作完成之际，首先必须确定什么是一部完整的法律。

什么是一般伦理

2. 整个伦理可以定义为这么一种艺术：它指导人们的行为，以产生利益相关者的最大可能量的幸福。

私人伦理

3. 那么，在一个人力所能及的范围内，它所指导的是什么行为？它们必定要么是他自己的行为，要么是其他载体的行为。伦理，在它是指导个人自身行动的艺术的限度内，可以称作自理艺术，或曰私人伦理。

管理艺术，即立法艺术和行政艺术

4. 有哪些别的载体，它们处于人的支配性影响之下，同时可得幸福？它们有两种：(1) 被称作人(persons)的其他人；(2) 其他动物，其利益由于旧时法学家的麻木而遭忽视，降入物类。ⓑ就这

低级动物的利益在立法中被不恰当地忽视了

ⓑ　在印度教(Gentoo)[①]和伊斯兰教下面，其余动物生灵的利益似乎受到了某种注意。为什么它们普遍未像人类生灵的利益那样，被允许在敏感性方面有那么多差

①　“印度教的”(Hindu)这一表示法，在19世纪前半期像是已经过时了。

283 其他人而言,指导其行为达到上述目的的艺术,便是我们所指的、或至少是根据功利原理我们唯一应指的管理艺术。这艺术在本身据以表现的措施具备持久性的限度内,一般用立法这一名称来表示,而在它们是暂时性的、凭当时事态决定的情况下,则用行政来表示。

教育艺术

5. 就其能力的成熟程度来考虑,人要么是在成年状态,要么是在未成年状态。管理艺术在关系到指导未成年人行为的范围内,可以称作教育艺术。要是这事务被托付给那些由于某种私人

异? 因为现存法律是互相恐惧的产物,而那些较少理性的动物缺乏人所有的那种手段来利用这种恐惧感。为什么它们不该如此? 给不出理由。如果只涉及被吃的话,那么很有理由我们应被允许去吃那些我们喜欢吃的动物:我们因此更快乐,而它们决不因此更痛苦。它们完全没有我们所有的那些对未来苦难的长期预见。同无法避免的自然过程中等待着它们的死亡相比,它们在我们手中毙命通常、并且总是可以更快些,因而较少痛苦。如果只涉及被杀,那么很有理由我们应被允许去杀那些侵扰我们的动物:我们会因为它们活着而更痛苦,它们却决不因为死去而更痛苦。然而,有没有理由允许我们去折磨它们? 我看不出有任何理由。有没有理由不允许我们去折磨它们? 有的,有若干理由。见册一,"虐待动物"项。有这样的时代(而且我们伤心地说在许多地方它仍未过去),人类的较大部分在奴隶名下,被法律当作与低级动物(例如在英国)至今所处地位完全同等的东西来对待。可能有一天,其余动物生灵终会获得除非暴君使然就决不可能不给它们的那些权利。法国人已经发觉,黑皮肤并不构成任何理由,使一个人应当万劫不复,听任折磨者任意处置而无出路。* 会不会有一天终于承认腿的数目、皮毛状况或骶骨下部的状况同样不足以将一种有感觉的存在物弃之于同样的命运? 还有什么别的构成那不可逾越的界限? 是理性思考能力? 或者,也许是交谈能力? 然而,完全长大了的马和狗,较之出生才一天、一周甚至一个月的婴儿,在理性程度和交谈能力上强得不可比拟。但假设是别种情况,那又会有什么用? 问题并非它们能否作理性思考,亦非它们能否谈话,而是它们能否忍受。

* 见路易十四的诺瓦法典(Code Noir)。①

① 这部法典在科尔贝手下开始制订,由塞涅莱完成,1685 年 3 月颁布,规定了法属西印度群岛上奴隶的地位。它禁止奴隶主杀死其奴隶,赋予国王当局保护奴隶免受虐待的权力。它还规定,在西印度群岛获得自由的奴隶,不经正式归化即成为法国国民。

关系大体上最适于承担、也最有能力履行此项职责的人，它便可称作**私人教育**艺术，而在它是由那些以监察整个共同体之运作为本身职责范围的人来实行的限度内，则可称作**公共教育**艺术。

伦理展示三大准则：(1)慎重；(2)正直；(3)慈善

6. 说到一般伦理，一个人的幸福将首先取决于他的行为当中仅他本人与之有利害关系的部分，其次取决于其中可能影响他身边人的幸福的部分。在他的幸福取决于他前一部分行为的限度内，这幸福被说成是取决于他**对自己的义务**。于是，伦理就它是指 284
导一个人在这方面的行为的艺术而言，可以叫做履行一个人对自己的义务的艺术，而一个人靠履行这类义务（如果要称作义务的话）表现出来的品质，便是**慎重**。要是他的幸福以及其他任何利益相关者的幸福，取决于他的行为当中可能影响他身边人的利益的部分，那么在此限度内这幸福可说是取决于他**对别人的义务**，或者用一个现在已多少过时的术语来说，取决于他**对邻人的义务**。于是，伦理就它是指导一个人在这方面的行为的艺术而言，可以叫做履行一个人对其邻人的义务的艺术。其邻人的幸福，可以用两种方式来对待：(1) 消极方式，即避不减损之；(2) 积极方式，即试图增长之。因而，一个人对其邻人的义务，部分是消极的，部分是积极的。履行其消极部分，是谓**正直**，履行其积极部分，是谓**慈善**。

正直和慈善如何同慎重相关联

7. 在此可能会问：按照私人伦理原则而不必谈立法和宗教，一个人的幸福取决于他的行为当中影响、至少是直接影响仅他本人而非任何别人幸福的部分——事情怎么是如此？这等于是问：一个人能够持有哪些动机（与立法和宗教可能恰巧提供的动机无关）来考虑另一个人的幸福？哪些动机，或者说（实际上一回事）哪些责任，能够约束他来服从**正直**和**慈善**？回答这些问题时，不能不承认一个人无论何时何地都肯定会找到**适当的**动机来考虑的利益，唯有他自己的利益。但尽管如此，没有哪个场合他是全无动机来考虑他人幸福的。首先，他在所有场合都持有同情或仁慈这纯粹社会性的动机。其次，他在大多数场合持有半社会性动机，即希望和睦与喜爱名望。同情动机将按照他的敏感**偏向**[c]，以或大或小的效能作用于他；其他两种动机则按照各种不同状况，在不同程
285 度上影响他，主要是按照他的智力强弱、意志坚毅和心理稳定程度、道德敏感性强弱以及他必须与之打交道的人的特性。

伦理的恰当对象并非都是立法的恰当对象

8. 私人伦理以幸福为本身目的，立法也不可能有任何别的目的。私人伦理关系到每个成员，即关系到所能设想的任何共同体内每个成员的幸福及其行为。因而，私人伦理和立法艺术至此是并行不悖的。它们的目的，或被期望应有的目的，在性质上相同。它们应当考虑其幸福的那些人，恰恰也就是它们应当负责指导其行为的那些人。它们应当关注的那些行为，甚至在**很大程度上**是一样的。那么区别到底在哪里？区别在于，它们应当关注的行为虽然在很大程度上一样，但并非**完全彻底**相同。一个私人无不应当以自己的行为来争取他本人及其同类的幸福，然而立法者有时却不应当（至少是直接地，并以直接对具体的**个别**行为实施惩罚为手段）试图指导共同体内若干其他成员的行为。每项可望有益于整个共同体（包括他本人在内）的事，每个人都应当去做，但并非每项这样的事立法者都应当强迫他做。每项可能有害于整个共同体（包括他本人在内）的事，每个人都应当避免去做，但并非每项这样

[c] 第六章（敏感性）第 3 段。

的事立法者都应当强迫他不做。

私人伦理与立法适用范围的界限系由不适于惩罚的情况来标明

9. 那么，在哪里划界限？不要到远处去找。要做的是设想这么一种情况：在其中，伦理应当而立法不应当（至少是直接地）干预。如果立法直接干预，就必定是靠惩罚来干预。[d]不应施加惩罚（意即政治制裁之惩罚）的情况，前面已经说过了。[e]于是，倘若有立法不应当、但私人伦理确实或应当干预的情况，那么它们将起到
指出这两门艺术或科学分支之间界限的作用。可以回想起来，这 286
些情况有四种：(1) 惩罚无理由；(2) 惩罚无效；(3) 惩罚无益；(4) 惩罚无必要。让我们考察所有这些情况，看看是否在其中任何一种情况下，有私人伦理干预的机会而无立法直接干预的余地。

(1)两者都不应当用于**无理由**惩罚的场合

10. (1) 首先考察**无理由**惩罚的情况。在这些情况下，显然伦理的约束性干预也将是无理由的。因为总的来说行动无害，所以立法不应设法去防止它。同理，私人伦理也不应如此。

(2)私人伦理能在多大范围内用于惩罚**无效**的情况

11. (2) 惩罚无效的情况。可以注意到，这些情况可以分为两类。第一类完全不取决于行动的性质，而只是在惩罚时机方面有误。所谈论的惩罚不过是看来应当被用于有关行动的。然而，它应当用在另一个时候，即用在它业经适当宣告之后。有追溯力的法律、超出法律的司法判决以及尚未充分传播的法律，便属于这些情况。于是，这里谈论的行动看来或许能恰当地归入甚至是强

ⓓ 我在这里完全未提及奖赏，因为只有在很少数很不寻常的情况下才能应用之，也因为即使在行赏的场合，它能否恰当地被称作立法行动或许是有疑问的。见下文，第三节。[①]

ⓔ 第十三章（不适于惩罚的情况）。

① 见上文，第 207 页注 1。

制性立法的范围，它们当然也能归入私人伦理的范围。至于另一类惩罚无效的情况，同样不取决于行动（亦即行动种类）的性质，而只是任何种类的一项行动可以碰巧伴有的某些外在环境所致。然而，这些情况具有这么一种性质：它们不仅排斥应用法律惩罚，而且一般来说几乎不给私人伦理留下施加影响的任何余地。在这些情况下，行动之意不可遏，即使依靠人为惩罚的非常力量亦属徒然，例如在极端幼稚、精神错乱和完全醉迷的场合便是如此。因而，私人伦理所能运用的那种微薄纤弱的力量，当然无法遏阻它。在这方面，情况相同的是对行为发生之无意、对实有环境之不知以及对未有环境之误料，而在自然危险或伤害威胁的优势力量使得甚至非常惩罚的力量也起不了作用的场合，也是如此。显然，在这些情况下，要是法律的震耳雷霆被证明无能为力，单纯道德的窃窃
287 私语便无法造成任何影响。

354 (3) 私人伦理能在多大范围内用于惩罚无益的情况

12.（3）惩罚无益的情况。它们构成那完全由私人伦理来干预的大领域。当惩罚无益或换言之代价过高时，其原因在于惩罚造成的苦痛超过了罪过造成的苦痛。我们可以回想起，[f]惩罚造成的苦痛能分成四类：（1）强制之苦痛，包括束缚或克制，究竟是哪个依照所命令的行为是积极的还是消极的而定；（2）害怕之苦痛；（3）忍受之苦痛；（4）派生苦痛，这是给那些同遭受上述三类原本苦痛者有联系的人带来的。面临这些原本苦痛的人可以是两类大不相同的人。首先，是可能实际做出或被推动去做那些确实预先被禁止的行为的人。其次，是可能实际做出或被推动去做其

ⓕ 见第十三章（不适于惩罚的情况）第四节。

他某些行为的人，这些行为他们担心可能有涉及仅为前者设定的惩罚的危险。然而在这两类行为中，只有前一类才有害，因此只有前一类才可能是私人伦理应当设法加以防止的。后一类据假设无害，出力防止它们不可能是伦理的任务，正如它不可能是立法的任务。有些真正有害的行为，尽管可以很恰当地受到私人伦理的谴责，但不适于作为立法者控制的对象。

惩罚无益可发生在（1）限于惩治罪过的场合

13. 因而，施加于罪过的惩罚可以按下面两种或其中任一种方式而成为无益的：(1) 它所花费的代价过高，即使假定其运用完全限于惩治罪过；(2) 它可能殃及无辜者，使之遭受仅为有罪者设定的厄运。首先来谈对有罪者施行惩罚的代价超过其得益的情况。显而易见，此等情况取决于惩罚造成的苦痛与罪过造成的苦痛之间的一个确定比例。假如由于罪过的性质使然，一项在分量上刚刚超过其得益的惩罚将足以防止这罪过，那么或许颇难找到这样的惩罚是显然无益的例子。但事实是，在许多场合，一项惩罚 288
为了有奏效的可能，其分量必须加重到大大超过这一地步。只要被发觉的危险如此之小，或者（实际上是一回事）可能显得如此之小，以致看来在很大程度上不一定受到惩罚，情况便是如此。正如业已表明的那样，[g]在这种场合如果施行惩罚，就必须依照惩罚在确定性方面的不足程度，加重惩罚的分量。但显然，这全都可能纯属猜测，而且这类比例的效用会被各种各样的环境搞得很不可靠，其中包括法律未得到足够的传播，[h]存在诱惑性的

[g] 第十四章（比例）第 18 段，规则七。

[h] 第十三章（不适于惩罚的情况）第三节。附录，“传播”项。[①]

① 见上文，第 160 页注 1。

特殊环境[①]以及影响若干蒙受其作用的个人之敏感性的状况。[①]如果引诱性动机强，那么罪过无论如何就会经常犯。诚然，由于一些多少是非同寻常的环境凑在一起，它时而会被发觉，并因此受到惩罚。然而，对于惩一儆百这个主要目的，一项光顾本身的惩罚行动没什么用处。它所能有的用处，完全依靠它引起的预料，即以后若犯类似的罪过，将受到类似的惩罚。但显然，这未来的惩罚一定总是有赖于罪过被发觉。如果罕为人知，以至于被发觉的可能性总的来说必定（特别在那些被引诱性动机的吸引力搞得神魂颠倒的人眼里）显得微乎其微，可以忽略不计，那么尽管应当施加惩罚，但它实际上没什么用处。于是，这里就会有两种相反的苦痛同时作用，但其中没有哪一种减轻了另一种的分量，恰如疾病的苦痛和难以忍受、缺乏疗效的医治的苦痛。似乎部分地就是出于某些这样的考虑，例如通奸，亦即男女间的非法性交，通常照干而完全不受惩罚，或者只受到较低程度的惩罚，低于按照别的原因立法者可能会倾向于采纳的惩罚程度。

(2) 殃及无辜者的场合

14. 现在来谈第二种情况：由于可能存在殃及无辜者、使之遭受仅为有罪者设定的厄运的危险，因而施加于罪过的政治惩罚可

289 能无益。这种危险从何而来？来自可能难于确定有罪行为的概念，亦即难于给它一个足够清晰和精确的定义，能有效地防止误用。这困难可以出自以下两个来源当中的任一个：其一是持久的，指行为本身的性质；其二是随机的，指那些可能不得不以政府方式来处置这些行为的人的素质。在出自后一来源的限度内，它部分

① 第十一章（性情）第35段等。

① 第六章（敏感性）。

地取决于*立法者能够*如何利用语言，部分地取决于按照立法者的理解*法官倾向*于如何利用语言。就涉及立法而言，它将取决于语言艺术首先在整个国内达到的、其次特别由*立法者*达到的完善程度。我们可以把充分意识到这一困难看作原因，理解大多数立法者为何小心翼翼，避免将那些归入粗鲁莽撞、背信变节、忘恩负义之类概念的行为当作法律惩戒的对象。把性质如此含糊可疑的行为置于法律控制之下的企图，是非常蒙昧或非常开明的时代才会有的：在前一个时代，产生上述危险的困难未被注意到，而在后一个时代，这些困难已被克服。ⓚ

立法在多大范围内为厉行慎重律令所必需

15. 为了更清楚地了解立法艺术与私人伦理的界限，现在可能应当回想起前面就一般伦理所作的区分。私人伦理需要立法襄助的程度，在前面划分的三类义务之内各不相同。在道德义务的准则当中，看来最少需要立法襄助的是*慎重*这一准则。如果一个人在履行对自己的义务方面有所不足，就只可能是因为理解上有缺陷。他要是做错了，就只能归咎于对其幸福所依赖的环境的某种掉以轻心ⓛ或误料。ⓛ人们老是抱怨，一个人对自己了解得太少。就算如此，但肯定立法者就了解得更多吗？ⓜⓝ显然，立法者对单个 290

ⓚ 在某些国家，人民的呼声对立法者的所作所为有一种较特殊的控制力，他们所怕的莫过于看到制定任何有效的规定来惩治所谓*诽谤*罪，特别是其中可称为*政治诽谤*的那类。这惧怕看来一部分出自对立法者能力不强或品德不佳的担忧，那是他们认为谨慎起见所应当持有的，一部分出自对法官品德不佳的类似的担忧。

ⓛ 见第九章（知觉）。

ⓜ 在像这样的场合，立法者决不应忘记眼医和酒鬼这个广为人知的故事。一个乡下人酗酒伤了眼睛，到一位眼科名医那儿去就诊。他看见他坐在桌旁，面前放着一杯酒。眼医说："你必须戒酒。""为啥？"乡下人说，"*你*不戒，而且现在我看你自己的眼睛也不妙。""说得很对，朋友，"眼医答道，"但你要知道，我爱酒瓶甚于爱眼睛。"

ⓝ 第十六章（分类）第 52 段。

的人不可能有任何了解。因此，就那些有赖于每个人特殊状况的行为细节而言，他显然不能确定出什么特别的东西。他能有任何理由来干预的，仅仅是一切人、或者范围很大而且属性稳定的各类人可能以某种方式参与的那些行为的概况，而且即使在这方面，他的干预合适与否在大多数场合将是大可争议的。无论如何，他决不该预料单单依靠他自己规定的那种约束力就能使人完全服从。他所能指望的，不过是给道德约束力的影响赋予力量与方向，从而增强私人伦理的效能。例如，一个立法者要凭借惩罚来根除酗酒和通奸，会有什么成功希望？用尽人的才智能够发明出来的所有肉刑，也无法达到这一目的。而且，在他取得任何值得注意的进展以前，这惩罚将造成如此巨大的苦痛，甚于罪过的最大可能伤害一千倍。非常困难的是收集证据。不使得每个家庭都惊惶沮丧，ⓞ不把同情性纽带扯得粉碎，ⓟ并将一切社会性动机连根拔除，就无法尝试这一点而有任何较大的成功可能。因而，对于这种性质的罪过，他在直接立法方面所能做并占有优势希望的，莫过于在劣迹昭彰的场合使之受到一点儿谴责，从而给它们带上一点儿人为的坏名声。

在这方面，立法容易走得过远

16. 可以看到，关于此类职责，立法者一般都倾向于在方便范围内尽量进行干预。这里的大困难，在于说服他要有分寸。在惩
291 罚完全无益或得不偿失的场合，许许多多狭隘的情感与偏见导致他们限制臣民在这方面的自由。

宗教问题上尤其如此

17. 此类干预的害处，在宗教问题上特别显著，其原因如下。所有人在信念方面都容易犯某些错误。用无限的苦恼来惩罚看法

ⓞ 害怕之苦痛，即惩罚造成的第三类苦痛。见第十三章第四节。

ⓟ 派生苦痛，即惩罚造成的第四类苦痛。

上的这些错误，是无限仁慈的上帝决定的。然而，立法者自己必然不会犯这些错误，因为恰巧可供他随时磋商的人，是完全开明、自由和没有偏见的。这些人在有一点上强过世上其余人，那就是当他们坐下来，探讨关于像所谈论的那么明白、那么熟悉的问题的真理时，他们不可能发现不了它。既然如此，当君主看到其人民准备一头奔入烈火熊熊的深渊时，难道他竟不伸出手来拯救他们？举例来说，这似乎便是导致路易十四采取强迫措施的逻辑和动机，目的在于使异端者弃邪归正，真教徒信仰更坚。[①] 出于纯粹的同情和慈爱，造成的却是最冷酷的恶意所能构想出来的一切苦难。[q]关于这一点，在另一处还要更充分地予以论述。[r]

18. *正直*准则就权宜而言，是最需要立法者协助的准则，就事实而言，则是立法者干预得最为广泛的准则。因为伤害*他自己*而惩罚一个人几乎总*不*合宜，然而因为伤害邻人而惩罚一个人几乎总*是*合宜。关于同侵犯财产罪相反的那类正直，私人伦理的存在本身某种程度上有赖于立法。在此名下的伦理总则能有任何具体应用以前，立法首先必须确定什么要被认为是每个人的财产。关 292

立法在多大范围内为厉行正直律令所必需

[q] 我不是指不那么具有社会性的其他动机不会掺进、并在事实上大概也未曾掺进事情的进展过程中去。然而就可能性而言，上述动机在伴有这样一种推理逻辑时，足以说明上面提示的一切效果，而毋需任何别的原因。如果有什么其他因素介入，那么不管其介入有多自然，都可以看作一种偶然的、非本质的环境，并非产生这效果所必需。同情（即担心那种他们看来会遭遇的危险）导致命令，命令造成不服从，一方的不服从造成另一方的失望，失望的痛苦引起对造成失望的那些人的恶意。情感往往会如此接连变化，变得比叙述起来还要快。自尊受到伤害的感觉，以及喜爱名望和喜爱权势心理的其他变形加进来，如同火上浇油。报复心加强了强迫政策的严酷性。

[r] 见册一，“内向罪过”项。

[①] 指 1685 年废除南特敕令。

于危害国家罪,情况亦然。没有立法,就不会有国家之类存在,就不会有特殊的人被赋予为其余人的利益来行使的权力。因此显而易见,在这一领域,立法者的介入无论如何不能取消。在我们能够知道什么是私人伦理律令以前,我们首先必须知道什么是立法规定。ⓢ

又在多大范围内为厉行慈善律令所必需

19. 至于慈善准则,在涉及细节问题的限度内,必然非得在很大程度上让给私人伦理来管不可。许多情况下,行动的慈善性本质上有赖于行动者的意向,亦即有赖于看来促使他采取此行动的动机,有赖于这些动机属于同情、希望和睦或喜爱名望,而不属于靠政治约束力使之起作用的任何一类自顾动机。一句话,有赖于它们的性质使其行动被称作自由的和自愿的。ⓣ不过,在此名下的
293 法律,其界限似乎能够予以伸展,大大超过它们看来至此所曾被伸展过的。特别是在有人处于危险的境况下,为什么不应当使得既避不招祸害人、又救人免受灾殃(如果能做到这一点而不殃及自身的话)成为每个人的义务呢?在本著作的正文中要继续

ⓢ 然而,假设立法规定的内容不是应当的,那么私人伦理律令又如何,或者(在此实际上是一回事)应当如何?它们是与立法规定一致呢,还是与立法规定相反,或不偏不倚?这是个非常有趣的问题,但不属于眼下的论题。它仅属于私人伦理。能导致其解决的原理可见于《政府片论》,1776年伦敦版第150页以及1823年版第114页。①

ⓣ 若可相信伏尔泰先生,* 那么,曾经有个时期,那些自认为被丈夫冷落了的法国女人,常诉诸 pour être embesoignées(因为过于忙碌);他说这术语与目的相适应。此等法律程序似乎并非构想得很契合目的,因而目前已销声匿迹。现时代的法国女人看来全无这样的困难。

* Quest. sur l'Encyclop. ,第七卷,Impuissance(无能)条。②

① 边沁指的是《政府片论》第四章第21段以下(《边沁全集》,鲍林版,第一卷第287页以下)。

② 边沁指的是伏尔泰《百科全书问题》1770—1771年版。

讨论这个观点。ⓤ

扼要重述私人伦理和立法艺术的区别

20. 作为本节的结语，让我们重述并概括一下被认作一门艺术或科学的私人伦理同包含立法艺术或科学的那个法学分支之间的区别。私人伦理教导的是每一个人如何可以依凭自发的动机，使自己倾向于按照最有利于自身幸福的方式行事，而立法艺术（它可被认为是法律科学的一个分支）教导的是组成一个共同体的人群如何可以依凭立法者提供的动机，被驱使来按照总体上说最有利于整个共同体幸福的方式行事。

我们现在要来展示刑法学和民法学之间的界限。为此，虽然简要但明确地考察一下最广泛意义上的法学惯常分成的那些主要门类，可能是有益的。

第二节　法学及其门类

阐述性法学和审查性法学

21. 法学是个虚构体，除非同某个能显示实体的词搭配在一起，法学这个词就无意义可寻。要明白法学是什么意思，我们就必须明白例如一部法学著作是什么意思。一部法学著作只能以下述两者之一为目的：(1) 确定法律ⓥ是怎样的；(2) 确定法律应当怎 294

ⓤ　一个女人的头巾着了火。虽然水就近在咫尺，但一个男人不去帮助灭火，反而袖手旁观，引以为乐。一名醉汉扑面跌在泥潭上，有闷死的危险。虽然把他的头往一边抬高一点就可以救他，但另一个人视若无睹，任其窒息。房间里四处撒着火药，一个人拿着点燃的蜡烛正要进去。虽然另一个人明知如此，但任其入内而不予告诫。在这任何一种情况下，有谁会认为不应施加惩罚？

ⓥ　法律一词本身大有定义的必要，但这必须等一会儿再说（见第三节[①]），因为不可能同时做所有的事情。每个读者姑且按照自己惯常的概念去理解它。

①　见上文，第 207 页注 1。

样。在前一种情况下，它可被称作一部阐述性法学著作，在后一种情况下，则可被称作一部审查性法学著作，或曰立法艺术论著。

阐述性法学分为权威的和非权威的

22. 阐述性法学著作要么是权威的，要么是非权威的。若其编纂者是将法律状况说成如此这般，反而使之如此这般的久，亦即立法者本人，它便被称作权威的。若出自任何别人之手，便被称作非权威的。

其余区别的来源

23. 法律在未定义的情况下，是个抽象的集合名词，若有所含义，只能是指一项一项法律聚集起来的总和。ⓦ因此，无论一部法律著作的主题可以有什么变化，它们全都必定取自此等个别法律（或者这些法律可被分类归入其中的诸集群）易受其左右的这一那一情势。我们惯常所知的那些产生法学各主要门类的情势，似有如下述：(1) 有关法律的支配范围；(2) 它们负责控制其行为的那些人的政治性质；(3) 它们的有效时间；(4) 它们得以表达的方式；(5) 它们涉及的惩罚种类。

局部法和普遍法

24. 首先，拿范围来说，就有关法律所表达的，可以是涉及某个或某些特定国家的法律，或者是涉及一切国家的法律。在前一场合，该著作可以说是有关局部的法学，而在后一场合，则是有关普遍的法学。

ⓦ 大多数欧洲语言有两个不同的词，来区别法律这一术语的抽象含义和具体含义。这两个词相去甚远，甚至从词源上说也是风马牛不相及。例如，在拉丁语中，lex 表示其具体含义，jus 表示其抽象含义；在意大利语中，分别是 legge 和 diritto；在法语中，是 loi 和 droit；在西班牙语中，是 ley 和 derecho；在德语中，则是 gesetz 和 recht。英语目前无此便利。

在古英语中，除 lage 等几个词表示其具体含义外，还有相应于德语 recht 的 right 一词表示其抽象含义，例如可见于复合词 folc-right 以及其他词例。不过，right 一词早已失去此意，现代英语不再有此便利。

世界上各种各样的国家中间，没有哪两个国家在法律方面完 295
全相同。其法律总体肯定如此，甚或任何单项的法令条款也是如此。况且即使眼下一样，以后也会有所不同。这一点就法律的实质而言是足够明显的。而且，如果它们就**形式**而言并无二致，亦即用同样的字句来构设，便更离奇了。不仅如此，各国的语言如其法律，通常各不相同，因而严格说来，它们甚至难得有一个词相同。不过，在适合于法律问题的词汇中间，有一些是在所有各种语言里都相当严格地对应的。这实际上近乎于它们一模一样。例如，与**权力**、**权利**、**义务**、**自由**以及许多其他词汇相应的那些，便属于这一类。

因此，倘若有任何恰当地说能够称作普遍法学著作的书，那就必须在很窄的圈子里去寻找。在阐述类著作中间，不可能有什么是权威的，而且仅就法律的**实质**而言，甚至也不可能有什么是非权威的。要能付诸普遍应用，一部阐述类著作所能有的全部内容，是说明词汇的含义：严格说来，要成为普遍性的，它就必须局限于术语研究。因此，在本著作的论述过程中不时有机会插进来的那些定义，特别是此后赋予**法律**一词的定义，可以被认为属于普遍法学名下。上面这些都是在严格意义上说的，尽管在惯用意义上，鉴于一个人在陈述自己所理解的法律时，常把自己的看法套用到与其本国联系最密切的几个国家，通常将他所写的视为关系到普遍法学。

有最大余地来从事那种适用于所有各国状况之研究的，是审查类著作。在此类著作中，关于有关法律的实质的内容，如同关于词汇的内容那样，能付诸普遍应用。所有各国的法律，或即使随便哪两个国家的法律，要在所有各点上都一致，既无可能，也不可取。然而，所有文明国家的法律，在其要点上似乎可以相同而无不便之弊。就其本身而言，指明其中某些要点将是本书正文的任务。

296 国内法和国际法

25. 其次，关于其行为系法律对象的人的政治性质。这些人在任何既定场合，可以被认为要么是同一个国家的成员，要么是不同国家的成员。在前一种情况下，法律可被归入国内法，在后一种情况下，则可被归入国际ⓧ法。

隶属于不同国家的个人之间可能发生的事务，受其中这一或那一国家的国内法管辖，并由其国内法庭裁决。如果一国的君主同另一国的某个平民有任何直接纠葛，情况也是如此。君主每将自己的诉案提交其中任一国的法庭，无论要求得益，抑或拒绝负担，他都是暂时把自己降到平民地位。此外还有君主们作为君主相互间的事务，它们受制于那类可恰当地和专门地称为国际法的法律。ⓨ

297 此种性质的人，其行为控制规则在多大程度上能够恰当地归

ⓧ 必须承认，国际的(international)一词是个新词，虽然愿它足够地相似和易懂。它被指望来用一种更具实义的方式，表达通常归入万国法(law of nations)名下的那类法律，因为万国法这个名目缺乏特征，要不是由于习惯的效力，就会像是指国内法。我发觉，达盖索首相[①]已经说过类似的话。他说，通常所谓万国法(droit des gens)应该被叫作国际法(droit entre les gens)。*

ⓨ 在英王詹姆斯一世和西班牙王腓力三世在位期间，伦敦的某些商人恰好对腓力有项权利要求，而腓力的大使贡代马尔认为不宜予以满足。这些商人请教塞尔登，他的意见是向英王法庭起诉西班牙君主，告其犯法。他们果然这么做了，伦敦的执法官便像通常那样得到命令，要在自己管辖范围以内任何可以找到的地方捉拿被告腓力。我们可以相信，腓力并不怎么怕这些执法官。然而使同一个目的得以实现的是，他自己恰巧对另一些商人有权利要求，而只要告他犯法一举依然有效，就无法起诉他

* 《全集》，第二卷，第337页(1773年版，12开本)。

① 亨利-弗朗索瓦·达盖索(1668—1751)，路易十四之下的法国首相。

入法律(复数)名下,是个必须等到所谓一项法律的性质业已较具体地展开时才能回答的问题。

国内法又分为全国性的、地方性的、当地的或特殊的

26. 再则,国内法可以要么是不加区别地关系到一国所有成员,要么是仅仅关系到其中在住所或其他方面与某个特定区域相联的部分成员。据此,法律有时分为全国性的和地方性的。但是,许多有自身法律的区域往往太小,例如市镇、小教区和庄园,地方性这一术语很难适用于它们,而当地(指显然不可能实行普遍法律的场所)或特殊这两个词可能较为方便,尽管后一个词并非很有特征。ⓩ

昔时法和现行法

27. 第三,关于时间。在一部阐述性法学著作中,所谈论的法律可以在写书时仍然有效,也可以不再有效。在后一场合,其主题

们。结果是贡代马尔付钱了事。*[①] 此即国内法管辖。如果争端发生在腓力和詹姆斯本人之间,则将是国际法的事情了。

至于"国际的"一词,从本书开始,或者说从迪蒙先生用法语编的第一部书开始,已成为确定不移的通用语。翻阅种种报章杂志即可证明。[②]

ⓩ municipal 一词似乎很适用,直至某位最出名的英国著者拿它来表示与国际法以及想象中的自然法截然不同的一般国内法为止。[③] 它可能仍然在别的什么语言中,无所顾忌地以此意义被使用。

* 塞尔登的餐桌漫谈,法律章。[④]

① 迭戈·萨缅托·德·阿库尼亚(1567—1626),贡马代尔伯爵,1613 年作为腓力三世(1598—1621)的大使赴英,任至 1622 年。约翰·塞尔登(1584—1654),法学家,1612 年取得律师资格。

② 此段系 1823 年添加。迪蒙根据边沁手稿写的第一部著作是《民法和刑法论》(巴黎 1802 年版)。

③ 边沁在此像是指布莱克斯通,如果是这样,他的评论就有问题,因为他批评的这种用法似乎在早得多的时期里就已经确定了。

④ 约翰·塞尔登(见上面注①)《餐桌漫谈》一书,系著者死后于 1689 年发表。

可以称作昔时法；而在前一场合，则可称作现今或现行法。也就是说，如果无论如何必须用法这一名词而非其他，并且在这两个场合都连上一个形容词，那就可以如此称呼。然而实际情况是，前一类书与其说是法学著作，不如说是历史著作，如果用法律一词来表述主题，那么在它前面就非得加上历史或往昔这样的词不可。而当
298 不管在何处，所谈论的法律假设现正有效而无任何相反迹象时，通常却不会出现现今的或现行的之类形容词。

倘若一部书处于如下景况，即构成其主题的法律虽然在写书时有效，但现在不再有效，那么它就既非现行法著作，亦非法制史著作：既不再是前者，亦从未是后者。显然，由于每一套法律必然不时在或大或小程度上发生变化，每一部阐述性法学著作就必然在不多几年里变得多少带有这种状况。

一部法制史著作，其最通常、最有用的目的，是展示伴随着确立实际有效的法律的那些环境。然而，阐述已被取代了的死法律，同阐述已取代了它们的活法律不可分地交织在一起。这两类科学的大用处，都在于为立法艺术提供实例。[a22]

[a22] 格劳秀斯、普芬道夫和布拉马基的著作[1]属于哪一类？属于政治的还是伦理的？历史的还是法学的？阐述性的还是审查性的？——它们有时属这一类，有时属那一类：看来依靠其本身很难解决这个问题。所有拿据称的自然法当作主题的著作，必然几乎无法避免地倾向于带有这种缺陷。自然法是个暧昧不明的幽灵，它在那些追逐其踪影的人的想象中，有时表示习俗，有时表示法，表示法的场合有时是现有的法，有时则是应有的法。* 孟德斯鸠抱着审查性的打算下笔著书，但在做结论以前许久，他就

* 第二章（相反的原理）第 14 段。

[1] 雨果·格劳秀斯（1583—1645）：《战争与和平法》（1625 年）。萨穆埃尔·普芬道夫（1632—1694）：《普遍法原理》（1661 年）；《自然法与万国法》（1672 年）。让·雅克·布拉马基（1694—1748）：《自然法原理》（1747 年）；《政治法原理》（1751 年）。

28. 第四，就表达而言，所谈论的法律可以成文法或者习惯法的形式存在。 成文法和习惯法

这两类之间的差别（这只关系到形式和表达），要等到给一项法律下定义方面取得某些进展，才能恰当地表明。

29. 最后，最复杂也最经常地被考虑的区别，是在法律的民法领域和刑法领域之间所作的区别，这后一领域在某些情况下，惯常被称为刑事法。 民法和刑法（刑事法） 299

什么是刑法典？什么是民法典？其内容具有什么性质？是否存在两种法律——一种是刑法，另一种是民法，因而刑法典内的法律统统是刑法，民法典内的法律统统是民法？或者，是否在每项法律中某些内容具有刑法性质，因而属于刑法典，与此同时另一些内容具有民法性质，因而属于民法典？或者，是否某些法律专属其一，而其他法律兼属二者？[62]要以任何还算令人满意的方式来回答 陈述关于民法与刑法之间区别的问题

像是忘了自己的初衷，把审查甩在脑后，转而探旧访古了。贝卡里亚侯爵的书[①]是第一部有价值的通篇从事审查的著作，从头到尾论述刑法。

[62] 在任何首次接触本题目的人看来，这里陈述的自然像是最起码的法学入门问题。他会以为，它们必定很早以前就得到了完全的、令人满意的解决，因而在此作任何议论都显得是多余的，要说出什么新意更是全无可能。法律研究历经百岁千载，法学著作浩如烟海，难道还不知它们的组成成分？确实不可思议，然而千真万确。一个人要写出任何切题的东西，就必须从头开始。我看不到有什么可以依据的现成来源，要利用的全都必须自己创造出来。

如果想到一项法律——一项单独然而完全的法律这个概念，在某种程度上同一套完整的法律这个概念不可分割地连为一体，那就没有什么可奇怪的了。因而，什么是一项法律和一套完整的法律有怎样的内容这两个问题当中，没有哪个能在舍彼求此的情况下独自得到恰当的解答。一套法律体系是个宏大复杂的结构，其中并无任何部分能不问其余而得到充分说明。要了解摆轮的作用，就必须把整个表拆开；要懂得一项法律的性质，就必须解析整套法典。

① 《论犯罪与惩罚》(1764 年)。参见上文，第 166 页注 1。

这些问题，就必须明确什么是一项法律——一项完全的、然而是单

我们正在开始研讨的题目属于逻辑学的一个特殊领域，亚里士多德未曾涉及。以这位哲学家为鼻祖的经院逻辑学，其主要和最终的任务在于展示若干论辩形式，而现在摆在我们面前的这个科目的任务，在于展示若干命令形式，或者说(就此主题最广义而言)，展示若干表达意志的句式。这似乎是科学册籍上尚需补写的一页。

无论什么用语，无论什么句式，只要是有所表达，都必定有所陈述。所陈述者表达了以此为用语的人真实的或伪装的心灵状态，亦即其理解，或其意愿。所以如此，是因
300 为说到底，任何甚至据称是外部事态的东西，无不将本身分解在其中。在前一种情况下，表达它的句式已被专称为陈述句式，在后一种情况下，则已被专称为意志句式，* 而疑问句式是这后一句式的一个特殊类别。** “盗贼被杀了”；“杀盗贼”；“盗贼被杀了吗？”这三个句子等于是说：“我理解或我相信盗贼被杀了”；“我的意愿是你杀盗贼”；“我的意愿是你告诉我盗贼被杀了没有”，亦即倘若盗贼被杀了，你就告诉我他被杀了，倘若没有被杀，就告诉我他没有被杀。经院逻辑学仅限于研究陈述句式，全未涉及意志句式。科学逻辑学的范围因而看来比通常被怀疑的更为广泛。意愿用语作为一个新的、未经探索的领域，此前一直被忽视，现在或可得到开发，它大概至少像那旧的领域一样适切。正是眼下所谈论的这个新科目，格外适用于政府事务，而关于命令形式的分支，尤其关系到立法，关于疑问形式的分支，尤其关系到不那么庄严、但同样必要的言语信息之收集——一个从属于立法和行政两大部门事务的过程。

假如亚里士多德恰巧转而注意这方面，逻辑学的这个科目或许本可得到大量论述，就像它的另一个科目那样。它本可相似地有其代数标志法、图解模式以及记忆口诀：“肯定 A 必然否定 B……”；那些经院哲学家所说的“我所攻击的大流士的野蛮行径，他们都可能加以掩饰”本可找到模仿；这些精巧的思辨家为了迁就或吓唬初学者而动脑筋发明出来的每一种智识窍门，本可得到引进并予以改善。

假使恰巧如此，可以推测我们正在开始研讨的题目至今本已水落石出，比我在一番粗略的考察过程中已能说明的要清楚得多。在那种情况下，只需寥寥几处提及，便本可了结很大一部分后文的工作。事实上，我只想对此题目作绝对必要的探索，以找到所需材料来完成手头实际的任务，而无意挖得更深：我满足于打开矿口，把采矿的事留给别人去做。[①]

* 哈里斯所著《赫耳墨斯》，第 5 卷，第 2 章，第 17 页。[②]

** 同上。

① 关于在此插入这项论“意愿逻辑”的注释，见前面的导言，第 xlii 页。

② 詹姆斯·哈里斯(1709—1780)于 1751 年发表《赫耳墨斯：普遍语法之哲学研究》，关于边沁对该书的一些评论，见其 1774 年 12 月 9 日致塞缪尔·边沁函(《边沁文集》第一卷书简部分，第 221—222 页)。(赫耳墨斯是希腊神话中为众神传信的神。——译者)

独的法律，什么是这样的一项法律能被分成的各组成部分。换句话说，必须明确在每个能恰当地称作一项法律的对象当中，有待发现的性质是怎样的。这将是第三和第四节的任务。关于法律意义上所用的刑事一词的含义，则将在第五节内单独讨论。

301

末　　注①

本项末注的由来和目的

1. 在此,原作以它 1780 年 11 月时被赋予的那个样子结束。下面的文字是现在 1789 年 1 月增添的。

第 3、4、5 节如文内所示,拟添入本章,但此时此地不予呈献,因为要以一种还算完整和满意的方式将其呈献,可能需要写满一大卷。本书自成一部著作,了结前言中提到的那一系列论著。②

以下的议论可以使人略为了解这样的一部著作必须完成的任务具有什么性质;与此同时,它虽然谈不上为正文中述及的问题提
370 供满意的答案,但将略微和笼统地显示为了提供这样的一个答案所要采取的路线。

这里说的法**律**不是指法**规**

2. 法律是什么?法律的组成部分是什么?我们要看到,这些问题的主体是**逻辑的**、**观念的**、**理性的**整体,而不是**有形的**东西,亦即是**法律**,而不是**法规**。针对后一种对象的研究,既容不下争议,也提供不出教诲。在这个意义上说,被承认有权制定法律的个人或群体为法律而制定出来的任何东西,俱系**法律**。假如奥维德的《变形记》是如此制作出来的,那它就该是法律了。凡被同一个证

① 这项长篇注文的来源在其开头一段有说明。它虽然在先前所有各版中是作为一个脚注刊印的,但宁可说其具有附录的性质。而且其篇幅、影响和重要性都使之有理由在印刷方面被当作正文的一部分对待。

② 上文,第 6 页。

明行动所核准的，凡一举打上君王印记的，就是**一项**法律：一项完全的法律，仅此而已。乔治二世制定的一项用来取代、**或者说以及**补充某一原法规的法规，就是一项完全的法律；一部囊括一整个法律体系、其所有组成部分都完美无缺的法规，也不过是如此。因此，以下的篇章里经常出现的**法律**一词，是指一个观念对象，其部分、整体或复合体，或者由部分、整体与复合体混合而成的集合体，通过法规得以展示，而不是指显示这些的法规。

3．每项法律，在它完整的场合，要么是**强制**性质的，要么是**非强制**性质的。 302

每项法律要么是命令，要么是命令之废除

强制性的法律是**命令**。

非强制性的、或者宁可说**否定**强制的法律，是强制性法律之完全或部分的废除。

4．那种一向被称为**陈述**法的东西，只要它同强制性法律或否定强制的法律有区别，恰当地说就不是法律。它并不表明当时实行的意志行为，而只是宣示已经生效的强制类法律或否定强制类法律的存在，即某项公文的存在，这项公文表达并非在当时、而是在先前某个时期实行的某一意志行为。如果它所做的超过了宣示这一事实，即一个强制类法律或否定强制类法律的先行存在，那么它自此就不再是陈述法所指的那种东西，就具有了强制的或否定强制的性质。

陈述法恰当地说不是法律

5．每一强制性法律创设出一种**罪过**，即把某一种行为转变为罪过。只是由于这么做，它才能**强加义务**，才能**造成强制**。

每一强制性法律创设出一种罪过

6．限于创设出一种罪过的法律，和命令在犯此罪过的场合实施惩罚的法律，是两个截然有别的法律，而不是（像它们迄今看来

创设出一种罪过的法律和规定惩罚

的法律截然有别

被普遍认为的那样)同一个法律的组成部分。它们所命令的行动全然不同,所针对的人也全然不同。例如:任何人不许偷窃;法官必须使被判偷窃者死于绞刑。

或许,前者可以被称为单纯命令性法律,后者可被称为惩罚性法律;然而,如果惩罚性法律命令施加惩罚,而非仅仅容许惩罚,它就像那另一个法律一样是真正命令性的,只不过它除此之外还是惩罚性的,而那另一个不是如此。

非经强制性法律介入,否定强制的法律不可能附有惩罚性法律

7. 否定强制类型的法律就其本身而论,不能附有隶属于它的惩罚性法律;要得到惩罚性法律的辅助和支持,它首先必须得到单纯命令性或强制性法律的辅助和支持,惩罚性法律将附属于这后者,而非附属于否定强制的法律。否定强制的法律的例子:郡长有权绞死凡法官经过适当法律程序命令他绞死的人。为支持上述否定强制的法律而制定的强制性法律的例子:任何人不得妨碍郡长绞死凡法官经过适当法律程序命令他绞死的人。为支持上述强制性法律而制定的惩罚性法律的例子:法官必须使任何试图妨碍郡
303 长绞死人犯的人下狱,该人犯是法官已经过适当法律程序命令他绞死的。

但惩罚性法律牵涉它所隶属的单纯命令性法律

8. 尽管单纯命令性法律和附属于它的惩罚性法律截然有别,以致前者不含后者的任何成分,后者在直接意义上也不含前者的任何成分,但由于必然的内涵牵连,惩罚性法律确实牵涉和包含它所附属的单纯命令性法律的含义。指示法官使任何经适当法律形式被判偷窃者死于绞刑,乃是一种提示大众不得偷窃的方式,虽然并非直接,却和当面正告他们不要偷窃一样明白易懂,而且见效的可能性分明大得多。

因此，要不是由于其说明性内容，单纯命令性法律本可被省略

9. 于是，凡在单纯命令性法律有惩罚性法律附属其上的场合，前者似乎可以被全然省略。在此场合，除了例外情况（这自然应当像是不大可能经常发生），即一项法律没有此种附属物也能够达到目的，整个法律体系中应当无需有惩罚性法律以外、或曰刑法以外的任何法律。要不是必然有我们现在开始谈论的大量说明性内容，情况本会如此。

此种说明性内容的性质

10. 没有或多或少的说明性内容的帮助，许多——很可能大多数，或许所有——被赋予公法效力的命令就会发生下述情况：在表述这种命令时，将不得不依靠含义过分复杂的术语来展示必要的概念。此等术语，有如代数标志法中所用的符号，宁可说是那些自身能展示有关概念的术语的替用物和标志，而不是这些概念的真正和直接的代表。

拿毋偷窃这一法律做例子。这样的一项命令，要是仅止于此，决不足以达到法律的目的。一条意义如此含糊不清的词语无法实现这一功能，除非靠笼统地暗示一些不同的命题，它们要能被理解，就个个需要有一套较为具体和丰富的术语来说明。例如，偷窃（按照一项不够准确适用但足以应付眼下目的的定义）是指一个没有并且知道自己没有权利这么做的人取走属于另一个人的东西。即使在做了这一说明——假定它是正确的——之后，该法律就能 304
被认为是表述完整了吗？当然不能，因为一个人有权利取走一个东西是什么意思尚不清楚。要成为完整的，该法律就必须在许多其他事情之外展示两份目录：一份列举此种情况下由它赋予授权性质的诸事件，另一份列举由它赋予取走性质的诸事件。结果是，要确定一个人偷了，要确定一个人没有权利拥有他取走的东西，第

一份单子中包含的项目必须无一对他有利，或者有的话，第二份当中包含的某一项目必须对他不利。

篇幅相对庞大并非立法命令所特有

11．因此，一部通用的法律的性质在于，虽然其命令部分——或许可以称为这个人造物上的“斑凸”——不应超过两三个词，但它的说明性附语可以占据相当大的篇幅，舍此该命令部分就无法恰当地起作用。

在家里就私事发号施令的情况下可以同样如此。拿一名书店老板吆喝手下大伙计做例子：*照这份铅印目录，把我的所有存货从这个店搬到我的新店里。*——*把我的所有存货从这个店搬到我的新店里*是这项吆喝的命令内容，所说的目录则包含了说明性附语。

同一批说明性内容可以共用于许多法律

12．同一批说明性内容可以共用于、共属于多项命令和多批命令性内容。因此，在许多其他事情中，关于前述所有权的授予和夺走事件的目录（见本注文第9段）①将共属于所有或大多数创设出各种侵犯财产罪的法律。同理，在数学图解中，同一条底线可供整个一组三角形所用。

法律必不可少的命令特性倾向于隐藏在说明性内容之中，被其掩盖

13．这样的说明性内容既然具有一种和命令性内容如此不同的面目，那么前者与后者的联系如果未被人注意到，就毫不足怪了。确实，这或许是相当普遍的情况。只要任何立法内容——它本身不是命令性的或与之相反的，或者它同这两类内容当中一类的联系没有得到理解——有所表现，那么*每项法律是一项命令或其相反物*这一命题的正确性，就会照旧不受怀疑或显得可疑；与此

① 在1789年版本中，括号内续有：“又见勘误表倒数第二段”。这是指在第216—217页注n2结尾处插入的那段。

同时，这些立法内容虽然貌似完整的法律，但其大部分的不完整性 305
以及使它们真正完整所需要采取的办法，也就会照旧隐藏不显。

命令性内容能得以表达的间接形式之多种多样有利于这种掩盖

14. 有一种情况自然会有助于增加发现的难度，那就是一项法律的命令可得以表达的方式多种多样，亦即一项法律的命令部分可以无区别地采取的形式多种多样：某些比较直接地表现命令性质，某些却不那么直接。毋偷窃。任何人不得偷窃。凡偷窃者须如此这般地受惩罚。倘若任何人偷窃，此人须如此这般地受惩罚。一个人如此这般地行事是偷窃；对偷窃的惩罚如此这般。如此这般的罪过即偷窃的审理权，属于经如此这般地任命和如此这般地就职的法官。诸如此类，不一而足。这些只是一大堆表述形式的一部分，或许能以它们当中的任何一个来同样地表达禁止偷窃的命令，其中某些形式内的命令性质究竟在多大程度上被掩盖和隐藏起来而不为普通人理解，是很明显的。

375

如何确定一部法典内法律的数量和性质

15. 在做了这一说明后，提出一两个可以确定下来的通则，能有助于略为明白一套完整的法律体系所具有的结构与内涵——有多少种不同的罪过被创设出来，就有多少不同的强制类法律；有多少例外被从这些形形色色的罪过中剔出，就有多少否定强制类法律。

因此，像在前一章里尝试的那样将罪过分类，就是将法律分类。展示一份被法律创设出来的所有各种罪过的完整目录，包括为了确定和展示若干法律——它们分别创设出这些罪过——所含条款的意义而必需的全部说明性内容，等于是展示一部完整的现行法律总汇，即一套完整的法律，一部名目一览——假如能这么称呼的话。

民法典与刑法典之间界限的总概念

16．一项法律的范围，以及民法类或单纯命令类法律同惩罚性法律之间的区别，自然含糊不清。这一含糊造成了民法典与刑法典之间、法律的民法分支与刑法分支之间界限不明。

全部立法内容的哪些部分属于民法？哪些部分属于刑法？这个问题意味着可以找到若干这样的政治国家，或至少某个这样的
306 国家：既有刑法典，又有民法典，各自就其本类而言完整无缺，并且由确凿的界限划分清楚。然而，这样的国家无一存在过。

要提出一个能得到正确回答的问题，我们就必须用某个有如下述的问题来取代前面的问题：

假定此刻要制订两套立法内容，一套称作民法典，另一套称作刑法典，各自就其本类而言完整无缺，问如此区分的不同种内容将在它们之间分配这一假设，以何种一般方式成为理所当然的？

对于这个问题，下面的回答似乎可能比较准确：

民法典并非由每项本身完整无缺、并且剔净所有刑法内容的民法汇集而成。

刑法典亦非（因为我们已经看到它不可能）由每项不仅本身完整无缺、而且剔净所有民法内容的惩罚性法律汇集而成。

民法典的内容

17．民法典将主要由纯粹的说明性内容构成。这些说明性内容各自所属的命令性内容，在这同一部法典即民法典中是找不到的，在一种摆脱了所有惩罚性法律混合物的纯净状态中也找不到，而是见于刑法典，见于一种合成状态，以前面说明过的方式包含在同样多的相应的惩罚性法律之中。

刑法典的内容

18．因而，刑法典将主要由惩罚性法律构成，包括全部民法的命令性内容。此外，大概还会见到不属于民法而属于惩罚性法律

的各种说明性内容。玛利亚·特雷西亚皇后兼女王制定的刑法典[①]同这一说法甚为吻合。

在腓特烈法典中，命令性内容几乎湮没在说明性内容之中

19．举例来说，在普鲁士国王腓特烈二世主持下以法文和德文公布的立法文书——名曰腓特烈法典，[②]但从未被确立为具有法律效力[ⓐ]——看来几乎全部由说明性内容组成，它同任何命令性内容的关系看来只得到了一知半解的领悟。

307

在罗马法中亦如此

20．在被尊称为民法的古罗马法那一堆混淆不清、自相矛盾的庞然杂物中，命令性内容乃至命令性质的所有痕迹，似乎最终都被掩盖在说明性内容中。“埃斯托”(esto)是原始简洁的语言，十二铜表法的语言。到查士丁尼时期(多如牛毛的评论者所造成的蒙蔽如此严重)，刑法已被塞进民法的一个偏僻角落里，犯法行为乃至罪行的整个目录埋藏在一大堆义务之下，意愿被隐藏在见解之中，而且最初的“埃斯托”已自行演变成“维德图”(videtur)，甚至绝顶专制的君主也这样说。

在蛮族法典中，命令性内容显著

21．在崛起于罗马帝国废墟的各蛮族中间，法律从堆积如山的说明性文字垃圾下解脱出来，一度恢复了命令语言，于是至少有了简洁性这一可取之处。

宪法及其同其他两类法典的联系

22．除民法和刑法外，每一套完整的法律体系还必须包括第三个分支，即宪法。

ⓐ　米拉博论普鲁士君主政体一书，第五卷，第8册，第215页。[③]

①　玛丽亚·特雷西亚(1717—1780)，奥地利女大公，查理六世皇帝之女，1740年成为哈布斯堡疆土的君主。《特雷西亚刑法典》于1768年颁布。

②　见上文，第23页注1。

③　米拉博伯爵(1749—1791)于1788年发表《腓特烈大帝时代的普鲁士君主政体》。

宪法主要是用来向特殊种类的人士授予为全社会或其相当大部分的利益而行使的**权力**，并且规定被授权者要履行的**责任**。

权力主要并首先由否定强制的或者许可性的法律来确立，这些法律作为某些强制类或者命令类法律的例外起作用。例如：**收税官作为收税官，在如此这般的场合，可以拿走如此这般的物品而毋需任何其他权利资格**。

责任则由命令性法律来确立，这些法律以被授权者为对象。例如，**在如此这般的场合，如此这般的收税官必须拿走如此这般的物品；如此这般的法官，在如此这般的案件里，必须使如此这般犯法的人死于绞刑**。

作用为指明彼等个人（他们在每一场合应被认为属于该特殊人等）究竟是什么人的部分，则既不带许可性，也不带命令性。

它们系共同附属于所有法律的说明性内容，那些特殊人等的名称有机会被插入其中。例如，命令性内容是**法官必须使任何经**
308 **适当法律程序被判偷窃者死于绞刑**。在此，说明性内容的性质是**法官**一词指什么人？他是以如此这般的方式被授予这一职位的人，而且未曾遭遇那种使他落到被褫夺这一职位的事态。

因此，一项法律的内容在所有三种法典之间分割

23. 因此，同一项法律，同一项命令，其内容将不仅在两大法典，或曰整个法律体系的两个主要分支即民法和刑法之间分割，而且将在三个这样的分支即民法、刑法和宪法之间分割。

大量说明性内容普遍存在，其形式不是别的，而是普通法，或曰审判法

24. 在一些国家，一大部分法律仅以那种在英国被叫做**普通法**、然而或可更明确地称为**审判**法的形式存在。凡是这样的国家，必定有许许多多法律，若不通过查询这普通法来或多或少地获知其说明性内容，就无法充分地理解其含义以付诸实施。因此在英

国，对所有权一词——整个财产法体系之基础——的阐释，除此之外在任何别处都找不到。由于不确定性是每个被如此命名的法律的本质属性（因为它一旦带上确定的、权威的成文形式，就立即改变性质，转成别种名称的法律），因而在这样的国家里存有的一大部分法律始终是不确定和不完整的。哪些是这样的国家？迄今地球上的每个国家都是。

因此，就其形式而论，立法科学的现状可悲可叹

25. 假如建筑科学没有自己的固定的术语，也就是说假如没有确定的名称来区别不同类型的建筑，或区分同一建筑的不同部分，那将怎样？它将是立法科学就形式而论目前保持的那个样子。

假如建筑师不能区别住房和谷仓，或边墙和天花板，那将怎样？他们将是所有立法者目前的那个样子。

表明这门科学的难度及其重要性的例证：限制最高代议机构权力的尝试

26. 从上面非常简略粗陋的勾勒中可以得出的，并非正文中诸项问题的答案，而是关于如何给出此种答案的提示，并且只是不完满的提示。此外，无论如何还可以对任务的困难性和必要性有 379
所了解。

倘若认为必须用经验来证实这困难性和必要性，那么证据是很容易找到的。

例如，民众团体众多善意的努力，妙卷华章当中众多善意的建议，其目的在于限制最高代议机构，使之不在这样那样的问题上立法，或者不立这样那样的法。此等法律要达到预期的目的，就需要 309
在形式方面完全精通法律科学，有如本书前言中谈到的解剖学。然而，要是透彻地，或者即使还算深入地探究这门科学，就会使法律殊难用那些经常可见据以构想法律的、含糊不当的术语来表达，因为透彻地了解这方面的功利命令，将使人在许多（如果不是大部

分)场合不去做这种尝试。墨守字面意义,试图防止制定坏法律,你会发现如此便取消了制定最必需的法律、或许乃至一切法律的余地;然而不守字面意义,它们所表达的便不过是人人说**你的法律只要有任何内容不合吾意,就必定在此范围内无效**。

这种倒霉的尝试的例子,在许多国家的立法活动中都碰到。但在任何国家,都不如在那个新生的国家里碰到的那般频繁,该国即使不是目前地球上最开明的国家,也是最开明的国家之一。

例证:美国《权利宣言》

27. 举《权利宣言》为例,该文约于1788年9月由北卡罗来纳州制宪会议制定,据说是除一处小的例外,照抄了弗吉尼亚州以类似方式制定的一个宣言。ⓑ

这里只谈论第一条,即根本性的一条,其文如下:

"某些天赋权利,乃系人们缔结社会契约时不可能自其后代剥夺和褫夺者,其中包括以获取、拥有和保护财产,以及追求并取得幸福与安全为手段,享受生活与自由之权利。"

且不深究将如此宣告的权利福祉仅限于后代这一疏忽,问其结果如何?(与荫于如此意欲提供的保护之下的那些人相对照)任何一项法律或命令,凡褫夺一个人**享受生活或自由之权利**的,皆为无效。

因此,例如每一项强制性法律便是如此。

310 因此,与如此被保护的人们相对照,每一项例如为了税收、清

ⓑ Recherches sur Les Etats Unis,八卷集,1788年版,第一卷,第158页。[①]

① 菲利普·马泽伊著,由路易-约瑟夫·富尔译成法文。关于这位身为弗吉尼亚公民的马泽伊,参见R. C. 小加尔利克:《杰斐逊之友菲利普·马泽伊》,巴尔的摩1933年版。

偿个人债务或其他理由而责成付款的命令，皆为无效，因为遵照执行的结果，是在此范围内“剥夺和褫夺他”享受自由、亦即据他认为适当与否而自由付款或不付款的权利；且不说在诉诸监禁的情况下同此种强制方式相对立的那些权利。对财产的剥夺也是如此，因为财产本身是一个“获取、拥有和保护财产，以及追求并取得幸福与安全的手段”。

也因此，与如此被保护的人们相对照，每项在战时攻击荷枪实弹的敌人的命令，也都无效，因为此种命令的必然结果是“剥夺其中某些人享受生活的权利”。

上述种种后果可足以为例，虽然类似的例子无穷无尽。[c]

[c] 弗吉尼亚的《权利宣言》，据上面援引的法文著作称制定于 1776 年 6 月 1 日，但未被编入《若干美利坚独立州之宪法及其他》，奉大陆会议之命出版，费城印。伦敦斯托克代尔和沃尔克出版社 1782 年重印。[①]尽管这一出版物载有同年 5 月 6 日至 7 月 5 日期间同一个制宪会议制定的政府体制。

不过，在同一个出版物内，载有马萨诸塞州的《权利宣言》(1779 和 1780 年)，[②]其第一条有点相似。还载有宾夕法尼亚州的《权利宣言》(7 月 15 日至 9 月 28 日)，[③]其中的相似程度大得多。

而且，大陆会议于 1776 年 7 月 5 日发表[④]著名的独立宣言，它在序言之后续有下述文字：“我们认为这些真理是不说自明的：所有人生来平等；他们被造物主赋有某些不可转让的权利，其中包括生存、自由和追求幸福的权利。”

① 该文集是按照大陆会议 1780 年 12 月通过的一项决议，由三名大陆会议成员组成的一个委员会汇编的。1781 年由弗朗西斯·贝利在费城市场街首次发行。边沁援引的是第二年的伦敦重印本。

② 马萨诸塞宪法的第一部分，包括《权利宣言》在内，是在一次制宪会议上商定的，这次会议 1779 年 9 月 1 日在坎布里奇开幕，后休会，1780 年 3 月 2 日复会。

③ 这项宣言是宾夕法尼亚首部宪法的一部分，在边沁所说的期间制订。第二部宪法(1790 年 9 月 2 日)未收入该宣言。

④ 当然，通过是在前一天。关于边沁早些时候对该宣言的苛评，参见他为约翰·林德《答北美大陆会议宣言》(1776 年)所写的文字，《边沁文集》，第一卷，书简部分，第 341—344 页及注文。

311 舞蹈大师马塞尔手撑着头，一副深思神态，于冥想之中叫道：“**究竟有哪些形形色色的东西包藏在一段小步舞中**？”我们现在是否可以添上“**以及包藏在一项法律中**”？

看来，弗吉尼亚的《权利宣言》荣幸地为其他各册的《权利宣言》提供了范本，而且至少就上面头一条而论，它为上述总的《独立宣言》提供了范本。见 Recherches sur Les Etats Unis，第一卷，第 197 页。

一桩事业如此合理，但依据的理由竟如此容易招致异议而不是消除异议，对此谁能不喟然长叹？

可是，有了对于**措施**看法一致并且热诚的人们，就没有什么弱得站不住脚的**理由**。而且，结论支持前提而不是前提支持结论的事，也并非史无前例。

论 题 索 引

（按汉语拼音字母顺序排列。所附页码为英文原书页码，即本书边码。）

A

B

C

D

E

F

G

H

J

K

L

M

N

O

P

Q

R

S

T

W

X

417

Y

Z

人名地名索引

（按汉语拼音字母顺序排列。所附页码为英文原书页码，即本书边码。）

A

B

C

D

E

F

G

H

J

K

L

M

N

P

Q

R

S

T

W

X

Y

Z

图书在版编目(CIP)数据

道德与立法原理导论/(英)边沁著;时殷弘译.—北京:
商务印书馆,2017
(汉译世界学术名著丛书:120年纪念版:珍藏本)
ISBN 978-7-100-14489-6

Ⅰ.①道… Ⅱ.①边… ②时… Ⅲ.①立法—法的
理论 Ⅳ.①D901

中国版本图书馆CIP数据核字(2017)第154122号

汉译世界学术名著丛书
(120年纪念版·珍藏本)
道德与立法原理导论
〔英〕边沁 著
时殷弘 译

商务印书馆出版
(北京王府井大街36号 邮政编码100710)
商务印书馆发行
北京新华印刷有限公司印刷
ISBN 978-7-100-14489-6

2017年12月第1版 开本710×1000 1/16
2017年12月北京第1次印刷 印张29¼
定价:145.00元